经以济世

建徐尚事

贺教方印

是大攻向项目

必至全胜

李瑞环

教育部哲学社会科学研究重大课题攻关项目

"十四五"时期国家重点出版物出版专项规划项目

新型政商关系研究

GOVERNMENT-BUSINESS RELATIONSHIP: CHINA'S NEW MODE

陈寿灿 等著

中国财经出版传媒集团

经济科学出版社
Economic Science Press

·北京·

图书在版编目（CIP）数据

新型政商关系研究/陈寿灿等著. --北京：经济
科学出版社，2023.11
教育部哲学社会科学研究重大课题攻关项目 "十四
五"时期国家重点出版物出版专项规划项目
ISBN 978 - 7 - 5218 - 5385 - 8

Ⅰ.①新… Ⅱ.①陈… Ⅲ.①中国经济－行政干预－
研究 Ⅳ.①F12

中国国家版本馆 CIP 数据核字（2023）第 241147 号

责任编辑：孙丽丽 撒晓宇
责任校对：蒋子明
责任印制：范 艳

新型政商关系研究

陈寿灿 等著

经济科学出版社出版、发行 新华书店经销
社址：北京市海淀区阜成路甲 28 号 邮编：100142
总编部电话：010 - 88191217 发行部电话：010 - 88191522
网址：www. esp. com. cn
电子邮箱：esp@ esp. com. cn
天猫网店：经济科学出版社旗舰店
网址：http：//jjkxcbs. tmall. com
北京季蜂印刷有限公司印装
787×1092 16 开 20 印张 390000 字
2023 年 11 月第 1 版 2023 年 11 月第 1 次印刷
ISBN 978 - 7 - 5218 - 5385 - 8 定价：82.00 元
（图书出现印装问题，本社负责调换。电话：010 - 88191545）
（版权所有 侵权必究 打击盗版 举报热线：010 - 88191661
QQ：2242791300 营销中心电话：010 - 88191537
电子邮箱：dbts@ esp. com. cn）

总　序

哲学社会科学是人们认识世界、改造世界的重要工具，是推动历史发展和社会进步的重要力量，其发展水平反映了一个民族的思维能力、精神品格、文明素质，体现了一个国家的综合国力和国际竞争力。一个国家的发展水平，既取决于自然科学发展水平，也取决于哲学社会科学发展水平。

党和国家高度重视哲学社会科学。党的十八大提出要建设哲学社会科学创新体系，推进马克思主义中国化、时代化、大众化，坚持不懈用中国特色社会主义理论体系武装全党、教育人民。2016年5月17日，习近平总书记亲自主持召开哲学社会科学工作座谈会并发表重要讲话。讲话从坚持和发展中国特色社会主义事业全局的高度，深刻阐释了哲学社会科学的战略地位，全面分析了哲学社会科学面临的新形势，明确了加快构建中国特色哲学社会科学的新目标，对哲学社会科学工作者提出了新期待，体现了我们党对哲学社会科学发展规律的认识达到了一个新高度，是一篇新形势下繁荣发展我国哲学社会科学事业的纲领性文献，为哲学社会科学事业提供了强大精神动力，指明了前进方向。

高校是我国哲学社会科学事业的主力军。贯彻落实习近平总书记哲学社会科学座谈会重要讲话精神，加快构建中国特色哲学社会科学，高校应发挥重要作用：要坚持和巩固马克思主义的指导地位，用中国化的马克思主义指导哲学社会科学；要实施以育人育才为中心的哲学社会科学整体发展战略，构筑学生、学术、学科一体的综合发展体系；要以人为本，从人抓起，积极实施人才工程，构建种类齐全、梯队衔接的高校哲学社会科学人才体系；要深化科研管理体制改革，发挥高校人才、智力和学科优势，提升学术原创能力，激发创新创造活力，建设中国特色新型高校智库；要加强组织领导、做好统筹规划、营造良好学术生态，形成统筹推进高校哲学社会科学发展新格局。

哲学社会科学研究重大课题攻关项目计划是教育部贯彻落实党中央决策部署的一项重大举措，是实施"高校哲学社会科学繁荣计划"的重要内容。重大攻关项目采取招投标的组织方式，按照"公平竞争，择优立项，严格管理，铸造精品"的要求进行，每年评审立项约40个项目。项目研究实行首席专家负责制，鼓励跨学科、跨学校、跨地区的联合研究，协同创新。重大攻关项目以解决国家现代化建设过程中重大理论和实际问题为主攻方向，以提升为党和政府咨询决策服务能力和推动哲学社会科学发展为战略目标，集合优秀研究团队和顶尖人才联合攻关。自2003年以来，项目开展取得了丰硕成果，形成了特色品牌。一大批标志性成果纷纷涌现，一大批科研名家脱颖而出，高校哲学社会科学整体实力和社会影响力快速提升。国务院副总理刘延东同志做出重要批示，指出重大攻关项目有效调动各方面的积极性，产生了一批重要成果，影响广泛，成效显著；要总结经验，再接再厉，紧密服务国家需求，更好地优化资源，突出重点，多出精品，多出人才，为经济社会发展做出新的贡献。

作为教育部社科研究项目中的拳头产品，我们始终秉持以管理创新服务学术创新的理念，坚持科学管理、民主管理、依法管理，切实增强服务意识，不断创新管理模式，健全管理制度，加强对重大攻关项目的选题遴选、评审立项、组织开题、中期检查到最终成果鉴定的全过程管理，逐渐探索并形成一套成熟有效、符合学术研究规律的管理办法，努力将重大攻关项目打造成学术精品工程。我们将项目最终成果汇编成"教育部哲学社会科学研究重大课题攻关项目成果文库"统一组织出版。经济科学出版社倾全社之力，精心组织编辑力量，努力铸造出版精品。国学大师季羡林先生为本文库题词："经时济世 继往开来——贺教育部重大攻关项目成果出版"；欧阳中石先生题写了"教育部哲学社会科学研究重大课题攻关项目"的书名，充分体现了他们对繁荣发展高校哲学社会科学的深切勉励和由衷期望。

伟大的时代呼唤伟大的理论，伟大的理论推动伟大的实践。高校哲学社会科学将不忘初心，继续前进。深入贯彻落实习近平总书记系列重要讲话精神，坚持道路自信、理论自信、制度自信、文化自信，立足中国、借鉴国外，挖掘历史、把握当代，关怀人类、面向未来，立时代之潮头、发思想之先声，为加快构建中国特色哲学社会科学，实现中华民族伟大复兴的中国梦做出新的更大贡献！

教育部社会科学司

摘　要

　　构建"亲""清"新型政商关系是推动国家治理体系和治理能力现代化的基础性、关键性环节。本书将"政"界定为作为组织的党和政府及其作为个体的官员构成的政治权力主体，将"商"界定为由企业、企业家（商人）和企业家组织（商会、行会）组成的市场行为主体。基于此，从微观的政府官员与企业家（商人）的关系、中观的政府与企业（企业组织）的关系和宏观的政治（权力）与经济（资本）的关系进行了分析。

　　构建"亲"和"清"新型政商关系的核心在于政商双方各自规范并优化自身的职责行为。从"政"的角度而言，没有一个职能科学、权责法定、执法严明、公开公正、廉洁高效、守法诚信的政府，政商关系的"亲"和"清"便无从谈起。只有明确政府在政商关系中的职责，才能厘清政府的权力和行为边界。新型政商关系绝不仅仅是限政府的权，而是要在控制政府越位和乱为、力求"清"的同时，推动政府积极有为，服务企业和经济发展以求"亲"。从"商"的角度而言，构建新型政商关系需要企业家和企业家组织规范自身行为、提升行业自治能力。通过提升行业自治及规范企业家参政，来规范商企主体在政商关系中的行为，从对权力的依附迈向与政府的合作治理，促进政府与企业制度化互动不断强化，而官员和企业家人际互动不断弱化。法治是现代国家治理的本质属性，新型政商关系的构建就是加强政商关系法治化的过程。从法治角度而言，既要为政商关系建立法律规范，也需要从执法和司法角度为其提供保障。同时，中国的政商关系建立在中国独有的文化传统和社会基础上，绝不仅仅是通过法治路径在两

1

者之间划清界限，还要通过社会伦理规范为新型政商关系的构建进行价值引导，除了强制性的法律法规外，还需要柔性的社会伦理来加强政商之间的良性互动。随着大数据、5G、云计算等信息技术的兴起与发展，人类社会逐步迈入大数据时代，数字技术逐渐成为影响新型政商关系的重要变量，对政商关系的冲击将是持续性的。因此，在数字经济时代构建新型政商关系，要将数字经济运行规律与我国独特的政治经济形态和传统文化价值观相结合，进一步优化政府职责以适应数字经济的发展，并引导数字经济时代下新型政商关系的完善。

此外，从商企主体中的商会角度，本书梳理我国政府与商会关系的政策演化，分析了商企行为主体参与新型政商关系的构建，理清我国政府与商会关系的发展逻辑。通过对 34 家在杭异地商会的调研，采用模糊集定性比较分析方法，选取政府的认知、政府资源支持、商会游说意愿、商会治理能力、商会影响力为条件变量，将政府与商会合作行为视为结果变量探索了政府与商会合作的路径。本书认为政府与商会合作的形成是众多变量的组合效用，具体可以概括为"资源支持型""整体赋能型""内生发展型"三条合作路径，其中商会治理能力是促进政府与商会合作关系形成的最核心要素。同时，以浙江省 11 个地市为样本，从"亲""清"两个维度出发，构建了包含服务力、支持力、企业活跃度、亲近感知度、政府廉洁度、政府透明度及廉洁感知度 7 个方面的新型政商关系"亲清指数"测度体系，运用功效系数法对浙江省 11 个地市政商关系构建水平进行测量。

Abstract

"Close" and "clean" are the core elements of the new type of government-business relationship which is the basic and key link to promote the modernization of the national governance system and governance capacity. This book defines "politics" as the political power subject composed of the party and government as organizations and their individual officials, while "commerce" is defined as the market behavior subject composed of enterprises, entrepreneurs (businessmen), and entrepreneurial organizations (chambers of commerce, guilds).

The core of building a new type of political business relationship between "close" and "clean" lies in both parties regulating and optimizing their respective responsibilities and behaviors. From the perspective of "politics", without a government with scientific functions, legal powers and responsibilities, strict law enforcement, openness and fairness, integrity and efficiency, and law-abiding integrity, the "close" and "clean" relationship between politics and business cannot be discussed. Only by clarifying the government's responsibilities in the relationship between politics and business can the boundaries of government power and behavior be clarified. From the perspective of "business", building a new type of political business relationship requires entrepreneurs and entrepreneurial organizations to regulate their own behavior and enhance industry autonomy. The rule of law is an essential attribute of modern national governance, and the construction of a new type of political business relationship is the process of strengthening the legalization of political business relationships. From the perspective of the rule of law, it is necessary to establish legal norms for political and commercial relations, as well as provide guarantees from the perspectives of law enforcement and justice. In addition to mandatory laws and regulations, flexible social ethics are also needed to strengthen the positive interaction between government and business. Digital technology is gradually becoming an important variable affecting new types of political business relationships, and the impact on these relationships will be sustained. To build a new type of political business relationship, it is necessary to combine the operational laws of the digital economy with China's unique political and economic form and traditional cultural values, further optimize government responsibilities to adapt to the development of the digital economy, and guide the improvement of the new type of political business relationship in the digital economy era.

From the perspective of chambers of commerce among business entities, this book summarizes the policy evolution of the relationship between the government and chambers of commerce in China, analyzes the participation of business entities in the construction of new types of political commercial relationships, and clarifies the development logic of the relationship between the government and chambers of commerce in China. Through the investigation of 34 chambers of commerce in Hangzhou, we used the fuzzy set qualitative comparative analysis method and selected the government's cognition, government resource support, chamber of commerce willingness, chamber of governance, and chamber influence as conditional variables. The cooperation behavior between the government and the chamber of commerce is outcome variable. The study found that the formation of cooperation between the government and the chamber of commerce is a combination of many variables. It can be summarized as three paths of cooperation: "resource-supporting", "overall empowerment" and "endogenous development". The internal governance capacity of the chamber of commerce is to promote the government and the core element of the formation of the chamber of commerce. At the same time, taking 11 cities in Zhejiang province as a sample, we build a "close and clean index" of the new type of government-business relationship of Zhejiang province, including seven aspects of service, support, activity level of enterprise, closeness perception, government incorruptibility, government transparency and corruption perception. Then, with the efficacy coefficient method we measure the level of government-business relationship of 11 cities in Zhejiang province.

目 录

Contents

Contents

3

第一章

绪　论

第一节　研究背景

改革开放以来，伴随着中国从传统的计划经济向市场经济的转变过程，中国特色政商关系也在实践中不断发展。中国特色社会主义进入新时代，面对经济社会发展新趋势新挑战，习近平同志提出了构建"亲""清"新型政商关系的新要求、新希望，这为正确处理好政府与市场、权力与资本、政府官员与企业家等多方面多层次的复杂关系提供了根本遵循。新型政商关系与新时代中国特色的社会经济政治文化的发展密切相关。可以说，新型政商关系是新时代的呼唤，是坚持和发展中国特色社会主义市场经济的内在要求。作为一个相对复杂的结构关系，政商关系是政治领域、经济领域和社会领域多种现象的集中呈现。从政治建设层面来说，构建"亲""清"新型政商关系，为政府官员和企业商人的日常交往划定边界、设定雷区、确定方向，是营造风清气正的政治生态、纵深推进党风廉政建设的有力举措，能够预防、规范和纠正政商交往的失范行为和违法现象。此外，构建"亲""清"新型政商关系本身也是对政府职能转变成效的检验，能够更好地激发政府部门的服务意识，为中国特色社会主义市场经济体制的建设塑造良好的政治氛围。从经济发展层面来说，构建"亲""清"新型政商关系能够有效解决经济发展动能不足、更好实现经济转型升级、持续促进经济高质量发展、不断释放经济体制改革活力。特别是在多边贸易不断复杂化的现实背景和新冠疫情的猛烈冲击下，通过塑造良好的营商环境，剔除政商关系中不利于经济发展和企业成长的制约因素，帮助和引导企业走出困境并持续发展，提升企业创新能力及其在国际贸易中的竞争力显得愈加重要。从社会治理层面来说，构建"亲""清"新型政商关系能够避免以往不规范政商关系所造成的公共利益损失，有利于弘扬公平正义、遵纪守法等社会正能量，净化不良社会风气，促进社会和谐稳定发展。因此，本书将从政商关系发展的学术史的层面规范分析中西方政商关系的差异、传统中国政商关系的演变以及当代中国新型政商关系构建的基本原则与内在逻辑，从政治建设、经济发展和社会治理等方面的实践脉络探索当代中国政商关系建设存在的问题症结并提出解决路径。

第二节　学术史及研究前沿

一、政商关系的逻辑起点与基本类型研究

政商关系一般是指"政"和"商"在履行行政职能和经济职能过程中所形成的相互作用关系[1]。政府与市场的关系、权力与资本的关系、公职人员与企业家的关系等多层次的复杂关系都是政商关系分别在宏观、中观、微观的具体体现[2]，这些不同层次的政商关系涉及政治、经济、文化、社会等各个方面，成为当前社会普遍关心的热点问题[3]。因此，在中国的语境下，政商关系往往与政企关系、权钱关系、政资关系、官商关系等相关联。

（一）政商关系的缘起和本质

严格地说，政商关系是一个客观存在的概念表述，因而是一个中性词汇[4]。

---

[1]　韩影、丁春福：《建立新型政商关系亟需治理"权""利"合谋行为》，载于《毛泽东邓小平理论研究》2016 年第 4 期。

[2]　周黎安：《地区增长联盟与中国特色的政商关系》，载于《社会》2021 年第 6 期。

[3]　王帅：《法治、善治与规制——亲清政商关系的三个面向》，载于《中国行政管理》2019 年第 8 期。

[4]　胡凤乔、叶杰：《新时代的政商关系研究：进展与前瞻》，载于《浙江工商大学学报》2018 年第 3 期。

从边界来看，政商是界限清晰的，但从在国家、社会中的位置来看，政商又有着很深的联系①。实际上，政商关系起源于商品交换，马克思认为，"由于商品交换的发展，出现了一个不再从事生产只从事产品交换的商人阶级……由于有了阶级对立，于是产生了国家"，即"作为一种社会关系，政商关系出现于人类历史上的第三次社会大分工"②。不难理解，作为公共资源的分配者与作为商业资源的分配者，政府和市场主体必然会在社会资源分配中发生这样那样的联系，这种联系就是政商关系基本内涵的逻辑起点③。

因此，政商关系是社会发展带来的一种合作交换关系。这种合作交换是以双方资源为基础，以满足对方需求为核心而形成的特殊关系。政府拥有公权力，可凭借政策法规和税收等手段监管、服务、支持企业的发展；反之，企业通过上缴税收，为社会提供各类产品和服务，促进就业和经济发展④，保障政府的顺利运转。这种合作交换场域类似于政治市场，那些熟知市场规则，掌握市场规律的民营企业家往往对政治事务做市场规则的解读和处理，因而形成了制度经济学意义上的政治市场。在这一政治市场中，民营企业付出财富（正式渠道的税收和其他非正式渠道的其他支出）和政治服从，换取政府给予的在市场资源、政治资源等方面的回报⑤。在此过程中，企业和企业家提高了经济绩效，政府和官员收获了经济利益和政绩，政商双方各得其所⑥。正是这样一种特殊的合作交换关系，使得政商关系体现为较为复杂的政治经济关系，不可避免会受到政治风向、经济形势、文化背景、社会环境等多方面因素的综合影响，也必将涉及政治与经济、权力与资本、政府与市场、政府职能部门与企业、政府官员与企业家等多个维度的关系⑦。更为复杂的是，这一本来就复杂的政治经济关系又与中国的改革开放联系在一起，同当代中国由计划经济向市场经济的改革、人治向法治的转型联系在一起，造就了当代中国政商关系的复合结构⑧。故而，当代中国的政商关系更多呈现的是"国家与社会""政府与市场""官员与企业家"等宏观制度运行机制以及微观官商互动行为之间常态

① 宋晓清：《超越"政企桥梁"：行业协会商会的角色再定位》，载于《治理研究》2018年第4期。

② 韩阳：《国家治理现代化中的营商环境建设：以政商关系为视角》，载于《统一战线学研究》2020年第1期。

③ 陈连艳：《政商关系：基本内涵、畸变形式与重构路径》，载于《中州大学学报》2017年第2期。

④ 刘忠和、杨丽坤：《发达国家的政商关系》，载于《中国党政干部论坛》2016年第6期。

⑤ 张开：《如何理解资本二重性——兼论新型政商关系的政治经济学基础》，载于《教学与研究》2020年第9期。

⑥ 张伟：《政治发展视野下民商阶层角色研究》，载于《理论视野》2015年第10期。

⑦ 蔺丰奇、马俊红、辛颖：《构建新型政商关系：背景逻辑结构与实现路径》，载于《河北省社会主义学院学报》2017年第3期。

⑧ 佟德志：《当代中国政商关系博弈复合结构及其演变》，载于《人民论坛》2015年第5期。

化关联和动态化博弈的复杂情景[①]。

（二）国外政商关系的基本类型

不同的制度环境、话语体系和发展模式会形成不同的政商关系类型。从现有研究来看，政商关系类型可从学术话语体系和政商关系实际两个角度展开。

从学术话语体系来看，政商关系可分为自由主义语境下的政商关系、国家主义语境下的政商关系和统合主义语境下的政商关系三个类别。

（1）自由主义语境下的政商关系。自由主义强调"个人自由的重要性，并把保障个人的自由权利作为政府基本的甚至是唯一的目的，把宪政与法治作为实现这一目的的主要手段"[②]。在此逻辑基础上，政商关系坚守市场至上原则，反对国家干预[③]。

（2）国家主义语境下的政商关系。国家主义则认为，"私利的无尽追求是导致社会道德沦丧和社会混乱的'罪魁祸首'，唯有作为完善伦理实体的国家才能克服"[④]，因此必须借助国家这个具有理性能力的行动主体，参与甚至主导经济发展[⑤]。

（3）统合主义语境下的政商关系。统合主义综合自由主义和国家主义的优缺点，强调国家和社会、政府与市场的互动。在统合主义模式中，"国家在其中扮演的角色是建筑师或政治秩序的立法者"[⑥]，"国家是指导和控制私有企业走向团结、秩序、民族主义和成功四大目标的一种经济体系"[⑦]。

从发达的市场经济体的发展实践来看，政商关系还可以划分为代理关系、指导关系和管理关系这三种类型。在代理关系中，政府是商人的代理者；在指导关系中，政府是商人的指导者；在管理关系中，政府是商人的管理者。

（1）"代理关系"式政商关系。该类政商关系以美国为典型代表。美国的建

---

① 黄毅：《市场化进程中政商关系的共生庇护、寻利型变通与治理之道》，载于《地方治理研究》2021 年第 4 期。

② 马德普：《如何看待自由主义》，载于《政治学研究》2013 年第 5 期。

③ 黄冬娅：《私营企业主与政治发展：关于市场转型中私营企业主的阶级想象及其反思》，载于《社会》2014 年第 4 期。

④ 黄冬娅：《企业家如何影响地方政策过程——基于国家中心的案例分析和类型建构》，载于《社会学研究》2013 年第 5 期。

⑤ 陈家喜、郭少青：《西方国家政商关系的建构路径与约束机制》，载于《新视野》2020 年第 4 期。

⑥ 曹海军、文长春：《"统合主义"政府：一种新型的政府治理模式》，载于《理论探讨》2006 年第 4 期；唐桦、唐扬：《实践中的自由统合主义：中国城市全球化过程中的政商关系——以昆山市为例》，载于《台湾研究集刊》2020 年第 4 期。

⑦ 韩阳：《健康政商关系的基本内涵、实践经验与建构路径》，载于《重庆社会主义学院学报》2016 年第 1 期。

国历史是一部贯穿自由主义政治理念的历史。在该政治理念的渲染下，美国建立了较为原教旨意义上的政府，即"越小越好"的政府和以"不能够做什么"为目的的政府①。在这样的政治理念支配下，商人成为了社会的主宰，大集团、大财阀控制了美国的政治经济发展，正如《谁统治美国》一书所说的，"统治美国的是那些创造了巨额财富的所有者和高管"。

（2）"指导关系"式政商关系。该类政商关系以日本为典型代表。在日本的明治维新时期，政商关系体现为相互依赖和互相支持的关系。随着财阀的迅速发展，日本的经济乃至政治都为其左右。"二战"投降后，在美国的干预下，日本政府获得了制定经济方针和产业政策的权力②。在此过程中，自由市场经济的理念逐步加强，财阀市场化水平逐渐提高并形成了政府指导发展的习惯和模式③，当然，财阀也从政府指导中获得了经济利益，形成了"政府指导＋财阀经营"的政商关系模式④。

（3）"管理关系"式政商关系。该类政商关系以新加坡为典型代表。新加坡面积狭小，单个企业的力量，特别是资本力量过于薄弱，因而1965年立国之后，新加坡政府聚合社会资源，让政府参与到经济建设中去，直接管理、直接经营各类公司，出现了各类官方主导、主办的国有企业⑤。不仅如此，为了对日益增多的国有企业进行更加有效的管理，新加坡于1974年成立了淡马锡公司，这家企业是由新加坡财政部投资司组建，主要致力于专门经营和管理国联企业中的国家资本，实质上就是以指导的思维对国家资本进行有效监督和商业性战略运营，为新加坡国家重大战略和经济社会发展培育世界级公司，推动新加坡在部分高新科技和重要产业方面形成相对优势，进而形成了颇具特色的"管理主义"政商关系⑥。

（三）国内"不健康"政商关系的类型与形成机制

"不健康"政商关系有多种类型，按照政府和官员以及企业和企业家的主动、

---

① 张洪为：《全球比较视角下"亲"与"清"新型政商关系的构建》，载于《行政论坛》2018年第6期。

② 许利平、李华：《东亚四国反腐败经验与国家治理现代化》，载于《北京工业大学学报》（社会科学版）2018年第1期。

③ 高宇：《日本财阀企业的发展及其社会影响》，载于《日本学刊》2012年第4期。

④ 韩阳：《健康政商关系的基本内涵、实践经验与建构路径》，载于《重庆社会主义学院学报》2016年第1期。

⑤ 何晓斌、李强、黄送钦：《如何构建新时代的新型政商关系？——从新加坡政商关系实践中得到的几点启示》，载于《经济社会体制比较》2020年第5期。

⑥ 储建国：《政商关系：清晰界定才能更好构建》，载于《中国党政干部论坛》2016年第6期。

被动程度大致可分为官商勾结、仗权欺商、消极躲避和商裹挟政四种类型①。不管何种类型，上述"不健康"政商关系都具有"权""利"合谋行为以及损害公众利益的特点。从官员主动的角度看，"不健康"政商关系表现为"官倒""国有资产私有化""公用事业与公共资源贱卖化"以及"项目运作腐败化"等多种表现形态②；从企业家、商人主动的角度看，这种"不健康"的政商关系则表现为民营企业家与公职人员建立非理性的私人联系，重要事项以利益诱惑，以各种方式寻求政治代言人结成固化的"政商利益联盟"③以及"拉拢腐蚀官员，违规进入人大、政协，干预基层民主，争夺政策红利"等其他形式④，以至于形成"权力围猎"⑤的可怕景象。

研究显示，"不健康"政商关系的形成，既有权力划分的原因，也有监督机制的原因，还有政治文化的原因。其中，政商关系"不健康"最根本和关键的原因是政府的定位不合理，也即权力划分不合理，缺乏界定清晰的政府与市场、政府与社会的治理边界⑥，公权力的"模糊边界"甚至存在着部分领域的政商重叠⑦；从监督机制上说，权力运行缺少制度约束，针对政府官员拥有过多自由裁量权的监督机制相对滞后⑧；从政治文化上说，"官本位"和"抑商"的传统文化⑨、"内圣外王"的传统思想以及极具中国特色的关系文化所导致的公私不分⑩等。而三者的结合，则更加有力地为"不健康"的政商关系提供了滋生土壤和生长的广阔空间。如果说上述原因具有"进"和"积极"的性质的话，在反腐程度加大的当下，另一种具有"退""消极"性质的被称为"官员不作为"也成为"不健康"政商关系的重要原因⑪。其具体表现为：对政商关系的"度"吃不准—不敢为、怕出事，不敢担当—不愿为和能力恐慌—不作为⑫。

① 孙丽丽：《关于构建新型政商关系的思考》，载于《经济问题》2016年第2期。

② 唐亚林：《官商利益输送四种典型形态》，载于《人民论坛》2015年第7期。

③⑨ 韩影、丁春福：《建立新型政商关系亟需治理"权""利"合谋行为》，载于《毛泽东邓小平理论研究》2016年第4期。

④⑦ 韩阳、宋雅晴：《非公经济人士对健康政商关系的影响及其治理》，载于《重庆社会主义学院学报》2015年第9期。

⑤ 祝捷：《构建新型政商关系，根除"权力围猎"现象》，载于《人民论坛》2017年第9期。

⑥ 田国强、单一良：《构建新生态政商关系》，载于《人民法治》2015年第6期。

⑧ 刘以沛：《构建良性互动的合理政商关系》，载于《中州学刊》2016年第9期。

⑩ 王增杰：《构建新型政商关系的内在要求与对策思考》，载于《理论导刊》2017年第1期。

⑪ 廖福崇：《营商环境建设何以成功？——基于制度性交易成本的组态比较》，载于《经济社会体制比较》2021年第2期。

⑫ 毕思斌、张劲松：《论政商关系互动的演变过程与路径重塑——兼评"放管服"改革对政商关系的影响》，载于《河南师范大学学报》（哲学社会科学版）2020年第3期。

二、西方政商关系的相关研究

（一）企业家参政议政的动力来源

正是由于政治与经济、政府与企业、官员与企业家的紧密联系以及政治对经济、政府对企业、官员对企业家的重要影响，政商关系必然得到企业和企业家的极大重视。研究显示，政治关联能带来企业绩效的正面改进，这就是企业家参政议政的动力机制[①]。政治关联对于企业的影响可以从政治影响力大的企业绩效高，由于政治关联所依赖的政客垮台导致原有政治关系丧失以致企业市场价值下降，以及获得政治地位则关联企业价值上升、政治角逐失利则关联企业价值下降等正面、反面和正反对比三方面凸显出来[②]。比如，有学者运用 47 个国家的 20 202 家上市公司样本进行研究发现，公司高管或大股东的政治关联度与股票累积回报率呈显著正相关；菲斯曼（Fisman）对 79 家与印尼总统苏哈托政治集团相关联的企业样本研究表明，在市场传出苏哈托健康状况恶化的消息时，这些企业的市场价值都下降了，且政治关系最紧密的股票收益率比政治关系最弱的低 23%；奈特（Knight）以美国 2000 年总统竞选为案例，支持布什的 41 家企业市值增加了 3%，支持戈尔的 29 家企业市值减少了 6%。

（二）政商关系提升企业绩效的经济学解释

经济学对良好政商关系之于企业绩效提升的内在机制作了不同解释：新古典经济学范式认为，政治关联不仅有助于提升企业的竞争力，即通过直接影响政府决策，俘获政府的企业有机会获得巨大的收益，还有助于企业构建不确定性的缓冲机制，比如聘请熟知政府运作，具有政治背景的退休官员到企业工作，即通过"旋转门"帮助企业应对充满不确定性的政策信息。新制度经济学范式认为，政治关联可以使企业从政府手中获得进入高利润市场的机会并且免受政府的掠夺，美国的经验表明，产品卖给政府、依赖出口的制造企业，有政治经验的董事更加普遍；当电力公司竞争加剧，凸显政治重要性的时候，有政治经验的董事会迅速增加。也就是说，为了应对政府管制，企业必须重视政商关系，增强政治关联。

[①] 陈宗仕：《政治联系、政商关系变迁与民营企业环保投入》，载于《社会发展研究》2020 年第 2 期。

[②] 阳春花、庞绍堂：《民营企业嵌入式政治参与的模式与策略：基于亲清政商关系的视域》，载于《江海学刊》2020 年第 6 期。

（三）政商关系提升企业绩效的案例

在信贷渠道方面，具有政治关联的企业能获得更多的贷款，在跨国研究案例中，有研究显示，具有更强政治关联的企业能够获得更多的银行贷款。并且，具有政治关联的企业的信贷约束更小、融资直接成本更低（比如，Baum 对乌克兰的经验研究发现，政治关联企业可以获得利率较低的银行贷款）、政府的金融救援更多（Faccio Metal 的研究表明，政治关联企业在遇到财务困境时更可能得到政府救援）。在市场扩张渠道方面，还有学者基于 47 个国家的经验研究表明，政治关联度强的企业的市场份额更大；戈德曼（Goldman）研究发现，与总统选举获胜的政党有关联的公司更有可能增加政府采购合同，而与竞选失败一方相关联的公司的政府采购合同则下降了。换言之，政治关联有助于企业通过信贷和市场扩张渠道提高绩效。

（四）西方国家商会的类型研究

按照法律定位来说，西方国家商会可分为大陆模式、英美模式和混合模式。以德国和法国为代表的大陆模式下，行业协会（商会）属于公法人，承担政府公共职能，也被称为法团主义模式；以英国和美国为代表的英美模式下，行业协会（商会）属于私法人，不承担政府任何职能，实行自由竞争淘汰，又称多元主义模式；以日本为代表的混合模式下，行业协会（商会）则介于公法人与私法人之间①。而按照政府与商会的相互关系来说，西方国家商会又分为三种模式：合作模式、市场主导模式和政府主导模式。

（1）合作模式。该模式以法国为典型代表。在这种模式中，商会在资金上得到政府的支持，具有半官方色彩。政府如今还保留着让商会行使某些行政职能的传统。合作模式下的商会以实现公共利益为组织使命，属于公立组织，但与政府保持相对独立性，为会员企业服务但不以营利为目的。其"合作"性质表现在，政府和商会存在较为密切的合作关系，商会作为行业企业"代理人"，向政府提供政策建议和政策咨询服务；政府也需要商会的支持与合作，进而更好地管理和服务于特定的行业企业。

（2）市场主导模式。该模式以美国为典型代表。美国的商会是自理经费、自愿建立、自主活动的民间团体，属于非营利的私法人。其中规模较小的商会大多属于非法人化的自由团体，随意性较强。在这些商会中，企业可自愿选择进入和

---

① 浦文昌：《行业协会商会参与国家治理的顶层设计与配套改革——建设中国特色商会组织的比较研究》，载于《中共浙江省委党校学报》2016 年第 2 期。

退出，政府大多时候并不介入。从理论上讲，这些商会并不需要承担任何政府职责和公共责任，只需作为行业企业整体的代理人向政府提出行业意愿，促进行业企业，特别是会员企业的利益实现和组织发展。政府不干涉商会的活动，并在制订有关工商业政策时需要征求商会组织的意见[①]。

（3）政府主导模式。该模式以日本为典型代表。日本商会的协调功能非常强，组织非常严密，因而在某种程度上限制了行业竞争。同时，日本商会十分注重民族文化和社会价值在商会运行中的重要作用，类似于习惯法的存在使其不需要严格的法律条文。实际上，从某种程度上来说，日本商会承担了政府的行业监管职责。这些商会的领导者往往是由德高望重、地位崇高的大企业领导担任，因而这些商会领袖往往威慑力很强，甚至可以说是一言九鼎。当然，日本的这些团体组织都有详细的规章制度、健全的运作机制和强有力的监督职能[②]。

三、中国政商关系的相关研究

（一）新中国民营经济发展和民营经济人士的政治身份演化

民营经济人士的政治身份是随着党和政府对民营经济的不同认知和民营经济的发展而演化的。为了正确理解新中国成立以来民营经济人士参政议政的历史，本部分通过梳理共和国相关历史，将民营经济发展和民营经济人士的政治身份划分为四个主要阶段：

第一阶段（1949～1952年）：从合法地位和团结对象到"五反"运动。1949年《中国人民政治协商会议共同纲领》确定将"公私兼顾、劳资两利、城乡互动、内外交流"作为新中国根本的经济方针。这就是说，新中国成立之初，中国共产党和中央政府是赋予民营经济合法地位的。不过，1951年针对私营工商业者开展的"反行贿、反偷税漏税、反盗骗国家财产、反偷工减料、反盗窃国家经济情报"（即"五反"运动）斗争的不断推进，引起了私营工商业主的恐慌，在一定程度上造成了工商业元气大伤。

第二阶段（1953～1957年）：手工业和资本主义工商业的社会主义改造。1953年确立了"一化三改造"的过渡时期总路线。实际上，这一时期的私营企

---

① 姚蕾、田志宏、陶益清：《商会组织的国际比较及对我国进出口商会发展的启示》，载于《中国农业大学学报》（社会科学版）2001年第4期。

② 沈永东、宋晓清：《新一轮行业协会商会与行政机关脱钩改革的风险及其防范》，载于《中共浙江省委党校学报》2016年第2期。

业是被当作资本主义工商业的，私营企业家也是被当作剥削阶级的。对于资本主义工商业的社会主义改造，从 1954 年至 1956 年底全面进行。中国共产党对之采取了"和平赎买"的政策，通过国家资本主义的形式，逐步将其改造成社会主义公有制企业，而且将所有制改造与人的改造相结合，努力使剥削者成为自食其力的劳动者。中国对资本主义工商业的改造包括对资产阶级分子的改造，使剥削者逐步转变为社会主义的劳动者。随着资本主义工商业改造的完成，资产阶级作为一个阶级被消灭了。

第三阶段（1958～1978 年）：私营经济彻底消灭和私营企业主彻底消失。1958 年"大跃进"和人民公社化运动的狂风飙起，使得"三大改造"中残存的少量的个体经济、集体农民的"自留地"、个体小业主在公私合营后的"自负盈亏"安排以及农民交换家产、农副产品的集市（"自由市场"）被作为"资本主义尾巴"而被消灭。至此，民营经济和作为一个阶级和一个政治成分存在的民营经济群体已经彻底不复存在了①。

第四阶段（1979 年至今）：民营经济苗壮成长与民营经济人士参政议政。改革开放后，随着个体经济的破茧而出和逐步壮大以及国家对非公有制经济性质、地位认识的不断深化，企业家开始在商品领域出现，这些企业家基本上都是在政策的夹缝里生长出来的。20 世纪 90 年代开始，国家允许私人经济发展，于是有大量的私人企业和股份制上市公司开始出现，真正的企业家也大量涌现。在这个时候私人企业家逐渐进入政界，担任人大代表和政协委员②。2002 年，新修改的《中国共产党章程》明确规定，只要条件具备，其他社会阶层的先进分子都可以申请加入中国共产党。这就意味着，民营企业家的政治身份彻底改变了。当然，1979 年至今，随着国内外政治形势的变化，对民营经济的定位和认识以及民营经济人士的政治地位也出现过一些变化，但从总体上看，改革开放以来，民营经济体现出苗壮成长的态势，民营经济人士的参政议政地位也在逐步提高。

（二）政商关系提升企业绩效的中国证据

上述研究得到了国内经验研究的证实，潘越等研究发现由地方官员更替引致的企业高管变更会显著降低制造业企业的经营绩效③。有学者更是直接指出，在市场经济和法制尚不健全的中国，各级政府行政往往超出法律之上，企业的腐败行为充当了"润滑剂"和"保护费"的作用，既能获取程序上的政治便利，还

---

① 吴敬琏：《转变发展方式还要靠改革来推进》，载于《中国发展观察》2010 年第 4 期。
② 毛寿龙：《中国政商关系的理论逻辑与未来趋势》，载于《人民论坛》2016 年第 28 期。
③ 潘越、宁博、肖金利：《地方政治权力转移与政企关系重建——来自地方官员更替与高管变更的证据》，载于《中国工业经济》2015 年第 6 期。

能得到如政府补贴、税收奖励等一定的政治收益[1]。叶静也指出，税收政策并非中性的，它受到政商关系的影响和塑造。[2] 商界力量通过三种途径来影响国家的税收政策，即利益集团、社会网络以及财政契约的方式。这三种方式在一定程度上造就了"赢者全得"的效应。因此，企业必须从战略高度上重视其与政府的关系，并依据内外部实际情况，有针对性地制定防御型战略、反应型战略、预期型战略和前瞻型战略等政治战略[3]。不管实施何种政治战略，都应该健全企业与外部的沟通渠道，建立相应的组织机构，配备专职人员，将政治行为纳入企业生产经营和管理等决策的全过程[4]。

（三）民营企业家参政议政的优化机制

要构建"亲""清"政商关系，减少政商腐败的发生，一个重要的历史和国际经验就是要保证各类民营企业政治参与的制度化[5]。常玉洁也指出了中国政商关系治理结构封闭、治理主体一元化、治理过程单向度等症结，并提出构建"亲""清"新型政商关系，需要从形成开放式多中心的治理结构、培育具有合作能力的多元行动主体、搭建合作互动通道等三个维度寻求实现路径[6]。综合学术界的研究成果，优化民营企业家参政议政，除了通过行业商会外，更需要从系统性、专业性、积极性和一致性等方面加以解决。

（1）系统性。优化民营企业家参政议政机制，需要加强系统设计。这就要求在体制机制上建立健全并不断完善各种参政议政制度和渠道。在宏观的制度设计上，应该加强统一战线等原有机制的作用发挥。在微观的参政议政渠道上，应该创新各种体制机制，比如党委和政府主要官员要定期定点联系辖区内重要代表性企业与重要代表性企业家[7]。更为重要的是，应该强调宏观制度之间、微观机制之间以及宏观微观之间的协同性和对接性。

（2）专业性。优化民营企业家参政议政机制，需要提高机制设计和机制运行的专业性。要从专业角度和专业思维研究民营企业家参政议政问题，这就要求从

---

[1] 贾明、向翼、张喆：《政商关系的重构：商业腐败还是慈善献金》，载于《南开管理评论》2015年第5期。

[2] 叶静：《税收政策中的政商关系》，载于《中共浙江省委党校学报》2011年第5期。

[3] 罗明新：《新型政商关系、企业政治战略与竞争优势》，载于《技术经济与管理研究》2017年第7期。

[4] 吴婧洁：《企业政治关联和政治战略的作用——从中国政企关系演变的视角》，载于《云南社会科学》2016年第5期。

[5] 杨典：《政商关系与国家治理体系现代化》，载于《国家行政学院学报》2017年第2期。

[6] 常玉洁：《治理理论对构建新型政商关系难题的破解》，载于《中央社会主义学院学报》2017年第1期。

[7] 唐亚林：《重塑新型政商关系的互动机制与交往规则》，载于《中国党政干部论坛》2016年第6期。

沟通平台、功能定位、权责分配、沟通程序等方面加强民营企业家参政议政的专业性和专业能力。具体来说，政府要建立分级管理、双向沟通的政商沟通平台，引导不同层次的沟通机构，建立功能定位准确、权责清晰的分工协作机制，使政商沟通程序化、制度化[1]。

（3）积极性。优化民营企业家参政议政机制，还需要培养其参政议政的积极性。培养民营企业家参政议政的积极性，必须增强其作为社会主义建设重要力量的使命感、荣誉感和自豪感[2]；必须构建民营企业家参政议政的良性循环，这要从政府和企业家两个方面下功夫。在政府方面，应该善于倾听，有效采纳企业家提出的关于各类行业问题、企业问题和社会问题的意见建议；在企业家方面，则应该要敢于摆事实，讲道理，加强调研和分析能力，提高参政议政水平。

（4）一致性。优化民营企业家参政议政，还必须注重民营企业家和党的路线方针的一致性。这是民营企业家参政议政的政治基础，也是民营企业家参政议政必须遵循的政治方向。在我国，必须用好用足统一战线这一平台机制，发挥统一战线在构建健康政商关系中的积极作用，建立起市场与政府、企业与官员的良性互动关系[3]，确保民营企业家提出的政策建议与党的路线方针和社会主义政治方向保持一致。

（四）我国商会与政府互动的制度环境

自 20 世纪 80 年代以来，以市场化为导向的经济体制改革和以简政放权与转变职能为中心的政治体制改革调整了政府与市场的关系，为商会组织的出现创造了社会空间。通过梳理党和政府关于行业组织和商会的政策法规，可将我国商会与政府互动划分为以下阶段：

第一阶段：萌芽与培育。1993 年颁布的《中共中央关于建立社会主义市场经济体制若干问题的决定》明确指出"必须培育和发展市场体系，发展市场中介组织，发挥行业协会、商会等市场中介组织的服务、沟通、公证、监督作用"。

第二阶段：进一步发展。1996 年的《政府工作报告》进一步强调要发挥行业协会、商会的作用，提出"把应由市场解决的问题交给市场，充分发挥行业协会、商会等市场中介组织的作用"[4]。

第三阶段：自律发展。2003 年通过的《中共中央关于完善社会主义市场经济体制若干问题的决定》指出"积极发展独立公正、规范运作的专业化市场中介

---

① 韩布谷、冯洁：《重塑政商关系新格局》，载于《浙江经济》2016 年第 9 期。
② 陈连艳：《政商关系：基本内涵、畸变形式与重构路径》，载于《中州大学学报》2017 年第 2 期。
③ 王伟达：《发挥统一战线在构建健康政商关系中的积极作用》，载于《理论观察》2016 年第 11 期。
④ 江华：《政商关系的演化与前瞻》，载于《江南论坛》2015 年第 9 期。

服务机构，按市场化原则规范和发展各类行业协会、商会等自律性组织"。这里突出了商会的自律性质及其发展的市场化原则，商会组织只有实现市场化发展才能更好地发挥积极作用①。

第四阶段：加快发展。2005 年的《政府工作报告》再次强调"加快转变政府职能。进一步推进政企分开、政资分开、政事分开。坚决把政府不该管的事交给企业、市场和社会组织，充分发挥社会团体、行业协会、商会和中介机构的作用"。

第五阶段：独立发展。随着改革的全面深化，2013 年，国务院办公厅发布《关于实施〈国务院机构改革和职能转变方案〉任务分工的通知》，提出"逐步推进行业协会商会与行政机关脱钩，强化行业自律，使行业协会商会真正成为提供服务、反映诉求、规范行为的主体"，在 2017 年"基本形成政社分开、权责明确、依法自治的现代社会组织体制"。关于政会分开的路径越来越具体化、明晰化，商会作为行动主体的地位也愈加凸显。

（五）我国商会与政府的互动

从性质上说，商会具有"俱乐部式的组织"和"代理人"双重属性。前一种属性主要反映的是商会与企业之间的关系，后一种属性主要反映的是商会与政府之间的关系②。因此，民营企业商会在与政府的互动中，主要体现的是其作为整个行业企业的"代理人"角色。这一角色具有两重意义，从政府立场上说，商会可以主动承担政府简政放权下来的职能，帮助政府规范市场秩序，维护商界的合法利益③。从行业企业的立场上说，商会可以聚合企业家的意愿、意志和诉求，以更有效地进行利益表达和政治沟通。

（1）我国民营企业商会的基本特征。从理论上讲，商会是企业和企业家的自治团体，是代表企业家利益的自治组织，由他们自行组织和自愿参加，是独立的民间社会团体和法人组织。只不过，由于中国的特殊国情，我们的商会性质较为复杂。按照来源来说，我国商会可以划分为政府主导推动的体制内商会、企业自主推动的体制外商会和政府企业合力推动的体制内外结合式商会④。当然，不同模式的商会都有其存在的原因和价值，现阶段也不需要对其做强制统一的规定和

---

① 何学文：《对我国商会组织市场化发展的研究》，载于《湖北行政学院学报》2009 年第 1 期。

② 黄红华：《商会的性质》，载于《中共浙江省委党校学报》2005 年第 5 期。

③ 靳浩辉、常青：《习近平倡导的"亲""清"新型政商关系：权力与资本良性互动的指南针》，载于《学习论坛》2017 年第 4 期。

④ 徐家良：《双重赋权：中国行业协会的基本特征》，载于《天津行政学院学报》2003 年第 1 期。

划分，而应该允许各种模式同时发展，让市场决定，促使它们在竞争中优胜劣汰[①]。但不论何种商会，都需要和政府进行交流、互动与合作。从我国实际情况看，民营企业商会与政府所进行的交流互动与合作在一定程度上表现为程序依附、实质合作[②]。这就是说，为了使自身存在更具合法性，民营企业商会必须严格遵循相关社团政策法规，不能违背党和政府的意志，按制度办事，按程序办事。同时，在实际运行过程中，商会又有自己的独立意志和自主能力，会基于会员企业的利益和偏好并作为其代理人与政府发生关系。

（2）我国民营企业商会的成长与发展。由于我国民营企业独特的发展历史和成长环境，民营企业商会经历了与西方商会截然不同的发展历程。作为中国民营企业商会典型代表的温州商会，其与政府的关系就经历了开创期的"监督、受管制、缺乏自主性"的关系、发展期的"互相服务、齐抓共管"的关系以及成熟期的"互动合作、合作治理"的关系[③]。郁建兴等通过考察温州商会对政府的依赖、交流以及政府对商会的管理和干预情况，提出温州商会与政府已经实现了某种程度的互动与合作[④]。王诗宗、何子英等的研究也显示，温州商会已经发挥了相当程度的自主性，其实际运作已经体现为行业自律、政府沟通和行业引领的商会使命[⑤]，可以说，已经实现了行业管理由政府部门管理为主向商会自主治理为主的转化。

（3）民营企业商会与政府合作的动力和基础。实际上，商会与政府的互动与合作对双方都是有利的。原先我国商会要履行主管单位、主管部门派发的行政管理职能，是事实上的"二政府"，缺乏为企业服务的意识和能力，缺乏对非会员企业的吸引力，因而降低了行业协调管理的能力[⑥]。正因如此，政府和商会、企业都意识到必须改变商会理念，转变商会职能，提高商会吸引力。各方逐步认识到，在政商关系中，行业商会作为企业的代理人，能代表行业企业的利益和偏好，而政府在既要承担更好引领、管理、服务于某个行业发展的职责但缺乏与各个具体企业打交道的前提下，必须依赖于行业组织和行业商会。比如，浙江商会、福建商会以共签承诺书的方式要求会员诚信守法、不欠薪、不行贿。山西商

---

① 冯巨章：《合法性、商会治理与企业社会责任演化》，载于《浙江工商大学学报》2018 年第 5 期。

② 马红光：《依附式合作：企业商会与政府的关系模式探析——以在京外地企业商会为例》，载于《首都师范大学学报》（社会科学版）2016 年第 4 期。

③ 彭正波：《从"缺乏自主"到"合作治理"——温州商会与政府的关系及其前景》，载于《北京科技大学学报》（社会科学版）2009 年第 2 期。

④ 郁建兴、江华、周俊：《在参与中成长的中国公民社会：基于浙江温州商会的研究》，浙江大学出版社 2008 年版。

⑤ 王诗宗、何子英：《地方治理中的自主与镶嵌——从温州商会与政府的关系看》，载于《马克思主义与现实》2008 年第 1 期。

⑥ 张家林：《商会的性质、机制与我国商会的转型》，载于《上海经济研究》2009 年第 7 期。

会还成立了党委和纪检组，并向全社会作出"五不"承诺，即不损害职工群众合法权益、不失信于客户消费者、不偷漏税款、不进行商业贿赂以及不为党政公职人员违反中央八项规定提供便利条件①。可以说，商会的这些行为，都是对政府履行经济管理职能的支持和帮助。换言之，从某种意义上说，政府行使经济管理职能时，必须得到行业商会的帮助，这就是民营商会与政府互动合作的"资本"，也是民营商会与政府互动合作的动力所在。

（4）民营企业商会的政治参与。政治参与影响公共政策是民营企业商会和政府互动的基本内容和主要目的。陈剩勇、马斌等通过对温州商会的广泛调查和深入研究发现，民营企业商会的利益聚合、利益表达和政治参与机制是：首先，通过调查研究，提出本行业企业存在的问题，参与到政府对本行业的发展规划中去；其次，通过商会中的人大代表和政协委员提出提案，在人大会议和政协会议以及诸如内参等各种内部渠道向政府职能部门提出政策性建议，力图通过形成政策议题进而参与到公共政策的制定过程中去；最后，发挥中介桥梁作用，及时向政府职能部门反映行业企业存在的问题、困难和利益诉求，力求得到政府的重视、支持和帮助；当然，在政策执行过程中，商会也会依据本行业实际情况，影响政策的实施和调整②。

四、现有文献研究的不足之处与未来的研究方向

第一，对"不健康"政商关系的演化过程和主要类型缺乏系统评估，需要结合多案例研究和大样本调研等方式对"不健康"政商关系进行分门别类式的类型学研究。

从现有文献来看，区别于新型"亲""清"政商关系，学者们对"不健康"政商关系作了相对充分的讨论和解读，但这些讨论和解读大多停留在经验现象观察和个人感想感受的层面，非学术色彩较为浓重。实际上，政商关系是随着非公有经济发展而不断发生变化的，在不同类型行业领域和不同特质企业家身上，政商关系也具有不同的表现特征。为此，本书将多案例研究和大样本研究结合起来，发挥并整合其各自优势，对"不健康"政商关系的演化过程和主要类型作一系统评估。

第二，对新型政商关系的生成逻辑和支撑条件缺乏深入研究，需要从基础理

---

① 刘道刚：《把握"亲""清"要义》，载于《中国党政干部论坛》2016 年第 6 期。
② 陈剩勇、马斌：《温州民间商会：自主治理的制度分析——温州服装商会的典型研究》，载于《管理世界》2004 年第 12 期。

论、历史经验和逻辑推演三个角度夯实新型政商关系研究的理论基础。

新型政商关系是习近平总书记在新形势下为了实现经济发展，建设政治文明而对我国政商关系未来发展走向所做的预期和要求。对构建"亲""清"为核心的新型政商关系的基础要素，特别是以基础要素为基础的新型政商关系生成逻辑和支撑条件缺乏科学论证。实际上，治理理论、中国特色社会主义经济理论和西方发达国家的政商关系实践以及我国政商关系历史经验等都能为新型政商关系提供基础要素、生成逻辑和支撑条件所需的基础理论和历史经验。对这些理论营养和经验素材进行有效的逻辑推演，是本书的研究基础和重要目标。

第三，对政府职能与政商关系协同演化的研究不足，需要深入研究政府职能与政商关系协同演化的基本原理，在此基础上构建并应用协同程度的指标体系。

政府职能影响政商关系，转变政府职能有利于构建新型政商关系，这已然成为学界乃至社会各界的共识。然而，现有研究并未从理论上圆满回答政府职能为何能影响政商关系，转变政府职能又如何有利于构建新型政商关系，政府职能和政商关系之间究竟存在何种逻辑关系的问题。现有研究沿袭的传统政治经济学权力与资本关系的进路，虽有理论抽象，但理论解释力和现实指导意义稍显苍白。因此，需要深入研究政府职能与政商关系的协同机制，在搞清两者协同机制理论问题和影响因素的基础上，通过构建指标体系和实际评估回应并验证理论命题。

第四，对民营经济人士和商会制度性和非制度性政治参与的协同机制研究较为缺乏，需要以政治学和制度经济学的理论工具对其做更为深入的研究。

通过政治参与影响政策的制定、实施和调整是民营经济人士和商会之于政商关系的核心问题。现有研究存在两个问题，第一，很多诸如"潜规则""厚黑学"式的研究属于个体的经验感想和生活哲学，缺乏现代学术范式的支撑；第二，将制度化政治参与和非制度化政治参与结合起来的研究不多。因此，很有必要利用政治学和制度经济学提供的分析概念和理论工具对民营经济人士和商会制度性和非制度性政治参与既做分别研究又做两者的协同机制研究。

第五，对构建和保障新型政商关系的法治框架缺乏总体性设想，需要从人大立法、政府行政、司法体制以及企业信用体系、商会沟通机制等维度进行整体性的顶层设计。

从目前研究来看，绝大多数学者都意识到法治在构建新型政商关系中的关键作用。但这些研究成果大多较为零散，且很多只停留在呼吁和表象层面，缺乏真正的深入思考和规范分析。本研究将立足中国特殊的政治体制和转型情境，从面向新型政商关系的法律法规体系、立足政商权利保障的司法体制改革、作为政商关系"现场"的行政执法体制以及从企业信用体系和商会沟通机制出发，通过总体性的设想，构建一个多维度、立体式的新型政商关系法治框架。

第六，对互联网经济之于政商关系影响的关注度不够，需要重点研究巨型互联网企业对政府服务能力、规制能力的挑战和政府可能的应对策略。

互联网经济是信息革命在经济领域的必然产物。互联网经济和传统经济具有诸多不同，因此，基于传统经济形成的政商关系不能和互联网经济形成有效协同。实际上，面对互联网电商、大型平台企业等数字经济新现象，政商关系的构建面临着诸多的不确定性和挑战性，对于政商主体之间的行为互动模式具有颠覆性和重构性影响。虽然已有的文献对互联网经济进行了深入分析，但忽视了数字经济变革过程中政商关系细微而深远的变化，对于数字时代的政商主体的行动特征更是显得有些薄弱。其实，不论是从经验的角度还是逻辑的角度，巨型互联网企业及其运作模式和市场范围，对于传统政府来说是陌生的。因此，政府该如何管理好、服务好互联网经济和巨型互联网企业，是构建新型政商关系的应有之义和重要内容。

第三节　写作思路和基本框架

一、本书的写作思路

优化我国新时期的政商关系和互动机制，首先应解决一些基本的理论及目标模式问题，剖析出实践中出现的问题及其原因；其次应建构政商互动模式与运行机制的基本理论框架，这涉及政府角色和商企主体角色层面协同，参与、互动和调整过程层面的协同，政商互动要素层面的协同以及政商关系制度层面的协同；最后还需积极探索政商互动模式与运行机制的具体设计，包括法律保障机制、政府职责完善机制和商企主体参与机制。本书研究遵循问题揭示、成因分析、解决方案设计、解决方案论证及政策建议的基本思路，从本书研究目标和基本内容出发，综合运用特殊群体参与研究法、比较制度分析法、典型案例分析、大样本分析等多种研究方法，基于理论层面的学术思考和实践层面的现实感知，进而辅之制度维度和工具维度的多方位分析，对本书的重点内容进行研究，最终发展出中国特色新型政商关系的模式和机制，并试图对如何优化当下政商关系以及互动机制这个问题提供可资参考的政策建议。

二、本书的基本框架

完善中国特色社会主义市场经济体制，就不能不处理好政府与市场、政治与经济、权力与资本等多个维度的关系，而构建"亲""清"新型政商关系则是妥善处理好这些关系的重要前提，也是推动国家治理体系和国家治理能力现代化的重要内容。详细来说，"政"和"商"是作为国家治理体系中最为关键的两大主体而存在的，两者之间的关系是否"亲""清"将事关中国特色社会主义市场经济制度的效能转化。在此背景下，习近平同志用"亲""清"两字深刻阐释了新时代新型政商关系的新内涵、新要求、新路径，为我国政商关系的发展提供了根本遵循。故而，本书致力于研究的核心问题是：以"亲""清"为核心的新型政商关系的内涵以及如何使这种关系规范化、制度化和法治化。

探索建构以"亲""清"为主要特征的具有中国特色的新型政商关系，尤其需要对政商主体及相关要素进行抽丝剥茧般的细致解构，然后基于现代市场经济的基本规律、法治化要求和中国独特的文化传统与制度优势等方面对政商关系的多元主体功能角色和互动关系逻辑进行重新整合。本书将"政"界定为作为组织的党和政府以及作为个体的官员构成的政治权力主体，将"商"界定为由企业、企业家（商人）和企业家组织（商会、行会）组成的市场行为主体。基于此，课题将从微观、中观和宏观三个层面对涉及政商之间多主体多层次关系加以研究：政府官员与企业家（商人）的关系、政府与企业（企业组织）的关系、政治（权力）与经济（资本）的关系。在此基础上，从规范层面分析在中国特色社会主义国家治理结构中政商关系的基本逻辑理路，从经验层面探索当前中国政商关系存在的问题症结并提出解决路径。

本书认为，要构建以"亲"和"清"为核心的新型政商关系，基本方向是政商双方各自规范并优化自身的职责行为，并健全以法治为核心的政商关系规范体系。而这种规范和优化，必须建立在深入分析中国的国家治理结构特征、深入分析影响当前政商关系的文化和制度等多重因素内在关联的基础之上。从"政"的角度而言，构建新型政商关系的关键在于优化政府职责。没有一个职能科学、权责法定、执法严明、公开公正、廉洁高效、守法诚信的政府，政商关系的"亲"和"清"便无从谈起。只有明确政府在政商关系中的职和责，才能厘清政府的权力和行为边界。与西方市场经济政商关系不同的是，中国在市场经济发展中的党和政府一直扮演着积极有为的角色，中国政府在政商关系中具有主导性地位在调动和整合资源方面有着无可替代的作用。因此，构建新型政商关系，绝不仅仅是限政府的权，而是要在控制政府越位和乱为、力求"清"的同时，推动政府积极有为，服务企业和经济发展以求"亲"。从"商"的角度而言，构建新型政商关系需要企业家和企业家组织规范自身行为、提升行业自治能力。长期以来，由于传统文化的影响、滞后的制度体系建设等原因，政商关系一直存在扭曲畸变。实质上，"亲""清"为核心的新型政商关系，是一种政府积极为企业解决经济发展中的难题，政府与企业制度化互动不断强化，而官员和企业家人际互动不断弱化，双方互动纳入制度化的过程。因此，需要通过提升行业自治及规范企业家参政，来规范商企主体在政商关系中的行为，从对权力的依附迈向与政府的合作治理。

除了从"政"和"商"两个维度分别分析新型政商关系构建中两者的角色、功能和定位，还需要健全以法治为核心的社会规范体系。法治是现代国家治理的本质属性，政商关系是国家治理中一对极为重要的关系，新型政商关系的构建就是加强政商关系法治化的过程。从法治角度而言，新型政商关系的构建既需要从立法角度为政商关系建立法律规范，也需要从执法和司法角度为其提供保障。需要指出的是，中国的政商关系建立在中国独有的文化传统和社会基础上，之所以在"清"的同时还要强调"亲"，绝不仅仅是通过法治路径在两者之间划清界限，还要通过社会伦理规范对新型政商关系的构建进行价值引导，除了强制性的法律法规外，还需要柔性的社会伦理来加强政商之间的良性互动。因此，中国语境中新型政商关系的法治化，是隆法明德，以法律为根本、以社会伦理和优秀传统文化为依托的政商关系。

社会经济形态的变迁必然带动社会关系的深刻变化。中国正处于高速发展阶段，经济社会发展过程中的一些新元素、新变量、新特点，正悄然改变传统的政商关系基础。近年来，互联网经济正深刻改变中国的经济形态，已悄然影响政商关系的诸多领域。一方面，互联网的技术手段给政府监管带来了巨大挑战，如打击网络犯罪、管控网络舆论等方面，都使政府面临巨大压力。另一方面，更为重要的是，以互联网经济为代表的新经济正深刻改变政商关系的形态，互联网经济使政商之间的关系更加简洁明了，但虚拟化跨时空的经济活动带来了政商主体间互动的多重错位。如我们在调研中发现，互联网经济的跨区域性与传统政府属地管理的原则发生了很大矛盾，阿里巴巴所在的杭州余杭区的工商行政管理部门每年接到的网络商业投诉几乎接近某些省份一省的量，而属地管理的原则使接到投诉的地方政府无法跨区域办案。事实上，网络虚拟经济已经与实体经济"分庭抗礼"，有必要建立专门的线上政府，以适应互联网经济的形态。本书认为，作为新经济的重要代表，互联网对政商关系的冲击将是持续性的，需要对其进行深入研究，以使新型政商关系的构建适应新经济形态。

基于上述逻辑，本书的总体框架是：为构建中国语境下以"亲""清"为核心的新型政商关系，本书试图探索一个发展型的、前瞻性的，能够促进政商良性互动的制度化路径。首先，本书认为新型政商关系中的政府依然需要也可以是积极有为的，新型政商关系不是简单地限制政府权力，而是推动一个规范化而又积极有为的政府，在此基础上探索不同主体的角色定位、行为规范及职责优化；其次，以"亲""清"为核心的新型政商关系是现代法治和传统文化有机结合的政商良性互动关系。探索将以"法治化"为核心的社会规范和传统文化的现代转化有机结合，在法治基础上的"清"中融入传统人际互动的"亲"，而这种"亲"避免落入传统陋习的关键是探索推动政商关系由过去的注重官员和企业家之间的人际互动引导向注重政府与企业之间的制度化互动；最后，基于互联网经济正深刻改变经济形态，其必将持续深入地影响政商关系，有必要专门对此进行研究，以保证课题的前沿性和前瞻性。综上所述，本书将新型政商关系放在中国国家治理现代化的高度，探索传统与现代文化融合的、政府积极有为的、面向未来的新型制度化政商良性互动关系。

第二章

历史维度下中国政商关系的演变与发展

第一节 古代中国政商关系的表现形式

中国无疑是世界上商业兴起最早的国家之一，著名经济史学家赵冈、陈钟毅指出："中国的国内商业活动，不但起源极早，而且十分发达，其发达之程度与其他若干部门几乎不成比例。"[①] 尽管商业在中国历史上是如此的早慧且发达，但是纵观中国古代的商业发展，"商"却一直被"政"所抑制和主导。自秦始皇在著名的"琅琊台刻石"中深深铭刻上了"上农除末，黔首是富"，将重农抑商确立为基本国策之后，后世历代王朝同各种抑商制度与政策之间，似乎就有了解不开的"俄狄浦斯情结"[②]。中国王朝史诚可谓是一部抑商史，国家机器对商业的控制、干扰以及盘剥始终不曾中断，这给商业的发展烙上了深刻的权力烙印。整个古代中国的政商关系也正是一直通过"以官抑商"的形式表现。商人阶层一直都不是社会发展的主流，他们无一不在君主政治的高压之下委曲求全，始终被各类政治势力所摆布，无法充分掌握自己的命运。诚如费正清所言，在中国历史漫长的发展历程中，商人向来是地位低下的，只是社会各阶层的一个配角，甚至

---

① 赵冈、陈钟毅：《中国经济制度史论》，新星出版社2006年版。
② 唐力行：《商人与中国近世社会》，中华书局1995年版。

是边缘角色，任由统治阶级控制①。

在历代王朝普遍推行的抑商制度实质上是以服务专制皇权为核心的大一统中央集权制度为目标。随着中央集权不断增强，商业作为其中的一项重要内容，时刻处于政治权力的支配之下，集中地体现出为官所有，为官所管，为官所用的特征。这种特征又反映为两个方面，其一在于禁榷专营与经济统制相结合，即国家垄断或控制最重要、最核心、最关乎民生的经济资源，在这些行业和领域中最大限度地排斥市场，不容任何民间势力觊觎；其二则是国家实行各种制度化的抑商政策，严密监控商人的日常生产生活并对其课以重税，甚至公开半公开地掠夺商人财富，极力控制民间工商业的发展，将市场经济的规模限制在较低的层次和较小的范围。

一、萌芽式的初步发展：无政治社会至秦朝一统

从古籍记载中可知，早在上古尧舜时期，中华文明尚处萌芽阶段，市场制度就已经开始建立，商品交换的领域也已相当广泛。如《周易》载："庖牺氏没，神农氏作……日中为市，致天下之民，聚天下之货，交易而退，各得其所。"②在该时期，便有虞舜"耕历山，渔雷泽，陶河滨，作什器于寿丘，就时于负夏……一年而所居成聚，二年成邑，三年成都"③的说法。在这当中虞舜所扮演的角色，既包括农夫、渔夫，也包括工人、商人等工商业类别的职业身份。在不断的生产开发过程中，虞舜所拥有的财力和能力，也被帝尧所青睐，成为了帝尧的接班人，更是下一段历史时期的统治者。在某种程度上，尧舜之间的关系，成为政商关系的开端，政治中心的走向与工商业发展及其所带来的社会财富和物质资源息息相关。

到了商朝，华夏先民们创造了商业发达、经济繁荣的社会景象，不仅平民以经商为生计，贵族也纷纷经营此道。《诗经》中载："商邑翼翼，四方之极。"④《尚书》也载："肇牵车牛，远服贾，用孝养厥父母。"⑤商朝时期的区域贸易变得更加紧密，在二里头、盘龙城、殷墟等殷商时期的遗址中，包含来自东亚、中亚甚至南亚等各个文明的文物作为陪葬品或者装饰用品⑥。通过残留的文字可知，

---

① 吴晓波：《跌荡一百年》，中信出版社 2009 年版。
② 金景芳等：《周易全解》，吉林大学出版社 1991 年版。
③ 王炳社：《〈史记·五帝本纪〉主旨隐喻论》，载于《理论导刊》2010 年第 12 期。
④ 《诗经译注：商颂》，周振甫译注，中华书局 2002 年版。
⑤ 周公旦：《尚书正义：卷 14：酒诰》，孔安国撰、孔颖达疏，上海古籍出版社 1990 年版。
⑥ 唐际根：《殷墟博物馆：精美文物诠译殷商文明》，载于《国际博物馆》（中文版）2008 年第 21 期。

这里不仅包括战利品，还有很大一部分文物来自国家之间的贸易和交换。在这时，个人与个人之间的交易逐渐开始转换为集团与集团之间的交易，政商之间的关系逐渐以合作的形式呈现。统治阶级作为政治权力的代表者，通过商业贸易的方式获得更加广阔的社会资源，而不仅仅局限于自身所处的社会内部。而商人也借助政治权力所赋予的权利，穿梭于各个国家之间进行贸易，购得物资的同时获得一定的利益。

发展至周朝，政府通过进出口贸易以获取社会所需物品。直到春秋时期，在史册中出现了首批商人的姓名，例如郑国人弦高、齐国人管仲、卫国人子贡等，他们普遍拥有政治家与商人的双重身份，这就意味着商人不仅仅是提供物资的重要载体，更是影响政治格局、决定政治形式的重要力量。随着生产资料以钱币作为中介进行物品间的交换，政商关系发展模式从"物物合作"不断向"内外兼修"转型，与此同时商人财富的积累导致商人的身份和社会地位在实际中亦得到了进一步提升。在这一过程中，奴隶社会开始向封建社会转变，物质资料的占有开始成为衡量其社会地位和政治地位的重要依据。此外，政商关系的融合影响国家之间综合力量的对比和差异，加剧了战国时期的混乱局势。譬如，齐国人管仲最先从国家战略的层面发现了工商业的营利性，他在继承了齐国"极技巧，通鱼盐"的重商传统的同时，格外强调政府对国家经济进行宏观管控，明确提出了将"官山海"作为富国争霸之策，即由国家直接控制和开发山林湖泽等自然资源，所谓"泽立三虞，山立三衡"①，其中尤以控制盐和铁的产销为重。傅筑夫认为中国历史上的禁榷制度正是始自管仲。盐铁专营理念是管仲"轻重论"经济思想的重要成分，相当于一种"寓税于价"的特殊税收政策，这种增加国家财政收入的思路对后世王朝影响深远。

秦国在春秋战国的混乱时期崛起，商业发展为其实现大一统奠定了重要的经济基础，然而秦国内部却曾对政商关系的界定产生过阶段性分歧。第一阶段，商鞅变法时期主张严格限制商人的经营范围，大幅提高商人的营业税，增加商人的徭役义务，禁止金属货币流通，最大程度地降低秦国境内的商人数目，意图通过政治手段遏制商业的发展。第二阶段，由于商鞅叛乱，对于商人的政治遏制也逐渐取消，取而代之的是新的金属货币的产生，其便利性和通用性为秦朝的建立带来了巨大的财富基础，使当时的秦国成为财富最盛的国家。第三阶段，在秦朝建立之后，秦始皇实行了大量与商鞅相反的经济制度，对于创业成功的商人，秦始皇给予相当高的权力和地位，而非限制和控制，部分商人的地位也因此得到了极高的提升。然而秦朝中央政府对待不同经营规模商人的态度却呈现极端反差，一

---

① 尚学峰等：《国语》，中华书局 2007 年版。

方面，对于从事盐业、冶铁业等行业，秦始皇予以宽容，甚至支持；另一方面，对于规模较小、流动性较强的小商贩，秦始皇依旧保持增加徭役、提高营业税的做法。

秦朝及之前的政商关系以满足政治需要为出发点。商业作为实现政治利益的重要工具，在为政治权力积累大量的物质财富的同时，也充分巩固了政治权力的统治地位。政权主体往往通过对内的经济制度以及对外贸易方式的双重作用实现政治发展的需要。在以政治为中心的政商关系中，存在着三种表现形式：（1）政商关系的合作状态，"政""商"之间处于平等且独立的地位。政治权力赋予商业贸易的权利，保证其商业贸易过程中的合法性，维护商业贸易的利益，由此来获得商人对政治权力的认可和拥护，同时政治权力主体通过商业贸易得到生产资料，巩固与之政治地位相匹配的经济地位，保证其统治的有效性。（2）政商关系的融合状态，即拥有政治人与商人的双重身份，"政""商"之间处于平等且统一的地位。这在一定程度上使得执政者更加清楚地了解社会经济发展的现状，以保证国家政策制定具备合理性，符合社会现实需要，继而提高政治效率，但这种融合状态也极易导致统治阶级内部的关系产生分化，由经济结构带来的内部关系分层使得统治阶级内部产生矛盾和斗争，不利于统治的稳定性。（3）政商关系的统治状态，"政""商"之间处于不平等且独立的地位。政治权力主体对商业的发展的"兴"与"衰"几乎起着决定性作用，当执政者认为商业的发展可以为其政体服务时，便促进其发展，反之，则抑制其发展。诚然，不同执政者对于不同类型的商业活动反映出差异化需求，但都基本上通过宏观政策以鼓励商业发展，保持商业对政治的促进作用。

截至秦朝，政商关系以对外贸易为重要表现形式。大量文物表明，商业贸易作为古代中国对外交流的重要形式，其一方面满足了本国的物质需要，另一方面加深了本国对外领域的了解，推动了国家进一步扩张。政治权力主体在对外关系上，对于商业贸易一直抱以支持的态度，在促进其实现自身利益的同时，发展本国的经济贸易和对外认知力。故而，商人们往往乐于对外进行贸易，在获得财富的同时也获取相应的政治权利。对外贸易作为政商关系的重要表现形式，既有利于"政""商"之间更好地进行沟通合作，也为处理对外关系、实现政治制度的优化构建以及促进专业化商会的形成奠定基础。

二、波动式的协调状态：秦朝灭亡至魏晋南北朝

以上情况在汉朝发生了转变。到汉朝，商业繁盛，从商之风日盛，《史记》中记载："汉兴，海内为一，开关梁，弛山泽之禁，是以富商大贾周流天下，交

易之物莫不通，得其所欲。"① 东汉王符亦写道："今举世舍农桑，趋商贾，牛车马舆，填塞道路。"② 然而汉朝时期政商关系发展却并不稳定，该时期政商关系的变化在很大程度上受到政权主体所颁布的经济政策，以及国家财政的收支情况的影响，因而总体上呈现出"二起二落"的变化态势。西汉初期，政商关系处于稳定期，良好的社会经济制度为商业发展的稳定创造了条件。货币政策渐趋完善，成功的币制改革使得经济活动空前繁荣，大量商人相继出现，例如刀间、曹邴氏、师史、宣曲任氏等。与此同时，汉文帝时期推崇"无为而治"，进一步延续了经济政策的稳定性，也推动了文景之治的盛世到来。汉武帝时期，常年征战匈奴导致国家出现财政赤字，为了增加财政收入，汉武帝对盐、铁以及酒等行业施行禁榷专营，任用桑弘羊等官员主持全国的盐、铁、酒的专营事项，由官府集中控制其生产和流通，严禁百姓私自涉足这些产业的经营，以此将盐、铁、酒榷之利尽数收归国家。《汉书》中对此记载："愿募民自给费，因官器作煮盐，官与牢盆……敢私铸铁器煮盐者，钦左趾，没入其器物……使仅、咸阳乘传举行天下盐铁，作官府。"③ 自汉武帝之后，盐、铁、酒三大产业成为此后历代王朝禁榷专营商品的核心部分，历代延续几乎从未中断。此外，为了进一步扩大财政需求，汉武帝进行了大规模的抑制物价、征收资产所得税等抑商举措，商人地位逐渐下降，商业活动受到极大限制。在这个时期，政商关系产生了极大的纷争，国家垄断的出现以及抑商的财政政策在阻碍商业经济发展的同时，也使得农业经济受到影响，社会生产力的下降导致西汉的经济一度呈现出崩溃状态。在此之后，政商之间的关系持续走向下坡路，王莽时期"五均六筦"法令④的颁布以及多次进行不正当的货币改革，市场交易活动一度陷入混乱，社会生产也受到极大影响。直到东汉时期，刘秀即位，废除中央盐铁官营制度，逐步恢复"文景之治"时期的经济政策，汉朝才逐渐摆脱经济颓势，商业活动得以相对恢复。然而，盐铁官营制度虽然被中央废除，"重农抑商"的政策依旧被保留，这也导致其商业繁荣程度很难恢复至汉朝初期的状态。

由于地域环境优势，汉朝以后，北魏成为最繁华的商业都市，商人的地位得到了提高，洛阳也成为当时商业最为繁华的城市。根据《洛阳伽蓝记》记载，北魏时期的洛阳已出现近似于现代公司体系的企业和商业帝国，"舟车所通，足迹所履，莫不商贩焉。是以海内之货，咸萃其庭，产匹铜山，家藏金穴。宅宇逾

---

① 司马迁：《史记：卷129：货殖列传》，中国文联出版社2016年版。
② 王符：《潜夫论：浮侈》，上海古籍出版社1978年版。
③ 班固：《二十四史全译·汉书：卷24：食货志下》，许嘉璐编，汉语大词典出版社2004年版。
④ 杨华星、缪坤和：《试论盐铁会议及西汉后期的盐铁政策》，载于《盐业史研究》2007年第1期。

制，楼观出云，车马服饰拟于王者"①，由于生产力的发展及交通运输等基础设施的完善，贸易商人的经营范围逐渐扩大，商人的地位在北魏时期的洛阳已逐渐回升。但是，与此同时，受到前朝不稳定的经济政策的影响，"卖官鬻爵"之风逐渐兴起，这代表商人希望获得与其经济地位相符合的政治地位。在该时期，政商关系的不平等依旧存在，甚至趋于扩大，商业主动寻求与政治结合，形成一种单向的交流趋势。"政"对"商"的政治统治逐渐加强，其途径是通过经济制度的颁布来实现。在这过程中，统治阶级急于夺取商人的利益，激化了两者的矛盾，导致双方隔阂加深；商人难以与政权主体相抗衡，甚至为了稳定的经商环境向政权主体靠拢。但另一方面"商"对"政"的反作用也开始显现，商人对于政治地位和权力的不断追求，导致政治结构紊乱、选官政策失效等现象的产生，中央政府对待商业活动的态度更为复杂。

秦汉之后乃至魏晋南北朝，尽管"工商食官"的旧体制已被坊市制度所取代，但后者仍然带有浓厚的抑商色彩，其实质仍是朝廷设市、专官管理、固定市场的位置、限制交易时间、管制交易行为与物价等。官府大都通过对市场的控制来干预正常的商品流通过程，目的就在于限制工商业者获利。中国古代社会的市基本都属于君主政治结构中的一部分，市的兴废与商业自身的发展状况并无多大关系，反而是统治者意志的集中体现。与之相对应的是，古代中国的城市同样也不是单纯的工商业生产或交换中心，而是政治统治和国家税收的中心。"城池之设，所以严守备而防民患也"②，足以说明统治职能之于城市的至上性。

三、规范化的联动形式：隋唐盛世至明清时期

隋唐鼎盛之时，商人经营遍及天南海北，大诗人元稹诗曰："求珠驾沧海，采玉上荆衡，北买党项马，西擒吐蕃鹦，炎洲布火浣，蜀地锦织成。"唐朝作为古代中国历史上政治经济最为繁荣的朝代，拥有当时世界上最大的免税区和自由贸易区，来自各个国家以及地区的商人都在这里进行交流、贸易，商业的繁荣也为大唐盛世的造就提供了巨大动力。在商业的发展政策上，唐朝沿用了汉代抑商的相关政策，其中比较有代表性的抑商政策有："工商之家不得舆与仕"③"工商杂色之流，必不可超授官秩，与朝贤君子比肩而立，同坐而食"④等内容。此外，唐朝通过官府设置专门的"市场"，作为贸易交流的主要场所，与此相匹配

---

① 杨衒之：《洛阳伽蓝记》，中华书局1991年版。
② 韩大成：《明代社会经济初探》，人民出版社1986年版。
③ 刘昫：《旧唐书：卷43：职官志》，中华书局1975年版。
④ 刘昫：《旧唐书：卷177：曹确传》，中华书局1975年版。

的还有各个市场的管制部门，而管制的目的也十分明显，即束缚商业不使其自由发展，加强官府对商人的管控。《唐律疏议》中有记载："谓公私市易，若官司遣评物价，或贵或贱，令价不平，计所加减之价，坐赃论，入己者，谓因平物价，令有贵贱，而得财物，入己者，以盗论。"① 可见尽管唐朝时期拥有众多繁华热闹的商业区，但是商业贸易的自由程度十分受限。因此，建立市是中央集权制度对经济控制需要，而不是满足商业需要的产物。市的兴废不取决于商业的盛衰，而是取决于统治者的意志。唐朝除了以政权之力控制国家上游产业、垄断顶层市场之外，丝毫不放松对民间市场进行干预和操纵，还进一步推行"公廨本钱"制度，由政府将公款借给数位"捉钱令史"，再由这些人将其从政府借来的本钱投入商业或贷放市肆取利，以扩充财政收入，从而解决各级官吏的俸禄等问题。《唐会要》中记载："大率人捉五十贯已下，四十贯已上，任居市肆，恣其贩易，每月纳利四千，一年凡输五万。"② 该制度在实际操作过程中，一方面，"捉钱令史"手持朝廷的指令，与百姓交易时往往借势欺人，强买强卖之风愈演愈烈，民众承受着日益严酷的官营高利贷剥削。另一方面，"公廨本钱"实际上开辟了一条商人买官入仕的新途径，显然这种权钱交易的行为加深了政治的腐败程度。

唐朝的部分商人正是依靠"公廨本钱"制度使自身的力量不断强化，进而形成了具有一定势力的资产阶级，这也导致他们这一群体对政治的诉求不断提高，作为"中国第一次资产阶级革命"的"安史之乱"正是在他们日益膨胀的政治需求中爆发的。"安史之乱"爆发后，唐朝时局一片混乱，在唐德宗主政后期，政府为缓解财政危机大开征商之途，先是以"借商"之名对京城商人的财产进行残酷搜刮，随后又征"间架税""除陌钱"，大肆滥征关津之税，最终导致唐代初现繁荣的商品经济一落千丈③。

基于唐朝的经验教训，一方面，宋朝政府取消了对原有商业区域的划分，同时重新将盐业、冶铁业、采矿业和酿酒业等行业作为国有垄断资产，唐朝所创造的良好营商环境并未获得保留，商人地位开始下降，其经济实力也大不如前；另一方面，宋朝为了满足军政费用，大量发行货币，导致社会动荡，引发经济危机。在两宋时期，政府试图建立彻底的统制经济模式，由中央政府对全国市场进行整体性支配和调控，最大限度地挤压民间商人的盈利空间。北宋著名的"王安石变法"将汉武帝首创的"平准"与"均输"二法背后的国家垄断市场、与民争利的精神发挥到了极致。在王安石的主政之下，整个朝廷几乎变成了一个权力空前膨胀的"政府型公司"，首先由政府专门设置发运使、市易司等衙门，统管

---

① 长孙无忌：《唐律疏议：杂律上·市司评物价》，商务印书馆 1933 年版。
② 王溥：《唐会要：卷 91：内外官料钱上》，商务印书馆 1935 年版。
③ 傅筑夫：《中国封建社会经济史（第四卷）》，人民出版社 1981 年版。

市场调控；其次从国库中专门划拨资金作为均输的本钱，意图控制城市中的商品零售行业，甚至连蔬菜瓜果这类民间日用至为琐碎之物都划归政府的垄断之中；最后再由政府将所收购的商品统一定价并向人民销售。王安石的"市易法"可谓将"轻重论"的思想发挥到了极限，政府不单单进行宏观调控，更是直接下场经营，掌握货币、平衡物价、调剂供求，守四方之高下，通轻重敛散之权，最终实现"国无游贾，贵贱相当"①。加之两宋时期商税更是苛繁日甚，正规的商税下包含项目繁多的经总制钱、月桩钱、版账钱等税项，再加两税以外其他的种种附加税，甚至空身行旅也要纳税，多得连官府都难以数清。连宋神宗都不得不承认："古者十一而税足矣，今则取财百端，不可为少。"②朱熹也认为北宋的灭亡有很大原因就在于对民众的肆意盘剥："古者刻剥之法，本朝俱备。"③

政商关系在这个时期重新陷入危机，其联动模式僵化，甚至产生负效应④。直到元朝，商贸活动的重要性再次被意识到，大量对外贸易的活动就此产生，随之而形成的外贸商会也成为这一时期的重要贸易主体，政府通过"海禁"的形式对商业贸易加以控制，形成一种严格管理的被动性联动。到了明朝，其政权主体不但继承了宋朝的抑商政策，更是延续了元朝的"海禁"，商人的地位陷入了低谷。明朝对商人的控制较前朝有过之而无不及，朱元璋先后下令商人"只许穿布，不得穿着绸纱绢"；"做买卖的发边远充军府军卫"；"若有不务耕种专事末作者，是为游民，则逮捕之"⑤。明朝政府为控制商人还实行"路引"制度，须由外出经商者事先向基层州县官府提出申请，路引上必须注明申请者的各种详细信息，以备沿途关卡和旅店随时盘问查验，一旦发现无引或者引目不符的情况，轻则逮捕下狱，重则发配充军甚至以死罪论处。在赋税方面，从明初洪熙年间额外加征"市肆门摊税"到明末万历年间遍行全国的矿监税使，政府对商人极尽重征叠算，不遗锱铢，征税的范围包括商品税、经营税、车马税、过桥税、牙税等，税种呈现逐年增多的总体趋势。特别是那些矿监税使更是倚仗皇帝的威势，公然向商人勒索敲诈，如广东税监李凤在征税时"栓富民数十人悬仪门树上，拷讯之，入金乃免"⑥。万历时首辅沈一贯上奏谴责滥征商税之害称："群虎百出，逢人咆哮，寸寸张罗，层层设阱，于是商旅必不行，而赋税无所得。"⑦ 在明王

---

① 管仲：《揆度》，黎翔凤、管子校注，中华书局 2004 年版。
② 李焘：《续资治通鉴长编：第 18 册：卷 251》，中华书局 1985 年版。
③ 黎靖德编：《朱子语类：第七册》，中华书局 1986 年版。
④ 罗三洋：《中世纪中国商会兴衰》（中），载于《中国民商》2015 年第 10 期。
⑤ 韩大成：《明代社会经济初探》，人民出版社 1986 年版。
⑥ 李龙潜：《明清经济史》，广东高等教育出版社 1988 年版。
⑦ 杨光斌：《政治的形式与现代化的成败——历史上几个前现代化国家的经验比较》，载于《中国人民大学学报》2005 年第 5 期。

朝如此的掠夺式重征和网络式控制之下，民间工商业遭受到了极为严重的摧残。此外，明朝政府为了加强对商人的统治，还遏制其流动性，将其归束在某一特定区域。因此，大量的走私、海盗队伍形成，过半的国际贸易通过走私的形式获得，成为当时贸易流通的一大手段。从宋开始到明的政商关系是一个承前启后的过程，完善了前一个朝代的缺点，却又产生了新的问题，总体来讲陷入了一种"政策循环"的无序模式，在这过程中"政"与"商"之间的关系往往是以"政"的胜利而告终，而"商"也在被"政"统治的过程中逐渐积累起一定的生产资料和物质技术。

清朝的"闭关锁国"政策导致其对外贸易往往通过朝贡的形式进行，因此其工商业的发展主要产生于内部。在清朝统治下的政商关系有以下特点：（1）地域分明，出现晋商、徽商等以地域命名的商会团体，代表某个地区商业发展的最前沿力量；（2）盐业、采矿业等逐渐下放于商业，但是依旧受到政府管辖，经营权和销售权依旧掌握在政府手中；（3）文化产业成为"政""商"交流的重要载体，"雅贿"成为商人与政权主体交流的主要途径，在某种程度上也引起了新兴文化的繁荣。其中清朝的税收制度是影响政商关系的关键，进入康乾盛世之后，清代国内市场完全成型，地域型商人集团大量出现，朝廷随之适时地在全国各重要城镇和水陆要道遍设关卡并提高关税。咸丰之后，为了应对内忧外患的破败时局，清政府几乎在全国所有桥梁、路口、关津，无不设立征税关卡并实行"厘金"制度。该制度主要针对中小商人群体，其所征课的范围极广，几乎遍及一切人民日常生活所需之物。时人慨称：商贾举足罹网，移步触禁。顾左顾右之忧，风雨停而伤心，衣囊质钱以输税。[①] 此外，随着晚清时期地方权力抬头，地方官员往往自行主持厘金的征派，借机大肆敛财并扩充实力。直至清王朝灭亡，厘金收入始终是中央政府以及地方各省税收的重要来源。

隋唐到明清的政商关系，无疑是一个联动的过程。首先，商人已经积累了一定的物质财富和社会资源，拥有与地主阶级相抗衡的社会力量，打破了唐朝之前完全受政府影响的被动局面；其次，政权主体也不可避免地需要从工商业之中获取社会财富，以巩固自己的统治地位，而不能完全通过自身的全面垄断来打造一个"政治市场"。因此，"政"与"商"的关系产生相互作用，形成联动效应，以一方为基础推动另一方的发展，最大程度地发挥双方的能动性，创造良好的市场环境与社会经济。

该段时期的政商关系，也是一个循环往复的过程。虽然商人的实际社会地位

---

① 魏源：《皇朝经世文编：卷28：魏源全集：第14册：户政三·养民》，文海出版社有限公司1972年版。

有所上升，但是政权主体依旧是占统治地位的地主阶级。因此政权主体为了维护自身的力量，依旧需要作用于工商业，然而工商业的发展无疑提高了政府对其进行统治的难度，无论是加强对工商业的控制或是放松对工商业的控制，都难以找到维持平衡的关系。过于强硬的管理导致工商业趋向于通过违法的方式获得自己的利益，影响政权统治。反之，过于宽松的管理导致工商业快速积累社会资本，逐渐产生与政权主体抗衡的力量。

第二节　近代以来中国政商关系的演变

19 世纪中后期中国开始出现一种新的政治经济现象——政商化，即"政商"可能已经不是个体性的"以权谋私"或"贿赂"这么简单，而是通过一些机制，官与商之间慢慢产生稳定的利益结构，或者是从"权力使用"到"权力变现"的利益网络。在晚清民国，控制政治资源者，未必一定是官僚，其他拥有或明或暗之政治势力者，亦能通过与商人的结合，造成利益捆绑，所以"政商"中之"政"，也包括其他不掌握政府权力的政客。近代中国政局动荡，城头变幻大王旗，行政体系的不稳定，以及军人及党人权力的重要性，都使得政商化现象绝不仅限于官僚系统。诚然，在不断变换的政治生态中，政客与商人之间存在着一种潜在的利益投机结构。总体而言，随着资产阶级的壮大，近代中国的商人地位逐渐提高，甚至在商会建立之后，商人团体曾一度拥有较高的政治地位，政商关系在此时便显得十分微妙。

一、清末时期的政商一体：1840～1911 年

"政商一体"在晚清中国主要体现为"官商一体"，该现象的兴起与当时清政府面临的内外压力及制度改革有关。1840 年第一次鸦片战争失败后，清朝政府面临前所未有之新局面。国家官吏和文人学士开始相信工商业对国家是至关重要的，从保守的政界元老张之洞到开明的知识分子乃至政治流亡者梁启超，所有的人都认为应在国家监督范围内鼓励和发展民族工商业。文人兼商人的郑观应甚至认为，如若没有政府的支持和保护，华商就不可能经营任何现代企业。政界商界上下无不求变，尽管所提方法各异，但根本均在于如何同洋夷打交道。在此背景之下，传统中国的官僚与商人的关系便有了新的转化。有人曾追述近代商人兴起的过程："盖中国官商不相融洽，商虽饶无与国家，且往往见轻于时。自西人

请弛海禁，南北海口遍立埠头……而渐有官商一体之意。然非各路剿荡发匪饷项支绌，借重殷商捐垫巨款，则商人尚不免市侩之羞，终不敢与大员抗礼，故商人之见重当自东南收复之日始也。"① 这段史料说明当时的历史重心已经开始向商人阶层偏移，"官商一体"既互相依赖又互相竞争，一直是晚清时期政商关系的突出现象。正如官商盛宣怀所言，对于那些商人而言，如果不是为了生意，那么这些人应该和官员平起平坐②。

（一）难挽败局的"官督商办"

近代中国官僚与商人在经济事务中的大规模接触，始于洋务运动时期的"官督商办"的企业模式。该模式建立之初，部分商人尚抱有幻想，认为该模式能够带来良好的政商关系。著名民族资本家郑观应提到过："和外国企业竞争，官员应该大力支持，为企业发展提供保护，同时，提高企业生产技术，必须要官方权力的扶持……。"③ 然而，当官督商办企业次第兴办起来之后，其"权操于上"的弊端便逐渐暴露出来，最突出的有两条：其一是经营管理腐败，官场恶习悉数带入企业之中，裙带之风猖炽，营私舞弊不择手段，如最大的官督商办企业——轮船招商局长期"官利不敷，局员分红依旧"④；其二则是来自清政府的财政勒索，即对商股的侵夺。如1891～1911年，清政府即以"报效"为名，从轮船招商局共勒索银135万余两⑤。至于大小官员的中饱私囊，更是不可计数。郑观应在目睹官督商办的种种弊端后，不得不为之感叹："名为保商实剥商，官督商办势如虎。"沪商经元善也指出："光绪九、十两年间，上海依效集股，树帜招徕者不少，奈办理不得其人，除轮船、电报、开平煤矿外，余均一败涂地。致令集股二字，为人所厌闻，望而生畏，因噎废食⑥。"商人不再对官督商办这一经营模式抱有幻想，起因于商人经理们被有官僚背景的人所取代。虽然商人投资者没有因其在企业政策中缺乏发言权而畏缩不前，但当他们或是或非地逐渐确信，政府官僚是为了官僚政治和个人目的在控制和利用他们的资本时，他们便开始避免做进一步投资。

尽管清政府在发现越来越多的商人意识到"官督商办"企业受到重度的官僚控制而不再愿意冒险投资后，提出了新的官商合作模式——"官商合办"，但由

---

① 《论官商相维之道》，载于《申报》1883年12月3日。
② 经元善：《居易初集：卷2》，光绪辛丑本，中国人民大学出版社2014年版。
③ 郑观应：《盛世危言》，北方妇女儿童出版社2001年版。
④ 交通史编纂委员会：《交通史航政编：第1册》，民智书局出版社1931年版。
⑤ 汪熙：《从轮船招商局看洋务派经济活动的历史作用》，载于《历史研究》1963年第2期。
⑥ 经元善：《居易初集：卷2》，光绪辛丑本，中国人民大学出版社2014年版。

于清政府难以将国家控制的需要与私人资本的需要相调和，"官商合办"的推动也是颇为困难。1895 年中日甲午战争战败后，李鸿章的政治影响力逐渐衰落，总督张之洞逐渐以"官为商倡"作为准则，大力发展"官商合办"企业。然而清政府推动"官商合办"也仅仅只是为了以其他形式实现"政商一体"，弥补国库的亏空，这也使得"官商合办"模式必然走向破产。

尽管从近代民族资本主义的发展来看，官督商办制度有严重的弊端，但是从商人方面分析，其对官督商办虽然危惧，但并未完全放弃求取统治者保护的期待。事实上，对国家政权即所谓官的强烈依赖性，究其根源也并非单纯取决于商人的主观愿望，更重要的是其所处的社会地位、经济实力以及自身心理特质等一系列客观因素使然。众所周知，在英法等西欧国家，及至资产阶级革命爆发之前的封建末世，商人阶层不仅在政治上赢得了比较可观的自治权力，而且在经济上拥有相当雄厚的实力，出现了为数众多具有垄断色彩的大型商业贸易公司，成为封建王权不得不依靠其解决财政困难的主要社会力量。中国的商人则长期处于四民之末的卑贱地位，毫无政治权力可言，个人经济实力也比较稚弱，大部分是本小利薄的中小商人。更严重的是，19 世纪末中国的工商业者迄未得到法律的公开承认和保护，一直受到封建势力的严密束缚与控制。社会地位的低贱和经济实力的软弱，他们不得不依赖于官的保护求得生存发展。因此，在自身政治经济地位未得到改变，对清王朝的期望没有彻底破灭之前，商人不可能完全放弃对官的幻想和依赖。其心理动态恰如梁启超提到的，只是希望有好的政府能够制定有用的产业政策，确保企业能够有安全的发展环境①。诸多商办企业也明白公司虽系商办，但全赖官家维持保护，官督商办的企业模式本质上也只是清政府实现"政商一体"，盘剥民间资本以延续封建王朝统治的政治手段而已。

（二）"通官商之邮"的清末商会

近代中国商会是依照官方法令成立的，主要在政府和商人之间协调和沟通的具有中介性质的自律性组织，是我国最早成立的具有现代意义的社会团体之一，对社会经济发展具有重要的影响。近代商会制度建立的过程，也是具有近代意义的商人身份确立的过程，这使得商人团体更具规范化、标准化、有序化和组织化。事实上，在打破官商界限、成立商会的过程中，官督商办成为一种有效的模式，清政府主要通过重用设立商会组织等手段，来加强官商之间的联络。于是，商会开始正式成为"通官商之邮"的中介。

清末早中时期，商会还没有诞生。直到清末新政，商会才"奉喻令"筹办。

① 梁启超：《为国会期限问题敬告国人：饮冰室合集·文集之二十三》，中华书局 1989 年版。

这时期诞生的商会是中国最早期的商会。在筹办商会方面，各地商会都要呈报商局等官方审核批准。同时，商会活动范围和活动形式受到各种条条框框的限制，所以商会具有显著的官方特征。如 1904 年清政府商部在对《商会简明章程》若干条文的解释中就明确规定，商会会议限于讨论有关商务事宜，演说只能集中于会议之内，"凡所论断，一切以伤情利弊为宗旨，不得涉及商界以外之事，界限本级分明，一丝不容稍溢"①。在商会的成立中，正是官方的大力劝导，商会才次第成立。在奏准《商会简明章程》之后，商部又向各省颁发劝办商会谕帖，强调设立商会后即可除去商与商、官与商之隔膜，并期望由此实现官商一气、上下合心②。《商会简明章程》颁布之初，成都、汉口商务总会的成立是较为普遍的官督商办模式，而介于官方倡导程度之强，使得某些情况下由官方直接办理商会。例如衡阳商会在成立过程中是由衡阳县衙直接督办，因此其名称直接被冠以"衡阳商务局"而非商会，各届会首也以商务局局长、副局长为其官职与头衔，其主要目的也只是为行公事。

清末商会作为工商业者自己的社团组织，它的产生一方面是资本主义初步发展，资产阶级力量壮大的结果，另一方面也是当时官商双方在利益交汇趋同的情况下，力图消除相互隔膜、共同振兴实业的产物。揆诸史实，可以发现清末商会的成立对于资本主义发展具有显著的效果。例如，商会成为官商沟通的纽带，避免企业无故被官员剥削和压榨，确保企业有一个相对稳定和安全的发展环境。商会成立之后，清政府有关工商实业的政策法令和具体事务，大都也经由商会转饬各业商人贯彻执行。并且，商部作为清朝中央执掌工商要务的机关，主要也是通过商会进行实地调查并按年汇集上报经营状况，得以了解和掌握各地商情概况。此外，地方官府与商人发生联系，往往也要以商会作为媒介，或者求助于商会协商解决。由上可知，商会在"通官商之邮"的过程中，常常扮演着双重角色。它一方面向官府转达商人的意愿要求，为商请命，另一方面又不同程度地要贯彻官府的指令，被札饬承担某些差使和支应官场需索。用苏商总会自己的话说，就是所谓"抚下对上"，即"下有以对诸，上有以对宪"。但商会终究是商人的组织，总的来说其主导面是反映和维护商人的利益，并且有时为此与官府相抗衡。尽管如此，商会作为沟通官商联系的桥梁，其所发挥的积极作用和影响，仍应给予充分的肯定。这不单是指商会在很多场合反映和维护了商人的利益，更重要的是通过商会的联络和组织，一度出现了官商共谋振兴实业的新趋向。

无论是"官督商办"的企业，抑或是清末设立的各地商会，目的无异于都是

---

① 吴景平、陈雁：《近代中国的经济与社会》，上海古籍出版社 2002 年版。
② 《商部劝办商会谕帖》，载于《东方杂志》1904 年第 2 期。

为了挽救清政府的财政危机，为中国最后的封建君主制"续命"。其特点均具有鲜明的政府领导控制特征，商人在该时期的政商关系中处于弱势地位，其主要作用更多的在于投资引财。中日甲午战争战败之后，清政府的一系列操作以及官府倚仗权势的蛮横无理和敷衍塞责，令广大商人深为不满，加之以往所积淀的失望与愤怒，商会和广大商人对清王朝的离异之心潜滋暗长，官商携手合作的关系机制也难以继续营运。

二、民国前中时期的政商交易：1911～1945 年

1912 年 1 月 1 日中华民国成立，延续两千多年的封建君主专制制度就此结束，资产阶级民主共和国的政体得以确立，民主共和理念深入人心。中华民国的成立，对商人阶层而言，无疑意味着进入了属于他们的时代。民国政府对工商、经济领域的重视，为商人、商会的发展提供了较之晚清时期更加有利的条件，使他们以新的姿态活跃在经济、政治、外交等各个领域。从 1911 年的辛亥革命，到 1919 年的"五四"爱国运动，再到 1931 年的日本侵华战争，民国时期的商人们同政府的关系日益紧密，越是在国家危难时刻，越有趋于"命运共同体"之势。当民族主义越来越成为重要的政治资源时，一些商人领袖也跃出商界，甚至成为全民性"爱国"运动的枢纽人物，他们也从中建立了更大范围的政商渠道。特别是在 1927 年后建立的蒋介石政府，使得多元化不稳定的政商关系，为相对单向的侍从政商关系所替代。商人在扮演政治代理人的同时，也能获得更多直接来自政府的援助。因此，国民党政府时期的政商关系十分"暧昧"，政府为稳固国家政权需要借助资本的力量，商界为追逐更高利益也需要依靠权力的支撑，而这也是两者能够达成契合的政商交易关系的原因。

（一）急于复兴的"政商共同体"

民国初期政商关系的一大特点就是"政商共同体"，其与清末时期的"政商一体"稍显不同。"政商共同体"并非一味由政府主导，而是通过推动商界人士的参政议政，加大对商人的重视，提高商人的政治地位，让商人同政府一同决议国家工商经济业的发展方针。

"政商共同体"的形成主要起源于近代中国的资本主义经济法规建设，大致时间为民国初年。这一时期，经济法规的建设恰恰是政商两界积极合作的结果。1912 年 12 月中华全国商会联合会的成立，成为"政商共同体"形成的标志性开端。联合会为工商界参与经济立法活动提供了充分的组织条件和领导力量。1914 年 3 月 15 日至 4 月 11 日举行的第一次全国商会代表大会，着重讨论了《商律》

《商人通例》《公司条例》等至关重要的经济法规，对未颁之法规，也请求政府从速制定颁行；对已颁之法规，则详加讨论，提出修改、补充和实施意见。在经济法规制定上，工商界与政府有着基本一致的共识。袁世凯也注意到经济法规的制定需要征求商会的意见，以利通行。如他在 1914 年 11 月对张謇关于公布《商事条例》呈文的批语中说："各省各埠情形互异，习惯悬殊，该条例是否能一律通行，亦应详加讨究，应由该部先将原拟条例发交各处商会阅看，征集意见，折衷至当，再行呈候核夺，以防扞格而利推行。"[①] 这则批语可以说是当时民国政府在经济法规制定方面对待商会的基本态度，其出发点固然在于"推行"，但为了能够获得"推行"也不得不征求商会的意见，并做适当的让步。时任工商总长刘揆一不仅在其所召集的临时工商会议上征求商会及工商界代表对制定经济法规的建议和意见，而且把它们吸收到自己的施政计划之中。如在谈到商法制订计划时说："商法订正，亦为商业中万事之根本，前工商会议时，各议员有请速订商法案三件，今国家于制定宪法后，必当依次定各种之法律，届议商法时，拟由工商部召集商法讨论会，广征商业家意见，以供立法者之参考。"[②] 这些行为均表明在袁世凯政府时期，政府在政策法规以及国家治理层面，已经逐步同工商界形成密切的合作，大量的工商界人士直接或间接进行政治参与。

（二）威权政治下的政商代理人

1927 年之后，中国政体发生极大变化，蒋介石欲建立其领导下的一党独裁统治，对外采取刚柔并济的战略，联合他国，以对抗日本之侵略。国内，由于与苏俄决裂，先清共再"剿共"。同时通过纵连横之法，消除国内各派联合讨蒋的危险，确立其威权政治。为配合该政略，蒋介石政府在经济上大体采取所谓军事财政的办法，通过发行公债与国库券、币制改革、财税改革及其他形式，不断扩大财政汲取能力，并试图建立国营银行体系，掌握金融市场之主动权。为了有效推行这种财政政策，蒋介石政府亦努力建立与其他各种势力集团之间的利益整合机制，甚至将其他较有力量之经济精英吸纳进政府体制，以消除其抗拒性，在某种条件下实现一定程度的政商利益捆绑。对当局来说，无论是财政动员，还是金融改革，乃至其他各方面社会控制之强化，都需要找到合适的政商代理人，能够在工商界与社会层面起到协调作用，瓦解各种可能的抵抗。换言之，政商代理人只是蒋介石政府为加强南京政府的权力控制，维持军事财政以及国家建设经费

---

① 《农商部遵拟商事条例及施行细则请核准颁布呈文并大总统批令（1914 年 11 月 15 日）》，载于《天津商会档案汇编（1912～1928）》第 2 册，天津人民出版社 1992 年版。

② 刘揆一：《工商政策》，载于《实业杂志》1913 年第 9 期。

需要同工商界精英们达成的交易。商人们通过成为代理人获得"红利",提高在政治圈的地位,政府则依靠代理人带来的经济资源获得财政收入。例如,以虞洽卿为代表的商界大亨通过政商代理人的深耕,进一步提高了其在国内工商界乃至于政治圈的地位。随着蒋介石有效统治区域的扩大,虞洽卿之影响度也在扩张。在各种利益整合过程中,虞洽卿通过参与各种谈判与交涉,得到不少的"红利"。同时,虞洽卿也善于在此基础上强化他与蒋之部属,以及其他地方阀系首脑之间的关系,扮演各种不同的角色,获得更多的代理利润。

概言之,在蒋介石政府时期,政商代理人制度的设置体现的更多是一种交易性的政商关系。政商代理人或可定义为"威权代理型政商",其无论是对外交涉,或各业冲突,或工商业界与政府之间的利益冲突,都用于充当协调人的角色。这种协调角色,理所当然能带来一些利益回报,如银行信贷、业务照顾、投资参与机会等都是其形式,包括政治地位的提升,但是这也导致其企业经营更易受外界政治军事变化的影响。政商两界的各取所需也就必然形成该时期的政商交易关系。

(三) 商界爱国救国的政治参与

北洋政府统治时期,以商会为代表的工商界通常以参与和支持民众的反帝爱国运动来体现它们的反帝和爱国观念、行动特征和作用所在。虽然商会往往出于"在商言商"的自我制约和受政府监管之故,对待帝国主义侵略的态度比较隐晦,反帝国主义行动比较被动且温和,但商会对反帝运动的支持也使反帝运动规模和影响不断扩大。在这一时期的重要反帝爱国运动如抵制"二十一条运动""五四运动"和"五卅运动"中,商会的表现与作用对政府也产生了较大的影响,政府也借助当时商会在一系列反帝爱国运动的影响力,成功收回了我国的关税自主权。

爱国商界人士的政治参与在抗日战争时期体现得尤为明显。抗日战争事关中华民族的存亡,商会作为工商界之团体代表,在此时纷纷宣示支持抗战,并号召捐献钱物,实施全民抗战,甚至还致电国民政府要求"统一事权,规划全局","官民合作,上下维系,方有起死回生之望"。1931年九一八事变后,工商界与反日救国组织联合,倡导并推行对日经济绝交。政府在抵制日货上也同商界联合,对商家的运输及贩运过程进行监督。此外,部分地区还成立了肃清仇货委员会,商会就是其中的常委之一。除了开展抵制日货的行动外,商界还积极参与到政府组织的献金活动中。商界在献金方面,多采用义卖或捐款、捐物的形式。

总体上看,商会在抗战时期既承担了繁重的经济职能,也发挥了广泛的社会职能作用。在经济统制之中,商会参与执行政府限价政策,对维护市场稳定有重要作用。同时，商会作为民众团体，也是工商界参与抗战事业的团体代表。在组织对日经济绝交运动、组织商人献金运动、慰军劳军等方面，展现了商人的民族大义。在商人参与抗战的动力方面，政府之倡导与督促当然是因素之一，但商人本身在面临国家危亡之时，亦体现出抗战大局观，可以说是全民抗日战线的重要组成部分。在此过程中，后方商人亦有出于私利的行为，但在商会的集体监督下，整体上仍展现了工商界的社会责任。

三、解放战争时期的政商动荡：1945～1949年

长达十四年的艰苦抗战，使得中国经济遭到空前的破坏。为避免政局动荡，维持和平和稳定的经济社会秩序，全国商联会自筹备之日起就对政治改革表现出前所未有的热情，政治参与行动也十分活跃，力图为经济建设争取到"安定之环境与良好之秩序"。各地商会还积极参与国民大会代表和立法委员的选举，以及加入参议会，希冀以此为平台，维护商人的权益。由于国共两党所持理念和代表利益的不同，当时的工商界多数还是对国民党和国民政府的政治和军事行动予以支持，但依然有部分工商界人士在该时期对共产党提供支持与帮助。例如1945年，为了争取中华民族的光明前途，胡厥文和黄炎培等发起组织了工商业界自己的政治团体——民主建国会，团结爱国工商业家和有联系的知识分子，配合中国共产党为建立和平、民主、统一、富强的新中国而斗争。总体而言，在我国解放时期，政商关系较为复杂，往往随着时局的变动而发生转变，进而陷入一种动荡的状态。

在抗战胜利初期，由于恐惧内战会导致社会环境的持续混乱，工商界始终期望国共双方能够和平协商，但是一旦内战爆发，工商界也只能选择有利于自己的一方予以支持，并附和其战略决策。在内战爆发初期，国民党依靠占有优势的军事力量，在苏北和华北等局部战场获得暂时优势，这也使得国民党政府一开始便获得了工商界大多数的经济支持。部分地区商会还将引发内战的责任归咎于中共，认为是由于中共的"固执成见"，"停止冲突未能实现，整军方案又成空谈，军令政令未能统一"，劝说国共双方"推诚相见，争取和平，早日完成复员与复兴建设"[1]。各地商会还纷纷对苏联支持共产党的行为予以批评，认为这是侵犯中国主权，"有伤友好，抑且威胁国际安全，破坏世界和平"[2] 之举，吁请国民政府迅做有效措置，"攘此外患，卫我主权"[3]。不仅如此，各地商会还竭力协助

---

[1][2] 《致国民政府代电（1946年7月2日）》，引自《厦门商会档案史料选编》，鹭江出版社1993年版。
[3] 《津市商会等七团体呼吁全国攘外患》，载于《益世报》1947年6月17日。

国民党募集战争款项和物资，并参与各种劳军大会、祝捷大会。由此可见，内战全面爆发后，各地商会对国共之争的态度逐渐从呼吁和平演变为对"戡乱"的全力支持。这一方面是国民党策动的结果，另一方面也与工商界对共产党商业政策的认识理解不充分有关。

随着国民党在战场上的节节败退，国民党及其政府为筹集战争经费对民族工商业开始了竭泽而渔般的疯狂掠夺，这引起各地商会的强烈不满乃至抵制。其时，国民政府为挽救危亡，在"军事戡乱"的同时施行"经济戡乱"，以加强对工商业的管制，这对广大工商业者的利益造成了极大损害。为此，上海市商会代表电呈国民政府及财政、经济两部，要求政府审慎办理"经济戡乱"。这也导致工商界对共产党政府态度的转变，对共产党有了新的认识。1948年底，在中共相继发动辽沈、淮海、平津三大战役并取得胜利之后，国共双方形成了隔江对峙的局面。在此局面下，各地商会除发动和平促进运动外，还会同工业会积极发动与解放区的通商、通邮、通汇与通航的"四通"活动。这场由商会和工业会发起的"四通"运动，也在一定程度上缓和了国共之间的政治对立，并表明此时商人团体对中国政治走向的态度。1949年2月23日上海《商报》刊发社论《南北交通之和平贡献》就对"四通"活动予以评价，"欲求和平实现，能从经济互相交通，作为先提，是最好的开端"，随着"南北两大政治区域的通航、通邮、通商的接洽和推进，日见具体化"，商权、航权就可确保无虞，"南北的这种隔阂，亦可解除"，"这就是工商界努力南北交通所能对全面和平的含有深刻意义的贡献"①。卢作孚也认为，国共双方在军事上、政治上虽是两个集团，但经济上之依存性，则无法分割。

在推进南北易货的同时，共产党政府也在周恩来、黄炎培等的努力之下，使更多工商界人士对共产党有了清晰的认识，上海市商会、工业会也开始宣传共产党的工商业政策，并对其予以积极评价。1949年1月，上海《商报》集中刊发了几则中共保护工商业的文告，以便工商界对中共的工商政策有初步认识和了解。这些文告着重指出中共的工商业政策"保护所有权营业权及正当利润"，规定"工商业户间债权债务概不废除"②。随后，上海《商报》也多次刊文介绍中共的工商政策，有的甚至直接题为《"解放"与"繁荣"途上，工商业扬眉吐气了》。该文首先指出，"解放区的工商业政策，现在是以扶助私人资本之发展为目标"，其次简要述及该项政策在天津、青岛等地的实施概况，又着重阐释了中共治理下"公私企业的系统"，认为这个系统规定，"公营企业不但不应该排挤私

① 《南北交通之和平贡献》，载于《商报》1949年2月23日。
② 《几件足供参考的中共保护工商业文告》（上），载于《商报》1949年1月28日。

营企业，而且应该有计划地协助私营企业的发展"，除军火企业及对国民经济有重要影响的行业外，私营企业均可经营，或采取公私合营的形式。这些介绍和论述，虽然不是十分全面，也不一定很准确，但对打消工商界，尤其是中小企业对中共"共产"政策的担忧，产生了广泛和深入的影响。

不仅如此，在中共发动渡江战役，甚至在南京解放后，上海市商会、工业会仍联合发布通告，吁请各公司行号，"仍宜保持自昔一贯之态度，勿自私，勿自扰，在劳资合作，遵守秩序前提之下，应冒万险以维持，不使工商业陷入停顿，不使民族工业遭受损害，实为今日自处之良策，国家民族实利赖之"①。上海解放后，上海市商会再次召开理监事联席会议，推举代表组成临时工作小组委员会，负责推进工商复业等事宜，并联合发布通告："自人民解放军进入本市，纪律严明，市区秩序，已臻安定，现一部分商号业已照常营业，希望全市其他商店公司行号即日全部复业，使工商界得以迅速恢复，共同致力于今后生产经济的繁荣。"② 在解放战争即将胜利，新中国即将成立之时，共产党也在积极地同荣毅仁、胡子昂、胡厥文等工商界巨头联系，意在形成友好的政商关系，为日后新中国的经济发展提供有力保障。即使对于曾经支持国民党政府的工商界人士，共产党政府也十分期望其继续留在中国发展，这也体现出共产党同国民党对待工商界截然不同的态度。

第三节　当代中国政商关系的重塑和发展

随着新中国成立，社会环境逐渐趋于稳定，政商关系发展总体进入平稳期。党的八大指出："我们国内的主要矛盾，已经是人民对于建立先进的工业国的要求同落后的农业国的现实之间的矛盾，已经是人民对于经济文化迅速发展的需要同当前经济文化不能满足人民需要的状况之间的矛盾。"在这种背景下，政商关系发展分别经历了四个阶段：政商关系的阶段性失范：1949～1978年；多元化政商关系的肇始：1978～1992年；政商关系的稳定互动：1992～2012年；新型政商关系的构建：2013年至今。以上不同阶段的政商关系变化反映出了我国政府对市场经济认识与规划呈现出不断深化的趋势，这种变化具体表现为两方面：宏观层面主要包括中共中央采取的一系列经济体制改革及企

---

① 《工业会商会紧急通告》，载于《商报》1949 年 4 月 26 日。
② 《商会希望各业即日全部复业》，载于《商报》1949 年 5 月 27 日。

业运行模式的指导方针政策；微观层面主要指不同时期商会职能转变、行业协会发展及具体工作部门制度构建当中。通过时间线对以上规范性文件或政府指导意见进行梳理，有利于更为直观地归纳概括我国政商关系的发展规律，启发新型政商关系的建设思考。

一、政商关系的阶段性失范：1949～1978 年

本阶段政商关系的总体特征呈现为政府总揽，并不存在独立商会。新中国成立初期，在对待民族资本及其传统商会组织上，政府采取了相对温和的态度。1948 年 8 月，中共中央采纳陈叔通的建议，决定成立工商业联合会，以取代商会组织。文件就各地工商业组织如何建立好工商业联合会做出具体指示并指出"工商业以合并成立工商业联合会为好"。同时，文件提出，为了更好地发挥联合会的作用，公营企业的负责人也应加入到联合会中去。1949 年新中国成立以后，出于建设国家和发展民族工商业的需要，我国对旧官僚资本私营性质的工商业，如银行、军工、铁路、航空航运等采取了没收并收归国有的政策，而对于关乎民生的私营工商业、手工业的一般民族资本，则主要采取合作、鼓励、教育，以帮助其恢复生产。

1951 年 2 月，中共中央在《关于进一步加强统一战线工作的指示》（以下简称《指示》）中指出，就工商业联合会提出了一系列指导性意见。同时，《指示》也提到必须加强工商业联合会的工作并于全国成立各地联合会，对工商业联合会的活动公营企业必须积极参加。党和人民政府则经过统战部门和财经部门，去实现对工商业联合会的业务的和政治的领导；并确定当前统一战线的主要工作是"积极争取知识分子、工商业界、宗教界、民主党派、民主人士，在反帝国主义反封建主义的基础上将他们团结起来；帮助各民主党派在大中城市发展党员，并帮助他们训练干部；加强政权机关和协商机关中党与非党人士之间的合作"[①]。1952 年各地的工商业联合会相继成立，如 2 月在上海，6 月于北京。1952 年 6 月 20 日，中央在北京召开了各地工商界代表参加的中华全国工商业联合会筹备会议，正式成立中华全国工商业联合会筹备委员会。1951 年 7 月，在陈云同志作于工商联会议的《做好工商联工作》的总结中指出：（1）坚持中国共产党的政治领导。（2）加强工商业联合会党组的工作。（3）关于工商联的领导成分。私营企业方面，要照顾到工商、大小、帮派、政治态度四点，但重要的是必须有充分的代表性。公营企业方面，要有必需的名额，但又要防止过多。（4）加强公营

---

① 中共中央文献研究室：《建国以来重要文献选编：第 2 册》，中央文献出版社 2011 年版。

企业代表的工作。（5）公营企业代表参加工商联的目的有三：一是实现国营经济的领导，二是既要贯彻国营企业的经营方针，又能团结其他各种经济成分，三是熟悉情况，学习业务。（6）工商联组织实行三级制，即全国工商联、省工商联和县工商联。1952 年 7 月 3 日，全国工商联筹委会举行第一次委员会议，出席委员达 130 人，会议要求委员深入传达中央决议和文件，尽快在各省市建立健全工商联组织。同年 8 月 16 日，时政务院公布实施《工商业联合会组织通则》，规定各级工商联要领导同业公会、行业商会，以贯彻政府的政策方针、促进国民经济的恢复和发展，通则要求各地工商联应定期召开会员代表大会或代表会议，会员亦应充分履行职责并受统计人民政府之监督与指导。[1] 同年 10 月 22 日，全国工商联筹备委员会举行第二次委员会议，出席委员 115 人，会议通过了筹备委员会工作报告、筹备委员会财务报告、中华全国工商业联合会章程、会员代表大会议事日程及议事规则、全国工商联主任委员、副主任委员、执行委员及秘书长选举办法，以及大会各种委员会组织规程等大会文件的草案。

1953 ~ 1956 年是我国就农业、手工业、资本主义工商业进行社会主义三大改造期间。改造期间对于资本主义工商业采取赎买政策，以利用、限制、改造的形式为主。1953 年 10 月 23 日至 11 月 12 日，中华全国工商业联合会第一届会员代表大会正式成立了中华全国工商业联合会（以下简称"全国工商联"）。全国工商联的显著特征是由中国共产党领导和中央政府主管。在商会组织改革的背景下，商会职能转化为政府职能，商会组织成为政府组织、管理、联系企业的直接部门。代表大会通过了《中华全国工商业联合会章程》《提案审查委员会提案审查报告》等系列文件[2]。各级工商联组织纷纷在全国工商联成立之后，紧跟国家过渡时期总路线、总任务及和平改造资本主义工商业的方针、政策，积极接受社会主义下的爱国主义教育，配合党和政府通过赎买政策完成资本主义工商业改造工作。同年 11 月 11 日、14 日，《人民日报》为全国工商联第一届会员代表大会的召开先后发表两篇社论，题目分别为《进一步把私营工商业纳入国家资本主义的轨道》《私营工商业的光明大道》，充分肯定并说明了对私营企业进行改造及全国工商联成立的必要意义，经济建设的发展对于国民经济计划化日益增长的要求，工人阶级和国营经济在政治上和经济上的巨大优势，广大人民对于资本主义的不满和对于社会主义的热望，私营工商业者在过去各项社会改革中有了不同程度的改造，并且出现了一批先进分子，公私各方面关于国家资本主义都已积累了一些经验[3]。国家资本主义经济在这些有利条件的影响下，为后续的快速发展提

---

[1] 中国人民解放军政治学院党史教研室：《中共党史参考资料：第 19 册》，人民出版社 1979 年版。

[2] 任涛、中国统一战线全书编委会：《中国统一战线全书》，国际文化出版公司 1993 年版。

[3] 《进一步把私营工商业纳入国家资本主义的轨道》，载于《人民日报》1953 年 11 月 11 日。

供了有效的制度和社会环境。1953 年 12 月 5 日，全国工商联主任委员陈叔通在中央人民广播电台发表题为《中华全国工商业联合会会员代表大会的成就》的广播词，同时指出了会议取得的四个方面的重大成就：（1）全体代表一致认识到国家过渡时期的总路线和总任务的伟大正确，表示坚决拥护；（2）一致认识到私营工商业逐步纳入国家资本主义的轨道是进行社会主义改造比较健全的方针和办法；（3）一致认识到社会主义改造是一项长期的工作，私营工商业者必须把企业改造和个人改造结合起来；（4）全体代表进一步明确认识了私营工商业开展增产节约运动的重要意义和具体方向。

随着我国对于私营工商业的改造初步完成，1956 年之后，我国政商关系形成了"官商不分、政企合一"的特点。企业实行"统包统销"，企业没有任何经营权，政府在资源配置中占据绝对地位。在这一环境下，真正意义上的独立企业家难以为继，有的只有国有企业和集体企业，具有官方色彩的政治家、官员就担当企业家的角色。1956 年 12 月 10～23 日，中华全国工商业联合会第二届会员代表大会在北京召开，出席大会的代表和中央有关部门等列席人员达 1 400 人。会上陈叔通同志作了相关报告，陈云同志到会就定息、小型工商业者、公私共事、市场等方面的问题发表了重要讲话[1]。大会通过了《工商业联合会章程》《关于全国工商业者进一步发扬爱国主义精神、继续加强自我改造、积极为社会主义建设作出贡献的决议》等文。黄炎培致开幕词，陈叔通宣读大会文件，会议通过新的全国工商联章程和相关文件。

"文化大革命"期间，各级工商联在"红卫兵"与"造反派"的冲击下，工商联组织遭受了严重打击和破坏，大批工商界人士受到冲击、批斗、游街，进而导致了工商联发展历史的十年中断和空白。但在 1956～1978 年这一期间，出现过两次放权的改革尝试在中央和地方关系上，也可以当作 1978 年改革开放之前中国在"政商关系"上的调整和变化。第一次放权是 1958 年的"体制下放"，中央把一些非直接关联的企业划归地方。但是在不久之后，中央就把一些经营不善，发展存在问题的企业重新收归为国有。第二次放权是 1970 年的"下放"，在工业、交通等领域的 2 600 多家央企及事业单位就其财权、物权、计划管理权、劳动工资权等皆被分治地方。诚然，以上两次改革并未改变中国政商关系的总体格局，政府绝对主导和控制企业的基本关系没有改变，仅涉及将政府对企业的实际"掌管权"由中央下放到部分地方，因而也造成了企业缺乏竞争力和积极性的实际局面，而中央计划的经济管理，亦导致产业结构的趋同性日益严重，我国政商关系基本陷入一种"空白的僵局"。

---

[1] 李宇铭：《中华人民共和国史词典》，中国国际广播出版社 1989 年版。

二、多元化政商关系的肇始：1978～1992年

我国这一时期的政商关系呈现为商脱绑、政商关系多元化的特点。因而，在这个意义上讲，我国政商关系才开始真正形成。此阶段我国民营企业如雨后春笋，起步发展态势明显，但并未形成足以独立发展的力量，政商关系的"商"，主要指向于国有企业，政商关系的发展在这一时期的变化亦主要体现为政府向国有企业让利放权的过程。政府通过为国有企业"松绑"，为其发展提供更加宽松的活动空间，避免干预企业的正常经营工作。诚然，这种"让利放权"存有相当的弹性空间，以至于政商双向的经济预期难以达至一种稳定状态。为了消弭上述政商关系的不稳定问题，我国试图通过明确政、商之间的利益分成以减少政、商在工作与生产过程中的"治理矛盾"。1983年我国开始推行"利改税"，将国有企业的利润确定一个比例，利税合并，采取利税合一的方式，上缴财政，此外的其他利润则属于企业。"利改税"在1983年4月展开初步工作，国有大中型企业所得利润不再上缴，其实际所得利润的55%算作缴纳企业所得税即可，国有小企业则按超额累进方式缴纳。"利改税"第二步工作开展于次年10月，国有企业仅需要向政府缴纳所得税和调节税，纳税后所得可由企业自主安排。除了实行"利改税"，政府在投资体制上还有"拨改贷"改革，原来政府对企业的直接拨付，通过银行为媒介贷款，实现了无偿使用到有偿使用的转变。

在这种"让利放权"的改革背景下，我国进行了一系列配套措施，以防止发生企业权力下放易生的"权利截留"和"资金截留"问题。1985年1月5日，国务院发布《国务院关于国营企业工资改革问题的通知》（以下简称《通知》），《通知》要求"必须对企业的工资制度进行改革，使企业职工的工资同企业经济效益挂起钩来，更好地贯彻按劳分配的原则"，这表明工效挂钩制度正式开始在我国企业中实施，有利于调动国企员工工作的积极性，促使企业建立现代化的经营制度，加速社会主义现代化建设。1986年7月12日，国务院发布《国营企业实行劳动合同制暂行规定》《国营企业招用工人暂行规定》等4个规范性文件。至此，劳动合同制开始在国有企业中实行。1987年3月25日，第六届全国人民代表大会第五次会议明确指出经济体制改革的主要任务是，着重改革企业经营机制和企业内部的领导体制，继续发展横向经济联合，要以增强企业活力为中心，适当加快金融改革步伐，进一步扩大生产资料市场，逐步改革和完善企业劳动工资制度和固定资产投资管理办法，并积极为下一步各方面的配套改革做好必要的准备。为了激发市场发展的活力，政府也积极鼓励非公有制经济的发展。1984年10月20日，中国共产党第十二届中央委员会第三次全体会议通过了《中共中

央关于经济体制改革的决定》，第一次系统阐述了党在现阶段对发展个体经济的基本指导方针，指出"坚持多种经济形式和经营方式的共同发展，是我们长期的方针，是社会主义前进的需要"。会议重点强调了"具有中国特色的社会主义，首先应该是企业有充分活力的社会主义"。当时经济体制存在各种问题，主要体现为国有企业发展的活力不足。所以，增强企业的活力，特别是增强全民所有制的大、中型企业的活力，是以城市的重点的整个经济体制改革的中心环节。1987年10月25日至11月1日，中国共产党第十三次全国代表大会明确提出鼓励发展个体经济、私营经济的经济体制改革方针。1988年4月12日，第七届全国人民代表大会第一次会议通过《中华人民共和国宪法修正案（1988年）》，修正案第一条为："国家允许私营经济在法律规定的范围内存在和发展。私营经济是社会主义公有制经济的补充。国家保护私营经济合法的权利和利益，对私营经济实行引导、监督和管理。"自此以后，我国以宪法方式确定了私营经济的法律地位和经济地位。以上政策反映出我国对于各类企业自主发展的鼓励和支持，在公有制经济和非公有制经济的健康发展下，政商关系逐渐朝向"多元化"方向发展。

为了保持我国经济体制改革的顺利实施，我国工商联的工作方针亦发生了相应转变。1977年10月15日，中共中央发出召开五届人大和五届政协会议的通知。通知中指出："在当前形势下，进一步发展革命统一战线，更好地调动党内外一切积极因素，团结一切可以团结的力量，对于我们在党中央领导下，把我国建设成为社会主义的现代化强国，具有重大意义。"至此，工商联组织机构的工作在全国各地开始恢复进行。1978年12月，党的十一届三中全会标志着中国进入了改革开放和社会主义现代化建设的新时期。以此为起点，工商联的组织工作进入了新的发展阶段。

1979年10月11~22日，中华全国工商业联合会第四届会员代表大会（八个民主党派及工商联全国代表大会）在北京召开，全国政办和中共中央统战部举行招待会。邓小平在招待会上强调坚持"长期共存，互相监督"，为实现"四化"和统一祖国大业共同奋斗。全联临时领导小组负责人作《坚定不移跟党走　尽心竭力为四化》的工作报告，报告回顾了取得的成绩，明确指出，今后两会的共同方针和任务是："紧紧依靠共产党的领导，进一步加强思想政治工作和组织工作，调动两会全体成员的一切积极因素，为巩固和发展安定团结、生动活泼的政治局面，加速实现社会主义现代化建设，促进台湾早日回归祖国，实现统一大业积极地、主动地贡献全部力量。"要完成上述方针和任务，当前和今后要做好以下几项主要工作：（1）采取多种形式，推动两会成员积极主动地为四化服务。（2）加强宣传工作，帮助两会成员加强学习，改造思想，钻研业务，不断提高。会议要求全体会员努力"学习马列主义、毛泽东思想的立场、观点、方法，正确处理在实践中遇到的各种问题。要在服务实践中继续进行思想改造，不断扫除一切不利于实现四化的旧意识和旧习惯"。（3）积极参加台湾回归祖国的工作。大会要求两会成员要尽可能利用各种渠道和机会，同台湾同胞恢复联系和往来，做好对他们的团结争取工作，为实现祖国统一大业发挥自己的作用。（4）积极协助共产党和政府，认真做好政策、法律、法令的宣传贯彻工作，关心两会成员的生活，代表两会成员的合法利益。大会要求两会会员注意防止和克服各种不良倾向，多做有利于自我改造，有利于社会，有利于子孙后代教育的事情。（5）在中共各级党委的统一部署下，配合有关部门，开展对港澳同胞、海外侨胞的工作，积极参加外事活动，两会要从实际出发，推动和鼓励成员，深入调查研究，摸清情况，积极做好这方面的联系接待工作。（6）配合有关部门，根据条件可能，做好协助安排就业和其他社会服务工作。

1983 年 11 月 8 日，中华全国工商业联合会第五届会员代表大会在北京召开，张敬礼为全国工商联四届执行委员会的问题，作了题为《发扬爱国主义传统，积极贡献经营才能，为社会主义现代化建设奋发前进》的全国工商联工作报告。大会通过了修改后的《中华全国工商业联合会章程》。1988 年 11 月 27 日至 12 月 3 日，中华全国工商业联合会第六次会员代表大会在北京召开，大会通过了新的《中华全国工商业联合会章程》并产生了第六届执委会。孙孚凌作了题为《坚持改革开放，团结工商业界，发挥新时期工商联的积极作用》的报告，报告总结了工商联近五年来的工作，明确了新形势下工商联的性质、地位、任务和作用。报告同时还指出工商联是统战性、经济性、民间性的两会团体，统一战线组织、民间的对外商会组织，其根本任务是：团结工商业界，在国家改革开放方针的指导下，协助会员提高经济效益和社会效益，维护会员的合法利益，开展对外经济联系和友好往来，为实现社会主义现代化建设和促进祖国统一贡献力量。要发挥工商联的职能和作用：（1）参加国家重大经济、社会决策的协商和有关经济政策的咨询[1]；（2）代表会员的合法利益，代表会员与政府的联系；（3）发挥广大会员的积极性，为经济建设服务；（4）在国家宏观调控的方针政策指导下，发挥我会组织自我调节的作用；（5）积极开展对外联络，为促进对外开放服务[2]。

三、政商关系的稳定互动：1992 ~ 2012 年

这一时期我国政商关系体现出政商稳定互动的特点。这种互动模式对于

---

[1]　中共中央统一战线工作部、中共中央文献研究室：《新时期统一战线文献选编：续编》，中共中央党校出版社 1997 年版。

[2]　牛旭光：《统一战线工作与人物》，华文出版社 2002 年版。

"商"主体的活动提出了更高的要求，那种被动接受指导的企业形象已经成为过去式。此外，政商关系的焦点亦发生了较大变化，即从对利益分配的关注开始更多转向"政府与市场关系"的界定问题上来。

1992年，邓小平同志在南方谈话中强调"计划多一点还是市场多一点，不是社会主义与资本主义的本质区别。计划和市场都是经济手段"，邓小平南方谈话的学习、贯彻成为召开党的十四大最重要的思想、理论准备和推进改革开放步入新阶段、跨上新台阶的强大动力。此外，南方谈话清晰地解决了姓资还是姓社的问题，因而是一次思想大解放，也为今后中国民营经济的发展开拓了更加广阔的舞台。1992年7月23日，国务院发布实施《全民所有制工业企业转换经营机制条例》，明确规定企业享有生产经营决策权、产品销售权、资产处置权等经营自主权，进一步深化了企业劳动人事、工资分配和社会保险制度改革，促进了企业经营机制的转换。事实上，这一时期国有企业已逐步拥有了产品所有权，基本确立了市场主体地位。随着改革开放的持续推进，国有企业的外部发展环境发生重大变化，这一时期国有企业改革从政策调整进入到制度创新阶段，国有企业开始推行公司制改革，市场竞争开始朝良性有序发展。1992年10月12~18日，中国共产党第十四次全国代表大会在北京举行。党的十四大根据邓小平南方谈话精神，明确提出我国经济体制改革的目标模式是建立社会主义市场经济体制，市场在资源配置中定位为"基础性"作用。江泽民同志在会上作了题为《加快改革开放和现代化建设步伐，夺取有中国特色社会主义事业的更大胜利》的报告。报告共分为四个部分：（1）十四年伟大实践的基本总结；（2）20世纪90年代改革和建设的主要任务；（3）国际形势和我们的对外政策；（4）加强党的建设和改善党的领导。大会要求，围绕社会主义市场经济体制的建立，要抓紧制定总体规划，有计划、有步骤地进行相应的体制改革和政策调整。1993年11月11~14日，中国共产党十四届三中全会在北京举行，全会审议并通过《中共中央关于建立社会主义市场经济体制若干问题的决定》，指出社会主义市场经济体制是同社会主义基本制度结合在一起的。建立社会主义市场经济体制，就是要使市场在国家宏观调控下对资源配置起基础性作用。为实现这个目标，必须坚持以公有制为主体、多种经济成分共同发展的方针，进一步转换国有企业经营机制，建立适应市场经济要求，产权清晰、权责明确、政企分开、管理科学的现代企业制度。1997年9月12~18日，中国共产党第十五次全国代表大会在北京举行，江泽民同志在会上作了题为《高举邓小平理论伟大旗帜，把建设有中国特色社会主义事业全面推向二十一世纪》的报告，报告中明确提出"使市场在国家宏观调控下对资源配置起基础性作用"。

鉴于各地行业协会的发展现状，国家经贸局在1994年召开的全国工商领域协会工作会议上，发布了名为《关于加快培育和发展工商领域协会的若干意见》的文件，以此来约束各行业协会以求更好的发展。在经济体制改革过程中，要进一步充分发挥协会的作用，同时也需要协会配合政府贯彻落实国家有关政策，促进企业发展和技术进步，为维护行业利益，为企业服务，在调整产品结构、拓展国内外市场、加强企业管理等方面作出贡献。国家对行业协会的管理工作，不应以"统一包办"的形式开展，更不能将其看作自身的一个附属部门。换句话说，政府对于行业协会的管理，首先是必须要保证协会独立社团法人的地位，且必须遵守行业协会《章程》中规定的有关内容。在此基础上，要求行业协会严格按照国家政策法规独立开展相应工作才是明智之举。为更好地吸收成功的发展经验，国家经贸局于1999年10月22日正式下发《关于加快培育和发展工商领域协会的若干意见（试行）》。该文件总结了我国改革开放以来工商领域协会发展历程中的经验教训，尤其是上海、厦门、广州等试点城市的成功经验，进而更好地明确工商领域协会的性质地位，以及为今后的发展原则和方向提供借鉴意义。

中国共产党第十六次全国代表大会于2002年11月8～14日召开，江泽民同志在会上代表第十五届中央委员会作了关于《全面建设小康社会，开创中国特色社会主义事业新局面》的重要报告，报告指出"要在更大程度上发挥市场在资源配置中的基础性作用""在坚持国家所有的前提下，充分发挥中央和地方两个积极性。国家要出台相关法律法规，通过建立中央和地方两个政府主体代表国家履行出资人职责，并享有所有者权益等相关权利，并竭力做到权利、义务和责任相统一，管资产和管人、管事相结合的国有资产管理体制。"接下来的几年里，全国各地纷纷响应中央政策，积极开展改革试点工作。其中较为突出的有：2002～2003年，海南、深圳按照中共中央的要求，在工商联换届选举中更加注重优秀民营企业家担任工商联会长的遴选工作；而浙江、贵州等地则开展了关于优秀民营企业家出任省级工商联会长的试点工作。紧接着国家为更好地解决国有资产出资人缺位引发的一系列问题，国务院于2003年3月正式成立国有资产监督管理委员会，以此来保证政府公共管理职能与国有资产出资人职能分离的问题。同年10月11～14日，中共十六届中央委员会第三次全体会议于北京召开，会上通过的《中共中央关于完善社会主义市场经济体制若干问题的决定》明确提出：必须要积极发展独立公正、规范运作的专业化市场中介服务机构，通过市场化原则来更好地规范和发展各类行业协会、商会等自律性组织。2004年9月16～19日，在北京召开的党的十六届四中全会听取和讨论了胡锦涛受中央政治局委托作的工作报告，审议通过了《中共中央关于加强党的执政能力建设的决定（讨论稿）》，曾庆红就《决定（讨论稿）》向全会作了说明，明确指出"要形成社会治理和公共服务的合力，就必须主动发挥行业组织、社会团体和社会中介组织的职能与

47

作用"。

为更好地促进社会自律性组织的发展,国务院于2005年2月19日发布《国务院关于鼓励支持和引导个体私营等非公有制经济发展的若干意见》,指出各级政府要大力扶持社会中介服务机构的发展,秉持社会化、市场化以及专业化的发展原则,不断健全社会服务体系。在鼓励扶持各类行业协会、商会等自律性组织的同时,必须秉持既定的市场性原则,在保证市场秩序与服务标准的基础上,为非公有制经济营造良好的发展环境。该《意见》的重要性主要体现在将行业协会等社会中介组织的职能和作用具体化为"创业辅导、筹资融资、市场开拓、技术支持、认证认可、信息服务、管理咨询、人才培训",使得在政府职能转变的过程中,社会中介组织的重要性更加凸显。随后,2005年3月5日,时任国务院总理温家宝同志在第十届全国人民代表大会第三次会议作工作报告时指出:我们必须要加快政府职能转变的速度,努力做到政府不该管的事就不管,进而实现政企分开、政资分开、政事分开,充分发挥行业协会、商会等自律性组织的职能,把权利交到企业、市场和社会组织手里。2006年3月5~14日,在北京召开的第十届全国人大四次会议审议通过了《中华人民共和国国民经济和社会发展第十一个五年规划纲要》,指出要培育行业协会、商会等基层服务型民间组织,并且要充分发挥其职能作用,包括提供服务、反映需求等。此外,还要注重健全完善民间组织的自律规范机制,将改进民间组织的监督机制作为完善社会管理体制的重要组成部分。次年10月15日,中国共产党第十七次全国代表大会在北京召开,胡锦涛代表第十六届中央委员会向大会作了题为《高举中国特色社会主义伟大旗帜　为夺取全面建设小康社会新胜利而奋斗》的报告,报告提出"从制度上更好发挥市场在资源配置中的基础性作用"。

从以上中央主导的一系列改革,可以看出,政商关系体制改革所产生的影响主要面向两个领域。第一,国家宏观上的政商关系呈现"抓大放小"的态势,即政府掌握重要战略要地的同时,出让大部分的经营空间,以此来协调"政府"与"市场"间的协商合作关系。第二,经过反复的制度实践,原先国家介入的许多市场经济领域的制度安排得到进一步夯实,使其呈现出可持续发展的态势。随着政府市场监管、资源配置能力的逐步加强,虽然企业依附政府的总体格局没有发生本质变化,但随着政府企业间的逐年磨合,一种基于"国家—市场"下的政商互动关系逐渐形成。诚然,除了看到政商关系改革所带来的实在、潜在的经济效益外,也应当看到腐败问题愈加严重,以至于产生不必要的社会内耗和成本承担。当政商关系发展开始考量"如何界定政府权力边界"这一问题时,本应逐渐被限制权力的"政",将会呈现出一种与之矛盾的活跃状态。如在房地产行业领域,实行了分税制之后的地方政府,反而成为最大的地产商,这将为地方政府及相关部门提供了巨大的寻租空间，并产生负面的社会效益和消极影响。

四、新型政商关系的构建：2013 年至今

这一阶段政商关系以互补共生为特点，在国家治理现代化框架下，政府和市场是推进经济社会发展的共同主体，任何将政府与企业限定在依附与被依附性关系内，以及在这种依附关系上讨论企业发挥主体作用的观点都缺乏合理性，基于对市场主体企业的自主性探索及政府职能转型的深化需要，"新型政商关系"被正式提出并在学界研究视域内展开广泛讨论。

在发展社会主义市场经济的过程中，民营经济发展导致新的社会阶层出现，作为市场监管方的政府与作为市场主体的工商业主体之间的联系日益紧密。但随着改革开放以来政商的稳定互动，更多的市场问题亦凸显出来，官员与企业家之间产生了错综复杂的利益关系，不良政商互动破坏了正常的市场规则。此外，商会自主性意识觉醒、合法性增强，也使得市场对政府提出了新的发展要求。因而，如何建立更为符合商业文明要求和现代市场规则的新型政商关系，成为了党的十八大以来我国市场发展的重要课题。以习近平同志为核心的党中央，站在国家治理现代化的高度，对政商关系作出了重要论述，突出强调市场在社会主义市场经济中要对资源配置起到决定性作用。国家必须合理优化中央与地方政府间的权力体系，先前所保有的"垂直式"的政府管理体制不符合实际，两者间需要形成一种"合作式"的体系框架。中共中央为打破发展桎梏，于 2013 年 11 月在北京召开中共第十八届中央委员会第三次全体会议，会议上讨论并通过了一项决定，即《中共中央关于全面深化改革若干重大问题的决定》，其中明确指出：为进一步提升社会组织发展活力，政府将鼓励行业协会类、商会类、公益慈善类以及基层服务类社会组织成立时，给予其直接依法申请登记的待遇。国务院于 2013 年 3 月 14 日审议通过了《第十二届全国人民代表大会第一次会议关于国务院机构改革和职能转变方案的决定（草案）》（以下简称《草案》），重点强调了政府职能转变与职责关系的划分，在推进政府大部门制改革的前提下，实行政企分开、政社分开以及政事分开，整合提升卫生医疗、食品药品、新闻媒体、电视传媒、能源管理等方面的发展水平，继续简政放权、推进机构改革、完善制度机制、提高行政效能，加快完善社会主义市场经济体制。自《草案》实施伊始，我国行政体制改革进一步深化，市场资源配置更加合理，尤其是在政资关系、政社关系上，成效极其显著。我国深化行政审批制度改革后，市场在国家资源配置过程中的作用日益凸显。一方面，中央与地方政府把控宏观方向，健全完善市场机制，减少微观事务的管理；另一方面，市场充分发挥资源配置的基础性职能。政

府与市场之间形成了权界清晰、分工合理、权责一致、运转高效、法治保障的协商合作关系。这也使得政府坚决执行"把该管的管好，不该管的不参与不干预"的目标理念。为加快形成政社分开的目标，中共中央办公厅、国务院办公厅于2015年7月8日印发《行业协会商会与行政机关脱钩总体方案》，该文件中指出："我们要让自律性社会组织与政府机关脱钩，实现自律性社会组织规范发展"；"在保证政府主导的基础上，加快建立现代化社会组织，清晰界定政府、市场、社会三方关系，系统理清三者间的职能边界，加强综合监管和党建工作，促进行业协会商会等自律性组社会组织成为依法设立、自主办会、服务为本、治理规范、行为自律的社会组织"；"通过优化行业协会商会等自律性社会组织的管理规范与运行机制，以此来激活创新活力与可持续发展动力，进而充分展现自律性社会组织在新经济发展阶段所应有的潜在优势与创新活力。"2016年2月6日，中共中央对《国务院关于修改部分行政法规的决定》进行修订，新版《社会团体登记管理条例》公布实施，其中变更内容主要是关于社会团体登记的流程步骤，相较于之前变得更加简洁明了。同年3月4日，习近平总书记看望出席全国政协十二届四次会议的民建、工商联界委员并参加联组讨论，首次用"亲""清"二字概括新型政商关系。这两个字言简意赅地描述了政府与企业两个重要主体间的关系：对于政府干部而言，一方面，要坦荡真诚地与民营企业进行交流相处，特别是一些非公有制企业，在其遇到困难的时候能够随时给予必要的援助，用一颗真心去无私地支持民营企业的发展，以体现"亲"；另一方面，政府领导干部在与企业交涉互动的过程中，要保证自身的清廉，不能以权谋私，做贪赃枉法之事，以体现"清"。对于民营企业家而言，一方面，要积极主动地同相关政府部门沟通交流，讲真话，说实情，以此帮助良好政企关系的构建，以体现"亲"；另一方面，民营企业在发展过程中要遵法守法，洁身自好，踏踏实实、一步一个脚印地发展壮大。"亲""清"政商关系的提出，标志着我国政企关系的定位进入全新的发展阶段，由原先的政府主导逐渐走向市场主导的发展道路，因此具有重大深远的历史发展意义。国家发展改革委等数十个部门于2016年12月19日印发《行业协会商会综合监管办法》，主要包括指导思想和主要原则、完善法人治理机制、加强资产与财务监管、加强服务及业务监管、加强纳税和收费监管、加强信用体系建设和社会监督、加强党建工作和执纪监督、强化监督问责机制八部分三十七条。主要目的是在明确相关政府部门监管主体职责的基础上，将原先的管理方式转变为中国共产党领导、政府监管、自律性社会组织自治的新型政商监管机制。中国共产党第十九次全国代表大会于2017年10月18日在北京召开，习近平总书记代表第十八届中央委员会作关于《决胜全面建成小康社会 夺取新时代中国特色社会主义伟大胜利》报告时指出："构建亲清新型政商关系，促进非公有制经济健康发展和非公有制经济人士健康成长。"① 2017 年 12 月 14 日，中华全国工商业联合会印发了《全国工商联践行亲清新型政商关系的实施意见（试行）》，主要由五部分十二条组成，具体包括牢记使命责任、加强联系沟通、强化服务引导、鼓励真诚交往、坚守纪律底线。第一部分主要依据党的十九大精神和工商联十二大精神撰写，主要内容是工商联在新时代下要开展新征程，要有新作为，要展现出新气象，要努力成为非公有制经济主体践行"亲""清"新型政商关系的"领头羊"。第二、第三部分主要是针对工商联的实际做法提出的可行性建议，具体包括建立联系点制度、深入基层和企业、创新服务平台、大兴调查研究之风、加强教育培训、帮助解决企业困难、营造良好氛围共计七种。第四部分是规范政府与市场主体间的交往方式，尤其是"清"有余而"亲"不足，积极鼓励工商联领导干部与非公有制经济主体真诚交往、坦诚相待、共同发展。第五部分则要求各地工商联按照政策法规办事，严格执行《全国工商联贯彻落实中央八项规定实施细则精神的实施办法》，避免贪赃枉法的行为发生。为加快推进政府职能转型，国家发展改革委于 2019 年 6 月 17 日印发《关于全面推开行业协会商会与行政机关脱钩改革的实施意见》，该文件中明确指出要求政府按照既定原则，坚决落实"五分离、五规范"的改革要求，以达到实现政府行政机关与行业协会商会全面脱钩；加快转变政府职能，创新管理方式，促进行业协会商会提升服务水平、依法规范运行、健康有序发展、充分发挥作用；改革脱钩的主体包括政府各级行政机关及其关联的行业协会商会等自律性社会组织，以及其他列入公务员法实施范围和参照公务员法管理的机关与相关联的部门组织。中国共产党第十九届中央委员会第四次全体会议于 2019 年 10 月 31 日胜利召开，会上审议通过了《中共中央关于坚持和完善中国特色社会主义制度　推进国家治理体系和治理能力现代化若干重大问题的决定》，提出要健全"亲""清"政商关系的政策体系。在确保所有市场主体公平公正发展的基础上，完善非公有制企业的发展制度，构建安全透明的市场环境，确保非公有制经济主体及其所属个体的可持续发展。

新型政商关系，是党中央在深刻把握社会主义市场经济规律、国家治理规律的基础上，通过对改革开放以来政府官员和非公有经济人士交往实践的长期观察中总结提炼出来的。新型政商关系，是中国特色社会主义市场经济建设和社会主义现代化建设过程中政府官员与非公有经济人士的互动交往指南，具有深刻的理论意义和现实意义。当下我国市场化经济正处于发展的深水期，而新型政商关系的出现，是坚持和发展中国特色社会主义经济制度的必然选择。

---

① 习近平：《决胜全面建成小康社会　夺取新时代中国特色社会主义伟大胜利》，载于《人民日报》2017 年 10 月 28 日。

第三章

新型政商关系构建的理论逻辑

第一节　西方自由主义语境中的政商关系

政商关系是社会与经济发展带来的一种合作交换关系，这种合作交换是以双方资源为基础，以促成和实现对方核心需求的特殊利益纽带，是世界范围内最普遍的合作关系。它是一个国家或地区经济现状、政治生态、民主法治和社会思潮的集中体现，涉及政治与经济、权力与资本、政府与市场，并最终映射到企业、财团及其组成的利益集团与政府之间的关系问题。西方社会自由主义市场下的政商关系的形成，受其多元利益格局的经济制度和多党民主政治制度的影响。

一、西方政府与市场关系理论

政商关系的本质是政府与市场在资源配置中的相互博弈与合作程度，这也是中西方政商关系差异的逻辑起点。要理解西方的政商关系，绕不开西方的基本经济制度和政治制度，即自由主义语境中的国家政府与市场关系理论及其进化路线。

经济学家认为政府与市场是国家进行资源配置的两种手段，也是调节社会经济的主要机制；在政治学角度看来，两者的作用体现为政府、市场、国家三者的权力关系变化过程。可以说西方国家的经济理论发展史，就是奉行政府干预的干预主义与奉行政府自由放任的自由主义不断交替主导的历史。奉行自由主义的经济学家认为市场在价格机制的作用下，通过供给和需求推动经济向前发展，可以自动实现资源的优化配置，市场机制可以内生性地解决各种问题，而政府的参与程度最低；奉行凯恩斯主义的经济学家并不认同市场是完善的，能够实现资源的最优配置，比如市场中存在信息不对称、竞争不充分、资本垄断等行为，都有可能导致市场失灵。因此，政府作为社会管理的关键主体，应该对经济领域进行干预，从而矫正市场失灵。随着经济学理论的发展，现代经济学对政府和市场的关系形成了一个基本认识，即现代社会对经济领域的调整，是政府"有形之手"和市场"无形之手"共同发挥作用的结果，也反映出市场与政府关系的变化。

16 世纪中期以来，倡导干预主义或放任主义的经济学理论在西方国家的政府与市场关系中交替占据主导地位，呈现出一种钟摆运动①。虽然西方社会的经济学理论一直在发展，各类经济学派和经济学理论主导一国政府的经济政策，但在实际的治理过程中，政府既没有完全放弃干预手段，也没有完全放任自由市场，有的仅仅是干预程度的差别，且随着社会的发展，这种干预越来越成为一种常态。长期以来，关于政府和市场关系的研究，西方学界形成了两种相对的理论。一种是以亚当·斯密的自由放任理论为基础，经米塞斯、哈耶克等加以发展，再由弗里德曼的新货币主义和阿瑟·拉弗等的货币供给理论，以科斯为代表的产权学派，以华莱士、卢卡斯为代表的理性预期学派加以充实所最终形成的政府尽量少干预市场经济活动的自由主义理论；另一种则是以凯恩斯的政府全面干预理论为基础，以萨缪尔森为首、斯蒂格利茨等为代表的政府有必要干预市场的干预主义理论。加上科斯的制度学派与以加尔布雷斯为代表的新制度学派以及布坎南的公共选择理论的政府与市场关系理论的相互交织，就大体形成了当前西方学界对于政府与市场关系的研究发展的演进脉络。

（一）自由主义的政府与市场关系理论

"自由主义理论"包括古典自由主义、新古典自由主义以及新自由主义理论等。1776 年，亚当·斯密发表了《国民财富的性质和原因的研究》（即《国富论》），强调政府职能应限于国家安全、教育和公共职能，尽量少干预市场在资源

---

① 曹冬英：《西方国家政府与市场关系的钟摆运动及其启示》，载于《福建行政学院学报》2015 年第 2 期。

配置中的作用，政府要扮演"守夜人"的角色①，而市场则应在提升生产效率、创造财富、竞争创新等方面发挥巨大的作用。此后，欧美主要国家根据这一理论主张，逐步减少了政府对市场领域的干预，建立起"守夜人"政府。现代新古典自由主义者冯·哈耶克（F. A. Hayek）等认为个人自由是社会存在的基础，与个人密切相连的市场应该是自由的，政府应该尽可能最小与最弱并且不去干预自由的市场。

在资本主义国家经济衰退的背景下，政府过度干预市场的弊端逐步暴露出来，最具代表性的是 1973 年爆发的"石油危机"。此时，推崇市场自由的党派得到了较多公众的支持并获得了执政地位。1979 年上台的英国撒切尔政府和 1980 年上台的里根政府是典型代表。新自由主义论者弗里德曼（Milton Fried-man）等继承了自由主义的传统思想，强调市场的自我调节功能，政府应当减少对经济领域的干预，从而实现经济的自由发展。自由主义的政府与市场关系的理论发展到当代主要集中表现在"新自由主义"（new-liberalism）理论上。新自由主义的政策主张私有化、自由化、市场化、政府放松管制、削减开支与减税、金融去管制化。"竞争的资本主义——即通过在自由市场上发生作用的私有企业来执行我们的部分经济活动——是一个经济自由的制度，并且是政治自由的一个必要条件②。"弗里德曼的观点为维护自由市场原则和资本逻辑提供了话语辩护，维护了资产阶级的整体利益，揭示了政府服务资本主义无限扩张的附属关系。

自由主义提倡政府减少市场干预，主张"有限政府"和市场的自行调节。在自由主义语境下，政府在与市场博弈的过程中，一方面政府在规模、职能、权力和界限上受到法律、社会的限制和制约，另一方面对社会资源的调动与配置主要让位于遵循自由竞争原则的市场，这虽然可以为社会主体提供平等的互动平台，但是容易导致资本的无序扩张和利益集团的垄断分化，其最终结果往往是少数垄断集团掌握社会资源，排斥其他社会主体进入市场，市场难以真正实现充分竞争，消费者很有可能成为"冤大头"。在自由主义的资本主义国家，政府通过出台法规、税收和规划等相关公共政策来调节企业的经营环境，从而影响企业的行为选择。然而大企业、大财团、行业协会等利益集团却通过政治献金、游说、"旋转门"等途径影响政府、政党在公共政策、立法、规避政策风险以及政治参

---

① 亚当·斯密指出政府职能的范围主要集中体现在：第一，保护社会，使其不受其他独立社会的侵犯；第二，尽可能保护社会上的个人，使其不受社会上其他人的侵害或压迫，这就是说，要设立严正的司法机关；第三，建设并维持某些公共事业及某些公共设施（其建设与维持绝不是为了任何人或任何少数人的利益），这种事业与设施，在由社会经营时，其利润常能补偿而有余，但若由个人或少数人经营，就决不能补偿所费。

② 米尔顿·弗里德曼：《资本主义与自由》，张瑞玉译，商务印书馆 2004 年版。

与等方面谋求自身利益，在多元平衡的趋势下影响国家走向。

（二） 干预主义的政府与市场关系理论

干预主义理论发端于重商主义，20 世纪 30 年代后演化为凯恩斯主义、新凯恩斯主义和新制度主义，其代表人物主要有庇古、凯恩斯、保罗·萨缪尔森、约瑟夫·E. 斯蒂格利茨、克鲁格曼、青木昌彦等。

市场机制在资本主义发展的 150 年中发挥了空前的作用，它极大调动了人类的生产力和创造力，这一时期社会财富被大量积累，社会进步繁荣明显。但市场并非万能，随着资本主义的不断发展，市场的问题逐渐凸显，随之而来的是资本主义社会的困厄与危机。因此政府又转而寻求干预主义以指导经济。如 1929 ~ 1933 年"大萧条"的经济危机时期，西方国家逐渐将凯恩斯主义①作为指导理论以构建一个更有干预能力的政府。

凯恩斯主义又称国家干预主义。与经济自由主义相对，它并不认可市场经济的自动调节效率。凯恩斯认为在现代资本主义条件下，市场机制存在很多失灵问题，例如公共资源配置不当，劳动力不能就业、生产资源无法充分利用等。因此，凯恩斯主张摒弃让市场自由竞争的观点，国家应该对社会经济领域进行全面的干预，实行扩张性财政、金融政策，从而刺激消费、扩大需求。相比起福利经济学认为政府干预是弥补市场失灵的重要机制，凯恩斯认为政府能够通过积极的干预手段维持社会秩序、影响经济生活。政府干预市场的深层原因，被斯蒂格利茨总结为五点，即交易费用的存在、外部性、不完全竞争、不对称的信息、不健全的市场。萨缪尔森则诠释了干预主义的要理：市场并非万能的，也会有失灵的情况出现。政府与市场在矫正经济的过程中都是不可或缺的。

"强势政府"通过干预市场可以有效规制经济，调节"市场失灵"，但同时也会因分配资源的超强支配权和官僚体制的自利追求而损害公共利益。最为明显的是，政府主导下的经济发展往往以高昂的政治成本为代价。一方面，不完全的市场经济给官僚资本侵吞公共利益提供了大量的制度空间；另一方面，政商关系的严重失衡给政府官员带来了大量的寻租机会。畸形政商关系所支付的额外成本最终会转嫁到普通民众身上，从而诱发大量的分配不公和社会问题。

（三） 制度学派与选择学派的政府与市场关系理论

制度学派与选择学派主要以科斯、加尔布雷斯和布坎南等学者为代表。科

---

① 以 1933 年开始的罗斯福新政为标志。

斯认为政府对市场的干预是有范围的，政府干预市场也存在一定的交易成本，如果政府干预市场的交易成本大于市场本身的交易成本，那么政府此时的干预行为被认为是无效的，甚至是阻碍经济运行的。选择学派的詹姆斯·布坎南则将市场失灵的持续时间作为判断政府是否选择干预的依据，他认为短期的失灵是市场的正常表现，政府只需要干预那些市场长期失灵的领域。查尔斯·沃尔夫认为极端单一的政府与市场都是存在问题的，必须根据复杂的现实环境对政府和市场进行资源配置采取不同程度的组合选择。由此可见，制度学派和选择学派并不赞同市场自由主义理论，也不认可政府全面干预经济理论，而是主张采取一种更加全面、动态的观点，强调政府对市场的不同领域有选择地进行不同程度的干预。

二、西方政商关系的类别

植根于政府与市场关系理论基础，每个国家的政商关系都烙有自己独特的国家发展个性，这是大多数国家实事求是地尊重各自历史、文化、政治制度、市场基础、发展环境等基本国情的结果。由于政府所处的实际境遇、国内市场发育的成熟程度、国民在一个时间段的具体诉求、市场发展面临的紧迫问题、国际风云变幻的市场需求对其具体影响等状况的差异性，都会形成政府与市场关系独特的国家发展个性。

以美、欧、日等几个典型国家为例：美国是市场发育成熟并实行"民主选举"政治制度的国家，赢得选票组建政府获取执政权是美国共和与民主两党天然的政治使命，而市场中的资本是美国两党参加竞选最大的竞选资金来源处，美国政府实行"新自由主义"理论指导下的开放自由的市场经济，减小政府的调控作用，这样有利于美国资本垄断集团获取利益来达成华盛顿与华尔街的互动，从而形成美国式政府与市场关系的国家发展个性；欧盟则是一种独特的、全新的超国家治理与合作发展的新形式，"欧盟委员会"与"欧洲大市场"架构的搭成，形成了复杂政治架构的分散调控与单一大市场这种欧盟式的政府与市场关系的形式；"二战"以后，一些国家和地区形成了所谓的"发展型政府"[①]的政体，日本和亚洲"四小龙"是这类政体最典型的代表，它们历史上

---

① 发展型国家的理论是由查默斯·约翰逊在《通商产业省与日本奇迹》一书中最早提出的，查默斯认为，日本的经济在20世纪六七十年代迅速发展的结果与通商产业省作为政府层面推行的一系列政策是紧密相关的，他考察了通商产业省的一系列政策之后认为，日本在经济发展过程中把自由资本主义纳入了国家统筹中，既实现了自由资本主义的发展，又使得国家掌握了资本主义发展的宏观趋势。

深受儒家文化的影响，近现代又遵从自由主义经济政策，这类国家的政府在经济发展的过程中产生了更加积极的作用。加上"二战"后，他们以追赶和超越欧美发达国家经济水平为主要目标，政府对于市场经济发展的干预就比欧美国家大得多，尽管这种意在推动社会经济发展的政商关系的确很有效，但这些经济体也一直为腐败所困扰。

不同的制度环境、民族特性和历史渊源孕育了不同的政商关系类型。从现有研究来看，政商关系类型可从学术话语体系和政商关系实际两个角度展开。从学术话语体系来看，政商关系可分为自由主义语境下的政商关系、国家主义语境下的政商关系和统合主义语境下的政商关系三个类别。

（一）自由主义语境下的政商关系

自由主义强调"个人自由的重要性，并把保障个人的自由权利作为政府基本的甚至是唯一的目的，把宪政与法治作为实现这一目的的主要手段"[1]。在此逻辑基础上，政商关系坚守市场至上原则，反对国家干预，主张用市场这只"看不见的手来实现最大利益"。在自由主义语境下，政商关系往往呈现出如下特点：一是商业领域遵循自由竞争原则，市场成为社会资源配置的主导力量，极易形成垄断和资本无序扩张。二是政府对经济领域干预有限，政府行为严格受到社会和法律的限制和监督；政府集中行使社会公共权力，收入差异拉大和社会高度分化等问题严重。三是法治是社会治理的共同底线，保障自由市场的自发秩序；政府通过颁布立法、出台政策和起草规划等公共政策对企业运营所处的经济和环境产生影响，比如财政政策、货币政策、税收政策、金融政策、贸易政策、政府采购政策、劳工政策、监管政策等。四是政府权力与市场的关系边界清晰，政府监管、支持企业的发展，企业致力于提高效益，活跃经济，充分发挥各自的作用。

20世纪80年代以来，一些发展中国家推崇新自由主义并进行了市场化改革，然而一部分国家改革后，经济运行并没有达到理想状态，甚至停滞不前。尤其2008年爆发金融危机后，各国企业为了增加自身的国际竞争力，更倾向于采用新自由主义的发展模式，但同时这种偏好也导致了企业唯利是图、社会责任感淡薄的现象。

（二）国家主义语境下的政商关系

国家主义则认为，"私利的无尽追求是导致社会道德沦丧和社会混乱的'罪

---

① 马德普、刘训练：《当代西方政治思潮》，中国人民大学出版社2013年版。

魁祸首'，唯有作为完善伦理实体的国家才能克服"①，主张政治国家行使国家权力主导经济社会发展。国家主义认为国家作为一个独立的行为主体，应该积极参与经济管理并服务于国家统治。

在对待政商关系的问题上，国家主义体现出与自由主义迥然不同的特点：国家有权力、有能力干预经济发展，政府在政商关系中处于主导地位；经济发展服务于国家建设，商人处于依附的地位；不完全的市场经济，自发秩序受到限制或挤压；政府和企业处于密切的庇护关系，职能复合。

"二战"后，通过政府干预弥补市场失灵缺陷成为主流，国家主义实行高度战后动员制以达到调配资源推行重工业发展的目的。这种模式虽然能通过强制性措施一定程度上实现社会秩序和公共利益，但也容易造成损害公共利益的后果。最为明显的是，政府主导下的经济发展往往以高昂的政治成本为代价。一方面，不完全的市场经济给官僚资本侵吞公共利益提供了大量的制度空间；另一方面，政商关系的严重失衡给政府官员带来了大量的寻租机会。畸形政商关系所支付的额外成本最终会转嫁到普通民众身上，从而诱发大量的分配不公和社会问题。

（三）统合主义语境下的政商关系

无论是自由主义还是国家主义都片面性地夸大市场或者政府在社会化管理中的作用。随着社会管理趋于复杂，单单依赖市场或者政府的力量是有限的，如何综合运用市场和政府的力量并发挥两者合力是政府社会治理的重要命题。在此背景下，社会化管理模式应运而生。这种管理模式是介于市场力量和政府力量之间的一种中介管理，其目的是完成某种妥协，并达成一致，将社会中的公民诉求整合并有组织地传递到国家决策系统中去，从而将社会和国家有效衔接，进而在国家和社会之间的利益组织中发挥协调和沟通的作用。这种中介化的治理方式就是"统合主义"（corporation）政府治理模式②。

统合主义兼具自由主义和国家主义的优缺点，强调国家与社会、政府与市场之间的互动。在统合主义模式中，"国家在其中扮演的角色是建筑师或政治秩序的立法者""国家是指导和控制私有企业走向团结、秩序、民族主义和成功四大目标的一种经济体系"③。总之，在统治主义模式下，国家在实现政治稳定、促

---

① 徐伟：《自由主义、国家主义、共同体主义——试析市场经济中的伦理冲突与价值述求》，载于《科学经济社会》2013 年第 1 期。

② 曹海军、文长春：《"统合主义"政府：一种新型的政府治理模式》，载于《理论探讨》2006 年第 3 期。

③ 郑秉文：《资本主义社会的福利国家》，法律出版社 2003 年版。

进经济发展、维护社会公平方面发挥着至关重要的作用。

统合主义语境下政商关系的特点有："有效的市场"与"有为的政府"成为政商关系主流，认可市场在资源配置中起决定性作用，使经济更好地按比较优势发展、减小制度寻租空间，而政府应该在保护产权，维持宏观稳定，克服市场失灵，因势利导地推动技术、产业、制度等结构的变迁等方面发挥好的作用[1]；政府和企业保持一种合作与互动关系，特别是在承担社会责任和共同解决社会公共问题方面，企业与政府参与推进社会治理。

（四）从发达的市场经济体的发展实践来看，政商关系还可以划分为代理关系、指导关系和管理关系这三种类型

在代理关系中，政府是商人的代理者；在指导关系中，政府是商人的指导者；在管理关系中，政府是商人的管理者。

（1）"代理关系"式政商关系。该类政商关系以美国为典型代表。美国的建国历史是一部贯穿自由主义政治理念的历史。在该政治理念的渲染下，美国建立了较为原教旨意义上的政府，即"越小越好"的政府和以"不能够做什么"为目的的政府。在古典自由主义政治理论的支撑下，美国建立了以"不能够做什么"为主要目的的政府。在这样的政治理念支配下，商人成为了社会的主宰，大集团、大财阀控制了美国的政治经济发展，可以配得上"商人俘获的国家"的称号，正如《谁统治美国》一书所说的，"统治美国的是那些创造了巨额财富的所有者和高管"[2]。

（2）"指导关系"式政商关系。该类政商关系以日本为典型代表。在日本的明治维新时期，政商关系体现为相互依赖和互相支持的关系。随着财阀的迅速发展，日本的经济乃至政治都为其左右。"二战"投降后，在美国的干预下，日本政府获得了制定经济方针和产业政策的权力。在此过程中，自由市场经济的理念逐步加强，财阀市场化水平逐渐提高并形成了政府指导发展的习惯和模式，当然，财阀也从政府指导中获得了经济利益，形成了"政府指导＋财阀经营"的政商关系模式[3]。

（3）"管理关系"式政商关系。该类政商关系以新加坡为典型代表。新加坡面积狭小，单个企业的资本力量过于薄弱，因而1965年立国之后，新加坡

---

① 林毅夫：《深化经济体制改革与加快转变政府职能——政府与市场的关系》，载于《中国高校社会科学》2014年第1期。

② 威廉·多姆霍夫：《谁统治美国：权力、政治和社会变迁》，吕鹏、闻翔译，译林出版社2009年版。

③ 韩阳：《健康政商关系的基本内涵、实践经验与建构路径》，载于《重庆社会主义学院学报》2016年第1期。

政府聚合社会资源，让政府参与到经济建设中去，直接管理、直接经营各类公司，出现了各类官方主导、主办的国有企业。例如，为了更加有效地培育和管理国有企业，新加坡财政部组建了一家专门经营和管理国联企业的公司——淡马锡公司，其宗旨是"通过有效的监督和商业性战略投资来培育世界级公司，从而为新加坡的经济发展作出贡献"，进而形成了颇具特色的"管理主义"政商关系①。

三、西方国家政商关系的建构路径

在现代西方社会中，政府和市场的关系被空前加强，政府和企业也有着千丝万缕的联系。政府出台的公共政策在很大程度上会影响着企业的行为选择，企业经营状况也会影响着经济发展、政府收入以及企业对政府服务的需求产生影响。在传统资本主义国家，大企业往往通过利益代理人在多元平衡的趋势下影响国家走向。甚至在每一个政治层级，议会与商业集团都有直接的关系。企业家集团往往通过党派政治、资助竞选、院外游说等方式对政府过程产生影响，使政治生活、公共利益最终被商业利益所绑架。

一方面，政府更加有效地干预市场和企业。比如，政府与企业合作谋求国际竞争力。进入20世纪80年代以来，政府与企业的关系变得越来越重要。企业的全球化和复杂的跨国企业联盟的形成通常都需要得到政府的支持。美国前国务卿克里多次公开表示，"经济政策即外交政策，而外交政策即经济政策"。又如，政府促成行业协会和工会组织等公共政策，加强对市场的规范与监管，使得市场在资源配置中发挥着越来越重要的作用。市场化的发展使得企业社会责任和行业自律问题越来越不受控制，以美国为主的西方国家创设了行业协会机制，加强行业监管，引导企业家增强责任意识。这些市场监管人员保持政治中立，不与任何党派相关联。政府对市场监管宽严并济。此外，政府通过法规、税收和规划等公共政策对企业运营所处的经济和环境产生影响。在经济手段方面，美国政府除了调整财政收入总量和结构之外，还通过调整财政支出的总量和方式以及财政收与支的对比关系来影响私人企业，协调整个国民经济的发展。

另一方面，西方国家利益集团通过政治参与等行为进入政策制定过程，影响了政府决策。不仅如此，企业内部也设立了相关部门，为其政治参与提供了便捷。据统计，美国《财富》500强的企业都在华盛顿设立专门的办事处，这些办

① 储建国：《政商关系：清晰界定才能更好构建》，载于《中国党政干部论坛》2016年第6期。

事处规模普遍比较庞大，企业通过这些办事处对政府职能部门进行大规模游说，甚至以贿赂的方式收买议员，通过与议员接触，在需要的时候向有关部门施压。伦敦商学院 2011 年的一篇论文通过对 2004～2007 年美国众议员持有的 642 只股票进行分析，发现政治人物的股票持有也可以作为一种确保关系维持的纽带以及即将采取有利于该企业行动的保证。西方国家企业利益集团的政治参与具体来说有以下方式。

（一）政治献金

政治献金是西方企业影响政府政治的最直接最有特色的方式之一，指的是向从事竞选活动的政党或者政党代表提供包括现金在内的各种无偿援助。怀有各种不同目的的利益集团，纷纷解囊慷慨，提供政治献金。因为，不论是哪个党派入主白宫，或在国会中占据多数，对美国政府制定的政策都会产生重大的影响力。为了报答金主们的慷慨，这些党派和政治人物必将制定或采取一些有利于自己金主的政策，而这些利益集团既有来自美国的各大财团，更有来自世界其他国家和地区的财团。

来自大公司、财团和利益集团的政治献金，更接近于一项政治投资——通过政治献金获得政府补贴、优惠条款以及其他政府政策以获得私有利益①。"红利回报"是政治献金的逻辑起点，在竞选结束后，获胜者上台后会根据在选举时贡献大小的原则，给予献金企业相对应的回报，回报内容包括召入内阁、派驻条件优越的国家任大使，以及制订有利于财团的政策。一个监管的"灰色地带"，巨额的政治献金不但容易诱使人"做手脚"，而且，因为接受政治献金在很多时候与受贿界限模糊，只要没有明显的利益交换和对价关系，很多人都把自己的受贿推到政治献金上，以此脱身脱罪。政治献金权钱交易的本质决定了它与腐败必定共存，只要有利益的交换，腐败就会一直存在。

（二）游说活动

与政治献金相比，游说活动是大公司和财团更偏爱的影响具体政策制定的方式。它是一个每年价值超过 350 亿美元的行业，每年大约有 2.1 万名美国专业人士在这条产业链上"工作"。而在这些"说客"背后，是各行各业的成百上千家企业、工会组织、行业协会和利益相关方。"游说产业链"，是推动美国政府做出

---

① Snyder J. M. Jr. Campaign Contributions as Investments: The U. S. House of Representatives, 1980 - 1986 [J]. *Journal of Political Economy*, 1990. Grier K. B., Munger M. C. Committee Assignments, Constituent Preferences, and Campaign Contributions [J]. *Economic Inquiry*, 2010, 29 (1).

各项决策，推行各类法案的主要推手。游说被看作利益集团和政治家，以及他们的员工和代理人之间通过私下会面传递信息的活动，这些信息包括统计、事实、论点、消息、预测、威胁、承诺、信号或前述的各种组合形式①。而游说部门的重要性通常以掌握资源的多少来衡量，掌握着许多重要资源部门往往是美国大公司比较集中的游说对象。

在美国，游说是公民请愿权的实现方式之一，受到宪法第一修正案的保护。在法定范围内的游说活动会受到国家法律机关的保护，不用担心腐败或权钱交易等社会指责。在《外方代理人注册法案》的规范下，大量西方国家政府与企业通过聘请职业说客（lobbyist）积极参与游说美国政府官员，频繁同美国官员共享信息与政治互动。美国法律将职业说客定义为每个季度至少进行一次游说接触，获得报酬，并将其至少20%的时间用于游说活动的个人。仅在华盛顿特区，职业游说活动就形成了年产值超过30亿美元的服务产业。这些职业说客所属的游说公司营业地址主要集中在华盛顿特区著名的K街。

西方企业利用游说以影响制度和市场环境，背后体现的是政商两界的政策主导权之争。例如每年因为国会相关法律的立法侧重不同，许多企业会产生不同的兴衰起伏。因此私营企业都试图通过行业协会游说以谋求更有利于企业发展的公共政策环境，这主要体现在参与设置政治议程，获取重要的商业信息；影响政策导向调动政治资源，获取非对称的商业利益。在巨大的利益诱惑或者压力下，"游说"成为极具美国特色的"官商勾兑""钱权交易"平台。

（三）利益集团

西方宪法允准的游说制度，为企业影响政策开通了一个合法的渠道。但随着限制利益集团的法律逐步健全，反利益集团的舆论已经形成，政商之间的利益交往不像以往那样容易。企业要支持某位政治家只能通过组织行动委员会进行公开支持，而不能进行私下交易。相比之下，压力集团、协会对于选举的影响可能更为直接有效。

除了政治献金和游说活动，大企业还有可能联合组成利益集团，以影响政党选举和政策制定。利益集团一般组织化程度较高，维护特定群体的利益诉求，往往带有一定的政治色彩。利益集团由于其自身的特殊性，它也是一种不可忽视的政治力量。利益集团是基于一定的共同利益而建立起来的组织，在影响政党或者政府决策的过程中，往往表现出强烈的利益诉求。利益集团的行为

---

① Figueiredo J. D., Richter B. K. Advancing the Empirical Research on Lobbying [J]. *Social Science Electronic Publishing*, 2014.

有着多元民主价值理论支撑。该理论从联邦党人文集中关于"派别"的肯定和杜鲁门"政府过程"分析中发展而来，后延伸出"多元民主"和"多元政治"的概念，并且认为多元民主应该是社会各种权力主体出于利益目的进行博弈的均衡结果。

西方国家的利益集团，尤其是代表大企业的利益集团，对政治的影响渗透到了商业的各个领域。美国大公司组织了许多协会和商会，如美国老牌的医院协会（AHA）、美国国际商业联合会（USCIB）、美国商会（USCC）等。英国的利益集团对商业领域影响巨大，英国工业联合会（CBI）是英国最大的工业垄断资本家的联合组织，包括 13 000 多家公司、230 多个工业协会及雇主组织。该联合会每月出版"商界之声"，每年发布众多的研究咨询报告，参与政府的相关政策咨询。日本三大重要商会组织，经济团体联合会、日本商工会议所和日本经济同友会都会通过某些活动影响着政府决策。其中，经济团体联合会是日本最大的商会组织，围绕经济、产业及劳动等问题经常与政界、行政等进行对话、征求意见及提出对策；日本商工会议所和日本经济同友会分别是代表中小企业和公司管理层的组织。为了和政府相关省厅和自民党政调会下属部会保持密切联系、参与这些机构的座谈、向机构提供财界的意见和要求，上述三个组织，都下设了政策研究委员会、调查部等部门。

（四）政治"旋转门"

"旋转门"（revolving door lobbying）是指美国公职人员在政府机构与私营组织之间来回任职的现象[①]。政治"旋转门"经过几十年的发展，已经演变成了一种基于权力关系的政商利益交换机制。企业和财团通过人员流动影响公共政策，大公司和企业的高层管理可以通过政治任命和聘任的方式进入彼此组织，而不必涉及有形或者无形的商品交换。政治精英与经济精英的身份转换和相互流动，是政治"旋转门"的典型特征。比如，为了加强国务院与企业界之间的合作，美国前国务卿克里计划向私企派遣国务院雇员，让他们在那里进行为期一年的交流，同时，接受私企雇员到国务院交流，以便使国务院从企业家的世界观中受益。福莱塔（Freitag）研究发现，1897～1973 年，美国政府中与公司有联系的公职人员占比高达 76%，在政府部门高层领导中存在大量曾在公司和银行担任过高管的官

---

① Holman C. Testimony of Craig Holman, Legislative Representative, Public Citizen. House Committee on Oversight and Government Reform, 13 February, Washington DC. Honest Leadership and Open Government Act (2007) Public Law, 110 - 81.

员。根据 CRP 数据库资料，截至 2014 年，美国"旋转门"人物基本上覆盖了美国的主要行业（见图 3 - 1）。

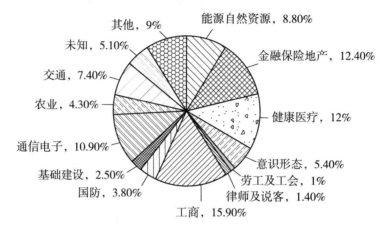

图 3 - 1　美国"旋转门"相关公职人员涉及行业

资料来源：CRP 数据库，http：//www. opensecrets. org。

在美国，竞选上台的总统有权组织政府。总统上台后，为了回报那些为选举提供大笔经费和其他贡献的人士，往往会将一些政府官职奖赏给这些人。2008 年民主党总统奥巴马上台后，任命 24 位筹款和捐款大户作为驻外大使，这其中只有极个别人有外交经验；美国对外服务协会的调查显示，2016 年共和党总统特朗普将 46% 的职位给了金主或者"关系户"，首任国务卿蒂勒森直接从埃克森美孚公司高管位置上"旋转"而来；财政部长姆努钦来自华尔街投资银行高盛集团；国防部长埃斯珀曾是军工企业雷神公司高管。① 英国《卫报》援引美国学者的话称，特朗普政府任命的很多大使外交经验不足、能力有限，难以履行大使的职责。"可以肯定地说，这偏离了我们通常看到的内阁任命。"非政府组织响应政治中心执行董事库姆霍尔茨（Sheila Krumholz）说，"这将掀起关于金钱在任命中扮演不正当角色的辩论，但更大的问题是，撇开政治捐赠，他们（被任命的人）是不是合格""旋转门"为美国各类公职人员提供了多样化流动和利益交换的渠道② （见表 3 - 1）。

---

① 陈家喜、郭少青：《西方国家政商关系的建构路径与约束机制》，载于《新视野》2020 年第 4 期。

② Chris Cillizza. The revolving door between Congress and K Street is moving faster than ever ［R/OL］. ［2014 - 01 - 22］ https：//www. washingtonpost. com/news/the-fix/wp/2014/01/22/the-revolving-door-between-congress-and-k-street-is-moving-faster-than-ever/.

表 3 - 1　　　　2001～2011 年"旋转门"对国会职员的收入影响

国会职位	总人数	离任后担任"旋转门"说客占比（%）	国会职员年收入（万美元）	说客平均年收入（万美元）	游说与国会收入比	国会任期（月）
行政主管	2 170	30	13.7	42.68	3.12	93.8
立法主任	1 949	36.6	8.87	37.23	4.2	89
立法助理	7 231	23.4	5.56	30.09	5.41	68.6
立法舆情信息员	5 501	11.5	3.67	28.28	7.71	47.6
立法顾问	1 421	31.2	7.21	33.78	4.69	62.7
媒体部门	2 871	8	5.81	30.52	5.25	64.7
专业技术类职员	1 267	24.4	5.88	32.73	5.57	73.8
助理职员	14 291	6.2	3.5	26.48	7.57	57.8

资料来源：Chris Cillizza. The revolving door between Congress and K Street is moving faster than ever ［R/OL］. ［2014 - 01 - 22］ https：//www. washingtonpost. com/news/the-fix/wp/2014/01/22/the-revolving-door-betweencongress-and-k-street-is-moving-faster-than-ever/.

第二节　马克思主义视域下政商关系的理论本原

新型政商关系本质上是基于新时代中国特色社会主义市场经济体制下的一种社会生产关系，是权力（国家）与资本、政府（计划）与市场在历史之维和辩证之维的长期博弈和审慎演绎的表征。探索建构有中国特色的以"亲""清"为核心的新型政商关系，需要对政商主体及相关要素进行抽丝剥茧般的细致解构，更要从马克思主义政治经济学的唯物史观和唯物辩证法中寻找理论源头。

要从权力与资本、政府与企业、官员与企业家关系三个层面，探索马克思主义经典作家理论逻辑。把握国家权力与资本关系的基础，对于正确了解政商关系主体和本质有重要的认识论意义；研究政府行政如何调节服务市场经济，则对构建营商环境有着方法论意义；探索政府公职人员与企业家的"亲""清"政商关系，是具有广泛且深厚影响力的关键一环。然后基于现代市场经济的基本规律、法治化要求和中国独特的文化传统与制度优势等方面对政商关系的多元主体功能角色和互动关系逻辑进行重构。

一、政商关系的历史维度：资本与权力逻辑关系

权力从国家的层面，通过国家暴力机器、科层制组织等维护国家和社会的稳

定发展；资本从市场层面，利用市场经济规律，不断开发潜在市场，销售商品或提供服务，获取经济利益，并将剩余价值投入到再生产过程中，实现资本的增殖，从而实现社会财富积累，推动社会发展。然而，一旦权力与资本之间的边界被打破，权力控制资本，抑或资本攀附上权力，则会形成损害广大人民群众利益的特殊利益集团。如何正确看待权力与资本的关系，保持两者关系的健康发展，避免"双重异化"，是各国发展中不可忽视的重要问题。

权力与资本的关系是政商关系的本质。在探索构建政商关系时，离不开对权力与资本关系的探讨：国家权力的利益代表性问题？权力与资本的边界如何划定？国家权力的地位是否应该高于资本，并控制资本发展？如何规范权力与资本的关系，避免"双重异化"？权力与资本的良性互动应走向何处？对于这些问题的讨论，无外乎是国家公共权力与资本力量之间的此消彼长的博弈体现，更是成为重构权力与资本关系的指南针。

如何认识和把握资本与权力的逻辑关系？马克思按照资本逻辑的进程把人类社会发展的历史分为三大社会形态，这三大社会形态的根本特征不同，在于揭示了资本与权力的斗争关系。前资本主义社会以人的依赖关系为根本特征，前资本主义生产方式是建立在其政治、法律和意识形态上层建筑之上的，因而它的特征在于其政治权力和超经济强制，资本依附国家权力；资本主义社会以物的依赖性为基础的人的独立性为根本特征，政治权力是实现经济利益的手段[①]，资本不断"俘获"国家权力；后资本主义社会以社会财富基础上的自由个性为根本特征，权力以服务社会及资本的客观化为特征。马克思历史唯物主义理论对社会形态演绎和"资本"的审视和批判，深刻揭示了权力与资本的关系，也是对政商关系双重异化所导致的权力资本化与资本权力化现象的清晰认识，对把握政治权力和资本的逻辑是一把钥匙。

（一）前资本主义时期：资本依附国家权力

在封建时代，国家权力是最高的权力。可以说，自国家产生之后，就一直拥有强大的权力。那时，资本的发展遭受由封建贵族控制的国家权力的打压与束缚，资产阶级也时常受到国家政权的压榨与限制。马克思指出，国家权力对资本拥有绝对的控制权，可以通过任意征税、处罚等手段从资本手中"抢夺"财产，甚至利用特权直接没收资本家的财产。在这样的历史时期，资产阶级在政治上还没有产生代表自身阶级利益的政党。因此，他们还没能登上政治舞台，掌握并控

---

① 王沪宁：《政治的逻辑——马克思主义政治学原理》，上海人民出版社1998年版。

制国家权力①。显然，刚刚发展起来的资本权力严重受制于国家权力。在如此不易的生存境遇中，资产阶级强烈地感受到国家政权的异己性。前资本主义时期的剥夺方式却是以赤裸裸的超经济强制，以政治的、特权的、习俗的、宗教的方式来剥夺生产者的剩余。

前资本主义社会时期，资本主义始终是在国家权力机器的监视和围剿下艰难发展，在资本主义、资产阶级没有壮大成熟前，国家的权力占据社会的绝对主导地位。无论是东西方文明下，在农业经济主导的时代，土地相对于资本来说，具有不可撼动的地位，更不用说还未成为资产阶级的商人在社会中处于劣势地位，很难抗衡或者对抗国家权力。重农抑商或崇本抑末是中国历朝历代的主要统治政策，其目的是防止资本动摇君权的统治根基。历史上商鞅抑商变法抑制商人资本真正由言论变成行动并取得成功，政商关系中政府处于统治支配地位。在中西方漫长的封建进程中，王朝、贵族政治权力一直对民间资本保持几乎打压和戒备的态势。在中国的封建社会王朝，虽然也有商业繁盛和资本萌芽的时候，但其背后绝大部分是官办或地主、士绅贵族阶层官商合办经济，政商关系处于一体；即便是在近现代的国民政府时期，私有资本一度盛行，但主要资本还是受到权力的控制与剥削。总之，在前资本主义社会，权力在资本面前占据绝对的主导地位，资本只有依附权力才能实现有限的发展。

（二）资本主义时期：资本"俘获"国家权力

马克思认为，在前资本主义时期，统治阶层代表国家，国家即权力，资本只是被国家权力控制的主体之一，另外还包括人民、军队等。在资本主义社会中，资本的权力在很大程度上操纵并使用国家权力，而国家权力则服从和服务于资本权力。可以认为，资本与国家权力的关系被扭转，资本通过掌权成为统治阶层，"俘获"国家权力。这种"权力"不再是被权力者用于制约和支配资本的纯粹强制力，而是被资本阶层所控制和掌握的权力，并成为资本对国家和社会进行新一轮剥削和阶级压迫的工具。总而言之，资产阶级社会的国家权力使用不是为了发展和维护全体社会成员的利益，而是为了维护资产阶级的统治基础及其根本利益。

从这种意义上讲，国家公共权力在资本逐利的驱使下逐渐被"俘获"成为资本的代言，权力为资本异化，资本及其人格化身终于成为国家的主人。成功俘获了国家权力后，资本便将其用来对付无产阶级，大肆攫取剩余价值。1848年"三月运动"之后，资产阶级"夺得了国家政权，并且随即利用这个权力迫使工

---

① 《马克思恩格斯全集》（第1卷），人民出版社1995年版。

人即自己在战斗中的同盟者回到从前那种受压迫的地位"①。在利益面前，资产阶级立刻露出了真实面目，急急忙忙地将之前的盟友变成奴仆。"资产阶级精确地计算着工人的工资、劳动时间和剩余劳动价值，提高劳动效率、延长工作日时长，从而压榨工人获得剩余价值。"②

马克思认为资本不仅掌握权力，而且把持着现代社会中至高无上的权力。"资本是资产阶级社会的支配一切的经济权力"③，出于对剩余价值的无限攫取，资本永不停息地将自己的对手——劳动乃至整个世界，变成自己的仆人，变成自己在发展中夜以继日地再生自己的权力。在现代资本主义社会，政府已经在选票民主的促使下，将部分公权力从资产阶级利益中剥离出来，但也只是对资本权力的部分限制而已，即便如此，这种权力资本异化孕育出的"裙带资本主义"是现代社会和市场经济中普遍存在的现象，权力和资本的"双向异化"不仅造成了权力腐败，还影响了社会的公平正义，这对社会主义国家的政商关系处理也具有认识论意义④。

（三）社会主义社会：权力服务社会及资本的客观化

马克思在论述巴黎公社的性质时指出，公社推翻了资本主义的统治，将国家权力真正转移到广大无产阶级手中，使它们不再专属于资产阶级所私有。同时，国家权力机关的工作人员不再是权力的拥有者，而是人民的服务者。列宁在《国家与革命》中提出，普通市民也能成为国家权力机关人员，也像工人一样正常领取薪资即可，其职能权限仅仅限制在"监工和会计"的范围内。这些国家权力机关的工作人员只是代表选民执行工作，对选民负责，并由选民决定是否撤换⑤。毛泽东在中国革命的长期实践中把马克思主义理论与中国实际相结合，提出了"为人民服务"这一无产阶级（或社会主义）的名言。邓小平理论继承了马克思主义、毛泽东思想的上述观点，在改革开放的新形势下，又提出了"领导就是服务"的新论点。服务者，仆人也；服务公众者，公仆也。这里还必须进一步指出，社会主义公共权力本质性的另一方面确实优越。

国家权力与资本的博弈在社会形态发展中表现得淋漓尽致，这也必然导致政商关系主体地位的不断调整。同样权力与资本在社会主义市场经济体制下的客观化过程也是社会形态发展中的博弈的缩影。在计划经济时期，资本附属于国家公

---

① 《马克思恩格斯全集》（第1卷），人民出版社1995年版。
② 《马克思恩格斯全集》（第44卷），人民出版社1995年版。
③ 《马克思恩格斯全集》（第30卷），人民出版社1995年版。
④ 郑永年：《中国政商关系的历史与未来》，载于《联合早报》2018年4月3日。
⑤ 《列宁选集》（第3卷），人民出版社2012年版。

权力，权力配置社会资源是主导经济发展的一切行政命令；在社会主义市场经济时代，权力与资本走向并行发展的道路，权力与资本共同合作，共同支配和推进社会经济文化发展。权力与资本的结合并不是一开始就能朝向正确的轨道行使，特别是在经济转型升级和社会主义市场经济体制不断完善发展的过程中，往往权力与资本在融合过程中会产生不良反应。例如，权钱交易、市场垄断等现象，权力与资本的不健康结合必然会导致资本或者权力异化现象，严重的异化现象会导致社会资源分配不公，影响到社会的公平正义，形成"亲而不清"的政商关系。一个任由资本无节制发展的政府，最后反过来将会使这个社会处于一种低效率的运行状态之中。

比理论价值更为重要的是现实启迪。在我国推进新时代中国特色社会主义市场经济体制改革，让市场对资源配置起决定性作用，特别是发展非公有制经济的过程中，资本及其权力必然扩张开来。既然允许资本权力的存在与运行，那么应该如何处理这种权力及其同社会中其他重要权力形态的关系，或者说，让资本权力在社会权力架构中处于何种地位？这是一个摆在社会主义初级阶段的中国面前、关涉当代中国社会发展的重要问题。马克思对资本权力之地位的分析，启示当代中国历史地、辩证地对待和处理资本权力。概而言之，既应充分发挥和利用资本权力的积极意义，使之补充和优化社会权力架构。发展社会主义也要有效防范资本权力的侵蚀，确保对资本权力的控制，守护社会主义的本色，最终超越资本权力，建构更高形态的权力架构与社会文明。

二、政商关系实践维度：政府与市场关系理论探索

马克思认为，资本权力具有历史的合理性与进步性，在人类由前现代向现代的转变过程中发挥了重要的积极作用。在经济建设和社会发展过程中，我们需要发挥资本权力的正向价值，避免造成负面影响。然而，如果缺乏对资本权力的有效制约，高度集中的权力特别是政治权力则会导致社会不公。因此，有必要发挥市场对资源配置的决定性作用，有效调节政府与市场的关系，利用资本的力量使经济领域相对独立地发展起来，形成经济权力与政治权力相互制约、协同并进的局面。

无论是西方发达国家还是新兴发展国家，抑或是社会主义国家，都在不断地探索着政府与市场二者的最佳结合点，即发挥'看不见的手'和'看得见的手'对资源配置的作用。一段时间以来，政府在整个社会市场经济的调控中，扮演了过多"家长"的角色，政府在主导市场资源配置方面的权力过大，一些政府部门在立项、审批、监督等过程中出现权钱交易现象，导致出现了很多负面效应。因

此，在发展市场经济的过程中，要坚持辩证法和两点论的思想，既要看到市场在资源配置中的积极作用，又要发挥有为政府在资源配置中的能动性。要充分用好"看不见的手"和"看得见的手"，使之形成相互协同的合力，推动经济又快又好地发展①。

马恩经典理论以及马克思主义理论中国化的发展历程中，不同经典作家和国家领导人对发展社会主义社会任务下的政府与市场关系以及政府职能做过理论贡献和实践论证，尤其是中国共产党在将马克思主义经典理论应用到中国特色社会主义实践的过程中，产生了强大的生命力，并在社会主义市场经济发展中逐步确立了政府与市场的辩证关系，为社会主义市场经济下的政商关系理论做出实践性的探索。

（一）"无市场"假定

马克思、恩格斯在《资本论》中指出了资本主义的根本性矛盾。他们认为，资本主义生产具有社会化的特征，即全社会劳动人民都是商品的生产者。然而，生产资料却被社会的少数群体——资产阶级所占有。因此，在资本主义市场经济条件下，存在着生产社会化和生产资料的私人占有这一对不可调和的矛盾。资本家为无限攫取剩余价值，盲目提高生产规模，扩张生产力，导致商品生产过剩，相对需求不足最后导致周期性的经济危机。2008 年由美国次贷危机诱发的全球金融危机，再次印证了《资本论》解释的资本主义经济危机逻辑关系：需求不足—生产过剩—透支消费—违约率上升—经济危机。由此可见，资本主义市场经济存在着严重的缺陷，其基本矛盾必然会导致经济危机。

基于对资本主义私有制社会市场经济的缺陷的研究，马克思对社会主义的本质和特征进行了深入研究，对科学社会主义的未来社会做了预见和设想：不断解放和发展生产力是未来的社会主义的重要特征；发达的生产力水平为社会主义提供了物质基础；生产资料和生产方式具有统一性，即生产社会化和生产资料归全社会占有；实行按劳分配以降低贫富差距；采取计划手段调节生产和资源配置。他主张消灭商品、由计划管理一切，通过由计划管理一切来消除资本主义经济危机的严重弊端。

在马克思看来，建立公有制的目的是建设无产阶级专政制度，避免推翻资本主义之后造成国家无政府状态。社会主义公有制有利于国家利用计划指令指导社会进行有序生产，按劳分配劳动所得，消除生产社会化和生产资料私人占有的矛盾。事实上，这种"无市场"假定并没有在各社会主义国家中获得成功实践。但

---

① 《习近平谈治国理政》，外文出版社 2014 年版。

是"无市场"假定却成为政府（计划）与市场关系的理论实践源泉。

（二）"政府有限替代"假定

列宁对社会主义市场的看法是个渐进深入的过程，有个否定之否定的过程。"十月革命"胜利后，苏俄建立了世界上第一个社会主义国家政权。列宁遵循马克思的科学社会主义的计划原则，在苏俄建立"战时共产主义"体制。高度集中的计划手段是战时共产主义体制的最大特征，可以举全国之力发展生产，动员全国人力和分配全国物资[1]。1920年底，苏俄国内外形势发生了巨大的转变。苏俄粉碎了国内外反动势力的联合进攻，获得相对平稳的国外环境。同时，由于长期的战争，苏俄面临着严重的经济危机，例如经济发展停滞、生活物资短缺。在这种国内外环境下，列宁放弃了战时共产主义转向新经济政策，将注意力转向发展生产，活跃市场经济。新经济政策改变了战时共产主义高度集中的计划管理模式，转变为对外适度开放，对内发展商品经济的管理模式。列宁对社会主义经济体制和政府职能的看法发生了改变[2]，他认为应该提高政府对经济管理的动态性，并且要加强前瞻性计划的制定，保持经济发展的平衡与稳定。同时，他认为不能单纯地排斥市场机制，要将行政命令手段和市场机制有机结合[3]。

国内战争结束转向和平建设时，列宁在制定俄国工业改造和经济发展计划的经济实践中，向国民经济领域的各类专家写了很多信件，他认为新经济政策是在坚持社会主义计划经济的前提下，在一定范围内实行市场调节[4]。从马恩"无市场"假定到"政府有限替代"假定，列宁不再把计划作为资源配置的唯一手段，而是通过市场发展商品经济，主张把计划机制与市场机制结合起来的转变，对社会主义建设实践具有重要意义。

（三）"政府计划主导"论

苏共二十大以后，毛泽东开始反思新中国成立以来所创建起来的中央高度集权的经济管理体制。毛泽东认为社会主义社会仍然存在着商品生产和商品交换。他认为这一时期中国的生产力还是相对落后的，应该遵循经济发展规律，借助商品生产大力发展生产力，推动商品交换。如果废除了商品，用计划的手段调拨农产品，则是一种压榨农民的方式[5]。在政府与市场的关系上，毛泽东吸收了列宁

---

① 《列宁选集》（第33卷），人民出版社2012年版。
② 《列宁选集》（第43卷），人民出版社2012年版。
③ 徐博涵：《学习列宁晚期关于计划与市场的思想札记》，载于《马克思主义研究》1997年第4期。
④ 《列宁选集》（第41卷），人民出版社2012年版。
⑤ 中共中央党校党教研资料室：《中国共产党历次重要会议集》，上海人民出版社1982年版。

和斯大林的社会主义经济观点，认为"经济决策不取决于市场力量，而是由计划者的行政指令来决定"，相比较资本主义为利润"无秩序混乱"，他更注重社会主义的有意识的计划手段。毛泽东主张计划经济为主、市场调节为辅。比如1949年颁布的《共同纲领》就明确指出，"国家应……调剂私人资本主义经济和国家资本主义经济"。

（四）"政府与市场两种手段"论

20世纪80年代末期，正是中国经济体制改革经受检验的关键时期。在如何看待"计划"和"市场"这个问题上，社会各界形成诸多不同甚至相反的观点。早在1979年，邓小平同志明确阐释了社会主义市场与政府关系的立场，邓小平倡导解放思想、实事求是，从固有的社会经济体制思维定式中引导人们把关注的焦点转移到了实践当中，主张计划和市场"两种手段"的论断，其中最为人们熟知的便是"不管白猫黑猫，抓到老鼠就是好猫"。

党的十二大确定了"贯彻计划经济为主、市场调节为辅"的原则，提出"要正确划分指令性计划、指导性计划和市场调节各自的范围和界限"，政府与市场的界限开始得到重新关注。党的十三大报告进一步指出："社会主义有计划商品经济的体制，应该是计划与市场内在统一的体制。"① 新的经济运行机制主要特征表现为：政府与市场在经济发展中都扮演着重要的角色，其传导机制为"国家调节市场，市场引导企业"。退休后的邓小平在不同的场合论述他关于计划与市场的思想。1992年，邓小平在南方谈话中指出，"计划多一点还是市场多一点，不是社会主义与资本主义的本质区别。计划经济不等于社会主义，资本主义也有计划；市场经济不等于资本主义，社会主义也有市场。计划和市场都是经济手段"②。

（五）"市场资源配置作用"论

江泽民在党的十四大提出建立社会主义市场经济体制的改革目标。这是关系整个社会主义现代化建设全局的一个重大问题，其核心是正确认识和处理计划与市场的关系。具体而言，一方面，要加快发展生产力。发展必须要深化改革，要打破制约生产力发展的体制机制束缚，建立更具活力的经济体系。要构建更加开放的经济体系，融入世界发展的潮流。另一方面，建立社会主义市场经济体制。坚持社会主义与市场经济相结合，既要发挥市场经济的优势，又要发挥社会主义

---

① 《十三大以来重要文献选编》，人民出版社1991年版。
② 《邓小平文选》（第3卷），人民出版社1995年版。

的优越性。党的十四大后，市场在国家宏观调控下对资源配置起到的基础性作用越发明显，党对社会主义市场经济的认识也在反复讨论和实践中得到了广泛的认可，党对市场在资源配置中的认识不断深化。直至党的十五大，再次强调"进一步使市场在国家宏观调控下对资源配置起基础性作用"。

（六）政府与市场"有效统一格局"

我国改革开放40多年的成功实践以及世界上其他经济体的发展经验表明，保持持续高速的经济增长和社会进步，既需要通过市场机制来配置资源，同时也需要有一个有效有为的政府。对此，胡锦涛同志在党的十六大提出，"更大程度上发挥市场在资源配置中的基础性作用"，同时删去了"在国家宏观调控下"的定语。党的十七大提出"从制度上更好发挥市场在资源配置中的基础性作用"。深化改革是加快转变经济发展方式的关键。经济体制改革的核心问题是处理好政府和市场的关系，必须更加尊重市场规律，更好发挥政府作用。毫不动摇地鼓励、支持、引导非公有制经济发展，保证各种所有制经济依法平等使用生产要素、公平参与市场竞争、同等受到法律保护。

（七）政府与市场"辩证法、两点论"

政府行为往往表现为经济管理和宏观调控，市场功能往往表现为供求、价格自发调节和自由竞争。党的十八大关于政府与市场的关系延续着之前的思路，要求更大程度更广范围发挥市场在资源配置中的基础性作用。随着全面深化改革的不断推进，习近平总书记在党的十八届三中全会进一步提出，使市场在资源配置中起决定性作用和更好发挥政府作用。[①] 随着中国特色社会主义进入新时代，习近平总书记对政府与市场的辩证关系有了新的认识，反复强调："使市场在资源配置中起决定性作用和更好发挥政府作用""在市场作用和政府作用的问题上，要讲辩证法、两点论，'看不见的手'和'看得见的手'都要用好"[②]。

---

① 习近平：《关于〈中共中央关于全面深化改革若干重大问题的决定〉的说明》，载于《求是》2013年第22期。

② 习近平：《正确发挥市场作用和政府作用，推动经济社会持续健康发展》，载于《人民日报》2014年5月28日（第1版）。

第四章

新型政商关系构建的现实逻辑

第一节 社会主义市场经济发展的现实需求

改革开放以来，在邓小平理论、"三个代表"重要思想、科学发展观和习近平新时代中国特色社会主义思想的指引下，我国各族人民开启了中国特色社会主义市场经济建设的伟大征程。在这一伟大征程中，逐渐形成了内容丰富、意义深远的包括社会主义市场经济理论、社会主义初级阶段理论、对外开放理论、社会主义基本经济制度理论、中国式经济增长理论、转变经济发展方式理论等在内的中国特色社会主义经济建设的理论体系。这一系列经济理论都在很大程度上涉及政商关系问题，都需要认真研究、仔细探讨。当前，我国经济已经进入新常态，构建新型政商关系对我国经济发展具有重要意义。

一、构建新型政商关系能正确发挥政府的经济管理和服务功能

"亲""清"新型政商关系是对社会主义市场经济条件下政商关系的深刻反思和重新定位，重新阐释了权力与资本的规范关系，再次体现了社会主义制度的

74

活力和优越。官商勾结是政商关系不"亲"和不"清"的典型特征,其背后体现了权力和资本的双向异化。如何规范权力与资本的关系?如何避免政府权力寻租,通过权力资本化获得腐败收益?又如何避免资本侵蚀权力,通过寻求权力保护获取不正当利益?这是摆在有效处理政商关系面前的一大难题。因此,"亲""清"新型政商关系有利于降低权力异化和资本异化的风险,避免权钱转化①。"亲"和"清"在明确了政商之间关系形式和"亲密"程度的同时,也清晰界定了政府的职责边界。在政府的职责范围以内,政府要构建公平的市场竞争制度,客观、平等地对待各类市场主体,避免以亲疏远近区别对待国有企业和民营企业,禁止对不同企业设置各种不合理的准入门槛。政府在明确自身职责范围的基础上,要减少对市场领域的干预,充分发挥市场在资源配置中的决定性力量。"亲""清"政商关系和清晰的职责边界能够有效控制政府利用行政权力侵入市场发展领域的冲动②,同时为民营企业营造良好的发展环境,并推动政府依法行政、严格按照规章制度办事,防止政府权力寻租、权力腐败行为的产生。企业作为市场的关键主体在公开、公正的市场环境中自由竞争,政府主体会积极营造一种"政府依法办事,企业公平竞争"的优质营商环境。各企业主体则会形成较为稳定的未来预期,避免利用资本对政府进行"围猎",从而降低资本异化的风险。

实际上,新型政商关系的内涵并不排斥政府参与到经济发展中来。从某种意义上说,较之于过去,新型政商关系对政府履行职责的能力要求更高。

首先,政府要超越微观干预的角色,从更高层次发挥宏观调控的作用。经济治理体系是国家治理体系的重要部分。经济治理体系的现代化水平与国家治理体系的现代化水平密切相关。"亲""清"新型政商关系是构建现代化经济治理体系的重要组成部分,有利于更好地发挥市场资源配置和政府宏观调控的作用。因此,政府要减少对市场主体的行政干预,避免将政府公共利益和企业私人利益捆绑,禁止将本辖区企业作为以权谋私的对象,防止企业对政府工作人员采取利益输送的行为③。政府应扮演宏观经济引导者、监管者和市场秩序维护者的角色,按照市场化改革的要求加强对市场秩序的治理,制定更为科学的协调经济主体的策略④。制度化的法律条文作为一种刚性化的治理方式,可以形成"法外不可违"的影响力,约束企业在法律的范围内开展商业活动,与

① 彭定光、周师:《论马克思的权力异化观》,载于《伦理学研究》2015年第4期。

② 沈志荣、沈荣华:《行政权力清单改革的法治思考》,载于《中国行政管理》2017年第7期。

③ 杨典:《政商关系与国家治理体系现代化》,载于《国家行政学院学报》2017年第2期。

④ 刘成斌:《活力释放与秩序规制——浙江义乌市场治理经验研究》,载于《社会学研究》2014年第6期。

政府往来。政治传统和社会文化柔性的治理手段则可以促使企业与政府官员在交往中遵守社会与职业道德底线，形成内在的约束力。另外，针对特定行业，政府可以给予一定的政策支持，但不能过度干预行业发展，要发挥市场优势。从特定行业自身的角度来说，不能过度依赖政府政策支持，要提升行业内生发展的能力。

如果企业要靠政策支持来获得垄断地位，企业则会采取行贿、非法举报竞争对手等各种机会主义行为，这将产生巨大的制度交易成本，严重影响正常的市场经营秩序。例如，企业将大量资源用于对上级政府或当地政府的"公关"，从"上边"获取稀缺资源——政策支持与补贴，从而获得不正当经营利益。然而，在行业竞争开放之后，垄断企业则会失去市场竞争能力和创新动力。

其次，新型政商关系还需要政府进行服务型监管，规范市场主体行为，避免市场主体对公共利益的侵犯①。新型政商关系重点在于"亲""清"，要使政府与企业或企业家之间保持纯洁、清白的关系，离不开政府对企业进行服务性监管。从服务型监管环节来看，服务型监管是事前、事中、事后全流程监管，强调把企业运行放至"阳光"之下，从源头确保企业家行为符合相关法律法规要求，避免资本异化。从服务型监管内容上来看，政府要将行政资源从事前审批转到服务监管上。监管不是目的，而是一种手段。当前，在创新性较强的行业，政府为了应对市场发展的各种不确定性，往往采取行政审批的策略代替服务监管，设置相应的准入门槛控制市场的各类风险行为。然而，这反向加强了政府对市场的行政干预行为，削弱了政府服务型监管的角色。郁建兴等基于2004年后13起疫苗危机的案例研究，发现政府行政化和集权化是引起疫苗危机的主要因素，提出政府要将行政资源从事前审批转到服务监管上②。因此，政府应该持续推进简政放权，缩减与合并不必要的行政审批事项，增强服务监管能力，从而提高企业创新动力。同时，监管机构的相对独立性和可问责性能有效缩减企业对政府权力的"围猎"空间，让企业家和企业的市场行为更加符合外在的公共领域的要求。

最后，新型政商关系还要求创新政府政务服务供给模式。一是新型政商关系能够有效推动政府以企业服务需求为导向，简政放权，放管结合，为企业提供精准、差异化服务。以需求为导向需要政府精准识别不同行业、不同规模企业主体的需求，并分类提供个性化、差异化的政务服务。因此，这需要政府与企业构建良性的沟通机制，在政商互动中把握企业的利益诉求，识别阻碍企业

① 毛寿龙：《政商关系应走向"公共化"》，载于《学习月刊》2017年第4期。

② 江亚洲、郁建兴：《重大公共卫生危机治理中的政策工具组合运用——基于中央层面新冠疫情防控政策的文本分析》，载于《公共管理学报》2020年第4期。

发展的不合理政策制度，营造企业发展的良好服务空间。譬如，对非公企业开展诸如金融支持的精准服务[1]，落实好国家各项政策的细节服务，提供无缝隙服务，形成"一条龙"式完整的服务体系[2]。二是新型政商关系能够促使政府创建政商行为的"正面清单"和"负面清单"，避免因政府服务过度导致政府产生行政干预行为，同时也要防止因政府服务不足而导致政府服务缺位。"正负面清单"能够明确和区分政府行政人员的合法行为与非法行为，有利于引导他们积极作为，主动服务企业，履行应尽的责任和义务。同时，应建立清单动态调整机制，在法律法规范围内，因时因地动态调整"正面清单"和"负面清单"，确保清单内容合理有效。三是构建"亲""清"政商关系需要推进政府服务改革，创新政府服务流程，推动政府服务供给便捷化、智能化和高效化。加强数字政府改革，使用互联网技术手段简化政务服务流程，创新政企互动模式，缩小政府与企业之间的距离，形成"让企业少跑腿，数据多跑腿""最多跑一次""不见面审批"等类型的政务服务模式。同时，优化政府机构设置，推动简政放权，合并或增设负责企业服务的部门，重塑政务服务流程，提高政府对企业服务的能力。

二、构建新型政商关系能有效规范政府与企业家行为

从政府的角度来说，"放管服"改革有利于构建"亲""清"政商关系，与此同时，"亲""清"政商关系能有效规范企业和企业家的行为。一般而言，政商关系是一种政企互动关系。这种关系可分为两种，一种是"亲""清"型的政企互动关系，这种互动行为在法定制度允许下进行，具有合法性与合理性。另一种是以政府领导和企业家私人"情谊""感情"为主的互动关系，这种互动行为更多表现为人情互动，其行为以社会人情规则为导向，不一定符合相关法律法规的要求。营商环境建设是形成"亲""清"政商关系的重要因素之一，而近些年自中央到地方推进的"放管服"改革较大程度优化了营商环境[3]。廖福崇基于审批制度改革的调研发现，"放管服"改革中审批服务大厅的建立能够优化城市营商环境。"放管服"改革越深入，行政审批事项改革越多，促进作用越明显[4]。

---

① 刘立言：《政企关系的历史沿革与现实抉择》，载于《中共山西省委党校学报》2009年第6期。

② 周超、刘夏、辜转：《营商环境与中国对外直接投资——基于投资动机的视角》，载于《国际贸易问题》2017年第10期。

③ 张占斌、孙飞：《改革开放40年：中国"放管服"改革的理论逻辑与实践探索》，载于《中国行政管理》2019年第8期。

④ 廖福崇：《审批制度改革优化了城市营商环境吗？——基于民营企业家"忙里又忙外"的实证分析》，载于《公共管理学报》2020年第1期。

因为"放管服"改革推动了政府行政部门简政放权，优化服务。简政放权意味着政府要明确职责范围，减少对市场领域的干预，充分激活市场主体活力。优化服务进一步保障了市场主体各项政务服务的需求。简政放权和优化服务强化了行政程序的集成化，构建了制度化的政企互动格局。这种制度化的互动模式促使政府工作人员在与企业家互动的过程中避开"灰色"地带，压缩寻租空间。同时，"放管服"改革进一步优化了"亲""清"政商关系，降低了企业家对非正式人际网络的依赖，促使企业家规范自身行为。譬如，浙江龙港市通过大部制改革，优化行政审批部门的结构，创新建立行政审批局，推动行政审批制度改革。行政审批局以"一枚印章管审批"为牵引，优化行政审批流程，推动行政审批部门合署办公，将项目审批从最初的"最多80天"缩短至"最多40天"，大幅压缩审批流程和时间，提高政务服务效率。通过推动行政审批事项的流程化和制度化，规范了政企之间的合作关系，使得企业家投入更多时间和精力专注于企业发展，降低企业家行贿的动机。

从企业家的角度来说，"亲""清"政商关系体现着企业家希望依法依规参与公共事务的内涵。一方面，"亲"反映企业家的参政愿望。企业家是极具变革与创新精神的市场主体，是引领技术创新，推动生产力发展的关键力量，也是发扬契约精神，推动政治参与的重要政治力量。随着民营经济的繁荣发展，民营企业家对社会发展的影响力日趋增强。由于财富资产、社会贡献和名誉声望是重要的政治资源，所以企业家具有较强的参政议政动机[①]。因此，党政领导干部对民营企业群体"亲"有利于加强政治吸纳，提高政治民主。另一方面，"清"反映企业家希望洁身自好、遵纪守法，期待与政府建立公开、透明、合法的合作伙伴关系。发挥企业家精神，以及不断推动民营企业的创新和变革离不开"纯洁"的政商关系。因此，新型政商关系"清"的方面要求企业遵纪守法，了解政府的行政逻辑，避免走"擦边球"，从而减少企业发展的交易成本，降低企业经营风险和负担。"亲""清"政商关系有利于克服、避免权力异化和资本异化，防止权钱转化，并营造政商精英集团的良性互动与成长的良好环境，还有利于避免上层政商精英与下层民众的断裂。长期以来，由于传统文化的影响、滞后的制度体系建设等原因，政商关系一直存在扭曲畸变。一些商企主体长期以来对公权力既恐惧又渴望，通过依附于官僚体系，或者与官员勾结，依靠权力排挤其他市场主体参与市场竞争，从而获得不正当的非法利益。从"亲""清"政商关系的关系特征来说，政府与企业的关系体现为：政商双方互动是一个制度化的过程，即政府

---

① 胡旭阳：《企业家政治身份"代际接力"与企业的社会责任担当——来自我国上市家族企业的经验证据》，载于《经济社会体制比较》2020年第2期。

与企业制度化互动格局不断被增强，而官员和企业家基于私人感情的非正式化互动方式逐渐消失①。因此，需要提升行业自治能力，规范企业家参政议政行为，从而规范商企主体在政商交往中的行为，推动企业加入政府的合作治理网络中。在此基础上，政府要对不同市场主体，如公共企业、外资企业和民营企业在政商关系中的行为进行比较，预判不同主体在不同营商环境下的行动逻辑及其对政商关系的影响。

三、构建新型政商关系是发展法治经济的必由之路

法治经济是新型政商关系的核心。法治经济是指国家依法治国，通过制定法律、法规调整经济关系，制定并实施科学完备的市场经济规则②，确保市场经济在法律的框架内运行，市场主体行为符合法律法规的规定。可以说，社会主义市场经济的本质就是法治经济。同时，发展法治经济离不开良好的法治生态。法治生态是新型政商关系的保障。法治生态不是空穴来风，而一定是建立在科学的法律体系、规范的执法环境、公正的司法环境以及良好的守法环境基础之上的。这就要求政商双方都应正确对待法律和权力，高度重视自身信誉和信用，既要严格约束政府权力，使之不发生变异，又要努力发挥权力的管理功能和服务功能，防止权力退化。然而，当前我国法治建设并不完善，缺乏对政商交往边界的明确规定。譬如，在国家从中央到地方严格推进反腐败的背景下，"大老虎"受贿巨额资产、"小官巨贪"等贪腐现象层出不穷，企业"围猎"政府官员现象依然存在。究其缘由，企业家行贿成本相对较低，震慑企业行贿行为的法律法规不够完善。

2021年9月，中央纪委国家监委与中央组织部等部门联合印发《关于进一步推进受贿行贿一起查的意见》，意见主要查处五方面的受贿行为。同时，意见加强了各部门的联动，各单位根据职责权限对受贿人的受贿行为进行处理，形成有效的联合惩戒机制。意见提出建立行贿"黑名单"制度，形成行业准入门槛，限制有行贿记录的企业或企业家再次进入相关行业。受贿行贿一起查旨在深化推动反腐工作，破解"受贿易查行贿难查""办案重受贿轻行贿"的反腐困境，使得党政领导干部形成"不敢腐""不能腐"的意识，促进反腐问题标本兼治。同时，受贿行贿一起查有利于形成反腐败的制度化机制，通过同时遏制受贿和行贿

---

① 李婻、杨宏山：《政企互动与规制重建：企业家如何推进政策创新？——基于深圳改革经验的实证分析》，载于《公共管理学报》2020年第3期。

② 裴长洪：《法治经济：习近平社会主义市场经济理论新亮点》，载于《经济学动态》2015年第1期。

行为，压缩政商之间的寻租、腐败空间，推动构建以"亲""清"为核心的新型政商关系。

新型政商关系有利于推进法治经济的发展。以胡雪岩为代表的政商互动行为反映了中国古代传统政商关系的特征——官商合谋。商人通过身份嵌入、资本嵌入和关系嵌入的方式进入政府行政行为之中，与政府合谋或干预政府行为，并依赖政治荫庇参与市场竞争，获取不合法收益。这种嵌入是一种非制度性的嵌入，其主要特点是缺乏法治的约束①。新型政商关系则是一种尊法、守法的政商关系。政府党政干部和企业家的互动、交往不再是遵从非制度性的规则，而是在制度化和法治化的前提下构建双方关系。在市场经济发展中，新型政商关系有利于推进法治经济的发展。"亲""清"政商关系能够清晰地界定政府与市场边界的范围，以及厘清政府与企业的角色定位、互动规则、责任和义务，从而有效推动法治经济的发展。法治成为市场经济发展必不可少的一环，法治经济的作用主要体现在以下三点：在政府方面，通过发展法治经济，约束政府的权力，限制政府通过"有形的手"干预市场发展的冲动；在市场主体方面，通过发展法治经济，确保各市场主体地位平等，能够公平参与市场竞争，形成良好的市场秩序和商业竞争环境；在政府和市场关系方面，通过发展法治经济，构建平等的政商关系。政商之间是合法合作而不是非法合谋。政府不是部分企业的保护伞，而是企业发展的公共服务提供者，良好营商环境的创造者，市场经济发展秩序的维护者等。企业不会被政府歧视性对待，也无须处心积虑"围猎"官员。

第二节　国家治理现代化的应有之义

习近平总书记指出，国家治理体系和治理能力是一个国家制度和制度执行能力的集中体现②。国家治理体系是在党领导下管理国家的制度体系，它是一整套紧密相连、相互协调的国家制度；国家治理能力则是运用国家制度管理社会各方面事务的能力，包括改革发展稳定、内政外交国防、治党治国治军等各个方面。由于政商关系在政治文明建设、市场经济建设、法治中国建设中的重要作用，使得在推动国家治理现代化过程中，迫切需要一个法治、科学、体现中国传统并符

---

① 赵文聘、徐家良：《制度性组织、新纽带与再嵌入：网络公益慈善信任形成机制创新》，载于《社会科学》2019 年第 6 期。

② 张国清、马丽、黄芳：《习近平"亲清论"与建构新型政商关系》，载于《中共中央党校学报》2016 年第 5 期。

合中国实际的政商互动和政商关系新模式。

一、从"政"的角度而言，构建新型政商关系的关键在于优化政府职责

1978年以来，随着各地政府不断简政放权，发展市场经济，政府与市场之间的边界日益清晰。政府逐渐退出市场发展领域，减少对市场的直接干预，主要扮演宏观调控的角色，政府的可寻租空间和腐败机会也相对较少，总体而言，政商关系相对健康。然而，基于非制度性、非正式人际关系形成的政商关系却依然普遍存在，成为影响"亲""清"新型政商关系形成的现实阻碍，具体表现为：一是仗权欺商型。权力对市场、社会发展依然有着巨大的影响力，甚至决定了某些行业或企业的繁荣与兴衰。部分党政领导干部依然还存在着计划经济思维，往往采取行政手段管制市场发展，用行政命令代替企业决策，干扰企业正常生产经营活动，或者相关职能部门设置各类准入门槛、设置各种行政程序和办事流程，为政府部门创收提供便利条件。二是官商勾结型。通过钱权交易，部分企业家和政府官员形成利益联合体。政府利用权力寻租腐败，获得金钱收益；企业借助金钱贿赂政府官员，依靠政府手中的权力用于谋利。例如，在项目审批、项目招投标等方面，政府在流程、规则和评审专家等方面为企业提供便利，或者内定政府合作企业。三是消极躲避型。部分官员心存侥幸，认为"少干事就不会出事""只要不违法违纪，少干事也不会被处罚"，这也成为降低部分党政干部犯错概率，避免被问责和追责的重要方式手段。具体表现为，部分政府工作人员尽量减少与企业的接触，不主动了解企业的经营活动，不主动为企业提供政策咨询、法制建议，甚至奉行"只要企业不主动来找政府办事，政府就不要主动找企业上门服务"的行事准则。

从"政"的角度而言，以上问题表面上是政府官员与企业家关系不当，党政领导干部贪污腐败，实则是政府职责履行问题，包括政府职责不清、职责行使不当，以及职责缺乏制度规范和限制。由此可见，从政府的角度而言，构建新型政商关系的关键在于优化政府职责。没有一个职责明确、高效廉政的法治政府，政商关系的"亲"和"清"便无从谈起。只有明确政府在政商关系中的职和责，才能厘清政府的权力和行为边界。与西方市场经济政商关系不同的是，中国政府在市场经济发展中一直扮演着积极有为的角色，在政商关系中具有主导性地位，在调动和整合资源方面有着无可替代的作用。所以，构建新型政商关系，绝不仅仅是限政府的权，而是要在限制政府越位和乱位，力求"清"的同时，推动政府积极有为，服务企业和经济发展以求"亲"。因此，加快政府职能转变，是构建

新型政商关系的必然要求。政府职能定位是新型政商关系的重要内容，构建新型政商关系必须正确定位政府职能。

严格限制权力在资源配置中的作用。如果政府干预资源配置的权力越大，则政商之间的谋利空间也越大，政商合谋的可能性也就越大。因此，需要严格限制权力在资源配置中的作用，通过限制权力约束政府行为，压缩政府寻租空间。也就是说，权力不能染指微观主体的具体经营，权力对市场的作用，应该从行政干预转为对市场发展的监督与管理，在市场失灵时发挥关键作用[1]，即必须严格划定政府公权力的边界，将过去模糊的政商行为清晰化，通过法律等正式规则予以规范，让官员和商人进一步明确哪些事情可以做，哪些事情不可以做[2]，真正做到党的十八届三中全会提出的，发挥市场对资源配置的决定性作用。因此，限制政府的权力首先要明确界定政府的权力边界，避免政府对市场正常发展的行政干预。一方面，通过制度和法律对政府官员明确授权和限权，限制其干预市场资源配置的行政命令权力，增加其服务型职能，推动服务型政府的建设。另一方面，对工商、法院、交警等执法人员而言，禁止过大的"自由裁量权"，增强执法过程的科学性、合法性与合理性。

正确发挥政府的经济管理和服务功能。实际上，新型政商关系并不排斥政府参与到经济工作中来，从某种意义上说，较之于过去，新型政商关系所要求的政府履行职责更有难度，更具挑战性。具体来说，首先，政府应扮演宏观层面的引导者、监管者和市场秩序的维护者角色，按照市场化改革要求加强市场秩序的治理，制定更为科学的协调经济主体的策略[3]。其次，新型政商关系还要求政府真正学会为企业服务，对非公企业开展诸如金融支持等精准服务[4]，落实好国家各项政策的细节服务，提供无缝隙服务，形成"一条龙"式完整的服务体系[5]。再次，优化企业营商环境。营商环境与政商关系具有互嵌逻辑，两者目标一致，手段交叠，效果兼容，各有侧重。营商环境与新型政商关系目标一致，均注重政商相关的制度和法治建设，着力于创造良好的政治和经济发展环境。对企业而言，良好的营商环境有利于持续提升企业外部经济，降低其制度性交易成本。同时，良好的营商环境又是"亲""清"政商关系的外在表现，也是规范市场发展制度的成果体

① 江华、周莹：《异地商会发展中的制度滞后与政策推进——基于异地温州商会的研究》，载于《中国行政管理》2009 年第 4 期。

② 储建国：《政商关系：清晰界定才能更好构建》，载于《中国党政干部论坛》2016 年第 6 期。

③ 刘成斌：《活力释放与秩序规制——浙江义乌市场治理经验研究》，载于《社会学研究》2014 年第 6 期。

④ 刘立言：《政企关系的历史沿革与现实抉择》，载于《中共山西省委党校学报》2009 年第 6 期。

⑤ 周超、刘夏、辜转：《营商环境与中国对外直接投资——基于投资动机的视角》，载于《国际贸易问题》2017 年第 10 期。

现。最后，规范政商交往行为。政府工作人员在与企业交往时，既要做到"亲"，主动与企业交往，为企业发展提供工作范围内的帮助；又要做到"清"，在与企业家的交往中保持廉洁，避免政商合谋和权力寻租。同时，新型政商关系还需要政府进行服务型监管，规范市场主体行为，避免市场主体对公共利益的侵犯①。

二、从"商"的角度，构建新型政商关系是商企主体从依附发展向政商新型合作伙伴关系转变的有效途径

政商关系既"亲"且"清"，关键要实现政商之间从依附性发展向合作治理转变。这需要建立政商新型合作伙伴关系，形成政商的良性互动格局，从而提高政府治理的合法性和企业发展的绩效性，实现国家、企业和社会三者的有机发展。在新型政商关系的互动机制建设上，加强社会协同、网络化治理和合作治理，使之始终保持有机互动、始终充满生机与活力、始终固守正确的发展方向。

建立政商的网络化治理。网络化治理最初运用于企业管理之中，其最显著的特征是组织结构扁平化，组织成员相互依赖且平等，组织信息能够在组织间畅通共享。随着新公共管理运动的兴起，网络化治理逐渐被引入公共管理领域。与强调等级分明、组织控制、权威性的科层制不同，网络化治理旨在避免政府一元化的公共事务治理格局。进一步而言，网络化治理能够有效应对"政府失灵"和"市场失灵"的困境②。因此，网络化治理强调政府向市场和社会还权，弱化唯一主导、全能型政府的概念，构建政企社多主体共同参与的治理格局。网络化治理能够促使政府从大量具体行政事务中抽离出来，减少政府对市场的直接干预，推动政府服务型职能建设，发挥政府统筹、协调和调控的作用。与此同时，网络化治理弱化了政府"有形的手"向市场渗透的动机，有助于激发市场活力，推动市场主体的创新与变革，形成良性的政商互动关系。建立政商的网络化治理，一是要建立跨部门的桥梁和支持网络。可以采取松散的网络结构、联盟或伙伴关系等方式，在不改变各部门属性和特征的条件下，在企业之间、商会之间、行业协会之间、各级政府与行业之间架起正式的桥梁和支持性社会网络。二是动员、整合资源。通过正式桥梁和支持性社会网络，按照市场化、社会化运营机制，把政府、企业和社会的资源整合，提高资源配置和使用效率，避免企业对政府权力的过度依赖，提高企业家的自我组织能力和自治能力。

---

① 毛寿龙：《经济学的秩序维度》，载于《学术界》2017 年第 2 期。
② 唐皇凤、吴昌杰：《构建网络化治理模式：新时代我国基本公共服务供给机制的优化路径》，载于《河南社会科学》2018 年第 9 期。

推动社会协同治理。协同治理强调通过发挥政府、社会组织、企业、公众等多元主体的自身优势，综合采用行政、经济、法律、文化等治理手段，搭建共享共治的治理模式，建立协商与共识，从而形成协同合作关系，实现对社会事务的综合治理，提升社会治理体系和治理能力现代化[①]。政商互动离不开社会关系这一纽带，让政商关系在"清"的前提下"亲"起来。同时，当代社会是个风险社会，社会环境愈发复杂，社会发展充满不确定性。以政府为唯一主体的社会管理模式难以实现有效的社会治理，甚至提高社会治理的成本，催生更加复杂的社会风险。因此，提高风险社会的治理能力和治理效能，需要企业在内的多元化主体高度协同，形成整体治理的格局[②]。协同治理离不开分工和专业化，政商主体依托各自的专业化优势，分工协作。这需要政府将企业纳入其社会治理的主体之中，发挥企业技术、资本和服务等专业能力的优势，创新企业参与社会治理的方式，为企业推动社会治理方式和模式创新提供良好的制度环境。在构建新型政商关系的过程中，需要发挥商企主体的社会协同功能，主要表现为：一是各行各业商企协会、商会要发挥起引领者、组织者的作用，为会员企业与政府互动提供机会和渠道，规范会员企业的行为，实现政商关系既"清"又"亲"。二是建立社会协同机制，为民营企业家参政议政、发挥社会责任设计理想、愿景和措施，将民营企业家的精神引入到政府改革和公益事业的发展中，提高协同应对新问题的能力，创造性地解决社会问题。

建立政商新型伙伴关系，迈向新型合作治理。从商企主体行为的角度，构建政商新型伙伴关系的过程，就是推动政商合作治理的过程。新型政商伙伴关系就是一个相互合作、沟通感情、分享信息、规范秩序的治理模式，通过跨界合作整合各界资源，建立政策共同体，推动建立政商新型合作伙伴关系[③]。在政府政策制定行业发展等政策过程中，商企主体与政府之间存在一定的博弈。博弈是政商合作的方式之一，需要双方充分地沟通、谈判、交流，从而达成一致的意见。政商双方博弈有利于提升政府政策的合理性与社会的接受度，便于政策有效执行落地，从而提高政府的治理绩效。

三、从"法治"的角度，构建新型政商关系的关键在于形成完善的法治体系

法治下的政商关系是区别于旧的、落后的政商关系而产生的新型政商关系，

---

① 范如国：《复杂网络结构范型下的社会治理协同创新》，载于《中国社会科学》2014 年第 4 期。
② 张振波：《论协同治理的生成逻辑与建构路径》，载于《中国行政管理》2015 年第 1 期。
③ 汪锦军：《合作治理的构建：政府与社会良性互动的生成机制》，载于《政治学研究》2015 年第 4 期。

而新型政商关系也必然以法治为基础。这里的法治，包括法治思维、法治经济、法治生态、法治框架和法治路线。

（一）法治思维

法治思维是新型政商关系的基础。法治思维是人治思维的对立面，是一种在法的框架之内行事的思维。就政府而言，政府运用法治思维有利于深化改革，进一步推进法治政府的建设。法治思维也是政府用于化解各类社会矛盾，缓和社会冲突的重要思维方式。同时，在法治思维下，政府做决策和处理公共事务必须合法合规，要有明确的法律依据，法无授权不可为。若政府犯法，也必须承担相应的法律责任。就企业而言，法治思维发挥着指引、宣传和警示等作用，有利于引导和规范企业主体的行为，从而营造法治、有序的营商环境。同时，法无禁止则行[①]，即法律没有明确禁止的行为，民营企业可以在不违反法律的前提下开展各类市场经营活动。这有利于激发企业经营的积极性和创新精神，培育出活跃的市场经济发展土壤，推动市场经济发展。因此，法治思维下的政府和民营企业具有同等的法律地位。民营企业经商要守法，政府执法也要守法。若民营企业人员违法，要受到法律的制裁，若政府工作人员违法，也同样要受到法律的制裁。这就要求政府官员和民营企业家都以法治思维思考问题，以法治思维处理问题。在政商交往中，要求双方在法律允许的范围内交流、互动，减少社会人情因素的影响，避免形成不合法的非正式政商关系。

（二）法治经济

法治经济是新型政商关系的核心。法治经济区别于计划经济，强调国家严格遵守法律法规调控经济，制定并实施科学完备的市场经济规则，维护经济秩序[②]。从制度角度而言，公有制经济和非公有制经济均是我国市场经济的重要组成部分，享有平等的法律地位，其财产权受法律保护。社会主义市场经济制度明确了民营经济在我国发展中的法律地位，为民营经济的健康有序发展提供了政治、法律保障，稳定了企业家发展企业、创造财富的信心[③]。同时，完善社会主义市场经济法律制度。社会主义经济法律制度是推动法治经济建设的重要保障之一，也是政府处理政商关系的法律遵循。为此，政府要"建立现代产权制度"这一基础

---

① 李轶楠、房广顺：《社会主义市场经济体制下新型政商关系的构建》，载于《人民论坛》2015年第5期。

② 裴长洪：《法治经济：习近平社会主义市场经济理论新亮点》，载于《经济学动态》2015年第1期。

③ 谢海定：《中国法治经济建设的逻辑》，载于《法学研究》2017年第6期。

性、根本性经济法律制度。具体而言，政府保护民营企业的产权，维护市场发展秩序，减少对市场规则和公平制度的破坏，加强对市场主体的监管。营造良好的市场经济发展的法治环境。全面依法治国是全面深化改革的重要一环，有利于营造良好的法治环境，推动法治经济的发展。与此同时，良好的市场经济发展的法治环境有助于构建"亲""清"政商关系，营造法治化、平等化、规范化的营商环境，稳定企业家的发展预期。以法治化方式发展经济。目前，我国部分政府和部门依法领导和管理市场还存在明显的不足。例如，政府采取行政手段干预企业主体正常的生产经营活动，既包括强制将民营企业兼并重组为国企或混合所有制企业，损害民营企业的利益，又包括不顾经济运行的客观实际推动国企改革，导致国有资产流失。

（三）法治生态

法治生态是新型政商关系的保障。法治生态一般指法治的生态环境。法治生态不是空穴来风，而一定是建立在科学的法律体系、规范的执法环境、公正的司法环境以及良好的守法环境基础之上的。这就要求政商双方都应正确对待法律和权力，高度重视自身信誉和信用，既要严格约束政府权力，使之不发生变异，又要努力发挥权力的管理功能和服务功能，防止权力退化[①]。在法律体系方面，构建既"清"又"亲"的政商关系，需要建立一套完整统一的反腐败法律体系。一方面，完善党内监督制度机制。加强整合零散的法律法规和党内规则条例，形成一部全国统一且完整的反腐败的法律，为严格执法提供可操作性条文。另一方面，进一步推进受贿行贿一起查，一体推进反腐措施，从源头杜绝企业对党政干部的"围猎"行为，并强化行贿人"黑名单"制度，限制行贿人员再次进入相关领域。在执法环境方面，构建既"清"又"亲"的政商关系，需要形成规范的执法环境。梳理各执法机构的职能范围，厘清其职能边界，减少各机构工作重叠现象。完善执法队伍的工作机制，形成统一的执法标准，强化各部门协作配合，形成打击腐败犯罪行为的合力。在司法环境方面，构建既"清"又"亲"的政商关系，需要创造公正的司法环境。要坚持以人为本，依法审结各类政商腐败案件，让司法更加公正、更人性化。同时，推进司法信息化建设，大力推行阳光司法，拓宽监督渠道，强化自我监督，弘扬公平正义。

（四）法治框架

法治框架是新型政商关系的关键。新型政商关系依赖于科学的制度体系，而

---

① 陈国权：《权力制约监督论》，浙江大学出版社 2014 年版。

科学的制度体系必须建立在法治框架的基础之上。法治框架下的政商关系，既应该重视宏观的法律法规问题，又应该重视微观的政策制度问题；既应该把握静态的法治框架，又不能忽视其动态调整；既应该把重点放在法治上面，又不能回避客观存在的人治问题①。完善制度性规范，构建科学、合理，符合中国特色社会主义的法治框架。同时，要围绕发展框架构建"亲""清"政商关系，将"亲""清"与守法作为一种价值理念。

（五）法治路线

法治路线是落实新型政商关系法治化的操作步骤。不可否认的是，不论何种政策法规和制度安排，都必须落实到具体的人，也即官员和民营企业家身上。因此，必须注重政府官员和企业家朝着法治化的方向互动交往。推进这种法治化的交往，应当遵循"构建法治框架下的官员相对自主性"—"构建法治框架下的国家和政府官员的嵌入式自主性"—"构建法治框架下非公有经济人士的反向嵌入式自主性"—"形成政商之间的治理式互赖"这样一个技术路线②。

四、从"技术"的角度，构建新型政商关系的关键在于形成技术治理格局

社会经济形态的变迁必然带动社会关系的深刻变化。中国正处于高速发展阶段，经济社会发展过程中的一些新元素、新变量、新特点，正悄然改变传统的政商关系基础。近年来，互联网经济正深刻改变中国的经济形态，已悄然影响政商关系的诸多领域。一方面，互联网的技术手段给政府监管带来了巨大挑战，如打击网络犯罪、管控网络舆论等方面，都使政府面临巨大压力。另一方面，更为重要的是，以互联网经济为代表的新经济正深刻改变政商关系的形态。互联网经济使政商之间的关系更加简洁明了，但虚拟化跨时空的经济活动带来了政商主体间互动的多重错位。事实上，网络虚拟经济已经与实体经济分庭抗礼，有必要建立专门的线上政府，以适应互联网经济的形态。作为新经济的重要代表，互联网对政商关系的冲击将是持续性的，需要对其进行深入研究，以使新型政商关系的构建适应新经济形态。

中国人口红利的消失，迫使企业只有充分运用互联网技术和更加灵活的市场

---

① 张学娟、郝宇青：《现代治理体系下的新型政商关系构建》，载于《理论探索》2017年第1期。
② 杨鹏程、陆丽芳：《互联网时代分享经济发展的经济学思考》，载于《价格理论与实践》2017年第5期。

机制配置与创新要素，才能有效消化营销、管理和研发等广义交易成本，保证企业盈利和创值能力的稳定提升，重构增长动力①。因此，中国高度重视互联网经济和互联网企业的发展。为了更好地促进互联网经济产业的可持续健康发展，中国政府对互联网经济进行了广泛和深入的研究。总结我国政府的互联网经济监管经验，可将其划分为针对特定领域的互联网经济监管和整体互联网经济监管两个方面。

（一）特定领域的互联网经济监管

丁一志指出，在网约车监管中，政府采取了行政许可、价格管制、限定车辆规模甚至限定司机户籍等行政管制方法②；刘寅斌研究发现，在互联网广告监管领域，一般以多部门联合监管的模式为主，其中工商管理部门是牵头部门③；程炼解析了网络监管与现实监管之间的差异、共性和联系，对网络监管创新提出了建议④；吴汉洪认为由于互联网分布于不同行业，且规模大小不一，应当对互联网企业进行分层和分类，实行差异化的分类监管⑤；黄志雄从网络交易的角度，从互联网领域系列侵权案例着手，提出符合网络特点的侵权认定标准和监管方式⑥；严超、赵成根提出，应该从监管制度体系、监管机构体系、监管平台体系和技术支持体系四个方面构建专项资金网络建构模式⑦；还有研究提出，应该加强互联网经济跨国治理，在安全问题、标准问题、争执问题、仲裁问题、逃税避税问题等方面，加强双边和多边协商合作，共同解决⑧。

（二）整体互联网经济监管

孟卧杰指出政府应该认真反思"谷歌"事件，吸取教训，总结经验，遵循互联网规律，建立一个既能确保网络自由，又能保证网络安全环境的监管体制⑨。沈岿认为，应该在更大范围和幅度上健全互联网经济监管，在法律上赋予互联网平台以更重要的治理地位，充分利用技术手段和信息手段实施互联网监管，并形

---

① 张磊、张鹏：《中国互联网经济发展与经济增长动力重构》，载于《南京社会科学》2016 年第 12 期。
② 丁一志：《动机、规避与分化：网约车管制下央地政府行为分析》，载于《齐鲁学刊》2020 年第 4 期。
③ 刘寅斌、马贵香、李洪波、田雯：《我国 31 个省级地方政府公共服务能力的比较研究》，载于《统计与决策》2010 年第 20 期。
④ 程炼：《数字经济时代大型互联网平台的治理》，载于《社会科学战线》2021 年第 9 期。
⑤ 吴汉洪：《互联网经济的理论与反垄断政策探讨》，载于《财经问题研究》2018 年第 9 期。
⑥ 黄志雄：《互联网监管的"道路之争"及其规则意蕴》，载于《法学评论》2019 年第 5 期。
⑦ 严超、赵成根：《互联网侵权交易的政府监管》，载于《中国行政管理》2012 年第 4 期。
⑧ 丁相顺：《跨国互联网企业面临的税收挑战》，载于《人民论坛》2021 年第 25 期。
⑨ 孟卧杰：《论我国网络社会治理的三个有效结合》，载于《天津行政学院学报》2015 年第 6 期。

成线上线下的差别对待①。陈兵也认为，政府应该适应并顺应互联网经济的发展需要，做好互联网监管的包容力和监管规则的张力②。蒋大兴、王首杰指出，应当通过制定、修改和完善法律法规，科学制定监管政策，从监管软件开发、主体资格确定和提取保全工作等方面做好互联网经济监管工作③。吴晓隽也认为，在制定互联网经济监管法规时，政府必须遵循知识规律和互联网经济发展规律④。郑联盛则指出，必须防止互联网经济监管中的多重管制框架下引发的相互扯皮和碎片化问题⑤。不仅如此，有研究还采用进化博弈方法模拟监管主体、客体之间的利益均衡的方法，提出在互联网经济监管中，政府应当给予监管机构以专项补贴，加大对互联网经济中违法者的惩治力度⑥。

第三节　社会共同富裕的关键举措

一、共同富裕的深刻内涵与鲜明的时代背景

习近平总书记在中央财经委员会第十次会议上强调："共同富裕是社会主义的本质要求，是中国式现代化的重要特征。"⑦ 共同富裕概念在经济学范畴是指，人民群众参与到社会的劳动生产中去，齐心协力，互帮互助，最终实现生活水平的提升与个人思想道德修养的升华，实现全体人民精神与物质上的富足，并最终消灭剥削，消除两极分化，实现共同富裕。马克思和恩格斯运用历史唯物主义理论，科学地阐述了共同富裕是与资本主义社会的"两极分化"相对立的。社会主义的共同富裕和资本主义的富裕有着本质的区别⑧。具体而言，社会主义的共同富裕以实现全体人民的共同富裕为目标，是整体性富裕。而资本主义的富裕只是少数人的极度富裕，是一种建立在贫富两极分化前提下的不均衡富裕，不是全面

---

① 沈岿：《互联网经济的政府监管原则和方式创新》，载于《国家行政学院学报》2016 年第 3 期。
② 陈兵：《互联网平台经济运行的规制基础》，载于《中国特色社会主义研究》2018 年第 3 期。
③ 蒋大兴、王首杰：《共享经济的法律规制》，载于《中国社会科学》2017 年第 9 期。
④ 吴晓隽：《分享经济的发展与政府管制变革研究》，上海交通大学出版社 2018 年版。
⑤ 郑联盛：《共享经济：本质、机制、模式与风险》，载于《国际经济评论》2017 年第 6 期。
⑥ 蹇洁：《网络交易监管的影响因素和作用机理》，中国社会科学出版社 2014 年版。
⑦ 《习近平谈治国理政》（第四卷），外文出版社 2022 年版。
⑧ 覃成林、杨霞：《先富地区带动了其他地区共同富裕吗——基于空间外溢效应的分析》，载于《中国工业经济》2017 年第 10 期。

富裕的共同富裕。这是因为资本具有天然的逐利性,其目的在于通过压榨劳动者的剩余价值从而实现资本积累,这导致了普通劳动者难以实现财富的积累。同时,在资本的财富放大效应下,资本主义在发展生产力,创造财富的同时,又不断扩大着社会贫富差距[①]。因此,社会主义能够实现生产力和生产关系的统一,既推动生产力的发展,不断积累财富,又能让人民群众共享财富,最终实现共同富裕。在发展经济与探索分配制度改革的实践中,我们也不断深化了对共同富裕的认识。一是共同富裕是普遍富裕基础上的差别富裕。这意味着共同富裕不是全体人民同时达到富裕水平,也不是"劫富济贫",平分社会财富实现平均富裕,而是一种均衡富裕。这种均衡富裕是一种普遍富裕,允许富裕程度出现一定的差别,而不是让社会的财富均等化。只有社会成员的富裕程度存在一定的差别,才能调动群众努力奋斗的积极性,不断做大财富"蛋糕"。二是共同富裕既包括物质富裕也包括精神富裕。物质的共同富裕是实现共同富裕的基础。然而,共同富裕不仅仅是指人民群众财产普遍丰厚、物质普遍富足,还包括精神层面的共同富裕。实现精神共同富裕不能让相对不富裕人群有"等、靠、要"的消极想法,也要避免社会上形成"没收企业财产,平均分配财产"的思想,而是要鼓励他们发挥奋斗精神和创业精神实现共同富裕。三是共同富裕是从部分到整体的逐步富裕。从纵向时间维度来看,共同富裕是一个不断实现的过程,而不是一步到位的目标。邓小平在南方谈话中指出"要逐步实现共同富裕"。由于我国城乡、东西部地区之间存在发展水平不统一,发展不充分、不均衡的问题,我们要允许部分人通过合法、勤奋的劳动先富裕起来,然后通过先富带动后富,逐渐实现共同富裕。四是共同富裕是从低层次到高层次的过程富裕。共同富裕并不是对社会主义社会发展终极目标细枝末节上的描述,而是对社会主义公平和理想的一种形象概括。共同富裕并不是一个固定不变的模式,而是随着生产力的发展不断充实新内容的动态过程,也是从贫穷到富裕再到高层次富裕的富裕过程[②]。

共同富裕的提出具有鲜明的时代特色。在中国,我们对共同富裕的认识经历了一系列的探索实践,这使得共同富裕更加具备深厚的实践基础和鲜明的时代特色。就我国的具体实践而言,新中国成立之后,党和国家就在不断探索实现共同富裕的道路。1992 年,邓小平同志明确指出,"社会主义的本质,是解放生产

[①] 莫炳坤、李资源:《十八大以来党对共同富裕的新探索及十九大的新要求》,载于《探索》2017年第 6 期。

[②] 沈斐:《"美好生活"与"共同富裕"的新时代内涵——基于西方民主社会主义经验教训的分析》,载于《毛泽东邓小平理论研究》2018 年第 1 期。

力，发展生产力，消灭剥削，消除两极分化，最终达到共同富裕"①。同时，邓小平基于当时的世界环境和我国国情，提出"三步走"发展战略，这为解决温饱问题，到实现小康，再到实现现代化提供了发展时间表和前进路线图。党的十九大站在党和国家事业发展全局的高度，对实现"两个一百年"奋斗目标作出了新的战略安排，要求在决胜全面建成小康社会的基础上，乘势而上，开启全面建设社会主义现代化国家的新征程。② 可以发现，在全面建成小康社会并继续推动我国实现现代化的关键节点上，共同富裕具有鲜明的时代背景，是适应社会主要矛盾变化的需要。一个现代化的中国不但需要继续解放生产力，提高生产力发展水平，推动经济高质量发展，同时还需要在发展中持续消除城乡、地区差距，不断解决发展不平衡不充分的问题③。这需要通过政治、经济、社会、文化、生态"五位一体"的高质量发展促进共同富裕，为构建新发展格局提供重要的基础支撑。这也表明，社会主义现代化必须建立在共同富裕的基础之上，同时也要在推动我国社会主义现代化的过程中逐步实现共同富裕。

共同富裕体现了"以人民为中心"的发展理念，关乎人民群众的切身利益。基于马克思经典著作和我国改革开放以来对共同富裕内涵的探索，共同富裕可以分为三个层次。第一个层次强调生产力所要达到的"富裕"水平，即不断解放和发展生产力，使得高度发展的生产力成为实现富裕的重要保障。第二个层次是"共同"所反映的全体社会成员对财富的共享程度，即全体人民群众实现生活富裕富足。第三个层次是马克思主义经典财富观中"人"在自由全面发展中所要实现的最高理想发展状态。共同富裕将个人作为"真正的财富"和个人作为"最大的生产力"统一了起来，体现了将"人民群众"作为发展的根本推动力的价值观念。在财富增长与社会发展中，"人民群众"共建、共享改革成果。

二、亲清政商关系妥善处理了权力与资本、政府与市场的关系，为实现共同富裕提供了政治基础

"亲清论"新型政商关系重新审视了社会主义制度下的政商关系，权力与资本关系在社会主义制度的优越性中获得了新的诠释。社会主义制度下资本的增长主要依赖社会必要劳动时间的缩短和科学技术的提升，它尊重人的主体性，强调

---

① 郭关玉、高翔莲：《共享发展：中国特色社会主义的本质要求》，载于《社会主义研究》2017 年第 5 期。

② 《中国共产党第十九次全国代表大会文件汇编》，人民出版社 2017 年版。

③ 韩文龙、祝顺莲：《新时代共同富裕的理论发展与实现路径》，载于《马克思主义与现实》2018 年第 5 期。

人是"社会人",注重激发人的创造力,力求在按劳分配兼顾社会公平正义的逻辑下,缩小贫富差距、增加机会平等。企业不再以营利作为唯一的目标,而是让员工与社会都分享到企业资本扩大化的福利;企业家也不再是"奸商",而是具有企业家精神和社会责任感的社会精英①。社会主义制度下的权力与资本关系始终以人民利益为导向,在相对自由的框架下运作,资本受制于权力,服从权力的监督和管理,同时反作用于权力,促进权力的深化改革。中国新型政商关系尊重资本带来价值的合法性、尊重商人的开拓进取精神、认可制度范围内的财富追逐,同时牢牢把握权力的"公共性"特质,将人民本位作为权力的出发点和最终归宿,权为民所用、利为民所谋、情为民所系②。社会主义资本的发展获得了社会舆论的支撑,社会主义权力的规范运作受到社会的监督,"亲清论"坚决杜绝人民的根本利益被权力或资本的优势所绑架。

在社会主义条件下,政府和市场、权力和资本将长期并存,它们都是促进中国社会主义建设和发展的重要力量。"亲清论"站在当前中国社会主义发展的新高度,重构政商关系,超越以往讨论上述关系容易陷入的"清而不亲"或"亲而不清"的悖论。党的十八届三中全会明确界定了我国政府与市场的关系:市场在资源配置中起决定作用和更好地发挥政府的作用。也就是要充分激活资本在市场中的创造力与活力,同时加强公权对资本的合理引导和规范。深入领会"亲清论"的精神实质,理清权力与资本的关系具有重要的社会意义。具体而言,"亲""清"政商关系妥善处理了权力与资本的关系,为实现共同富裕解决了生产力与生产关系的矛盾,强化了权力的公共性,并不断塑造公平正义的价值理念。

"亲清论"有利于克服权力和资本的异化。无论是公权还是资本,从本质上来讲都是达成某一目标的手段或工具。工具理性自身没有价值偏好,它们天生只以实现特定的目标为使命,然而一旦涉及具有价值偏好的目标或以具有主观判断的人为载体时,工具自身也具有了价值理性③。公共性与私人性是驱动公权与资本运作的内在动力,而两者的对立和冲突是权力和资本异化的主要根源,两者的矛盾是避不开的客观事实,公权行使主体(公务员)自身就具有公共性与私人性双重属性。当公权的运作以私人性为载体并与资本进行合谋时,公权异化或资本异化就出现了。"亲清论"对"亲""清"界限的划分,就是要做到公私分明,把公权拉回公共领域,强化公共人(公务员、政府官员)的公共性,以事实为依

---

① 程恩富、刘伟:《社会主义共同富裕的理论解读与实践剖析》,载于《马克思主义研究》2012 年第 6 期。

② 张春敏、吴欢:《新时代共同富裕思想的理论贡献》,载于《中国社会科学院研究生院学报》2020 年第 1 期。

③ 赵学清:《马克思共同富裕思想再探讨》,载于《中国特色社会主义研究》2014 年第 6 期。

据、以法律为准绳，秉公执法、秉公办事，全心全意为人民服务。

理清资本与权力的关系有利于发挥资本的最大效益。资本需要公权进行规范和引导，但管理过死会降低资本应有的效益。资本是市场经济中的活跃因素，自由的资本追逐是利润生成的重要原则之一。然而公权对资本干预过多，容易造成资本对公权的过度依赖，一些企业发展正需要资金支持时，行政审批程序过多、手续复杂、时间过长，致使资金审批下来已经错过了企业发展的黄金时段或已经造成了消极的后果。社会主义市场经济的资本是经过改造的，并不是一味追求利润的最大化，而是具有政策、法律、纪律以及道德上的要求。资本不仅要追求利益、利润，而且必须承担社会责任，对良序社会建设起积极作用①。"亲清论"既尊重资本发展的内在要求，也对资本扩大化做了原则规定：公权为资本的投资和发展创造良好的外在条件、提供资本再投资的良性环境，而资本的扩大化最终要回馈社会，服务于人民生活质量与生活水准的提高②。

"亲清论"有利于克服经济人假设的局限，实现社会的公平正义。一个良序社会的目标不只是社会秩序的稳定、人民的安居乐业，而且还追求创造一个公平正义的社会价值观。良序社会是追求正义的社会，是稳定而体面的社会，是目光向下的社会，是友善而宽容的社会，其人民具有强烈的正义感。一个良序的社会超越了理性经济人的导向，具有利他主义特性。道德底线是一个良序社会的最低要求，它要求其成员具备基本的道德良知，领导干部要有官德，企业家要坚守自己的职业道德操守。公务员和商人不仅是理性的经济人，更是具有道德良知和价值判断的社会人。社会人具有心理和社会的归属需要，它超越了最基本的生理需求，以构建社会关系、实现理想目标、提升自身的社会价值为主要职责。"亲清论"就是要克服经济人假设的局限，呼吁公务员和商人向社会人回归。

市场、资本既要重视社会契约，又要有一定的社会价值追求。社会契约是全社会都应该遵守的行为规范或条例，它是全社会成员尤其是契约人之间在私人契约的行为中达成的合意的、互相信任的行为。私人契约如果能有效地运行，那么它必然与作为非正式制度的社会资本意义上的社会契约合意。市场与资本在社会契约的框架下有效运行，社会契约的引入增强了经济契约主体之间的信任度与规范化③。然而，社会主义的市场与资本并不满足于社会契约的简单顺从或契合，而是具有更高的价值追求。从更为宏观的社会角度而言，企业的利益相关者不仅

---

① 李民圣：《新时代中国经济的两大主题：创新与共同富裕》，载于《马克思主义与现实》2019年第1期。

② 侯方宇、杨瑞龙：《新型政商关系、产业政策与投资"潮涌现象"治理》，载于《中国工业经济》2018年第5期。

③ 于天远、吴能全：《组织文化变革路径与政商关系——基于珠三角民营高科技企业的多案例研究》，载于《管理世界》2012年第8期。

仅是企业内部的拥有者、管理者和员工，还包括企业外部与企业存在利益一致或利益冲突的群体①。如果企业内外部利益相关者的利益一致，那么他们的关系是一种基于共同利益的协作伙伴关系。公权与资本追求的目标可以是一致的，因为两者都具有社会性。公权致力于公共性和公平性，资本立足于效益性，公平性与效益性是可以相容的，市场与资本在追求个体利润最大化的同时，也在追求社会效益的最大化。

三、构建"亲""清"政商关系是社会共同富裕的关键举措

（一）"亲""清"政商关系是促进民营企业发展，构建共同富裕财富结构的基础

第一，社会主义制度为构建新型政商关系，实现共同富裕提供了制度基础和价值逻辑。社会主义制度能够推动构建社会性和公共性的"亲""清"政商关系，并不断推动生产力的变革，为促进共同富裕创造扎实的制度基础和生产力基础。邓小平指出："贫穷不是社会主义。"② 社会主义的本质是解放和发展生产力，而要实现这一目的，需要以生产力的高度发展为前提，也就是财富创造能力的巨大跃升。生产力的解放和发展是实现财富积累，实现富裕的前提，否则只会是普遍贫穷。因此，在生产力高度发展基础上实现社会物质财富极大丰富是社会主义建设的首要目标。构建"亲""清"政商关系一定程度上是解放和发展生产力的关键举措。企业作为最直接的生产主体和市场经营主体，是推动社会创新、提高生产水平的重要主体。"亲""清"政商关系的本质在于调整了权力和发展资本的关系，既有效破除了束缚生产力发展的制度困境，推动了生产力和资本的发展，发挥出资本对财富积累的最大效益，又能防止权力和资本的双向异化，从而导致权力寻租、贿赂等现象的产生。社会主义公有制从制度逻辑上确保了财富的社会性和公共性，同时也确保了政商关系既"亲"又"清"，为共同富裕确立了制度逻辑。需要指出的是，强调财富的社会性和公共性，并不是要消灭个人财富，而是要把公有制为主体的社会财富生产和分配方式作为社会主义区别于资本主义的本质特征。总而言之，中国特色社会主义共同富裕战略，从根本上区别于西方现代化过程中以"资本"为中心的财富生产和分配逻辑，强调了财富在社会

---

① 杨典：《政商关系与国家治理体系现代化》，载于《国家行政学院学报》2017 年第 2 期。
② 《邓小平文选》（第三卷），人民出版社 1993 年版。

性和公共性基础上以"人"为中心的财富伦理观，为人类的现代化富裕之路提供了一种崭新的方案。

第二，企业推动了生产力的发展和解放，为促进共同富裕创造了扎实的经济基础。企业既是"亲""清"政商关系的重要主体，又是共同富裕的重要构建者。政商关系既"亲"又"清"，有利于激发市场主体的活力和创造力，为促进共同富裕创造扎实的经济基础。"亲""清"政商关系明确了政府和企业的界限，以及各自在经济发展中扮演的角色，有利于培育良好的企业发展环境，推动民营企业发展。而健康发展的民营企业则是参与我国改革开放、经济建设、社会发展、文化培育等方面的重要主体，是共同富裕的重要构建者。在改革开放以前，国家致力于探索社会主义道路，注重发展以国有企业、集体经济为主体的公有制经济，追求收入的平均主义和分配制度的公平性。在全能型政府体制下，由于政府的管控，政府、市场和社会的运转效率往往十分低下。在改革开放以后，国家逐渐开始聚焦经济发展，改革阻碍经济发展的各类体制机制，并放松对市场和社会的管控，更加追求政府、市场和社会的运转效率。改革开放解放了生产力，变革了生产关系，由此诞生了大量的民营企业。例如，改革开放之初，苏北、浙南地区乡镇企业大量崛起，成为转变生产方式，推动农村经济发展的重要力量。乡镇企业的迅速发展促进了当地经济的发展，并解决了大量居民就业问题，提高了农村人民群众的收入水平，有效缩小了城乡之间的收入差距[1]。

随着市场经济的进一步发展，企业通过做大经济"蛋糕"，探索创新，创造就业，创业创新、平衡区域发展，有力地推动了我国经济高质量发展，为实现共同富裕发挥着巨大的作用[2]。企业作为共同富裕的重要主体具体表现在以下五个方面：一是企业为促进共同富裕创造扎实的经济基础。企业作为市场主体，具备激发经济活力、创造财富、做大蛋糕的作用，促进经济增长。二是企业通过创新探索，推动高质量发展和共同富裕。目前，在竞争全球化和信息技术革命背景下，中国在诸多领域诞生了一批高科技企业，为推动技术创新，激活经济活力，调整产业结构，促进产业升级起到了关键作用。三是提供大量就业岗位，营造良好就业环境。企业发展的过程也是不断增加就业岗位的过程。企业通过优化就业者保障，提供多元化的技能培训，提升员工就业质量。四是促进创业，助力中小企业发展。中小企业是解决就业的主力，大企业拉动中小企业的发展，有利于扩大中等收入者比重，构建共同富裕的财富结构。五是消除城乡二元结构，促进城

① 唐步龙：《改革开放40周年：从"共同富裕"到"精准扶贫"的实践与创新》，载于《云南民族大学学报》（哲学社会科学版）2018年第2期。
② 张杰、金岳：《中国实施"国民收入倍增计划"战略：重大价值、理论基础与实施途径》，载于《学术月刊》2020年第10期。

乡、区域协调发展。要推动欠发达地区农村的发展，关键在于拓宽农民收入渠道，促进农民增收。企业通过农村淘宝电商、直播电商等方式，为欠发达地区农民提供本地就业机会。目前，企业主要是以产业扶贫和就业扶贫等方式推动乡村振兴和发展。财富创造能力的巨大跃升是实现富裕的"现实手段"。改革开放40余年，我国GDP总量实现了接近300倍的增长，城乡居民收入水平实现了天翻地覆的变化，科教文卫、社会保障、社会治理等各方面都取得了长足进步，为实现共同富裕奠定了经济基础[①]。

第三，民营企业家的企业家精神是推动政商关系变革，促进共同富裕的重要精神力量。自改革开放以来，随着市场经济的发展，中国诞生了一批优秀的民营企业家。优秀民营企业家和企业家精神对共同富裕起到了巨大的促进作用。在以经济建设为中心的发展大局下，企业和企业家的政府和市场的影响力愈发明显。民营企业家在与政府官员的交往中，不断影响或冲击着政府的行政理念，甚至倒逼政府主动转变政府职能，建设服务型政府、责任型政府，构建既"亲"又"清"的政商关系。民营企业家精神既是一种创业精神，也是一种变革创新精神，还是一种不畏艰苦，奋发向上的奋斗精神。企业家精神是一种依靠自身奋斗追求财富和追求美好生活的精神，与实现共同富裕过程中的精神理念具有很强的契合性。越来越多企业家把企业发展同国家战略相结合，在实现企业自身利益的同时，依靠自身优势助力社会发展，不断发挥着"带后富、帮后富"的作用。

（二）"亲""清"政商关系是促进财富公平分配、缩小收入差距与实现共同富裕的关键所在

政府调节企业收入分配制度，消除贫富差距，推动共同富裕。构建新型政商关系是完善分配、实现共同富裕的重要条件。实现共同富裕不仅需要做大经济发展的"蛋糕"，还需要合理分配经济发展的"蛋糕"，让更多人民群众在改革中共同享受发展的成果，提高他们的改革获得感、幸福感和满意度。一是有效市场做大"蛋糕"，实现初次分配高效；二是有为政府分好"蛋糕"，实现再次分配公平；三是有爱社会奉献"蛋糕"，实现第三次分配。

第一，"有效市场"主导初次分配与共同富裕。在做大经济发展的"蛋糕"方面，离不开新型政商关系和市场经济的双重驱动。政府对内改革，对外开放是政商关系重塑的过程，推动了政商关系既"清"又"亲"。重塑政商关系，推动政商关系既"清"又"亲"意味着要充分发挥市场在资源配置中的决定作用，

[①]　国务院发展研究中心农村部课题组、叶兴庆、徐小青：《从城乡二元到城乡一体——我国城乡二元体制的突出矛盾与未来走向》，载于《管理世界》2014年第9期。

用"看不见的手"引导市场主体改革创新，创造社会财富。换言之，市场发挥其竞争机制、调节机制和引导机制推动个人或企业追求财富和幸福，从而将无数个体的行为转化为科学技术创新、国家财富积累和社会进步的整体力量[①]。因此，构建新型政商关系为经济高速发展创造良好的制度机制，而"有效市场"推动了经济高质量发展，并为共同富裕夯实财富和物质基础。具体而言，企业作为市场主体的重要组成部分，是推动我国经济转型升级，促进财富增长，扩大中等收入者比重的重要角色力量。改革开放以来，我国实现了经济持续快速发展，较好地完成了把"蛋糕"做大的主要任务，实现了财富创造能力的巨大跃升。1978～2020年，我国 GDP 从 3 679 亿元增长至约 101.6 万亿元。40 多年间，我国 GPD 增长了约 276 倍，人均 GDP 增长了约 187 倍。在国际横向对比上，2020 年，我国经济总量占世界经济比重达 17%，经济规模跃升至世界第二位。[②] 经济快速发展也为消除绝对贫困，实现共同富裕奠定了财富基础。2020 年，现行标准下近 1 亿名农村贫困人口全部脱贫，科教文卫和社会福利等事业有了长足的发展，我国全面建成小康社会。当前社会主义市场机制运行下的初次分配更加强调效率，坚持"多劳多得"，虽然创造了共同富裕的财富基础，但依然存在着城乡、地区收入分配差距的困境。2020 年，我国城乡居民可支配收入比达到 2.5∶1，基尼系数也长期处于国际警戒线水平。因此，通过重塑政府和市场的角色并明确两者边界，构建"清""亲"政商关系的主要作用在于促使"有效市场"主导初次分配，为实现共同富裕提供普遍的财富基础。而实现共同富裕则需要发挥"有为政府"与"有爱社会"的力量，促进财富公平分配、缩小收入差距。

第二，"有为政府"主导再次分配与共同富裕。"亲""清"政商关系下构建的"有效市场"极大地推动了经济的发展，为社会富裕创造了财富基础，有效扩大了中等收入群体的规模。在推进共同富裕方面，市场机制能够实现财富的显著增长。然而，市场机制在实现富裕的"共同"方面，往往会存在失灵的情况。具体而言，"效率导向"的市场机制并不能有效调节收入差距，甚至会扩大贫富差距，产生"20% 的人掌握 80% 的财富"的财富分配不公的问题。同时，由于市场主要扮演调节市场资源配置的角色，在公共服务领域，市场机制并不能直接促进公共服务普及普惠、社会和谐和睦、环境宜居宜业，以及提高人民群众精神层面的富裕富足。因此，"有为政府"则通过再分配解决初次分配造成的财富分配不均等问题，从而促进社会收入分配更加公平，使发展成果惠及全体社会成员，

---

① 陈斌开、林毅夫：《发展战略、城市化与中国城乡收入差距》，载于《中国社会科学》2013 年第 4 期。

② 国家统计局：《2020 年，中国经济总量首次突破 100 万亿元大关，这是里程碑式的跨越》，2021 年 1 月 18 日。

推动富裕走向"共同"。再分配，即政府在市场初次分配基础上，以公平为主要准则，对社会财富进行矫正性调节的过程。政策工具是"有为政府"调节不同地区、不同人群收入分配差距，实现社会公平的重要手段。这种再分配的政策工具主要着眼于三个层面：一是"有为政府"要关注人民群众的起点和结果不公平。具体而言，起点和结果不公平主要体现为：由于不同个体先天禀赋和后天能力存在着显著的差异，即个体之间的认知能力、学习能力、财富占有能力等存在着较大的差异，导致他们在创造和积累财富的结果上产生巨大的差别。实现共同富裕首先要确保机会均等，构建更加公平的起点和结果。这需要政府通过税收对初次分配的财富进行再分配。税收调节在政府主导的再分配环节中处于核心地位，在个人财富和收入层面调节过高收入、稳定中等收入、缩小收入差距中发挥着不可替代的作用。二是"有为政府"要关注人民群众的机会不公平。基本公共服务均等化是使人民群众普遍享有教育、医疗、政务服务等的重要方式，并且城乡、地区之间能够大致均等地享有这些公共服务。这有利于增进全体社会成员物质生活条件的共享性，确保弱势群体的发展机会公平。三是"有为政府"要通过转移支付构建共同富裕的兜底政策。在我国经济财富不断跃升的过程中，依然存在少数"掉队者"，这就需要发挥"有为政府"的兜底保障作用，将资金、物资向特定低收入群体转移。政府转移支付能够有效弥补税收条件、基本公共服务均等化灵活性、针对性不足的局限，定向针对贫困群体或相对不发达地区提供发展的资金支持和物质保障，从而巩固共同富裕的前期基础。"有为政府"主导的再分配应在有效市场以效率优先进行分配的基础上，更加注重公平原则，协调推进涉及不同层次、侧重矫正不同阶段不公平及其负面后果的政策工具，在消除贫困、"扩中提低"、缩小贫富差距等问题的同时，为更广泛的社会群体提供共同富裕的能力基础，以此确保共同富裕的全面性和高质量可持续标准。

第三，"有爱社会"主导三次分配与共同富裕。共同富裕离不开社会富裕群体对贫困群体一定程度上的财富转移。第三次分配是我国的本土化概念，最初由经济学家厉以宁提出。"有效市场"主导的初次分配与"有为政府"主导的再次分配兼顾了效率与公平，前者侧重按照效率原则对收入初次分配，后者侧重按照公平原则对收入再分配。一般而言，兼顾效率与公平的收入分配体系既充分动员了各种创造财富的要素，推动人民群众收入普遍提高，又能够使政府主导的再分配有效控制贫富分化。而第三次分配作为一种新型分配机制，其财富分配理念体现了社会主义制度下财富的社会性和公共性特征[①]。与第一次和第二次分配不同，

---

① 王名、蓝煜昕、王玉宝、陶泽：《第三次分配：理论、实践与政策建议》，载于《中国行政管理》2020 年第 3 期。

第三次分配是由社会机制主导，社会主体自主自愿参与的财富流动，是一种基于道德信念而进行的分配形式。这种道德信念则体现为对社会的责任、爱心等价值理念。在分配方式上，个体或者企业等捐赠者基于自身道德信念，通过捐赠、慈善等方式，将资金、物资等无偿提供给相对贫困人群或欠发达地区。第三次分配是对初次分配和再次分配有益的补充，其分配时序并不是在第一次和第二次分配之后。第三次分配的主要作用在于推动先富起来的个人或企业承担社会责任，发挥先富带动后富的作用，带动相对贫困群体或地区走向富裕，从而缩小不同地区、人群的收入差距，推动共同富裕。党的第十九届四中全会、五中全会与中央财经委委员会会议均提出三次分配。在共同富裕的背景下，党和国家提出第三次分配的分量更重，内涵更深。然而，由于第三次分配的提出具有较强的政治导向，部分企业和个人，甚至政府官员对于如何开展第三次分配存在认识误区，甚至产生"劫富济贫"的担忧。事实上，第三次分配既不是政府对企业的"劫富济贫"，也不向企业"逼捐"，而是在保护合法致富的前提下鼓励个体或企业自主自愿参与财富流动[1]。这就需要在新型政商关系下，政府稳定企业创造财富的预期，不向企业摊派捐款任务，避免强制干预企业的第三次分配行为，同时，创造各类第三次分配渠道，进一步扩展第三次分配的范围，支持慈善公益事业的发展，提升先富企业带动相对贫困群体、地区致富的效果。

（三）"亲""清"政商关系是确保先富带动后富，最终实现共同富裕的重要机制

自 21 世纪初，互联网技术的迅猛发展推动了互联网经济的发展，出现了以 BAT 为代表的一批互联网平台企业。同时，这些互联网企业依靠信息技术驱动生产力发展，创造了新的组织方式，是一种新的业态类型，被称为互联网平台企业，而这种经济生产模式则被称为互联网平台经济[2]。一般而言，互联网平台企业主要聚焦于"吃、喝、住、行、玩"领域，通过对这些领域的数字化改造，将线下消费场景线上化，培育用户线上消费和娱乐的习惯，形成"商家—用户"销售与消费的线上商业闭环。平台则扮演着高速公路收费站的角色，制定"游戏规则"，对平台上所产生的每一笔消费收取"过路费"，并利用大数据算法获取商家营业和营销费用，运用大数据"杀熟"获得超额边际收入等。由于互联网经济

---

[1] 杨卫：《中国特色社会主义分配制度体系的三个层次》，载于《上海经济研究》2020 年第 2 期。

[2] 陈红玲、张祥建、刘潇：《平台经济前沿研究综述与未来展望》，载于《云南财经大学学报》2019 年第 5 期。

发展方式具有平台化、规模化和网络化的特征，以及资本具有天然的扩张性和逐利性，这就导致了互联网平台垄断的产生。对互联网平台企业而言，垄断才能保障其商业规模迅速扩张，获取更多流量和资本，从而获得超额垄断收益。为了保障其垄断地位，互联网平台企业往往会发挥其平台的作用，干预市场公平竞争。例如，平台企业采取"大数据杀熟"、"二选一"、滥用市场支配地位等方式进行不公平竞争，打压商业竞争对手和中小企业。就目前而言，部分民营企业巨头依靠垄断先富，并没有很好地履行带动后富、实现共同富裕的社会责任。垄断造成了资产贫富分化、遏制了社会创新力，这些都违背了共同富裕的目标和价值理念。同时，随着众多互联网公司的上市，互联网行业的造富现象急剧显现，由此产生了一大批通过股票、期权获得大量财富的群体。资本的收入效应被急剧放大，而劳动报酬收入则增长缓慢，远不及资本收益。互联网造富效应导致互联网行业与传统行业、发达城市与中西部落后城市的财富收入差距愈发显著。基于上述背景，国家出台了一系列的反垄断政策，加强对互联网平台经济的监管，提高其带动社会走向共同富裕的意识①。这一系列反垄断措施，不是为了消灭平台经济，抹杀掉一个行业，而是为了遏制资本的无序扩张，推动平台经济健康有序发展，从而缩小社会贫富差距，保障社会走向共同富裕。从权力与资本的角度来看，用权力引导和调节资本的发展方向，使资本在遵守正常市场竞争的同时，加强履行社会责任，从而构建更加健康的政商关系。健康发展的民营企业则是参与我国改革开放、经济建设、社会发展、文化培育等方面的重要主体，是共同富裕的重要构建者。

因此，强化反垄断反不正当竞争进一步优化了政商关系，调节了权力和资本的关系，用权力进一步束缚资本恣意扩张的行为，并且树立了一种"平台不可能大而不倒，平台也不能绑架国家发展"的发展理念，从而有效助力实现共同富裕。具体体现在以下两个方面：一是强化反垄断反不正当竞争，有利于形成高效规范、公平竞争的市场环境。互联网平台是市场垄断问题出现的主要领域，也是影响市场公平竞争的重要主体之一。互联网平台企业的垄断行为阻碍了大量中小微实体企业，以及全国各地的实体个体户的正常发展，限制了市场其他主体的创新和创业活力。强化反垄断反不正当竞争，有利于打破互联网平台的垄断行为，构建公平、有序的行业发展环境，刺激各类市场主体的发展活力。二是强化反垄断反不正当竞争，有利于完善公平竞争制度，推动大中小企业协同发展，创建企业"共同富裕"的新发展格局。大型平台经济主体作为数字经济领域的重要主体，应该扮演高质量发展的引领者，数字经济转型的创造者和服务者，以及中、

---

① 魏小雨：《政府主体在互联网平台经济治理中的功能转型》，载于《电子政务》2019 年第 3 期。

小企业创新发展的服务者，而不是限制其他企业发展，滥用市场支配地位的垄断者。政府则应扮演大中小企业协同发展的政策供给者。强化竞争政策的基础地位，加强中小微企业的权益保护，保障各主体公平参与市场竞争的机会，提高其创新积极性和活力。

第五章

新型政商关系中的政府职责体系

第一节　完善政府职责体系

完善政府职责体系是实现政府职能转变，构建科学政府治理体系的重要内容。当前，政府职责体系主要涉及加强和完善经济调节、市场监管、社会管理、公共服务、生态保护这五大领域，其中加强和完善经济调节、市场监管是完善政府职责体系中的重中之重。政商关系是政府与市场关系的重要体现。构建新型政商关系有着深刻的时代背景，是适应经济发展新常态的迫切需要。政府作为新型政商关系构建的关键主体，必须完善职责体系，落实责任，推动"亲""清"政商关系的形成。

一、充分认识优化政府职责体系的重要意义

"党和国家机构的职能体系是中国特色社会主义制度的重要组成部分，是我们党治国理政的重要保障。"这深刻表明完善政府职责体系是推进国家治理现代化的必然要求，为我国经济、政治、文化、社会、生态文明各个领域的全面发展提供了体制支持和保障，对推动新发展阶段经济转型，构建新型政商关系具有重要意义。

（一）优化政府职责体系是完善社会主义市场经济体制的必然要求

党的十八届三中全会指出，经济体制改革是全面深化改革的重点。[①] 经济改革的核心是处理好政府与市场边界，发挥市场在资源配置中的决定性作用，这必然涉及对政府职责的再思考和再定位。2009 年以后，我国 GDP 增长速度放缓，经济发展进入新常态，在此时期，机遇与挑战共存，必须以供给侧结构性改革为主线，完善政府职责体系，使政府从微观领域退出，为市场和社会发展提供充足的空间场域。近年来，随着"放管服"改革的持续深入，围绕正确处理政府和市场的关系，实现政府职能转变已取得重大突破。以浙江省"最多跑一次"改革为例，这项改革是行政审批制度深化改革的结果，是继续创造和保持社会主义市场经济活力的重要举措。"最多跑一次"改革以互联网的顶层设计创新了服务方式，精简了企业办事流程，降低了企业市场运行成本，提高了企业办事满意度。当前，在建设现代化经济体系的过程中，已经明确了如何处理政府与市场关系的正确方式，即充分发挥市场对资源配置的决定性作用。政府要进一步在经济、投资等领域减负，把权力应放尽放，放管结合，强化监管，实现经济更高质量地持续发展。

（二）优化政府职责体系是构建新型政商关系的体制支撑和保障

传统政商互动是建立在非正式关系基础之上，通过彼此间实际的资源交换，达成共识，从而形成经济运行中特定的规则[②]。长此以往，政商边界逐渐模糊，官商勾结必然损害经济持续发展，而这种模糊性有其更深层次的制度根源。一方面，在"唯 GDP"时期，实现经济发展是重中之重，为充分调动市场主体的积极性，"法无禁止即可为"模糊了企业经营权利和范围，官商之间可灵活结成利益输送联盟。另一方面，政府过度干预导致市场环境不稳定，为规避政策风险，企业不得不通过"拉关系""走后门"等方式影响政府政策出台或提前了解政策方向。因此，要改变政府权力范围的模糊性和多变性，必须完善政府职责体系，建立责任清单制度，精准界定政府职责和权力行使边界，积极打造透明的制度笼子，为构建"亲""清"政商关系提供体制支撑和保障。

---

① 《中共中央关于全面深化改革若干重大问题的决定》，新华社，2013 年 11 月 15 日。
② 杨典：《政商关系与国家治理体系现代化》，载于《国家行政学院学报》2017 年第 11 期。

二、以优化营商环境为重要抓手

加强和完善经济调节、市场监管是优化政府职责体系，加快建设现代化经济体系，实现经济高质量发展的重要内容。2019 年 10 月，国务院公布的《优化营商环境条例》中，将营商环境定义为"企业等市场主体在市场经济活动中所涉及的体制机制性因素和条件"，并主要从市场主体保护、市场环境、政务服务的角度做出明确的要求①，再次强调了市场经济活动与政府职能的重要联系。

政商关系与营商环境有着密切联系，两者存在重叠，各自又有侧重。具体来说，首先，优化营商环境和构建"亲""清"政商关系的最终目的是为市场主体经济活动提供便利性，降低企业交易成本，实现经济高质量发展。企业降低制度性交易成本的作用十分有限，政府部门需加快行政体制改革，实现职能转变，从而优化企业营商环境并在持续优化营商环境的过程中，以构建"亲""清"政商关系为主线。其次，两者实现手段重叠。优化营商环境，打破企业体制性束缚离不开一系列的制度创新和法治建设的支撑。随着营商环境相关法律和制度的落地，为破解政商关系难题提供了体制资源支持。最后，优化营商环境和构建新型政商关系在目的和实现手段上有所重叠，并实现了效果共振，但双方各有侧重点。营商环境涉及的面较广，侧重于企业发展和经济增长。构建"亲""清"政商关系是以统战话语的形式出现，提升非公经济人士的政治认同。随着营商环境议题的不断深化，政商关系的内涵也逐步丰富起来，成为国家治理体系的重要内容。总之，没有亲密交往、干净纯洁的政商关系，难有优质的营商环境。营商环境的优化，必然促进政商关系的良性发展。当前，构建新型政商关系，必须完善政府经济调节、市场监管、公共服务等重要职能，以优化营商环境为重要抓手，加强制度创新和法治建设，为"亲""清"政商关系的形成提供法律和制度支持。

三、落实优化政府职责体系的各项任务

（一）深化"放管服"改革

构建新型政商关系与深化"放管服"改革的内在逻辑呈现高度的一致性。"放管服"改革以简政放权、放管结合、优化服务为重要抓手，是政府职能转变

---

① 韩阳：《国家治理现代化中的营商环境建设：以政商关系为视角》，载于《统一战线学研究》2020年第 1 期。

的重要手段，有利于政府自身明确定位，减少对市场的干预，强化服务意识，优化企业营商环境，促进健康政商关系的形成与发展。

"放管服"改革要求政府简政放权，对传统的行政管理体制做出变革，优化各方权力配置。简政放权本质上是厘清政府与市场的关系。改革应当聚焦在企业办事便利度，释放行政权力，删减不必要的行政审批、许可环节，削减不必要的管制和优化烦琐的服务流程，收缩政府对于市场的职能干预权限，"厘清政商边界，抹除全能主义的烙印"，激发市场活力①。"放权"并非仅是简单的权力下放，而是一个系统性问题。在放权过程中，必须关注放权是否到位，即相应的行政权力实际上有无从政府转移到市场，或仍滞留、回转于政府系统内部；权力下放是否有配套，是否存在部分权力下放，但另一部分权力未下放，迫使企业在上下政府部门间"周转"，变相加重企业负担的情况；权力下放是否恰当，下级部门是否具备做出合理审批的客观条件或能力。放权不代表放任，在简政放权的同时，需要加强事中事后监管。加强跨部门联合审批机制，增加各部门审批工作的协调性，修改或删除各部门之间在事实上互相冲突的审批标准，统一审批的规则标准。针对同一审批事项，各部门应当设定统一的规则标准，破除企业由于各部门自身审批标准冲突而导致无法审批的困境。针对同一事项的审批权，要尽可能减少执法层次，去除多重执法，合理配置执法权限和资源，减少企业因多级政府层层审批而造成的审批难、审批效率低下问题。另外，监管是必要的，但也不局限于监管，政府主体要强化责任意识和服务意识，树立"公仆"观念，在源头上避免政府不作为或消极作为等现象发生。

在"放管服"改革推向纵深的过程中，政府必须创新监管的方式，积极探索审慎的监管方式，加快推进智慧监管，以企业需求为导向，以精准有效的监管措施回应企业的难点和痛点。首先，要变革监管理念，破除官本位的思想禁锢，从传统的以政府行政需求为导向转向以企业需求为导向，倒逼政府监管模式实现自我改革。其次，要变革监管主体，从政府主导逐渐转向政府与市场协同监管。政府端应该删减不必要的行政审批、许可，缩减办事环节，充分考虑时限和成本等负面影响因素，将行政权限释放给企业和社会，而不是仅仅下放至行政系统内部。再次，要变革监管手段，利用大数据、云计算等信息化手段，充分发挥"互联网＋"优势，打造智慧监管模式，提升政府监管效能。同时，要鼓励创新监管。在监管过程中充分考虑企业多样化、个性化的需求，区分具体情况，积极探索适应新产业、新模式、新业态等新经济形式发展的监管模式。最后，坚持以法

---

① 毕思斌、张劲松：《论政商关系互动的演变过程与路径重塑——兼评"放管服"改革对政商关系的影响》，载于《河南师范大学学报》（哲学社会科学版）2020年第3期。

治为引领，通过建立连贯、明晰、具有可操作性的规则体系，提升监管的实效性
与法治化程度，始终保持"放管服"改革处于法治轨道。要确保执法的公正和透
明，进一步完善执法说理、告知、回避、追责制度改革，增强执法的公信力和执
行力。完善政务公开体系建设，让权力在"阳光下"有序运行、合法运行，加强
各部门之间信息的共享，形成系统内部监督制约，防止政府滥用职权和无作为。

（二）优化政府公共服务职能

为构建"亲"和"清"为核心的新型政商关系，基本方向之一是在规范政
商双方主体职责行为的同时，完善政府职责，优化公共服务。优化政府的公共服
务职能，一是要优化与公民日常生活密切相关的各类事项，包括劳动就业保障、
教育人才培养、医疗公共卫生、文化体育产业等；二是要优化与企业创业创新领
域有关的公共服务事项，包括政策支持、法律保障、技术服务、规范引导。三是
要提升政府自身提供公共服务的水平与能力，包括创新和改革提供公共服务的方
式以提高提供公共服务的标准。具体而言：

第一，推进民生公共服务与企业发展齐头并进。扎实推进就业托底工作，重
点解决高校毕业生、农民工、退伍军人的就业问题。首先，政府主体要做好人力
资源服务，构建劳动者与企业之间的对接平台，在深入调查企业用工需求的基础
上，发布用工信息，做好人才引进工作，满足企业人才需求。其次，要发挥高校
优势，完善高校人才培养的模式，促进高校与企业之间的双向沟通与交流，实现
企业为高校人才培养提供资金岗位，高校人才向企业定向输送的良性循环。再
次，加大对高校科技创新项目的资金与政策支持，实现高校研究成果的有效转
化。通过人才补贴、人才优惠政策等方式吸引高质量的人才，出台相应的人才认
定细则对人才等级予以区别划分，以政府政策广纳人才，再服务于企业经营发
展。最后，重点实现公共基础设施、医疗卫生、文化体育等领域的政府力量与社
会力量的通力合作。一方面是拓宽企业经营发展的领域与渠道，另一方面通过引
入社会力量推动公共服务事业的蓬勃发展。

第二，优化与企业创业创新领域有关的公共服务事项，助力企业发展。政府
部门要将服务紧紧融入政商关系建设之中，积极主动为企业排忧解难，为企业提
供轻松、健康的发展环境。首先，畅通企业沟通渠道，建立常态化的政企沟通机
制，健全企业诉求收集、处理、反馈制度。定期定时定主题就企业发展过程所遇
到的核心问题展开交流，听取企业意见建议，及时回应企业诉求，有效处理企业
困难与问题。针对民营企业办事难、办事贵等问题，政府部门要进一步细化工作
职责，简化企业办事手续，实现对业务流程的创新再造。除此之外，要加强部门
联动，打破部门间数据壁垒，实现资源整合，让数据充分跑起来，提高企业办事

满意度。其次，加强对企业发展的政策支持。加大财政资金对中小企业、高新技术企业、特色企业等的支持力度，落实和完善税收优惠政策，减轻企业负担，鼓励企业生产升级换代，为企业可持续发展提供助力。企业规模、业务范围、发展情况等都会影响企业政策的可获取性。对于一些新兴和特殊产业，政府政策支持难免具有滞后性，导致这些企业在发展过程中常常遭遇束缚，发展坎坷。政府如何及时、精准、灵活、公平地对这些企业提供支持，且不违背市场规律，需要政府部门制定前瞻性方案。再次，为企业提供法律服务。以政府为核心，整合司法局、当地律师团队等法律服务资源为企业在发展过程中所遇到的法律问题排忧解难，对企业在投资融资、知识产权、合同规范、劳动纠纷等方面的问题配备法律顾问，设立法律援助服务机构常态化为企业提供法律服务。定期开展对企业的政策与法律宣讲，促使企业及时了解政策，帮助企业防范法律风险，促进企业合法合规经营。最后，建立常态化的综合管理机制，做到高效合理管理，主动引导企业合规发展，及时发现企业发展过程中的一些错误与问题，监督企业及时整改，促使企业在政府的引导之下实现长久健康的可持续发展。

第三，提升政府自身提供公共服务的水平与能力。首先，政府主体消除公共服务过程中服务行为的随意性，端正服务态度，明确服务导向，通过标准化流程对公共服务的流程与环节进行精简、合并、整合，实现公共服务事项的效率和质量的优化，提高公共服务的规范性和稳定性。其次，积极推进大数据、云计算等新兴信息技术在政务服务上的应用和推广，在全国"互联网＋政务"的改革中不断打造优质高效的政务服务。完善线上线下政务服务联动，有效缩短材料提交、审批的在途时间。加强回应型服务建设，做到线上线下信息的及时回复和沟通交流，增强政府和企业之间的双向互动。最后，政府主体落实责任，督促服务水平提升。政府主体发挥统筹协调的作用，强化责任传导，建立健全定期通报制度，推动各项服务举措落地落实。纪检监察部门承担监督责任，对政商关系中的违规违纪行为做到早发现、早提醒、早纠正，从而促进政商关系健康发展。

（三）优化企业营商环境

发挥政府职责作用，优化企业发展环境有利于促进经济增长，稳定民生就业，是构建新型政商关系的重要举措。以往政府宏观管理部门与市场边界划分模糊，表现为政府发球，企业接球。面对政府碎片化的政策和时不时的"通知"，企业也无可奈何，常常采取寻租、贿赂的方式影响政府决策，导致政商关系走向异化。当前，构建新型政商关系，关键在于政府端，政府部门要弱化对经济管制权的迷恋，改变长期以来不对等的政商关系，优化企业发展环境。优化企业营商环境着重从营造良好的政策环境、法制环境、市场环境等方面入手。

第一，积极营造良好的政策环境。政府政策支持能够直接影响企业的行为选择、经营成本和经营风险。政府要营造加快企业发展的政策环境，出台鼓励企业产品创新、技术创新、金融创新和管理创新的政策，针对不同企业的发展需要，提供有效的政策支持。同时加强政策的执行监督，收集企业的意见和建议，推动政策落地、落实，提升企业政策的可获取性。

第二，营造良好的法治环境。法治是规范政商行为，重塑政商交往价值最有效的途径。完善政商关系领域的法律法规体系，保障政商双方在法治框架内互动，为构建新型政商关系提供现实基础。当前我国政商关系中存在的包括利益勾结、行贿受贿等现象，反映出政商关系的法治化建设还存在诸多不足，直接规范政商主体行为的法制缺失。因此，要健全政府权力运行、企业经营活动等方面的法律法规和制度体系，健全"权力清单""负面清单""责任清单"三清单制度，保证政府行为有法可依、于法有据，将全面依法治国贯穿政商关系建设的始终。同时，要以法治监管建立公平、透明的市场体系，确保各市场主体在市场准入、政策扶持等方面获得平等待遇，维护企业的合法权益，营造有利于企业发展的法治环境。

第三，营造良好的市场环境。市场环境犹如生态环境，是企业赖以生存的关键要素，承载了一些具体的国家利益和社会公共利益，一旦破坏，便难以修复①。解决市场问题，最终还是要回归到政府与市场边界问题的探讨。当政府与市场边界模糊不清时，政府公共权力可能会加大对经济领域的干预而弱化其服务功能，从而增加了企业的制度性交易成本。因此，营造良好的市场环境，政府必须明确责任边界，遵守三清单制度，规范权力行使，在此基础上，提升公共服务质量和效率，打破企业发展的体制性障碍。同时全面开放市场准入，保障民营企业和公有制企业平等竞争。政府部门在此过程中落实监管职责，为市场竞争提供公平有序、开放透明的良好环境，激发市场活力，提高企业满意度。

第二节　优化政策供给水平

公共政策是政府运用公共权力对社会经济生活进行统筹规划、宏观调节的重要手段。政策供给是公共政策研究的一部分，着重研究公共政策的导向性及其产生的实际效果。改革开放以后，计划经济体制逐步让位于市场经济体制，政府角

---

① 李楠、赵博翰：《优化营商环境背景下政商关系研究》，载于《大庆师范学院学报》2020 年第 6 期。

色也进行了适当的转变，从企业和经济发展的全面管理者转变为市场运行的维护者和监督者。政府出台或修订某项涉企政策法规对企业行为的影响都是显著的。新时代，研究政商关系跳不过对政府政策供给的研究，提高政策供给水平是构建"亲""清"政商关系的重要举措。

一、政策供给和政商关系的联系

针对企业实际需要的政策供给是政府构建新型政商关系的重要举措。政府通过政策供给试图为企业发展构建一张"庇护网"，提高企业政策的可获取性，为企业发展减重赋能，促进良好政商关系的形成。同时，政商关系是影响政策供给的主要方面。良好的政商关系能够促进政策供给与企业需求更加匹配，帮助企业解决实际困难。

（一）政策供给是打造新型政商关系的重要内容

长远来看，经济发展是改善政商关系的根本途径之一。公共政策是影响企业发展的重要外部环境，能够直接影响企业的行为选择和经营绩效。因此，构建新型政商关系，必须落实政府政策供给，优化企业营商环境，减小企业的经营风险、提升企业创新能力，从而促进企业绩效提升。

政府政策供给优化营商环境，促进"亲""清"政商关系构建。优化营商环境是各地方政府激活市场活力，促进经济高质量发展，推动构建"亲""清"政商关系最能作为的一大领域。当前，政府主要以政策性方式统筹规划企业营商环境。营商环境涉及政府为企业从进入到退出市场提供一系列服务条件的总和，主要包括政策环境、市场秩序、政府服务等，其中政策供给是营商环境的核心要素。孙萍在探究营商政务环境的构成要素和影响路径中发现，公共政策是一种内驱型要素，能够正向影响市场监管行为、制度性交易成本以及基本服务供给[1]。郭燕芬认为政策条件能够影响营商环境主体之间的合作信心[2]。娄成武等发现公共政策的稳定性、透明性、公平性及政策落实效果都会影响企业对区域营商环境的感知[3]。总之，公共政策在优化营商环境中展示出了独特魅力。政府政策供给

---

[1] 孙萍、陈诗怡：《营商政务环境的要素构成与影响路径——基于669例样本数据的结构方程模型分析》，载于《辽宁大学学报》（哲学社会科学版）2020年第4期。

[2] 郭燕芬：《营商环境协同治理的结构要素、运行机理与实现机制研究》，载于《当代经济管理》2019年第12期。

[3] 娄成武、张国勇：《基于市场主体主观感知的营商环境评估框架构建——兼评世界银行营商环境评估模式》，载于《当代经济管理》2018年第6期。

行为在吸引企业进入市场，促进企业转型过程中具有风向标的作用。及时、精准、全面的政策供给具有一系列溢出效应，如优化政府职责体系、规范市场秩序、促进企业绩效提升等，为提高政府公共服务、增强企业获得感指明了方向，促进了营商环境的整体性优化。营商环境是衡量区域经济实力、政商关系"亲""清"程度的重要指标。因此，提升公共政策供给水平必定是优化营商环境、促进"亲""清"政商关系构建的突破口。

政府政策供给降低企业经营风险，推动"亲""清"政商关系构建。企业经营风险大体可以分为市场风险和政策风险两大类。市场风险主要是指市场中存在信息不对称、无序竞争、无效投资等问题而导致的市场波动，给企业经营所带来的不确定性。政策风险主要是指政府出台的政策、法规具有一定的导向性给企业经营带来不确定性，包括财政政策、货币政策、税收政策等。政策风险能够直接影响市场大环境，影响企业的行为选择，大部分企业往往更倾向于在外部风险较低、政策环境大好的时候进入市场，以此来规避经营风险。首先，政府作为市场监管主体，掌握信息优势，能够为企业带来大量信息资源。政府可以采用实地走访、视察、座谈会等形式深入了解企业需求，将市场规划、产业政策等相关政策信息传递给企业，提高企业经营的预判能力，引导企业的经营行为。其次，政府能够以政策供给的方式如财税政策、金融政策等推动金融机构、服务机构等支持机构加强并改进对民营企业的服务，增加了企业主动获取信息、担保、融资等服务的概率，降低了企业经营风险，增强了企业对政府的信任感。2019年中共中央办公厅、国务院办公厅印发《关于加强金融服务民营企业的若干意见》，意见指出金融管理部门、财政部门以及各地区相关政府要加大对民营企业的金融政策支持力度，切实承担责任，督促和引导金融机构向民营企业、小微企业提供针对性的金融服务以缓解民营企业在发展过程中融资难融资贵问题。再次，政府政策供给具有一定的导向性和稳定性，一方面保障了政策内容能够切实有效缓解企业经营困难，另一方面避免了地方官员因个人偏好而引起政策变动，为企业创造了稳定的政策环境，降低企业外部政策风险。2020年新冠疫情使中小型企业面临严重挑战，中央到地方陆续出台一系列惠企政策，包括财税支持政策、金融支持政策、要素支持政策等帮助企业渡过难关。最后，政策供给减少了政商交往中的模糊性，明确了政府职责边界，为政府要做什么、能做什么指明了方向。同时也从根本上减少了企业获取产权保护和特殊政策性资源的寻租成本①，打破了传统企业的政治关联，大大降低了官员腐败现象的发生。总之，政府部门在充分考虑

---

① 万华林、陈信元：《治理环境、企业寻租与交易成本——基于中国上市公司非生产性支出的经验证据》，载于《经济学》（季刊）2010年第1期。

企业需求的基础上，通过充足有效的政策供给为企业经营创造了稳定的政策环境和良好的市场环境，降低了企业经营风险，增强了企业对政府的信任度，推动了新型政商关系的构建。

政府政策供给提高中小型企业创新绩效，推进"亲""清"政商关系构建。党的十九大报告提出"创新是引领发展的第一动力，加强对中小企业创新的支持，促进科技成果转化"。中小型企业生产规模小，组织结构简单，相对缺乏规模经济和资金实力。在激烈的市场竞争中，中小型企业必须提高创新效率，及时将创新成本转化为现实生产力以获取竞争优势[1]。资金短缺是限制中小型企业创新能力的重要因素。研发投入是将创新成果转化为提高企业竞争优势和促进经济发展的催化剂。我国经济进入新常态后，传统生产要素推动经济发展的优势明显减弱，因此，提高中小型企业的创新能力对重塑经济内生动力具有重要意义，也是新时代优化政府职责，构建"亲""清"政商关系的重要举措。政府通过一系列政策供给能够有效影响中小型企业的创新绩效[2]，从而促进企业盈利收益提升，为构建"亲""清"政商关系奠定了良好基础。政府一般以资金直接补贴企业创新活动和为企业创新活动间接提供政策优惠两种方式来刺激企业的研发行为。一般来说，企业创新活动具有高投入、高风险、周期长、高收益的特征，其中，科技型创新活动更为突出。中小型企业往往不愿意承担高创新风险。此时，政府通过创新政策供给减少了中小型企业的研发投入成本，降低了中小企业创新风险。同时政府创新政策供给具有吸引和导向性作用。一方面，这些补贴政策、税收政策能够吸引一大批企业参与到创新研发中，营造市场创新氛围。另一方面，政府通过对新生产业、战略产业、科技型产业的政策倾斜，引导企业的创新方向，推动创新成果转化为促进经济发展。总之，政府一系列政策供给是一种关心、保护、帮助企业发展的行为。既为中小型企业创新活动提供重要的资金帮助和保护创新溢出收益，又营造了优质的政策大环境，在一定程度上弥补了市场失灵，增强了市场主体对政府的信任度，推动政商关系的健康发展。

（二）政商关系是影响政策供给的主要方面

近年来，"政商关系"一直是学术界研究的热点问题。中国人民大学国家发展与战略研究院公布了《中国城市政商关系排行榜 2017》，从"亲"和"清"两个角度构建政商关系健康指数，"亲"指数涉及政府对企业的关心程度，为企业提供服务的程度，对企业政策的扶持程度，"清"指数涉及政府与企业交往的

---

① 安体富、杨金亮：《促进小微企业发展的税收政策研究》，载于《经济与管理评论》2012 年第 5 期。

② 陈劲、李飞宇：《社会资本：对技术创新的社会学诠释》，载于《科学学研究》2001 年第 3 期。

廉洁度、透明度。报告显示在全国 285 个城市中，政商关系健康指数前十名城市几乎都处于东南沿海地区，西南、西北地区表现较差；从收入来看，政商关系越是健康的地方，经济发展水平越高。政府系统化的政策供给是推动经济发展不可或缺的关键力量。由此可见，政商关系和政府政策供给存在密切联系。

政商关系是影响政府政策供给的主要方面。政商关系越"亲""清"，政府对企业的政策扶持体系越透明、完善。从政府角度讲，"亲""清"的政商关系有利于政府倾听并整合企业利益诉求，从企业立场出发制定公共政策。另外，"亲""清"的政商关系保障了政府部门坚决打破政策落实"最后一公里"障碍，充分释放政策红利的决心。同时，也明确了政商交往底线，从根源上杜绝官商勾结的腐败现象发生。从企业角度讲，政商关系越"亲""清"，企业可获取的政策支持越充分，企业获取信息和服务的效率越高，大大减少了用于关系运作、权力寻租的经营成本。在解决中小型企业融资难融资贵的问题上，政府通过落实普惠金融定向降准政策、降低小微企业综合融资成本、继续增加小微企业首贷、引导金融机构扩大对小微企业的中长期信贷投放等措施给予了小微企业必要的政策支持。

二、政府政策供给与构建新型政商关系的作用机理

如前所述，经济发展是改善政商关系的根本途径之一。政策供给是政府助力企业发展，提升企业盈利水平，促进经济发展的重要举措，同时也是打造"亲""清"政商关系的重要内容。总的来看，政府政策供给和构建新型政商关系是手段与最终目的的关系，有效的政策供给能够促进新型政商关系目标的实现，健康的政商关系反过来也会促进政策供给水平的提升。企业绩效和经济发展一定是检验手段是否有效，衡量目标实现程度的关键指标。政策供给与企业绩效之间的关系一直是学界和业界热议的话题，但对政策供给、企业绩效、政商关系三者之间联系的探讨还比较少。因此，探析政策供给、企业绩效、政商关系之间的关系对新时代明确政府职责、提升政府政策供给水平、促进政商关系健康发展具有重要意义。

企业绩效提升是基于企业发展动机、战略目标和行为选择的共同产物。政府政策是企业发展极为重要的外部因素，能够直接影响企业的战略方向、行为选择和实践绩效[1]。一般来说，国家围绕激发企业创新动机、降低企业经营风险、引

---

[1] 李雯、夏清华：《创业行为形成机理：感知合意性与感知可行性的交互效应》，载于《管理学报》2013 年第 9 期。

导支持性机构对企服务来展开政策设计。自 2014 年双创战略提出以来，政府主要通过直接的专项资金支持（如专项补贴）、普惠性的税收优惠以及提高政府服务水平三种渠道促进企业绩效提升[①]。总体上将政策划分为资金支持政策和公共服务政策。资金支持政策是一种直接作用机制，直接降低企业经营风险和经营成本，激发企业创新动力，促进企业绩效提升，从而为打造健康的政商关系奠定良好基础。公共服务政策是一种间接作用机制，以提高政府行政效率、降低制度化成本、引导支持性机构对企服务、优化营商环境等措施来提升企业绩效，从而促进新型政商关系的构建。伦晓波等提出以资金支持政策为代表的直接支持和以公共服务政策为代表的间接支持政策都能显著提升企业的盈利，但在创新驱动经济中，政府的间接支持政策更能够推动小微企业创新[②]。赵剑波等在探究政府引导行为对集群中企业创新绩效的影响时发现，从长久看，过多的财政支持反而不能明显提升企业创新绩效[③]。李永友等用 Tobit 模型回归分析政府补贴与创新活动，结果显示两者成"U"型关系，也就是说政府规模只有在一定规模下才能促进企业创新活动[④]。程虹等调研发现对于小微企业来说，资金支持政策固然重要，但他们更看重政府的服务效率以及为其创造的竞争环境[⑤]。总之，虽然政府资金支持政策对企业绩效和政商关系影响较快，但提高公共服务政策供给水平才是发展政商关系的长久之计。

（一）直接作用机制

资金支持政策是政府刺激市场最常用的手段，较公共服务政策来说，资金支持政策的针对性和目的性更强，能够直接缓解企业在生产经营过程中的资金瓶颈，降低企业的创新成本和创新风险，提高企业的市场拓展能力和竞争优势。

以政府采购政策、税收减免政策、专项补贴政策为代表探讨它们与构建"亲""清"政商关系之间的联系。中小型企业较大型企业相对缺乏竞争优势，尤其是在企业成长初期，小微企业的市场认可度和知名度较低，进入市场面临着

---

① 张敏、杨灏野：《政府政策供给、企业网络嵌入与小微企业转型》，载于《重庆大学学报》（社会科学版）2021 年第 1 期。

② 伦晓波、刘颜、沈坤荣：《政府角色与中小微企业发展——基于江苏省 13 个地级市 4574 家企业调研数据》，载于《经济理论与经济管理》2017 年第 4 期。

③ 赵剑波、杨震宁、王以华：《政府的引导作用对于集群中企业创新绩效的影响：基于国内科技园区数据的实证研究》，载于《科研管理》2012 年第 2 期。

④ 李永友、叶倩雯：《政府科技创新补贴的激励效应及其机制识别——基于企业微观数据的经验研究》，载于《财经论丛》2017 年第 12 期。

⑤ 程虹、刘三江、罗连发：《中国企业转型升级的基本状况与路径选择》，载于《管理世界》2016 年第 1 期。

高壁深垒。此时政府采购政策可以降低新产品的市场准入门槛,不仅能为企业提供商业机会,增加盈利收入,更能使企业将这份支持政策直接转化为先天优势,帮助企业在市场拓展、技术创新、资源获取等方面获得提升,增加了中小型企业对政府的信赖和依赖程度,体现了政府亲商原则,推动了"亲""清"政商关系的发展。税收减免政策是在一定时期国家对企业依法依规进行少征税或者免征税,是税收优惠的重要形式之一。税收减免政策能够降低企业经营成本,增加企业经济利益,尤其是对重点群体创业和重点企业发展进行税收减免政策倾斜,能够发挥政策支持作用。在新冠疫情防控期间,党中央、国务院部署出台了企业复工复产的税费政策。第一批政策主要聚焦疫情防控工作,第二批政策主要聚焦减轻企业社保费负担,阶段性减免企业养老、失业、工伤保险单位缴费,减征基本医疗保险费,降低企业用工成本、增强其复工复产信心。第三批政策主要聚焦小微企业和个体工商户,对增值税小规模纳税人,按单位参保养老、失业、工伤保险的个体工商户,为个体工商户减免物业租金的出租方给予税费优惠,增强其抗风险能力。税费减免政策减轻了企业负担,发挥了支持性功能,体现了政府安商原则,增进了政商彼此信赖。专项补贴政策以直接投入的方式支持企业创新,吸引企业进行研发投入并降低企业创新成本,以创新转化促进经济增长和提高企业盈利。这体现了政府富商原则。总之,资金支持政策直接作用于降低企业经营成本、激发企业创新动力和规避市场风险,帮助企业渡过难关或占据市场,在构建"亲""清"政商关系过程中发挥了积极作用。

(二) 间接作用机制

公共服务政策作为构建新型政商关系的间接机制,以提高政府服务质量和效率、优化营商环境为直接目标,从而实现政商关系的健康发展。

首先,政府通过打造政府服务平台,加速市场新陈代谢,简化企业办事流程和节约企业办事成本。以往企业进行项目投资,从立项到开工要层层行政审批,至少要经历发改、规划、环保、水利、消防等部门的几十项审批程序,全流程审批下来耗时巨大。浙江省"最多跑一次"改革以来,通过搭建全流程网上审批平台,让数据充分在各部门间跑起来。企业主体登入"浙江政务服务网"就可以知道需要提供哪些办事材料,并按照指示自主完成材料上传工作,由各审批部门并列审批,大大缩短了审批时间。企业办事流程和办事成本呈断崖式下降,企业抱怨声少了,对政府服务满意度不断提升,增加了对政府的信任度,使政商关系更加亲密。

其次,公共服务政策能够准确地作用于企业的痛点、难点问题。简化办事流程只是其中一方面,公共服务政策能够提高企业对社会资源、政策资源的撬动和配置能力[①]。尤其是对于中小型来说，缺乏雄厚的资金和畅通的信息获取渠道使其在市场竞争和战略决策中缺乏优势。公共政策能够为其提供更多的融资方案和资源，能够促进信息和知识的扩散，降低了企业创新风险，提高了企业对市场变化的响应速度。当政府公共服务政策力度较大时，能够降低合法性门槛，帮助企业获得服务性机构的支持。比如政府在积极扩大和引导金融性机构、服务性机构、技术性机构为中小型企业提供服务。公共服务政策的支持为中小型企业提供了信誉担保，降低了合作壁垒，加快了中小型企业与支持性机构建立正式或非正式的合作关系。一般来说，政府公共服务政策为企业发展搭建了一张"保护网"，有效地解决了企业面临的现实困境，增强了企业间协同创新的可能，间接地作用于企业发展，在"亲""清"政商关系构建中起到了"润滑剂"的效果。

最后，公共服务政策通过保护知识产权、优化营商环境，间接地促进企业发展，推动了"亲""清"政商关系的构建。政府责任清单越明晰，公共服务政策体系越完善，企业对未来发展的预期越积极。公共服务政策在优化营商环境方面涉及对知识产权的保护。知识产权保护政策提高了企业家的创新意识，加速了创新资源聚集，提高了创新成果转化，为企业营造了公平、稳定的监管环境，在源头上保护竞争。因此，要落实知识产权保护政策，营造浓厚的尊重创新的社会氛围，引导企业积极引进先进设备和技术，勇于拓展新兴市场，提高企业盈利水平，以此来促进"亲""清"政商关系的形成。

总之，企业绩效和经济发展是检验政策供给质量、衡量"亲""清"政商关系实现程度的关键指标。政府政策供给在影响企业绩效和政商关系中存在这些作用机制，但需要强调的是这些政策供给根本上还是以市场机制作用于企业，只不过改变了企业在市场中的经营风险、成本、收益而已[②]。因此，政府通过政策供给作用于政商关系构建时，还需要明确政府与市场的职责边界，从而发挥"看得见的手"和"看不见的手"的合力效果。

三、优化政策供给水平推动新型政商关系构建

政府通过优化营商环境、增强政策供给来促进企业绩效提升和经济发展，企业积极主动获取政策支持，配合政府发展区域经济是构建"亲""清"政商关系的关键。企业基于自身盈利的需要，会最大化获取外界资源，其中就包括政府政

---

① 龙静、黄勋敬、余志杨：《政府支持行为对中小企业创新绩效的影响——服务性中介机构的作用》，载于《科学学研究》2012年第5期。

② 康凌翔：《我国地方政府产业政策与地方产业转型研究》，首都经济贸易大学2014年版。

策供给。因此，构建健康的"亲""清"政商关系，关键还在政府端。各级政府要优化政策供给水平，提升企业政策的可获取性。要以企业现实需要为依据，突出问题导向，制定有层次、有重点、系统化的公共政策，发挥政策耦合功能，同时要狠抓政策落实，政策执行监督，提升政策执行效果，推动新型政商关系构建。

（一）突出问题导向，提升政策质量和水平

当前，地方政府在深化"放管服"的过程中，简单贯彻上级政策，形式化执行，导致政策执行效果差的现象仍然存在。另外，政府政策供给具有导向性和目的性，可能对某行业、产业、企业群在形成或发展中的某个阶段进行集中、密集的政策扶持，这就造成了一些企业不是自然发展起来的。这种政策支持行为可能会介入原先企业本就能完成的领域，造成资源错配和浪费，甚至诱发企业寻租行为，破坏市场竞争规则[①]。因此，政府政策供给不在于多，而是要突出问题导向，切实提升政策质量和水平，这对构建"亲""清"政商关系具有重要意义。

首先，各级政府在理解、把握上级政策指令原则的基础上，结合当地企业的现实需要，找准问题，采取针对性的具体措施，提升政策供给水平。其次，对某些新兴或重点企业进行政策扶持时，要避免政出多门无效供给，防止产生政策供给的负面效应。根据市场和企业发展规律，循序渐进，有针对、有重点、有层次地制定和落实惠企政策。再次，面对动态复杂的国内外环境，中央及地方政府在特定阶段要突出问题导向，抓住主要矛盾，统筹兼顾的同时，集中政策着力点，做到有的放矢。最后，要继续提升对中小型企业的扶持力度和精准度，着重解决其面临的难点、痛点问题。具体如下：第一，从全局的角度出发，制定有利于中小型企业长期发展的战略规划，保障宏观政策大方向稳定、微观政策灵活有效、产业政策精准到位，主动发现不同类型企业经营发展的共性和个性问题，制定精准配套的政策支持系统。第二，进一步深化对中小型企业的"放管服"改革，优化政府服务，破除体制性障碍，加快企业进退市场的步伐，加速市场新陈代谢，优化营商环境，推动"亲""清"政商关系的构建。第三，坚持和完善中小型企业的财税支持制度。一方面，在特定阶段对符合条件的企业实施缓征、减征或免征企业所得税，为企业减税降费；另一方面，进一步明确财政扶持方向，强化对涉及科技创新和新兴产业企业的政策支持，发挥财税政策的支持和激励作用。第四，坚持和完善中小型企业融资促进制度。各级政府要加强政策解读，继续落实已出台政策，同时要因地制宜，发挥主观能动性，适当增加金融机构支持实体经

---

① 白俊红、江可申、李婧：《应用随机前沿模型评测中国区域研发创新效率》，载于《管理世界》2009 年第 10 期。

济的长期资金来源，引导金融机构扩大向中小型企业贷款的力度，确保中小型企业融资成本稳中有降。总之，企业的现实需要是公共政策的出发点，在政策供给中突出问题导向，避免政策杂乱，保证政策的精准度，提升政策的质量和水平。

（二）提升政策联动效应，发挥政策耦合功能

现代化结构的政府担负不同职责的部门有详细专业化的分工，但部门联动依旧存在掣肘因素。一是各部门虽已经明确分工，但随着跨部门业务的增多，部门之间相互推诿、扯皮等现象也随之而来。二是部门制定的政策往往针对自己管理的领域，难以全面考虑，缺失合理性。这就导致各政府部门在政策供给过程中各敲各的锣，各唱各的戏，人为地割断了政策之间的联系，降低了政策的整体功效，导致企业的获得感不强，降低了对政府的信任，影响了政商关系的健康发展。因此，在部门专业化分工和职责明晰的基础上，必须加强部门协作，提升政策联动效应，发挥政策耦合功能。

要解决政策割裂、衔接性不强等问题，必须由中央牵头，各地方政府配合，对已出台惠企政策进行联审，及时修改、清理，避免政策重复或者冲突，提高政策的耦合效应。一方面，要对已出台政策进行梳理，加大对现有政策的"废、改、修"力度，明确政策清单。另一方面，围绕着重点产业、重点企业要整体规划，在明确各部门分工的基础上，加强部门联动，形成工作合力，不断整合各方向的政策优惠，切实解决企业发展所面临的痛点、难点问题，更好地发挥政府作用。总之，提升政策的联动效应，发挥政策的耦合功能是优化政策供给水平的重要举措，对解决企业困境，树立政府亲商、安商形象，促进"亲""清"政商关系具有重要意义。

（三）抓政策落实，提升政策执行力

为统筹推进疫情防控和促进经济发展，实现"六稳""六保"，中央及地方各级政府纷纷出台了一系列惠企政策，助力企业抵御风险，健康发展。狠抓落实是保障政策目标得以实现的关键。全国工商联调研发现，一些政策落实不到位导致企业发展痛点、难点问题仍比较突出，政策效力低下。因此，解决政策落实"最后一公里"问题是重中之重。

首先，各级政府要转变工作观念，避免表面工作和形式主义，明确工作职责，提高主动服务意识，密切关注企业发展各个阶段的难点问题，简化企业办事流程，提高企业办事效率。其次，完善相关制度，健全政策的配套设施，细化政策实施环节，破除一切不成文规定，促进政策落实。最后，要建立内外结合、上下联动的监察机制，推动政策效益评估，强化政策执行监督，尤其是对惠及中小

117

型企业发展的政策更要强化督查，狠抓落实，对扭曲执行、阳奉阴违等现象严肃问责，确保政策措施落地见效。总之，落实政策执行是发挥政策效能，解决企业问题的关键。政府部门必须以政策落实为抓手，以解决企业困境为目标，推动政商关系健康发展。

第三节　提升统战工作能力

统一战线是中国共产党治国强国的重要法宝，也是新时代推动非公有制经济发展的重要抓手。当前，构建"亲""清"政商关系，推动经济高质量发展，要善于从统战视角分析政商矛盾，以统战思维谋划政商关系转型，充分发挥统一战线在构建新型政商关系中的积极作用。通过统一战线机制，促进政商利益整合，协调政府、市场、社会的关系，发挥政府对市场的服务职能，促进非公有经济健康发展。

一、统一战线是构建新型政商关系的题中之义

改革开放以来，我国政治和经济联系日益紧密。由于片面地强调经济发展，缺乏对相应市场经济体制、法律制度的建设与完善，政府和市场职责划分不清，政商交往边界模糊，钱权交易已经成为常态。严重扭曲的政商关系已经成为阻碍国家治理能力和治理体系现代化的重要因素。近年来，我国经济发展面临下行压力，推动经济高质量发展，必须打造廉洁的政治生态圈，构建新型政商关系。统一战线是中国共产党治国强国的重要法宝，也是新时代推动非公有制经济发展的重要抓手。在新时代，加强统一战线和构建新型政商关系有着密切的联系。

（一）有必要

政商关系是一种复杂、动态的社会关系，不但影响企业营商环境、政商交往规范，还影响着党风、政风、社风。研究表明，良好的政商关系是促进区域经济增长、打造廉洁政治生态不可或缺的必要条件。统一战线是新时代党促进非公有制经济发展的重要抓手。党的十八大以来，以习近平同志为核心的党中央，在非公有制经济发展和非公有制经济统战工作方面，提出"自己人"的新理念，发展了"两个毫不动摇"和"两个健康"新思想，形成了逻辑严密、结构完整的非

公有制经济统战工作思想体系①。民营企业是我国经济的重要组成部分。"2021年中国民营企业500强"榜单和调研分析报告显示，中国民营企业500强入围门槛达235.01亿元，比上年增长32.17亿元；2020年民营企业500强纳税总额达1.36万亿元，增长16.39%，占全国税收总额的8.84%。数据表明，在各级政府的政策支持下，我国民营经济在抗击疫情风险、面对国内外复杂环境时展现出了巨大活力。民营企业在我国经济贡献和社会贡献中占比持续加大，非公有制经济成为我国经济发展的核心骨干力量。然而，政商交往存在的不良风气严重冲击了市场秩序和法律红线，损害了企业营商环境，污染了政治生态。从当前不良的政商关系类型来看，主要存在利益输送、寻租索贿、懒政怠政等问题，这严重阻碍了经济发展。因此，要构建新型政商关系，厘清政商边界，加强新时代非公有制经济的统战工作，政府需努力扮演好服务非公有制企业的"店小二"角色，增强政商合作的融洽性。

（二）有共性

构建新型政商关系和实现统战工作有着共同的思想政治基础、价值选择和实践基础。首先，坚持中国共产党的领导，坚持爱国主义和新时代中国特色社会主义是统战工作的思想政治基础。改革开放以后，社会主义市场经济体制逐步完善，非公有制经济成分规模在不断扩大，新市场主体活跃。政府部门和私营企业在一定领域存在着利益冲突，但实际上，私营企业并没有走向国家、社会的对立面，其中的重要原因在于他们对现存政治体制和制度的认可②。私营企业的这种政治认同是政商合作、构建"亲""清"政商关系的重要心理基础。从根本上讲，构建新型政商关系和统战工作的思想政治基础是一致的。其次，求同存异，尊重彼此差异是统战工作的价值选择。新时代，实现统一战线工作，就是要最大限度地团结各种力量，同时尊重彼此的差异，共同实现中华民族伟大复兴的中国梦。构建新型政商关系必须坚持"和而不同"的原则，既强调"和"又坚持"异"。政商关系之所以要"和"，是因为经济发展涉及民生大事，企业是市场运行的主体，支持企业发展是政府履行经济职能的重要内容。企业追求私人利益最大化，更加注重效率、成本。政府部门更加强调公平正义，维护公共利益。这种公私之间的差异使得政商关系必须"异"。因此，构建新型政商关系，要按照统一战线求同存异的价值选择，政商双方在把握一致性的基础上尊重彼此的差异

---

① 王建均：《新时代非公有制经济领域统战工作——新理念、新思想、新方针、新举措》，载于《中央社会主义学院学报》2021年第1期。

② 黄冬娅：《私营企业主与政治发展：关于市场转型中私营企业主的阶级想象及其反思》，载于《社会》2014年第4期。

性，厘清政商边界，政府坚持亲商、富商原则又要遵守法律红线。企业积极向政府表达诉求的同时注意交往规范，这样政商双方才能寻找到最大公约数，实现利益最大化。最后，基于一定的共同目标是发挥统一战线优势的重要前提。一方面，"亲""清"政商关系不需要领导干部"嘘寒问暖"式客套，而是真正解决企业发展中的难点、痛点问题，真心实意地支持民营企业发展。另一方面，民营企业要借助政府政策发力，促进自身发展并配合政府搞好区域经济。由此可见，构建新型政商关系单凭政府或者民营企业的力量是非常有限的。各级政府要理解自身目标并充分发掘与企业目标的共通之处，明确并促进共同目标的实现。统一战线正是通过促进共同目标的实现，使政商相处更加融洽，促进"亲""清"政商关系的形成。

（三）有优势

统战工作促进新型政商关系的构建。政商关系是一种复杂的社会关系，涉及政府和市场、政府和社会、官员和经济人士的多重关系。政商之间既有合作也存在利益博弈。政府为了促进经济发展和达到社会利益最大化，通过出台公共政策，如产业、税收、财政政策等来引导企业行为。企业通过提升经济贡献和社会贡献，如加大税收贡献、稳定就业、承担社会责任等促使政府的政策支持[①]。除此之外，政商之间存在某些"暗箱博弈"。在政商博弈过程中，政府机构执掌公共权力，拥有公共资源，在政策制定、资源分配、经济干预等方面占据绝对优势。企业通过贿赂、交易的方式寻求权力庇护从而影响政府决策，使得自身利益最大化。在处理政商关系的过程中，中国共产党运用并发挥了统一战线策略，通过统一战线机制促进政商利益整合，协调政府、市场、社会关系，发挥政府对市场的服务职能，促进非公有经济健康发展。

运用统一战线整合政商利益。在社会主义市场经济体制下，政商之间发生联系是最正常不过的，利益博弈是政商关系的另一方面。当政商之间产生利害关系时，政商双方会根据对方的决策采取相应的制约措施或者其他行动。此时，政商合作会受到严重冲击，利益矛盾加剧，利益总和减少。相对来说，政府执掌公共权力，对企业干预的空间较大，政商博弈过程中占据一定优势。政府如果过度关注企业的税收、经济贡献，而忽视其社会责任，可能会破坏市场秩序，导致企业"暗箱操作"频繁，社会风险隐患加大，最终必然迫使政府出面"兜底"，规范市场，解决风险，消除风险产生的"涟漪效应"。因此，政府关注企业利益，照顾企业合理的利益要求是政商良性合作的前提。公私差异必然导致政商双方在同

---

① 刘祖云：《政府与企业：利益博弈与道德博弈》，载于《江苏社会科学》2006 年第 5 期。

一机制下产生利益博弈，政府官员觊觎经济人士的金钱，同样经济人士又渴望得到官员权力的庇佑，政商交往边界模糊不清，导致双方在互动过程中存在着模糊的利益区间，在一定程度上加重了这种利益博弈。在统一战线机制下，各级政府通过建立统战平台，发挥"黏合剂"作用，在厘清政商边界的基础上，凝聚政商共识，强化政商共同利益，消除模糊的利益区间，减少政商矛盾，促进双方优势互补，实现共同利益最大化。

运用统一战线统合政商关系。新中国成立之初到改革开放以前，受计划经济体制的影响，"商"的内涵比较单一，只包括国营企业和集体企业，而且政府对这些企业的干预程度是极大的，此时的政商关系可以看成"隶属关系"。这一时期，政社、政企是高度融合的，表现为党及各级政府对国家和社会的全面管理。改革开放以后，随着社会主义市场经济体制的建立和完善，这一时期的政商关系从原先的"隶属关系"走向分离。政商关系的演变成为社会结构形态变化的集中体现。政府树立起政企分离、政社分离的理念，逐渐从微观领域和社会领域退出，为市场和社会的发育提供了充足的空间场域，但也存在着一定的风险，稍有不慎可能会造成社会和市场的失控。因此，给予市场和社会充足的自我发展空间是现代社会经济发展的必然要求。加强对社会和市场的监管、规范、引导，统合政府、市场、社会多元主体的关系是实现国家对社会、市场有效治理的前提。中国共产党领导下的统一战线工作，能够统合并协调政府、市场、社会三者关系，凝聚广泛共识，实现政府对社会和市场的有效治理，增强政商互动，促进政商关系的健康发展。

运用统一战线发挥政府对市场的服务职能。当前，我国经济发展的国内外环境较为严峻，推动相关部门在市场准入、税费减免、金融服务等方面加大对非公企业的政策支持力度，营造亲商环境，服务经济发展是当前政府的重要职能之一。目前，通过"放管服"改革，我国服务型政府建设已取得较大的成效。在处理政商关系的过程中，运用统一战线这一重要法宝能够更大范围内发挥政府服务市场、促进经济发展的功能。首先，在统一战线大联盟中，除政府主体以外，工商联、各行业协会、商会、海外联谊会等组织社团，能够为市场主体提供资源整合、信息公布、政策咨询、风险预警等优质服务，在微观领域内弥补政府职能缺位的情况，发挥服务市场的功能。其次，统一战线具有体察社情、反映民意、建言献策的反馈功能和沟通功能[①]。在统一战线机制下，政府能够及时了解市场动向，发现企业诉求，从而提高政策供给的科学性。再次，通过统一战线咨询议政

---

① 李小娜、严志海、高学东：《统一战线机制下新型政商关系的构建》，载于《河北省社会主义学院学报》2018年第1期。

功能，促进民主化政治建设。人民政协是统战工作的重要组织。在构建新型政商关系的过程中，人民政协为非公有制企业和经济人士提供了合法有效的利益表达途径，规范了政商交往，在很大程度上减少了钱权交易，促进了政商关系的健康发展和企业中正规化的民主政治建设。最后，统一战线发挥了统战组织和平台的双重优势，既搭建了服务企业的有效平台，又实现了对企业的政治领导和价值引领，促进了新型政商关系的构建。总之，中国共产党领导下的统战工作有效承载并在更大范围内发挥了政府对市场和企业的服务功能。

二、运用统一战线加强组织嵌入和政治吸纳处理政商关系

运用统一战线构建新型政商关系着重从政商关系的主体入手。"党政军民学，东西南北中，党是领导一切的。"[①] 因此，党和政府共同构成了政商关系的主要方面。构建新型政商关系最终必然落实到处理党和政府与非公有制经济（人士）之间的关系上。在统一战线理论框架中，政商关系不仅是经济问题，更是一种政治问题，构建新型政商关系必须配备相应的政治途径和政治安排[②]。组织嵌入和政治吸纳是执政党衔接政治系统与经济领域、处理政商关系的两大作用机制。嵌入和吸纳主要是在统一战线的领域和框架中进行的。依托嵌入和吸纳机制，统一战线有效发挥了其对经济和企业的控制、服务和引领功能[③]。

（一）组织嵌入

新中国成立以后，中国共产党通过将党组织嵌入到各个领域，实现了对社会政治生活的全面管理。事实证明，执政党对相关组织的全面介入，特别是工商联组织体系，使其成为集统战性、经济性、民间性于一体的复合型组织[④]，在协助党和政府处理政商关系、落实惠企政策、促进非公有制经济"两个健康"中发挥了不可缺失的作用。因此，组织嵌入机制在加强新时代非公经济领域统战工作、构建新型政商关系中起到了主导性作用。

---

① 习近平：《决胜全面建成小康社会夺取新时代中国特色社会主义伟大胜利——在中国共产党第十九次全国代表大会上的报告》，人民出版社 2017 年版。

② 韩阳：《新时代中国特色社会主义新型政商关系的探讨与建构》，载于《江苏省社会主义学院学报》2018 年第 1 期。

③ 张艳娥：《统一战线处理政商关系的作用机制及其转型创新》，载于《重庆社会主义学院学报》2016 年第 1 期。

④ 魏文享、杨天树：《国家介入与商会的"社会主义改造"：以武汉市工商联为例（1949～1956）》，载于《华中师范大学学报》（人文社会科学版）2005 年第 5 期。

计划经济时期，"商"的概念比较单一，政商关系呈现一体化特征。执政党通过将基层党组织下延到集体所有制企业，实现了对企业的有效领导。改革开放以后，随着社会主义市场经济体制的确立与完善，市场出现了前所未有的活力，社会和经济领域新生组织不断涌现，逐步瓦解了以往的单一公有制。此时，政商关系呈现分离状态，党组织嵌入工作重心逐步转移到新生社会和新生经济领域。1994 年，《中共中央关于加强党的建设几个重大问题的决定》指出："随着多种经济成分的发展、利益关系的调整和经营形式的多样化，需要改进基层党组织的工作。"① 2014 年 2 月，中共中央办公厅印发的《关于加强和改进非公企业党的建设工作的意见（试行）》对经济新常态下非公有制经济企业党建工作的功能、领导体制、组织覆盖、队伍建设等问题进行了系统的部署，成为新时期引领非公有制经济领域党建工作和"两个健康"的纲领性文件②。以浙江省为例，浙江省是非公企业发展大省，在推动非公企业党建工作中取得了瞩目的成绩，创新了互联网企业新领域新业态党组织建设。截至 2020 年底，全省非公企业已建成党组织近 5 万个，覆盖企业近 30 万家。全省 700 多个小微企业园和 1 万平方米以上商务楼宇实现党组织应建尽建；全省 11 个设区市和 83 个县（市、区）成立互联网行业党组织。统一战线的组织嵌入模式，充分发挥了中国共产党集中领导的优势，将非公有制经济力量有机地纳入统战工作中，对政治整合、党和政府与非公有制经济（人士）良性互动以及构建新型政商关系起到了促进作用。

（二）政治吸纳

"政治吸纳"这个概念最早是由金耀基在解释香港治理问题的时候提出的。他认为政治吸纳是一个过程，在这个过程中，吸纳主体中国共产党通过将社会领域中的精英或者精英集团所代表的政治力量纳入决策结构，实现对某一特定领域力量的整合。政治吸纳是一种有效的统治和管理手段，其最终目的是提高执政党的统治合法性，获得政治支持。从吸纳途径来看，可以分为组织吸纳、体制吸纳、意识吸纳③。执政党通过组织吸纳、体制吸纳使非公有制经济人士获得组织身份。意识形态吸纳是良好政商关系的重要内容，通过意识形态调整、统合非公有制经济人士的价值判断和政治理念，弥补了组织吸纳和体制吸纳的漏洞和不足，发挥了统一战线广泛凝聚共识的优势。

---

① 中共中央文献研究室：《改革开放三十年重要文献选编》，中央文献出版社 2008 年版。
② 张艳娥：《统一战线处理政商关系的作用机制及其转型创新》，载于《重庆社会主义学院学报》2016 年第 1 期。
③ 赵晔：《统一战线处理政商关系的作用机制及其创新研究——以辽宁为例分析》，载于《党政干部学刊》2018 年第 6 期。

社会主义市场经济体制确立以后，社会和经济领域新生组织自我发育意识强烈，新的利益合作和利益冲突不断出现。这些新生社会组织和经济组织有其自身发展环境，尤其是意识形态的价值选择可能在一定程度上与党的思想政治意识存在差异。政治吸纳是中国共产党对新生社会主体和经济主体进行教育、引导的重要方式。通过各民主党派、工商联、人民政协等统战组织就能够实现这种政治吸纳，为政商交往提供规范平台，降低了他们通过非正式渠道表达利益诉求的风险。统战工作中的政治吸纳有效地促进了政商关系健康发展。一方面，执政党通过政治吸纳使一大批经济领域的精英代表登上政治舞台，强化党在非公经济领域的执政基础，为政商互动提供了制度保障。另一方面，统一战线中政治吸纳有建言献策、回应诉求的功能。人民政协、工商联等统战组织能够广泛了解非公有制企业和非公有制经济人士的利益诉求，使得政策供给能够科学及时，为构建新型政商关系提供了政策保障。

从执政党对非公有制经济领域的政治吸纳实践来看，执政党、人大、人民政协、工商联等提升了对非公经济人士的吸纳数量。这种政治吸纳拓宽了非公经济人士参政议政、表达诉求的渠道，激活了国家政治体制。随着民主政治体制的发展，政治吸纳已经逐步走向广泛化、民主化、制度化的政治协商阶段。

三、发挥统一战线在构建新型政商关系中的积极作用

构建"亲""清"政商关系是社会主义市场经济发展的现实需要，是实现国家治理能力现代化的题中应有之义，是解锁社会共同富裕的关键举措。统一战线对促进政商关系转型、构建"亲""清"政商关系有着积极的影响。在构建亲而有度，清而有为的政商关系的过程中，在发挥党组织全面领导、统一指挥的基础上，重视发挥统战工作在构建新型政商关系方面的优势，要善于从统战视角分析政商矛盾，以统战思维谋划政商关系转型，为"亲""清"政商关系的形成和发展提供坚实保障。

（一）树立正确统战观念，提升统战工作能力素质

统一战线作为国家的一项重要制度安排，在协调国家与社会矛盾、政府与市场关系中发挥了重要作用，其核心观念在于坚持"和而不同，求同存异"。习近平总书记对新型健康政商关系作出了重要阐释，并多次强调领导干部和企业人员交往既要亲切、亲和，又要清廉、清正。既要积极作为，切实解决企业困难，又要守好红线，拒绝钱权交易。统一战线强调同和异是矛盾的统一体。政商关系之所以能亲，是因为在市场经济体制下，"政""商"作为不同的利益主体在互动博

弈过程中，优势互补可以实现最大化利益总和。政商关系之所以要"清"，是因为官商勾结会导致权力和资本的异化，有的企业为谋求发展，用金钱换取权力的庇护，有些官员凭借权力优势将企业当作"摇钱树"，这是绝大多数腐败的根源。因此，按照统一战线"和而不同"的原则，政商双方在充分尊重、合作共赢的基础上要厘清政商关系、坚守法律底线、公私分明，杜绝官商不正当利益联系，推动构建"亲""清"政商关系。

提升统战工作能力素质包括增强统战意识、夯实统战工作能力、提高统战工作效能等。首先，增强统战意识要明确统战工作承担着最大限度地协调各个方向的诉求，凝聚各个方向力量的重大责任。因此，要进一步将党的领导覆盖到统一战线的各个领域，充分发挥中国共产党总揽全局、协调各方的制度优势。增强统战意识要求领导干部要在思想上下功夫，从政治高度来认识构建"亲""清"政商关系中的统战工作，提高自身的政治判断力，在与非公经济人士交往的过程中时刻保持清醒和定力，拒绝钱权交易。另外，实现政商关系统一战线需要全党人员共同推进，尤其是领导干部要带头遵守政商交往相关条例，不断提升政策把握能力，精准落实政商关系统战政策，加强政企以及政府内部部门的沟通合作。其次，提升统战工作能力，要求领导干部在保持政治冷静和成熟的基础上，创新统战工作方法，以法治思维和法治方式推进政商关系统战工作。创新统战方法意味着要把握政商关系的发展规律，总结经验方法。既要了解政府和企业的所思所想，注重公私之间的差异分析，又要不断拓宽政商联合的覆盖面和包容性，深化政商合作利益联盟，创新统战工作方法。最后，提升统战工作效能，一方面要加强政商关系统战工作的顶层设计，树立正确的统战观念，发挥党集中统一的优势；另一方面要完善统战工作相关制度体系建设，通过规范化的制度安排释放统战工作效能。总之，树立正确的统战观念，提升统战工作能力素质对推动"亲""清"政商关系构建具有重要意义。

（二）坚持亲商、安商、富商原则，整合政商关系利益博弈

实现政商关系统战工作必须坚持亲商、安商、富商原则，整合政商关系利益博弈，维护统一战线成员利益要求。政商联系是一种自然现象，任何国家、任何经济制度都无法避免。政府掌握公共权力，拥有公共资源，承担着社会管理、经济发展等重要职能。在市场经济体制下，政府要通过各种经济政策激活市场主体活力，实现经济发展的功能，同时企业为寻求发展机会，获取竞争优势离不开政府的支持。因此，合作是政商关系发展的必然逻辑。改革开放以来，政商合作愈加密切，官商之间交往边界、利益划分模糊，这使得政商合作的同时也存在利益博弈。在统一战线工作下，要发挥统战思维优势，充分调动非公经济人士的积极

性，努力做好服务非公企业的"店小二"。一方面，中央及地方各级政府要明确职责边界，坚定理想信念，抵制金钱诱惑，通过建立各种统战平台，将市场主体尤其是非公有企业、金融服务部门联系起来，完善统战工作沟通机制，引导各市场主体遵纪守法，斩断政商之间的"灰色"利益链条，让政商合作更加亲清、规范、有序、透明。另一方面，维护同盟者的利益要求是统战工作的基本原则。针对非公企业运营所面临的难点、痛点问题，进一步精准落实政策红利，为企业减税降费。各级政府要运用法治思维和法治方式领导统战工作，加强市场监管，构建事前、事中、事后全方位监督机制，营造公平公正的市场竞争环境，依法维护统一战线成员的合法权益。

（三）加强党组织嵌入，发挥党的引领、规范功能

改革开放以后，中国的社会结构和经济结构发生了重大转变，大量经济和社会组织涌现出来。实践表明，党的政治行为、治理行动逐步向这些新经济结构和社会结构中渗透，强化了党对新生组织的领导，为处理政府、市场、社会关系提供了重要依据。今后，在构建新型政商关系的过程中，要继续推进党建工作和统战工作在非公经济领域的覆盖，发挥党的引领、服务功能。

加强组织嵌入，发挥党建工作的引领、服务功能。非公社会经济新生组织的产生、发展、成熟、消退都有其自身的发展逻辑和文化价值。因此，加强党组织在经济社会领域的覆盖不能采取直接控制的方式，要善于运用市场逻辑和法治思维。一方面，要加强党组织架构、制度规范、运行程序的规范化建设，实现非公企业党建工作的规模化、系统化；另一方面，要加强党组织制度文化和非公企业制度文化融合，发挥党组织在非公领域的政治引领、社会和市场服务功能，调动非公主体的积极性，促进非公企业的健康发展，推动"亲""清"政商关系构建。

推进统战工作，强化统一战线的团结、合作、信任的价值理念。统一战线能够将不同社会和政治力量基于一定目的纳入一个有机的整体，从而达成政治联盟，为构建新型政商关系提供了重要方法。首先，统一战线通过整合政商利益，减少了政商博弈带来的矛盾和冲突，强化了政商合作意识，在构建新型政商关系中发挥了"润滑剂"的作用。其次，统战工作调动了社会经济组织，如行业协会、商会、联谊会等的积极性，促进了不同市场主体间的信息交流，发挥了非公组织在微观领域服务市场和企业的功能。再次，中国共产党领导下的统一战线的宝贵经验告诉我们，要充分发挥党组织的政治优势和组织优势，加强对非公企业的政治引领，为政商团结合作营造良好的氛围。最后，统战部门在促进政商合作，处理政商关系的工作中善于用市场思维和法治思维明确政商合作、互动边

界，既能做到亲商、安商，又能做到君子之交。

（四）加强政治和咨询吸纳，构建政商平等的坚实平台

改革开放以后，政商关系由一体化走向分离，但一些商业精英对其政治主体地位的诉求日益增强，推进经济领域的统一战线工作，必须加强对非公经济人士的政治性吸纳，发挥政协、工商联等组织的沟通、咨询等功能，构建政商对话的坚实平台。从实践来看，当前统战工作中政治和咨询吸纳仍然存在着浓厚的利益色彩和形式主义。一方面，一些地方政府对非公经济人士进行政治安排时，可能以其所在企业经济实力或者与政府的亲疏程度作为依据，容易滋生腐败，扭曲政商关系。另一方面，当前政治和咨询吸纳系统缺乏一套规范、科学、系统的工作程序，相关制度不配套，随意性、形式化问题较为突出。

推进非公经济领域统战工作，加强对非公经济代表的政治安排，提高他们参政议政的热情具有重大的战略意义，必须从全局出发，通盘考虑、统筹规划。首先，要确立一套全面、系统的指标，对非公经济人士的思想意识、政治能力、品行修养及其所在企业的经济实力、信誉情况、社会责任等进行全面考察，在政治安排中把好"政治关"和"代表性"关。其次，推进统战性政治吸纳工作，关键在于教育引导，把教育引导放在政治吸纳之前，进一步促进"两个健康"。统战部门要进一步加大对非公经济人士的思想政治教育，引导他们政治上自信、发展上自强、守法上自觉，积极承担社会责任，履行社会义务[1]。同时要培养非公经济人士的法律意识，帮助他们厘清政商交往边界，遵纪守法，踏踏实实办企业，清清白白搞经营。最后，要重视和发挥政协咨询吸纳、诉求回应的功能，为政商交往提供合法、规范的对话平台。加强政协制度化、法制化建设，通过国家立法的形式，确保人民政协功能落到实处，构建政商交往的坚实平台，增加政商交往的透明度，减少关系运作。

总之，完善非公经济领域的统战工作，促进新型政商关系构建具有重大的现实意义。现阶段，要克服构建新型政商关系中存在的统战工作困境，必须以统战思维谋划政商关系转型。通过提升统战工作能力素质，整合政商关系利益博弈，加强党组织嵌入，强化对非公经济人士的政治和咨询吸纳等统战工作措施，发挥统一战线在构建新型政商关系中的积极作用。

---

[1] 杨卫敏：《构建"亲""清"政商关系探析——学习习近平有关新型政商关系的重要论述》，载于《江苏省社会主义学院学报》2016年第3期。

第六章

新型政商关系的法治保障

党的十八大以来，中国共产党对社会主义法治的理论与实践探索进入了全新的发展阶段，全面依法治国成为治国理政的基本方针，全党上下由内到外正开展一场大刀阔斧的革命运动，并且昭示出"中国特色社会主义的科学结构、核心内容、关键要素"①。而基于党的十八届三中全会提出的"国家治理体系与治理能力现代化"之目标，以及党的十八届四中全会对法治建设的空前重视和全面部署，政商关系的法治建构与法治保障问题进入了理论界与实务界的视野：如何实现政商关系既"亲"又"清"的辩证协调，既是重塑企业与行政体制、企业家与行政官员新型关系的应因之策，也是完善中国特色社会主义法治理论的必经之路。在这一过程中，法治保障不再是一般性的权力法治化或权力制约命题，而是体现着"对权力德性基础、服务伦理与利益边界更高层次的界定与要求"②。

第一节　政商关系法治化的基本原理

众所周知，大多数人认为法治（rule of law）的概念往往是一个极其重要但

---

① 李龙：《中国特色社会主义法治体系的理论基础、指导思想和基本构成》，载于《中国法学》2015年第 5 期。

② 田飞龙：《中国模式视角下新型政商关系的法治建构》，载于《学术界》2020 年第 1 期。

却并未被赋予定义的概念。① 由此关于其定义也呈现出广义与狭义之分——广义的法治意味着人民应当服从并接受法律的统治，而狭义层面上的法治概念则认为要无条件地遵守法律②。纵观我国法治建设道路，自党的十一届三中全会开始，我国便在"发展社会主义民主，健全社会主义法治"口号的背景下开展法治建设探索道路；之后党的十五大报告首次将"依法治国，建设社会主义法制国家"改为"依法治国，建设社会主义法治国家"。从"制"到"治"，虽然只有一字之差，但其含义却千差万别。党的十八大以后，中国特色社会主义法制建设深入人心，在此背景下，我国法制建设成效显著。尤为重要的是，2020 年 11 月召开的中央全面依法治国工作会议正式明确提出了"习近平法治思想"，这也为新时代背景下全面依法治国、实现美好生活期望创造了良好的发展环境③，被视为"在马克思主义法治理论发展史和社会主义法治建设史上具有里程碑意义"④。正是在我国法治理论不断发展、法治实践不断深入的背景下，政商关系法治化成为了新时代法治中国建设进程中不可忽略的重要组成部分。

一、法治的基本意涵

尽管我们对于法治缺乏共识性的概念界定，但这并不妨碍对于法治重要意义的肯定。正所谓"奉法者则国强"，全面依法治国是坚持和发展中国特色社会主义的本质要求和重要保障⑤。而在从宏大叙事转送到政商关系的具体语境下，法治的基本原理主要体现在价值理念和制度实践两个方面。

（一）法治的价值理念

无论中西方的法治逻辑存有多大差异，其间蕴含的某些核心价值却是相通的，而这些核心的价值理念既可视为法治所欲实现的目标，亦是法治本身的构成要素与程度衡量标准。

第一，法治以保障权利作为主要目的。在我国，法治的根本立场在于"以人民为中心"，将这一根本立场在法治场域下具体化，即集中表现为对个体权利的保障，由此权利保障成为了中西方法治的共同目标。权利（rights）本身预设了

---

① 沃克：《牛津法律大辞典》，李双元译，光明日报出版社 1988 年版。
② 李龙：《法理学》，武汉大学出版社 2011 年版。
③ 新华社：《新华社重磅文章带你深刻领会习近平法治思想》，2020 年 11 月 18 日，2021 年 1 月 25 日，http://www.xinhuanet.com/2020 - 11/18/c_1126756837.htm。
④ 张文显：《习近平法治思想的理论体系》，载于《法制与社会发展》2021 年第 1 期。
⑤ 中共中央宣传部：《习近平新时代中国特色社会主义思想学习纲要》，人民出版社 2019 年版。

正当性的立场，并构成了"人之所以为人"的重要元素，展现了现代国家和现代化对个体自主性的追求与塑造。正是在此意义上，权利同时成为了法学的核心概念，即所有法律问题都可以归结于权利以及与其相应的义务，而法治对于权利的保障则可界分为四个层次：一是承认，即法治致力于将应然的道德权利转化为规范性的法律权利，以使权利得到强制效力层面的承认；二是尊重，即法治强调公权力主体对于私权利主体的尊重，以权利为基点塑造"私权之所至，公权之所指"的基本原则；三是救济，正所谓"无权利则无救济"，权利作为社会关系的产物离不开救济，由此公权力主体不仅负有尊重个体权利的义务，也承担着防止他人任意侵害权利的职责，从而丰富了司法的价值目的，增强了权利的可实现性；四是促进，依循阿马蒂亚·森"免于贫困的自由"之洞见，权利从法定转向实有离不开法治的促进作用，即法治通过建章立制增强了权利的能力和权利的可行性。

第二，法治是制约权力的重要方式。为防止权利主体以权谋私进而致使客体的合法权益受到侵害，我们主张"对权力资源、权力主体和权力运行等加以约束、控制、规范和导引"[①]。我们都知道，只有拥有权力的人才可能发生滥用权力的问题，这是亘古不变的规律。[②] 纵观人类发展史，只有那些拥有无限权力的人才会将自己的意欲强加到他人身上，于是以良法为基础的法治就成为了权力规训的最佳出路（之一）。简单地说，其间的规训路径主要包括以下三种：（1）权力法定。权力法定源于对人性恶的忧虑，一方面，强调权力获取的法定，即任何权力的取得都必须以合法性与合法律性为前提。尤其在涉及公权力时必须严守"法无授权即禁止"的基本准则，以法律授予作为权力行使的基本条件，进而明确权力的内容与范围。另一方面，权力法定强调运行的法治化，意图以各类程序（如公共参与、听证程序、决策程序等）的设置限定权力行使的多重可能性，并通过司法或"准司法"手段矫正权力的失范。（2）权力分化。分化意指"一定的结构或者功能在进化过程中演变成两个以上的组织或角色的过程"[③]，由此不仅希冀实现以权力制约权力，更重要的是通过分工、平衡等制度设计来防止权利意志的专断，最终以法律规范为依据建立起相互配合、相互区分的权力结构体系。（3）权力约束。如果说权力分化是一种基于权力内部的制约，权力约束则更多地沿用了外部视角，致力于通过对公民政治主体意识、权利意识和法治意识的唤起，渐次形成一种制约与监督国家权力的力量。显然，这种以"权利约束权力"的方式更具柔性，也对法治文化与法治环境提出了更高的要求。

第三，法治需用正当形式加以贯彻执行。在法律实施范围内，程序主要是指

---

① 汪习根：《权力的法治规约——政治文明法治化研究》，武汉大学出版社 2009 年版。
② 孟德斯鸠：《论法的精神》（上），张雁深译，商务印书馆 2004 年版。
③ 季卫东：《法治秩序的建构》，中国政法大学出版社 1997 年版。

一种既定的规范性过程，可以理解为为达到既定目的而采取的必要手段[①]。基于法律本身的线性运行特征，程序构成了内在于法律之中的基本属性，以至于有学者认为"程序占据了法律的中心地位"[②]，从而成为了一种具有确定性、规范性和普遍约束力的制度性预设。然而，一般意义上的法律程序只具有价值中立的工具性，也就意味着并非所有法律程序都具有天然的正当性，由于法治理念下的法律程序指向的是"正当程序"，即一种附有鲜明价值倾向、旨在限制随意性而张扬理性的法律程序，其之于法治的形式意义可归结为三：一是正当程序构成了平等的前提，即通过设置统一的时间、空间、行为等要素构造出"以相同规则处理同类事件"的同一性。二是正当程序有助于保障法律权威。正是因为正当程序天然地带有平等倾向，因此有利于在持续不断的个案程序流转过程中增强社会成员对法律的认同、信任和敬畏情感，而这些情感恰恰构成了"法律至上"的重要前提。三是正当程序构成了"保护权利—制约权利"的客观机制。一方面，正当程序通过抑制、分工等固有功能消解了权力行使的任意性，形成了一种不断压缩自由裁量空间的刚性约束；另一方面，正当程序不仅本身就是权利实现的必要条件，而且也作为纠纷解决的重要载体，构成了权利救济的重要途径。

第四，法治表达出法律至上的根本特征。就英文字面而言，法治即是"法的统治"，突出的是法律在社会运转当中所具有的基础性和决定性地位，于是法律至上实际是法治的前提要件所在，离开了法律的至高性定位，权利保护和权力制约将大打折扣，正当程序亦会变得形同虚设。具体而言，法律至上强调规范层级上的强制性法律效力，即诸如政策、道德、习俗等其他社会规范必须以不与法律抵触为前提。同时也意味着法律乃是任何人都必须一视同仁而不得凌驾的规范指令。沿此进路，法律至上以严格依法办事为主要准则，从而在法律运行过程中不断提升权威性。

（二）法治的制度实践

法治不仅昭示了一种共享的价值理想，也是一项广泛付诸制度订立与实施的社会实践，依照法的运行论界分，法治的制度实践主要包括立法、执法、司法、守法等方面。在我国全面依法治国的背景下，逐渐演练出以"科学立法、严格执法、公正司法、全民守法"为核心内容的"新法治方针"[③]，为法治的核心原理

---

① 张文显：《法理学》（第五版），高等教育出版社 2018 年版。

② 迈克尔·贝勒斯：《程序正义——向个人的分配》，邓海平译，高等教育出版社 2005 年版。

③ 一般而言，党的十一届三中全会之后提出的"有法可依、有法必依、执法必严、违法必究"被称为"十六字方针"，而后提出的"科学立法、严格执法、公正司法、全民守法"则被称为"新法治方针"或"新十六字方针"。

添砖加瓦。

第一，科学立法。历经改革开放之后大规模的法制建设，2011 年 3 月我国宣布中国特色社会主义法律体系已经基本形成，这意味着我国法律体系建设进入了全新阶段。我国对立法的要求不再局限于法律是否存在，而是向更加严谨、规范、科学的立法要求转变，由"有法可依"转向更高要求的"科学立法"，从而更加注重解决法制体系完善背景下的立法质量与有效性问题，以构造良法为目标来奠定法治的基础，即科学立法作为具有鲜明价值色彩的概念，绝非价值无涉的"强制性命令"，而是应当致力于形成持续性的良法"生产"机制，其内涵可以总结为"立法活动指的是立法者在不违背客观真理的情况下，通过顺应现实社会生活关系而进行的有意图、有思想、有意的人类活动，其目的是为了达到主客观之间的统一"①。根据这一定义，科学立法又可以从观念和过程两方面加以理解。一是科学立法也应当坚持人民的主体性原则，中国特色社会主义法治的最终目的之一即在于为满足人民群众日益增长的美好生活需求提供保障，由此科学立法所要求的客观事实，很大程度上即反映为对人民权利需求的满足，以回应型的姿态实现其科学性要求。二是科学立法应当立足于科学的方法论。有鉴于立法本身牵涉到政治、经济、文化等诸多方面，所以立法方法论并不适用于司法裁判的法律方法论一般，发展出了一整套精密乃至于艰深的理论体系。但这种反差并不意味着立法活动不需要方法论，反而折射出对立法者更高的要求，不仅强调采用符合客观规律与社会事实的调研方法来增强立法的有效性，也强调设置科学合理的立法决策程序以确保立法的严谨性。

第二，严格执法。习近平总书记曾指出，"法律的生命力在于实施"②。法治所依赖的"法律至上"不仅来源于一系列法律的明确规定，更有赖于法律实施过程中所建立起的权威，而行政执法作为与社会成员联系最为紧密的法治实施行为，直接关系到人民群众对于法治的感受和评价。与之相应，执法本身亦是涉及社会运转的各个环节和生活生产的方方面面，立法不可能也不应该对执法活动进行事无巨细的规定，由此自由裁量就成为了执法的固有特征之一。沿此进路，作为法治实践要求的严格执法以"执法严明、公正公开"为核心要义，一方面，要求必须依法行使职权，合理运用行政自由裁量权，严厉惩处各种违法行为。虽然自由裁量权能够保证很高的行政效率，但其所带来的负面影响也同样不容忽视，最显而易见的就是自由裁量权的滥用会导致行政相对人的合法权益受到损害。因

---

① 易有禄、武杨琦：《科学立法的内涵与诉求——基于"法治建设新十六字方针"》，载于《江汉学术》2015 年第 2 期。
② 中共中央宣传部：《习近平新时代中国特色社会主义思想学习纲要》，学习出版社、人民出版社2019 年版，第 101 页。

此，必须在法律的范围内行使权力，严格打击违法犯罪活动，保护人民群众的公共利益。同时，要始终坚持最小损害原则，规范权力的行使。另一方面，严格执法强调不断完善行政执法程序和执法监督机制，以期从外部确保执法的合法性与合理性，坚决反对地方保护主义、部门保护主义，最终实现"有权必有责、用权受监督、违法必追究"的法治环境。但需要注意的是，严格执法并不是一种暴力执法，也不意味着执法应当机械地执行法律而不知变通——"严格"实际是对"法律面前一律平等"的具体化，是一种程度性的表达，而暴力执法与机械执法则是具体的执法方式。因此严格执法在禁止随意执法、粗放执法、变通执法、越权执法等现象的同时，还在法治语境下隐含着文明执法的要求，即不得侵害执法对象的人格尊严，同时要多运用说服教育、调解疏导、劝导示范等非强制手段，寓执法于服务之中、融处罚于教育之中①，从而传导法治的人文精神。

第三，公正司法。司法往往被视为公正的最后一道防线，而英文 Justice 同时指代"司法"与"公正"则从侧面说明了公正乃是司法的本质属性所在。具体来说，全面依法治国的核心议题与贯彻执行的难点分别是司法公正和公正司法，这两种公正其实可以从两方面加以理解。（1）结果公正。结果公正强调司法裁判实体上的公正，然其标准却是变动不居的——有时结果公正指涉的是严格依照法律所得出的裁判结果，有时则认为严格依法裁判反而有悖公正。显然，结果公正并不以法条为依据，而是取决于社会成员间共识性的公正观念，其间反映的是对"应得"和"一致性"的随机选择，由此也更凸显出法律规范作为公正标准的重要性。（2）程序公正。程序公正强调司法裁判过程中的透明、公平与诉权保障，是一种形式性的要求，昭示的是"正义不仅要实现，而且要以看得见的方式实现"。一方面，程序公正要求司法权依法独立行使，免于各种不当的威胁、干涉、压力、影响，由此裁判人员也应当保持不偏不倚的中立地位，确保市场行为纠纷以公正的方式解决；另一方面，程序公正意味着严守每一条关于程序的法律规定，尤其是在刑事案件中，对于案件的事实认定、证据采信和法律适用，均应当"以审判为中心"来不断强化程序的作用，通过对程序内容的实质化适用来减少市场行为过程中"冤假错案"的发生。

第四，全民守法。全民守法既是新时代法治建设的新要求，也带有"检验"立法、执法和司法实践的意味，展现的是法治建设的程度与成效。就主体而言，广义的守法包括权力机关守法和社会成员守法，前者可以归结到宪法与行政法的范畴，由是狭义的守法特指私主体（社会组织与公民个人）依照宪法法律规定行使权利和履行义务的活动。就私个体而言，守法动机通常包括服从权威、畏惧惩

---

① 宋随军、胡馨予：《论中国特色法治建设方针的发展》，载于《中州学刊》2021 年第 3 期。

罚、担心社会压力、考虑个人利益、法律素养较高等几个方面，而守法的行为选择往往是上述几种因素组合的结果，由此全民守法的目标不仅在于增强社会成员的守法程度，还在于主要以自觉的方式而非强迫或暴力的方式遵守法律，即希冀人们遵守法律的原因在于"集体的成员在信念上接受了这些法律，并且能够在行为上体现这些法律所表达的价值观念"①。在这一过程中，惩罚固然具有不可替代的作用，但如何形成"守法受益"的激励机制，亦是法治中国建设过程中不可忽视的重要议题。

二、政商关系法治化的逻辑理路

前文对于价值理念和制度实践的阐释揭示了法治的一般原理，从而构成了审视政商关系法治化问题的基础理论。由此政商关系法治化的框架在于，价值上树立法律至上的理念，通过程序正当来实现权利保障和权力制约，并通过一系列立法、执法、司法和守法制度的设立来保障法治理念的落实。然而除去这一基本的、一般性的框架，政商关系法治化的逻辑理路还可进一步细化分解为两个前后相继的命题，即"市场经济就是法治经济"以及"政商关系就是法治关系"。

（一）"市场经济就是法治经济"

这一论断洞见昭示出法治的经济功效，意味着真正的商品经济乃是培植法治的沃土。正所谓"商品经济不仅是一种经济体系，也是一种法权体系"②，即市场经济必然诉诸更贴合商品交易的政治机制，由此国家权力不再是绝对神圣物，而是被视为"必要的恶"——这种"恶"的一种"必要"就是保障契约自由、平等竞争和公平交易。而也正是自由、平等、公平这些要件，构成了现代法治的重要价值支撑，由此市场经济的内在要求也就和法治的实体性价值及形式化原则，有机地统一了起来，证成了市场经济与法治经济的密切关联，其间的逻辑理论又可从下述两方面加以理解。

首先，从法律的发展史来看，商品经济构成了法治的经济基础。一方面，商品经济意味着更加常态化的商品交换和更为精细的社会分工，其所指向的契约社会往往意味着更显著的利益多元化和利益冲突普遍化，由此也就呼唤更完善和更丰富的法律规范体系。与此同时，市场经济的空前迅猛发展也增加了社会对法律的迫切需求，进而推动了民商事法律的大规模完善，而为防止政治权力潜在的失

---

① 昂格尔：《现代社会中的法律》，吴玉章、周汉华译，译林出版社 2001 年版。
② 王人博、程燎原：《法治论》，山东人民出版社 1989 年版。

控和异变，宪法和行政法的重要性随之凸显，精密程度因之增加，由是二者共同塑造了现代法治的精义所在，即在这种表层的法律体系之下，实则是保障权利、限制权力的时代呼求。这其中的奥秘在于法律法规数量的变化与商品生产交换的发展进程呈正相关关系。另一方面，市场经济构成了法治的原动力，培育了区别于人治的法治文化和法治精神，即"商品经济需要法治，法治也只能生存和成长于商品经济社会"①。申言之，法治的发展进程取决于商品经济的发展程度。正是基于法治与商品经济的这种内在联系，政商关系才得以获致一个确定性、可预期的法治框架，即"政商关系之'清'和'亲'重在如何厘清政府职能界限和市场主体行为边界"②。

其次，诸多理论阐述了商品经济与法治的内在逻辑理路。一是基于马克思关于"商品是天生的平等派"的洞见，商品经济无疑是自由和平等的产物，两种价值则以商品经济为现实基础，由此商品经济和法治被关联了起来；二是马克思·韦伯强调的"资本主义需要的是一种犹如机械般可以计算的法律"③，这种"机械般"的法律就是形式完备的现代法，由此可见商品经济与法治的内在关联；三是哈耶克认为，"欲使自由经济得到令人满意的运行，遵循法治乃是一个必要的条件"④。虽然韦伯和哈耶克站立于西方视角的结论失之偏颇，但却无疑揭示了商品经济和法治之间的紧密互动关系。

最后，我国的市场经济归根到底是离不开法制建设的。20 世纪 80 年代末，就有学者指出，"只有把实现社会主义法治的战略放在经济体制改革和商品经济发展这个基点上，我国才能逐渐步入法治社会"⑤。所以除去从所谓西方法治的萌发背景及学术理论出发，本土化的法治基本原理亦可进一步证成了市场经济就是法治经济。具体而言，在我国 20 世纪八九十年代有关于"市场经济是'法制经济'还是'法治经济'的争论"过程中，市场与法治相互依赖的关系进一步明确。"法治经济"强调法律之于市场经济存在、运转和发展的不可或缺性，意味着"法律成为规范和调整经济生活的常规手段"⑥，"法治经济"则举反例认为，计划经济也具有法制经济的特点，由是"搞市场经济不只要反对人治，还要

---

① 程燎原：《从法制到法治》，法律出版社 1999 年版。
② 熊文钊、刘俊：《论法治政府视阈下新型政商关系的建构》，载于《中央社会主义学院学报》2020 年第 6 期。
③ 郑乐平：《经济·社会·宗教——马克斯·韦伯文选》，上海社会科学出版社 1997 年版。
④ 弗里德利希·冯·哈耶克：《自由秩序原理》（上），邓正来译，三联出版社 1997 年版。
⑤ 张文显：《中国步入法治社会的必由之路》，载于《中国社会科学》1989 年第 2 期。
⑥ 郑成良：《法律、契约与市场》，载于《吉林大学社会科学学报》1994 年第 4 期。

135

反对'人治底下的法制'"①。

沿此进路，法治经济实际包含了四个层次的内涵，一是法律在市场经济活动中具有至高的权威性，构成了经济关系的基本依据，且基于市场行为和经济规律形成了完备的法律体系。二是法律不仅具有象征意义上的专独性，同样平等地适用于每一个市场主体，即法律面前人人平等。进言之，这种平等乃是一种自由的平等，即法律的明示规定构成了市场行为的禁区，而法无规定即自由。三是法治经济预设了限制专权的价值目标，即政府的市场行为和干预市场的行为皆须以法律为依据，且应当遵守"法无授权即禁止"的原则。据此，法治经济承认了政府干预市场的正当性，其核心问题在于政府在多大范围内可采取何种手段干预市场，而这种程度和方式则取决于代表人民合意的立法规范。四是蕴含了诚实信用的理念。如果说"契约"构成了解释法治的重要视角，那么诚信则是一种被忽视的法治前提，即市场经济中的诚信是依靠法律维系的，而非有赖于道德规范与人伦关系，而这种诚信不啻于一种遵守法律规则的承诺，和法的确定性特征一道，决定了市场经济的交易安全与可预期性。

（二）"政商关系就是法治关系"

有关于市场经济与法治之间关系原理的阐论，不仅为从法治视角审视政商关系提供了理论基础，实际上也是建构新型"清""亲"政商关系的前提基础。易言之，形成"清""亲"型政商关系离不开法治的支撑。在规范意义上，"一个国家的政商关系，在相当程度上决定着一个国家的社会政治生态和经济生态"②，因此，良性的政商可以表述为政商主客体间的法制关系与地位。

第一，在形式层面，法治明确了"清"的标准。在形式法治者看来，法治本身就意味着"法的统治"（rule of law），其实现取决于法律规范体系本身，其核心要义在于对法律权威地位的尊崇，由此法治必然预设了一种完整的制度框架及其适用机制，从而保障了政商关系处于"法的统治"之下。一方面，"清"指向的是制度层面的腐败与"灰色地带"，法律规范则具有调节、填补和预防的功能。纵观改革开放以来非公企业的发展历史，制度不完善情境下的"摸着石头过河"与"黑猫白猫论"在创造自主性、调动积极性的同时，也在某种意义上便利了企业家"以合法、特权甚至非法形式搭建与权力网络的非正式合作关系，造成官商合谋与分利的'制度腐败'现象"③。显然，这种权力寻租的生成逻辑源于制度

---

① 郭道晖：《市场经济与法学理论、法制观念的变革——近年法学新论述评》，载于《法学》1994年第2期。

② 俞可平：《中国政商关系的特殊景象》，载于《北京日报》2015年11月30日。

③ 田飞龙：《中国模式视角下新型政商关系的法治建构》，载于《学术界》2020年第1期。

供给不足，从而滋生了调节性的权力空间，而这种柔性的权力空间具有不确定性，既可能成为对企业加以优待和特殊照顾的"体制保护伞"，也有可能充当侵害乃至于掠夺企业财富的合法理由。有鉴于此，判定政商关系是否良性的标准不只在于"最大程度地促进了市场发展和经济增长"①，更重要的是这种促进的方式，由是法治的形式意义彰明较著：尽管按照卡尔·拉伦茨的观点，法律空白始终存在，法律漏洞亦是不可避免的，但法律无疑可以架构起相对清晰的政商关系网络，通过资本运行规则、商品交易规则、市场监管规则等政商规则的进一步精细化，将变动不居的政商关系转化为相对清晰明确的"权利—义务"及"权力—职责"关系。另一方面，"清"不只是一个静态的概念，还蕴含于法治的运转过程之中。政商关系既有赖于完善的制度规范，也体现在法律的适用层面，尤其是狭义层面的司法适用构成了塑造或调整政商关系的重要方面——在具体层面，司法裁判不仅有助于通过法律手段及时矫正不恰当的政商关系，还体现了广义上的政府权力对商事活动和商业体系的事后保护、救济程度，即公正高效的司法体制有助于增强企业对于政府权力的信任程度，而这种司法体制则有赖于形式法治意义上的"依法裁判"，并将程序正义理念贯穿始终。

第二，在实质层面，法治为"亲"提供了制度保障。既"亲"又"清"的新要求不仅仅是一般性的权力法治化或权力制约命题，而是强调政府在坚持权力本身廉洁性的基础上，建立起与企业"亲近"的政商关系。如果仅仅将法治简单理解为刚性的建章立制，那么无疑其之于"清"的意义要大于"亲"。然而实际上，法治本身还预设了"现实生活中的众多法律问题被设定为'简单问题'"②，意味着"亲"这一伦理性议题也可以获致化繁为简的处理，进而寻求法治上的保障。一是法治在实质价值层面衍生出了"法无禁止即自由，法无授权即禁止"的双重原则，构成了政商"亲近"的法治基础。即"亲近"在制度层面未必体现在沟通密切，而是首先表现为边界清晰、互相尊重，由此地位平等实则是"亲近"关系正常化的前提。具体而言，凡是法律不禁止的行为皆默认为合乎法律的"可为"，从而扩展了私主体的自由疆界，而政府部门则必须严守法律设定的权力边界。二者相互结合生成了一种"扶弱抑强"的法治理念，借此形成相对平等的政商关系。二是实质法治设定了法律规范体系所欲达成的目的，而这种目的则可能构成政商"亲近"的正当性理由。法律规范在明确政商关系"为"与"不为"的同时，也预留了行政机关自由裁量的空间，而只要在法律框架之内的促进市场的行为皆不违背法治原则，即依照法治有利于市场主体的价值准则，政府部门对

---

① 符平、李敏：《基层政商关系模式及其演变：一个理论框架》，载于《广东社会科学》2020 年第 1 期。

② 陈林林：《法治的三度：形式、实质与程序》，载于《法学研究》2012 年第 6 期。

于私主体的受益性行为并不需要严格授权，而这种有利于市场经济发展的行政机制，无疑有助于拉近政商关系。三是"亲近"往往表现为一种信任感和信任关系。想要更好地提高政府与市场之间的关系，就必须保证法律自身公信力的持续上升——这种信任主要来源于对法律制度的认可和遵从，更以法律制度背后的价值理念为纽带，由是基于法治价值的"亲近"关系实际是一种清廉、清白、清朗基础上更为稳固的政商关系。

三、新型政商关系建构中的法治方式

立足于法治的价值理念和制度设计，在"市场经济就是法治经济"的理论之下，政商关系其实可以理解为一种法治关系。但这种法治关系的形成并不是一蹴而就的，而是取决于将法治一以贯之地介入到政商关系的建构过程中，即强调以法治方式来建构与完善"亲""清"的新型政商关系。

（一）作为规范的法治

以法治方式推动政商关系建设，其最基本的立足点在于"规范"。凯尔森的观点是：法律规范只是要求某个人应当按何种方式行为，但并不意味着任何人均要如此行为[1]。简单来说，法律规范作为一种行为准则，其效力是来自另一更高级别的规范。沿此进路，法治最为基础的作用方式即为"规范"，强调的是一种二元化的价值中立立场——"法的存在是一个问题，法的优劣，则是另一个问题"[2]，其之于政商关系的功能主要指以下两点。

第一，以法律规范减少政商关系中不确定的制度因素。法治的首要功能即表现为法律规则与法律原则所构筑的规范体系，所以政商关系法治化的一个重点在于完善法律制度，以此减少人为主观因素对市场行为的干预，转而奉法律为圭臬来审视与认知政商关系，其要旨在于通过科学设定法律制度来排除因人而异的人情因素，在减少政商关系中不确定因素的同时提高可预期性，最终实现以"法治"而非"人治"来建构政商关系。根据这一定位，法治化的政商关系似乎更"清"而忽视了"亲"，但正如前文所陈述的，以法律规范而非行政权力作为政商关系的依据，实际有利于将"亲"建立在更为平等的基础之上，能够有效避免和矫正"亲近"的政商关系向畸形方向发展。

第二，以法律规范增加政商关系制度的整体性。法治意义下的法律规范并不

---

[1] 凯尔森：《法与国家的一般理论》，沈宗灵译，中国大百科全书出版社 1996 年版。
[2] 约翰·奥斯丁：《法理学的范围》，刘星译，中国法制出版社 2002 年版。

只是零散的规则堆砌，而应当是一个逻辑严整、内容全面且兼具确定性和开放性的体系。单就政商关系而言，这一体系既涉及法律（狭义）、行政法规、地方性法规以及政府规章和部门规章，还包括大量的规范性文件、党内法规、政策方针以及司法解释，因体量巨大、规定繁多而难免出现相互冲突抵触的情境，亦需要及时的修改、清理工作。在此意义上，法治的规范功能并不止于创设法律规则，更重要的是将诸多法律规范进行体系化整合，明确其间的相互关系与效力等级，进而秉持一种法的科学主义立场（或称法律科学立场）来解释规范、适用规范，将政商关系置于一种稳定、可行与可预期的规范体系之中。

（二）作为价值的法治

如果说"作为规范的法治"更加强调法的实证性和形式逻辑，那么"作为价值的法治"则倾向诉诸共同体内共同或共通的价值理念，将某些价值定位为法律所必须追求的实质性内容。基于这一立场，法治不仅构造了政商关系的制度框架，而且蕴含着丰富的价值内容，意味着权利、自由、平等、秩序等价值理念本身亦是政商关系中必不可少的行为准则，即在纷繁复杂的规范体系背后，乃是一整套价值支撑着法治的运转，也潜移默化地影响着政、商双方的价值观和价值理念。于此基础之上，法治的价值指引功能还可以从下述两方面理解。

一方面，法治可以作为价值判断的准则或指针。尽管法学学者对于法律适用中是否存在漏洞存有不同观点，但显然法律规范的适用是一个充满价值判断的过程。尤其是对于政商关系和市场规制而言，要么对于其间诸多事项语焉不详而产生了大量"法律空白"，要么其间的法律规范夹杂着大量位阶较低的规范性文件，存在适用竞合。由是在存有多重选择和自由裁量空间的情形下，法治理念就可能成为确立市场政策、塑造政商关系的重要指引：基于法治理念，无论是间接影响政商关系的政策方针，还是直接指向政商关系的制度规章，都应当以权利保护为主要目的，即尊重企业产权理应是政商关系建构中的重要因素。而再结合制约公权力的理念，当出现模糊之处或可裁量空间时，应当以有利于"商主体"而非"政主体"的方式予以处理，从而契合"保障权利、制约权力"的实质性法治原则。

另一方面，法治衍生的民主理念有助于增进政商互动。从广义上来讲，民主指的是"社会生活中的主体需要按照大多数人的意志来进行社会活动的机制"①。而在法治的价值系谱中，民主本身就是张扬权利、限制权力的基本方式——如果说法治中的权利理念旨在保护"每个人的权利"，或曰"少数人的权利"，那么其间的民主理念则致力于让权利走上"善"的道路。具体到我国，具有中国特色

---

① 法理学编写组：《法理学》，人民出版社、高等教育出版社2017年版。

社会主义的协商民主理念又和"良法善治"的本土化法治理念耦合，能够形成一种多元、开放的共治机制，这种共治机制可视为我国法治理念的延伸和扩展，强调法治的人民主体性特征。依循这一观点，政商关系作为法治关系的一种，并不是一种传统意义上的管理—被管理、监管—被监管的关系，亦不同于严格意义上的服务—被服务定位，而是一种治理法治化的表达，从而有助于昭示出政商双方于平等、共治理念下更频繁的双向沟通与治理互动。

（三）作为思维的法治

显然，上述两方面内容更多是从外部视角审视法治，也或多或少带有工具性色彩。而如果将视角转换到人的内心世界，则法治还是一种行动思维、一种认同情感，乃至是一种信仰。就此而言，政商关系法治化的最高层次或曰终极目标，在于培养生成一种法治信仰，形成牢固的法治思维。具体而言，则可以从法治思维和法治认同两方面来理解政商关系法治化。

第一，政商关系与法治思维。作为人类社会最高级别的意识活动，思维在不同的学科视角下侧重点往往有所差异，例如，哲学中的思维被视为"人的思维定势"和"内在化"认识运行模式的总和①，自然科学把思维看作"大脑对客观事物的反映、认识与实践活动"②，心理学则更加注重考察"思维"发生的心理学基础③。

而在法学视域下，思维则具有显著的规范性特征，其要义在于"运用逻辑的规则、理性的力量，根据法律的思考来治理社会，奉行用简单应对复杂的思维方法"④。由此法治思维代表着"一种理性思维、正当性思维、系统性思维"⑤，法律被定义为"法治原则、法律概念、法学原理、法律方法以及一些法律技术性规定等在思维中的有约束力的表现"⑥，其更注重的是"如何使自己在思考问题时，能够更加符合原则、遵守规范"⑦。具体到政商关系，法治思维至少具有三层意涵：（1）法治思维是一种诉诸法律的意识，即在市场行为中，办事依法、遇事找法、解决问题用法、化解矛盾靠法的法治观念，而非信奉权力或关系。（2）法治思维是一种追求权利保护、实现公平正义的思维，而非一种缺乏价值取向的理性计算。易言之，法治思维不仅是权利保障的思维，也是解决权利平衡、价值冲突

① 楚渔：《中国人的思维批判》，人民出版社2010年版。

② 肯尼斯·麦克利什：《人类思想的主要观点》（下），查常平译，新华出版社2004年版。

③ 参见皮亚杰：《发生认识论原理》，王宪钿译，商务印书馆1997年版。

④⑥ 陈金钊：《对"法治思维和法治方式"的诠释》，载于《国家检察官学院学报》2013年第2期。

⑤ 江必新：《法治思维——社会转型时期治国理政的应然向度》，载于《法学评论》2013年第5期。

⑦ 宋惠昌：《论法治精神与法治思维》，载于《北京联合大学学报》（人文社会科学版）2013年第4期。

的思维，关注采取何种恰切的方式来实现商主体正当权利的保护。（3）法治思维具有方法性的内容。站立于法学方法论角度，法治思维"讲究逻辑推理、修辞论辩和解释技术"①，意味着法治能够在市场政策、政商关系决策过程中起到支配性的作用，从而通过理性的力量来防止个体的思维任意性和武断性。

第二，政商关系与法治认同。法治思维构成了良好法治环境的前提性基础，而法治思维的内化效果则需要诉诸法治认同，所以政商关系法治化在更深层次，乃是一种对法治的认同情感，法治认同又与法治思维相互作用，共同构造了理想的政商关系法治环境。按照一般理解，认同（identity）是一种深层次的认可或同意，意味着"在知晓的基础上产生了发自内心的好感和赞同，从而带来行动上的一致"②，以此强调事物于本质层面或者一般属性上的"同一性""一致性"以及"个性的统一和持续等"③。而在更为广阔的社会层面，认同的意涵进一步丰富，昭示出主体选择性与社会关系的交互，并借此带来个人对自我身份、地位、利益和归属的一致性体验。对比来看，法治认同"实质是一种凝聚社会共识的重要文化心理基础"④，可以简单定义为"对法治建设实践成效的承认与认可"⑤，即法治认同是"人民通过实践经验和理性对法律进行评判"⑥，主要包含了对于法治的承认、认可、尊重、服从、拥护等一系列情感。法治认同作为社会认同的一种类型，也是一种具有积极作用的法治情感，其发生在社会成员与法治的交往过程之中，是一个连续的、逐渐形成的结构。

沿此进路，法治认同之于政商关系的意义可从内部机制与外部机制两方面加以理解：（1）内部机制以"法治"本身的质量为落脚点，其基础在于，法治认同发生在政商主体的交往过程之中，并以"主体"与"法"的联结和沟通为基本路径，是一种社会性的法律观念或法律情感，所以法治建设越深入、质量越高、效果越显著，政商关系中的法治认同程度自然会得到增加。这一过程一方面涵盖了法治对市场主体需求的满足，另一方面则涉及法治本身的优良性，其中既包括某些基本的形式标准——如"可见性""可审视性"构成了市场主体认同行政行为、自愿遵守法律的最基本前提条件⑦，也强调诸多实质标准——"只有贯

---

① 陈金钊：《对"法治思维和法治方式"的诠释》，载于《国家检察官学院学报》2013 年第 2 期。

② 李春明、张玉梅：《当代中国的法治认同：意义、内容及形成机制》，载于《山东大学学报》（哲学社会科学版）2007 年第 5 期。

③ 黑颖：《从"认同"的逻辑与内涵浅析"宗教认同"》，载于《宗教社会学》2013 年第 1 期。

④ 朱国良：《当代公民法治认同与法治政府权威提升研究》，载于《东岳论丛》2016 年第 6 期。

⑤ 陈佑武、李步云：《当代中国法治认同的内涵、价值及其养成》，载于《广州大学学报》（社会科学版）2017 年第 9 期。

⑥ 于延晓：《人民认同法治的机制建构研究》，载于《深圳大学学报》（人文社会科学版）2017 年第 2 期。

⑦ 汤姆·泰勒：《人们为什么遵守法律》，黄永译，中国法制出版社 2015 年版。

通公平正义的理念，法律才是受到普遍尊重的良法"①，即政商关系的持续良性循环离不开行政主体对法治的追崇。（2）外部机制以"认同"为重心，意图通过政府引导、社会形塑、群体建构和个人认知等多种方式"干预"政商主体认同情感的产生，并培育和营造法治文化，促进法治认同。大体而言，途径可归纳如下：一是"体验性路径"，鼓励和推动市场主体以法治主体身份投身于法治实践，尤其是经济法治实践当中。其逻辑在于，法治认同"需要公众在社会交往和实践中形成对法治理性化的情境认知，并把这种情境化的理性认知内化为自身的理性选择和理性行动"②，之后才能产生对法治的理解、授受、支持与服从。二是引导性路径，将法治宣传和普法教育作为法治认同的重要手段，并强调政商关系法治化不是一个单向的法治知识和法治理念的灌输过程，而应该是一个渐进性、互动性的法治文化培育过程。

第二节　营商环境优化的法治保障

基于法治的基本原理，政商关系不仅诉诸法律制度规范，也离不开根植于社会实践的法治理念和法治思维。由此法治对于政商关系的建构获致了基础意义。这种基础意义既是整体价值性的，亦兼具保障性的工具价值，突出体现为有助于营商环境的优化和民营经济的保障。

一、法治是最好的营商环境

2017 年 7 月，习近平总书记在中央财经领导小组第十次会议上的讲话中指出，要"营造稳定公平透明、可预期的营商环境"③，并多次强调"法治是最好的营商环境"。④ 就此而言，营商环境不啻于政商关系最显著、直观的呈现形式，而应该包括法律原则，明确规范，既定政策，高效便民的公共服务以及公平公正公开的立法司法与行政。由是营商环境法治化也构成了新型政商关系法治化的重

---

① 张文显：《法治与法治国家》，法律出版社 2011 年版。

② 尹奎杰：《法治认同培育的理性逻辑》，载于《北方法学》2016 年第 3 期。

③ 新华社：《习近平主持召开中央财经领导小组第十六次会议》，中国政府网，https：//www.gov.cn/xinwen/2017－07/17/content_5211349.htm，2017 年 7 月 17 日。

④ 新华社：《习近平主持召开中央全面依法治国委员会第二次会议并发表重要讲话》，中国政府网，https：//www.gov.cn/xinwen/2019－02/25/content_5368422.htm? eqid＝ee1f4a2000033675000000066497e8b4，2019 年 2 月 25 日。

要表达形式。

（一）法治之于整体性营商环境的意义

第一，法治之于营商环境的重要意义，首先表现为有助于建构系统性的优化营商环境的法治保障体系。全面依法治国是一个系统工程，作为其组成部分的民营经济法治保障亦需要改变"单兵突进、各自为战"的局面，转而立足于法治的整体性视角与整合性功能——基于前述原理，法治有助于形成具有连续性、稳定性、系统性的民营经济高质量发展保障体系，立足于宏观视角审视民营经济高质量发展的焦点、难点和痛点，进而将与营商环境法治化相关联的平等理论、产权理论、法律激励理论、风险防范理论、纠纷解决理论合而为一，进而规避"头痛医头，脚痛医脚"的困境。

第二，法治的重要作用还表现在有助于细化优化营商环境过程中的制度保障。尽管"法治是最好的营商环境"已经得到了普遍认同，但这种理论如何阐释，还缺乏相应的著作：相关论著要么理论深度不足，缺乏精细化的学理讨论，要么理论侧重点存在差异，同本章节意欲阐论的内容缺少直接相关性。而有鉴于优化营商环境这一问题本身的复杂性，法治保障实际意味着一种"整体协调、局部推进"的方式，即能够在建构整合性法治理论的基础上，系统阐释营商环境法治化进程中的关键性要素。易言之，良好的法治是优化营商环境的重要保障，它能为民营经济创造公平竞争的外部环境，也能帮助民营经济形成安全稳定的内部结构。但影响营商环境的法治因素是多层次的，既有立法层面的，也有执法和司法层面的；既有全国范围的共性问题，也有地方的特性问题。在这些形形色色的问题当中，有些关键性的法治问题明显地影响着民营经济健康、高质量的发展。而法治理论能够从诸多的法律问题中梳理出若干关键性问题，通过对这些关键性问题全面、详细且有针对性的梳理，找到优化营商环境的法治之因，并寻求破解之道。

第三，基于法治的制度性功能，法治之于民营经济的促进功能具有实践性。一方面，从内部结构视角出发，法治有助于促进民营经济主体形成安全、稳定的内在治理结构。对于民营经济高质量发展而言，外部环境乃是其中的一个方面，消减民营经济主体内部的法律风险，增强民营企业的合法意识，同样具有重要意义。例如，遵循法治的规范主义理念，从民事法律风险和刑事法律风险两方面入手，有助于形成契合民营企业实践需求的风险防范策略和风险规避指引，以有效提升民营经济主体的治理水平，从内在性要素入手推动营商环境法治化。另一方面，从外部环境视角出发，法治有助于为民营经济创造公平竞争的外部环境。营商环境优化离不开良好的法律环境和公正高效的法律制度，法治则不仅致力于通过创制法律规范形成良法，以完善法律保障制度，填补法律层面的空白；也着眼于法治保障的过程性控制，构造立法、执法、司法、守法、法律监督（监察）衔接恰当、内容融贯的法律运行机制；更希冀在建章立制和过程优化的基础上，渐次树立法治观念，形成法治思维，从而为建构新型政商关系提供全方位、多维度的法治保障。

（二）法治之于企业高质量发展的微观营商环境

总体来看，国际营商环境评估经历了一个历久弥新的发展过程，从原先单一地对全要素进行评估，到现在对制度要素进行评估，再到以法制因素为重点评估要素，间歇性完成从"硬"到"软"，再到具体微观"软"环境进行转变的过程①。以企业为中心的微观营商环境，本质上就是企业在市场活动中所感知的一整套由规则、程序、责任及其实施机制等构成的法治环境。对于地方政府而言，只有通过微观优化营商环境，提升营商环境竞争力，才能从根本上提高综合发展环境的竞争力②。

具体而言，一个明显的例子就是"凤岐茶社"，同一家创业服务企业，在不同城市却遭遇截然不同的发展命运，企业用脚"丈量"出中国地方之间营商环境也是法治环境的差异③。实务上对这种差异的认识，往往是经验的、碎片的，而法学研究者的任务，是通过实证的案例、数据去分析、提炼这种差异背后的制度因素，尤其是其中的法治因素。譬如，"凤岐茶社"连在山东市级众创空间都无法获评，在浙江则被认定为国家级众创空间。考察这个细节，可以发现国家立法和政策在进入地方后的差异样态。根据科技部《国家众创空间备案暂行规定》，申请国家众创空间，条件之一是"拥有不低于500平方米的服务场地"。在山东，这一场地标准被"严格"执行，地方官员认为，创新创业"还是线下为主、线上为辅"。在浙江，规则执行要"灵活得多"，地方政府对互联网企业的"服务场地"的理解，不仅包括办公场地，而且包括其在线服务辐射的公共空间，不仅包括集中的场地，也包括分散的点位④。同一条刚性规则，不同地方的政府在法律解释和裁量技术上的差异，典型地反映出营商环境中法治因素的决定性作用。

显然，"法治是最好的营商环境"，不仅是在宏观制度层面，也在微观技术层

---

① 张志铭、王美舒：《中国语境下的营商环境评估》，载于《中国应用法学》2018年第5期。

② 付芳琳：《优化东北地区营商环境的法治路径——以强化地方检察职能为视角》，载于《行政与法》2019年第3期。

③ 《省委书记对"凤岐模式"报道做出批示后，山东掀起一场大学习》，2019年3月12日，2020年5月30日，http：//m. thepaper. cn/kuaibao_detail. jsp?contid=3118401&from=kuaibao；《四位省领导先后批示凤岐模式在山东落地推广仍阻碍重重》，载于《济南日报》2019年3月28日。

④ 创业者认为，这是对"互联网＋"创新模式的认可问题，200平方米办公场地只是一个核心点，以它为中心服务着镇里的好几个点，都应该纳入凤岐的"比特空间"进行管理和核算。

面。与过去相比较而言，当下营商环境的含义已发生天翻地覆的改变。目前，通过法治建设带动营商环境优化已经成为许多地方改革者的共同之举。以企业所处的微观法治环境为载体的地方改革竞争，虽然没有改变改革的动员模式，但是却改变了改革的制度供给。

二、营商环境法治化进程中的政府监管改革

中央财经领导小组第十六次会议于 2017 年 7 月召开，习近平总书记在讲话中强调，营造稳定公平透明、可预期的营商环境，进而打造好的营商环境，不仅是企业健康发展所需，也是一个国家和地区核心竞争力的重要体现。[①] 紧接着在 2019 年 10 月国务院出台《优化营商环境条例》。在世界银行发布的《2019 年营商环境报告》中，中国大陆的营商便利度分数（ease of doing business score）在全国 190 个国家和地区中排名第 46 位，跃升 38 位，增速排第 3 位。正如习近平总书记所说的"营商环境只有更好，没有最好"[②]，在法治的基本框架之下，如何进一步处理好政府和市场关系，更大激发市场活力和社会创造力，更好发挥政府作用，实际系于法治关系中的"政府端"。就此而言，以政府监管改革法治化促营商环境优化，乃是营商环境法治化进程中不可或缺的重要方面。

（一）以法治为引领深化政府监管改革

首先，健全公开透明的监管规则和标准体系。随着"放管服"改革在不同领域、不同行业的持续深化，一些与改革不相适应的政策法规阻碍了改革的进度。近年来，为优化企业营商环境，激活市场主体活力，中央和地方政府相继修订、出台了一系列涉企、惠企政策和法规，为企业营商提供了良好的政策环境和法治基础。健全公开透明的市场监管规则是优化营商环境的重要举措。当前，我国已经初步建构了以信用为基础的市场监管体系，并逐步完善了公开透明的监管规则和标准体系，借助互联网技术强化了监督的范围、力度及透明度。当前，应进一步完善涉营商环境的法律法规的"立改废释"工作，注重听取市场主体、行业协会的意见，不得干预市场主体的正常生产经营活动，不断提高监管的公开度和透明度。

其次，创新公平公正的监管方式。目前市场监管不公平、执法不规范、市场

---

① 新华社：《习近平主持召开中央财经领导小组第十六次会议》，中国政府网，https：//www. gov. cn/xinwen/2017－07/17/content_5211349. htm，2017 年 7 月 17 日。

② 《习近平主席在首届中国国际进口博览会开幕式上的主旨演讲》，新华社，http：//cpc. people. com. cn/n1/2018/1105/c64094－30382600. html，2018 年 11 月 5 日。

秩序混乱等问题仍然存在。因此，在明确监管标准的基础上，要优化监管方式。坚持权利平等，一视同仁，破除各种不合理、不规范的体制机制障碍，加大对企业市场准入、产权保护、投融资等方面的监督力度，确保中小型企业能够公平地参与市场竞争。

再次，强化对行政权力的监督和制约。行政权力管理领域宽、自由裁量权大，一旦在监管领域被滥用，就会对监管客体的权利造成侵害。由于政府主体仍然占据行政主导地位，当监督客体的合法权益受到损害时，维权之路往往耗费大量的时间和精力，且结果具有很大的不确定性。因此，为避免监管部门行政权力滥用，要加大对其工作的监督，形成内部和外部监督合力。同时要明确监督主体及权责，完善纠错问责机制，提升权力运行的科学化、规范化、法治化。

（二）以办事便利化为中心促进政府监管改革

国家发展改革委《中国营商环境报告 2020》指出 2019 年我国审批材料不断减少，市场准入门槛不断降低，减税降费 2.36 万亿元，取消证明事项超过了 13 000 项。"便利度"并不是反映主客观主体的真实感受，而是在现实生活中办事程序的便利性和时效性的体现。具体举措包括：

首先，强化政府机构职能改革。针对多头监管、监管空白、交叉执法及监管边界不清等问题，应根据市场需求，进一步优化相关政府机构设置及职能设置，明确监管职责，提升行政效能，实行统一的市场监管。与之相应，强化政府机构职能应以有效增加公共服务供给为目标，强调聚焦市场主体反映突出的问题和需求，依托全国一体化政务服务平台，健全政策落实机制，推动政务服务数据整合共享，为企业、群众提供更加优质的政务服务。积极探索规劝提醒、说服教育、示范帮助等柔性执法方式，在市场监督领域实施轻微违法行为告知承诺制。

其次，提升政务服务质量和效率。针对企业"办事难，办事贵"等问题，政务部门及其工作人员应该转变服务理念，创新服务方式，优化服务流程，提升服务质量和效率。"便民利企"是贯穿我国"放管服"改革不断走向纵深的一条主线。伴随着一系列推进政务服务便利度显著提升举措的实施，政商关系改革的威力逐渐凸显，其中具体包括"开工前审批 100 天""告知承诺制""最多跑一次"，以及"一窗通办""一次办结"等大力缩减市场准入负面清单，整治各类变相审批。打造全国政务服务"一张网"，利用"互联网＋"技术，让数据多"跑腿"，群众少"跑腿"。

（三）以企业为导向定位政府监管改革

世界银行业已确立一整套有关于营商环境的指标体系和测评方法。这套指标体系和测评方法是务实具体的，摆脱了国家经济综合实力的影响，从企业的视角出发，着重对影响企业运行的外界环境进行评估，包括政策环境、社会环境、市场环境等。总之，这是一份较为真实的能够反映企业经营环境的报告。

这一定位充分展示了营商环境评估结果背后的发展目标，即私营经济的发展和成长是全球经济繁荣共同关心，也是最重要的关切，各国政府应当采取有效的商业监管为中小企业提供成长、创新的平台和机会。例如，世界银行正在开发政府采购指标体系，以此测评公共部门购买服务的过程。这一评估指标背后隐藏的精确测量机制包括全球大中型市场、企业以及在这之中所能感受到的行政问责机制。解决企业反映的痛点、难点问题是政府监管改革的重要方向。

首先，对标世界银行营商环境指标，针对我国企业集中反映的重点、难点问题进行对策研究。我国营商环境与国际先进水平相比仍有较大差距，有些指标排名还比较靠后。与"获得电力""登记财产"等其他方面的亮眼表现相比，《2019 年营商环境报告》中显示，中国大陆在获得信贷方面得分没有改善，排名较之前有所下降，一定程度上为加快推进以"增强金融服务实体经济能力"为目标的金融信贷体制改革扬起了长鞭。如果站在企业的角度上来看，该种指标体系所应当注重的应该是集思广益，进一步拓展政府部门听取企业真实意见想法的途径。具体地说，政府部门在起草相关法律法规时，必须保证充分听取了企业的心声，只有这样，才能保证出台的法律法规能够贴合企业的利益诉求。

其次，建立政商之间平等合作的融洽关系。2016 年 3 月 4 日，习近平参加全国政协十二届四次会议民建、工商联界政协委员联组讨论时指出，新型政商关系概括起来就是"亲""清"两个字[①]。前者要求政商之间相互支持、合作共进，后者则要求政商之间要有底线，保持适当距离。显然，只有形成符合现代法治要求的政商文化，才能实现社会主义市场经济的合理有序发展。当前我国政商关系中存在的包括利益勾结、行贿受贿等现象，反映出政商关系的法治化建设还存在诸多不足，亟待推进，完善政商关系领域的法律法规体系，实现法治框架内的平等政商互动，无疑是以法治优化营商环境的关键要素之一。

三、法治化营商环境的实践经验

对民营经济予以充分的法治保障，实际意味着对市场与行政关系的再优化。除去面向未来的制度设计，也有必要回溯已有的实践和经验。其中，最为普遍和

---

① 习近平：《毫不动摇坚持我国基本经济制度　推动各种所有制经济健康发展》，人民网，http：//cpc. people. com. cn/n1/2016/0309/c64094 - 28183110. html，2023 年 12 月 2 日最后访问。

有效的措施，即是通过优化行政程序，促进营商环境的不断发展。国家发展改革委《中国营商环境报告 2020》指出，2019 年我国审批材料不断减少，市场准入门槛不断降低，减税降费 2.36 万亿元，取消证明事项超过了 13 000 项。在实践中，自 2013 年新一轮"审改"以来，全国各地行政服务中心的空间布局大致经历了"部门专窗"模式、"主题窗口"模式、"全科综合"模式三个阶段的变化，空间变化的背后不仅有职能职责的重构，也有政务流程的再造。其背后的机理，是通过从部门分权不断走向整体政府，来优化营商环境，为民营经济发展提供法治保障。

（一）"部门专窗" 与营商环境优化

在行政法领域，优化营商环境法治保障的第一个阶段可以称为"部门专窗"模式，即行政服务中心内按照传统的发改、住建、工商、人社等政府职能部门来设置窗口，许可权仍分散于部门，是一级政府内部门的简单复制，是部门的物理集中。由于市场准入往往是多部门多环节联合审批的过程，因此，处于政府市场交界地带的行政服务中心，也是我国整体政府实践最早萌发的地方。

首先，中心对集中部门审批职能有着迫切的诉求。如推进"两集中两到位"，主张把各个部门业务娴熟的"精兵强将"派到一线窗口，以此在行政法层面优化营商。2013 年机构改革前，一般地级市有许可权的行政主体为 50～55 个，县级市为 45～50 个。有关调查显示，如果地级市政务服务中心进驻部门数量超过 35 个，县级市超过 30 个以上，则政务服务中心运行质量越高。反之，则往往沦为"多一站"式服务中心。[①] 其次，通过部门联合流程来简化商事审批、许可的改革已有一定的积累。新一轮"审改"启动以后，因应联合审批、并联审批等改革目标，中心在加强牵头和部门协同基础上纷纷建立联合审批机制，通过个案式、常态化的协调来实现许可权的集中[②]。政府间各种形式的联合审批，其本质是"部门角色向政府全局角色的转变，以程序再造的方式实现了政府部门的虚拟合并"[③]。最后，行政审批领域最早开展网上统一政务平台的建设。由此可见，1.0 版本下，整体政府的改革已初显成效，但主要是通过程序性协调机制来调和分散式许可体系，政商关系的优化亟待一种"'中心'的职能模式"[④]。

---

① 骆梅英：《优化营商环境的改革实践与行政法理》，载于《行政法学研究》2020 年第 5 期。

② 唐明良、骆梅英：《地方行政审批程序改革的实证考察与行政法理——以建设项目领域为例》，载于《法律科学》2016 年第 5 期。

③ 朱新力、石肖雪：《程序理性视角下的行政审批制度改革》，载于《中国行政管理》2013 年第 5 期。

④ 骆梅英：《行政许可标准的冲突及解决》，载于《法学研究》2014 年第 2 期。

（二）"一窗受理"与营商环境优化

第二个阶段可以称为"主题窗口"模式，即打破部门分设，从优化企业办事流程的角度出发，根据办事事项领域、办理流程关联度、办理数量和频度等要素分类设置窗口。具体而言，一是围绕企业、群众办事，设立商事登记（企业开办）、投资项目审批、不动产登记、税务办理、社会事务等"主题窗口"（大约占 70% 以上办件总量）；二是设立"其他综合事务"窗口，主要处理相关性的且反季节性的政务事件；三是办理那些专业性强、业务量大且紧急的事项，为此专门设立处理窗口。这方面的"先行者"主要是浙江的"一窗受理，集成服务"。改革的核心在于通过职能的重组、流程的并联，进一步打破横向部门间的边界。2.0 版本下，部门由"空间性集中"转向"功能性集中"，分散式许可体系呈现质的变革①。

第一，"一窗受理"直接"催化"行政许可收件程序与受理程序的分离。"一窗"的核心，是"前台综合受理、后台分类审批、统一窗口出件"，不同于部门模式下许可权的独立分散，而是实现了部分集中，包括前端材料收受、受理环节和后端证照发放环节的集中。② 地方改革提出的问题是，收件是否可以与受理程序相分离，受理和送达集中由中心来实施，应被视为许可的委托还是授权？对前者的肯定回答，典型反映出我国行政程序改革的进路，即通过单一程序的裂变细分、排列组合推动复合程序的集中、精简。而对后者的定位，需要对许可法上的授权和委托合作目的性的解释。随着"放管服"改革的深化，许可法的整体目标已从"防腐败"转向"促效能"。新的形势下，许可权委托的立法目的应该作严格限定，即仅指做出许可决定的核心意志和责任归属仍属行政机关，但受理、送达等非决定性事项可以委托符合法定条件的组织来办理。

第二，"集成服务"直接"牵引"部门职能重构。以不动产登记为例，改革后将国土、建设和税务三个部门的职能整合，由一个窗口收件并完成网签、受理、纳税等事项的办理。看起来似乎是简单的空间位移，但背后的职权划转实际是非常频繁的。这些划转，有的可以被行政委托所涵盖，有的则触及法律授权，预示着未来立法对机构职权的约束更宜采动态清单而非刚性规则模式。与"一窗受理、集成服务"相配套的，还有容缺受理、告知承诺等系列改革举措，其中改革的总体目标，是在行政服务中心这个空间内，以市场主体为导向，完成一级政

---

① 许宗力：《宪法与法治国行政》，元照出版公司 1999 年版。
② 例如，《浙江省保障"最多跑一次"改革规定》第 5 条第 2 款规定："县级以上人民政府可以指定综合行政服务机构以该机构名义统一负责办事事项的收件工作，并指定综合行政服务机构受行政机关委托统一负责办事事项的受理、送达工作。"

府内横向权力的再造。这些改革举措进一步丰富了行政许可的受理、举证、撤销等制度实践，发展了许可的委托与授权理论，不仅为优化营商环境提高了法治保障，也为许可法的下一步修改积累了实证素材和地方经验。

（三）"一窗通办"与营商环境优化

2.0 版本下，整体政府的改革背道而进，组织变革与流程再造，往往是"你中有我、我中有你"。但同时，部门分散的许可实施体系并没有被完全打破，许可权如何再向市场主体下沉，行政人员如何打破部门身份藩篱，从而构成了进一步优化营商法治环境的重要方面。与之相应，改革的第三个阶段，可以称为"全科综合"模式，既包括行政服务中心下"无差别全科受理"的有序推进，也包括职能、事项、人员等更为集中的行政审批局所呈现的燎原之势。最具典型代表意义的就是"无差别全科受理"项目，最大特点就是任何一个服务窗口均能够办理所有的政务事项。最终实现"一窗通办"①。"全科"模式在政务流程上几乎颠覆了传统"市场主体—部门—政府"的关系。3.0 版是一级政府的结构性重塑，从部门的"功能性集中"转向"去部门化"。改革无疑对许可及政务服务事项的标准化、部门数据共享、数字政府转型等提出了更高的要求。

"无差别全科受理"不是为了简单地追求更大的整体化改革，在现代行政的复杂性面前，"全知全会"听起来像是"天方夜谭"。理论上，建立在分权基础上的部门分工也永远取代不了。整体政府的改革，实质是寻求最大程度地克服部门官僚主义与碎片化管理这一长期流弊。改革的初心，实际是基于行政成本的务实考虑：通过"一窗通办"，从而在乡镇（街道）直至村（社区）一级实现改革的低成本复制、下沉。即前述主要发生在设区的市、县一级的横向权力重构，也谋求在纵向层级间传递，当然，是向着更靠近市场主体的基层传递。这一改革目前还在进程当中，也必然遭遇机构能力的瓶颈，首当其冲的是窗口人员的能力瓶颈。地方实践层面，改革的主要做法是，引入政务辅助人，收编一支隶属于行政服务中心的收件员队伍，采取"职级晋升"激励，实行企业化管理。然而，地方的先行先试也面临法律体系的顶层设计②。这种地方先行先试与国家法律的"一刀切"之间的紧张关系，呼唤整个法治体系的"供给侧"改革，进入更为精细化、定制式的发展阶段。

显然，优化营商环境的改革实践，本质上可视为一场以市场主体为中心的法

---

① 金春华：《浙江省出台〈"无差别全科受理"工作指南〉》，载于《浙江日报》2018 年 9 月 27 日。

② 例如，《政府购买服务管理办法》（2020 年 3 月 1 日实施）明确规定，"人员招、聘用，以劳务派遣方式用工等事项"不得作为政府购买服务内容。据此，台州模式难以在其他地方复制。

治变革。诸如"一站式服务"的组织变革，打通了部门，破除了管辖壁垒，在不断为民营经济发展提供坚实法治保障的同时，也重塑了行政组织法上的分权原则，昭示了现代行政程序法治观的重塑。

第三节 民营经济高质量发展的法治保障

在政商关系法治化的语境下，如果说营商环境构成了最显著的外部图景，那么从企业内部而言，民营经济高质量发展既是新型政商关系的必然结果，亦是促进新型政商关系形成的重要推动力量。然而，已有的关于民营经济高质量发展的研究大多集中于经济学和管理学领域，相关的法学研究明显薄弱。一方面，既有的研究或局限于单一学科，或局限于单一视角，这些研究都面临"盲人摸象"的困境，即学术性有余而体系性不足。另一方面，已有的研究多浮于表面，对于法治保障民营经济的具体问题，并未触及。

显然，有鉴于我国的国情和历史背景，直接有关于民营经济法律问题的研究始终相对薄弱，更遑论与时代发展相结合，体现高质量发展的法治保障需求。笔者认为，基于法治原理和法治营商环境的实践，法治保障营商环境的制度构造，可以归纳为前后相续、关系并列的五部分内容：一是民营经济地位的法律保障研究，重点在于实现民营经济法律地位的不平等和无歧视，构成了新时代民营经济高质量发展的法治前提；二是民营经济产权的法律保护研究，强调对民营经济产权的有效保障，构成了新时代民营经济高质量发展的法治基础；三是民营经济发展的法律激励研究，试图在法律层面为民营经济发展创造充分的制度激励，以此来不断衍生出新时代背景下民营经济高质量发展的法治可持续发展动力；四是民营经济风险的法律防范研究，意在防微杜渐，消除各类潜在的法律风险，构成了民营经济高质量发展的法治关键；五是民营经济纠纷的法律解决研究，着眼于建立公正、高效、及时的民营经济纠纷解决机制，构成了民营经济高质量发展的司法保障。

一、保障民营经济的法律地位

平等作为法的基本价值，同时具有"客观法规范与主观公权利性质"[①]，既

---

① 李惠宗：《宪法要义》，元照出版公司 2001 年版。

是一项法律原则，还可以表现为一种基础性的法律权利，不仅是社会进步的必然结果，也是"人类理性发展的产物与追求"①。民营经济的高质量发展，离不开平等无歧视的法律地位、公平竞争的市场环境和法律程序。然而，受制于历史、地域、体制、理念、利益等多方面的因素，民营经济仍旧会时常面对各种显性或隐性壁垒，遭遇法律法规、行政执法、政策支持等方面的区别对待，市场监管不公平、执法不规范、市场秩序混乱等问题仍然存在，其不仅一定程度上挫减了民营经济主体的参与积极性，亦极大影响到民营经济的充分成长和整体经济的良性发展。因此，清理、消除各类不平等法律法规，建立民营企业平等法律地位的长效保障机制，实际是通过法治保障民营经济高质量发展的前提。因此，应对破除不合理体制机制障碍，清理、消除各类不平等法律法规，对标世界银行营商环境指标，重点围绕市场准入、产权保护、投融资、公平竞争等关键领域，针对人民群众和市场主体强烈反应的问题，保障民营经济的法律地位。结合民营经济的现实处境和发展需求，平等法律地位的保障主要指涉三点。

首先，规则平等。有关于规则平等的研究，主要指向保障民营经济在规则设定和适用方面的平等。出于保障公有制经济、吸引外资等多重考虑，某些法律规则往往构成了对民营经济及其主体的区别对待。沿此进路，应当对各类法律法规进行全面梳理，并提出应对策略，研究如何清理不适应混合所有制经济发展的陈规旧法，化解法律冲突，从而减少区别对待和政策歧视，为不同所有制企业营造公平统一的法治环境。

其次，权利平等。除去静态规则层面的区别对待，现实中还存在着诸多折损民营企业合法权益或差异性保护权利的情形，如税费负担不均等、融资条件不均等、享受的公共服务不均等。因此，权利平等重在纠偏，而非在平等之外制造新的不平等，即一视同仁地保护各种所有制经济产权与合法利益。一方面，需要改变分类监管的思路，形成新的监管理念，逐步淡化乃至取消各类企业的身份标识、行政级别；另一方面，则需要聚焦于如何依法平等地保护民营经济的合法权益，避免差异性、选择性司法。

最后，机会平等。对于民营经济而言，机会平等主要指涉市场准入与充分竞争。在当前条件下，民营经济仍面临着"玻璃门""弹簧门""旋转门"等无形障碍，且存在准入条件模糊、程序烦琐、缺乏透明度等问题，所以应当着力于建立平等的市场准入机制，解决机会不平等的现实问题，继而采取各类立法和执法措施消除各种垄断，以此来保证各类社会主体能够处在公开透明的市场中来公平竞争。

---

① 卓泽渊：《法的价值论》，法律出版社 1999 年版。

二、加强对民营经济产权的法律保护

产权问题源于自由哲学，而法律对自由的限制"只是一种协调而不是取消或舍弃"①。产权问题不单是经济学命题，更是重要的法学命题：有恒产者有恒心，而恒产的前提便是良法与善治。倘若民营经济产权得不到法律的有效保障，那么民营经济的高质量发展也将成为空中楼阁。当前，虽然侵害民营经济产权的现象已得到有效遏制，但是问题仍未得到彻底解决。例如，公有制经济滥用优势地位侵害民营经济产权、利用公权力践踏民营经济产权、不当查封扣押民营经济产权、民营经济知识产权的保护乏力等问题依然较为突出。因此，有必要剖析民营经济产权保护的痛点，探寻法律层面的化解之策，从而为民营经济的高质量发展保驾护航。为此，针对这一研究问题，包括以下重点问题。

第一，进一步强调运用法律机制防止公有制经济滥用优势地位侵害民营经济产权。公有制经济与民营经济不应当形成对立关系，应当通过完善法律规则，制度化地实现两者的共同发展。对此，应当探寻构建尊重市场规律的法律机制，摒弃"国进民退"的不当政策理念，建立国有资产流失的严格认定标准，杜绝借此肆意侵害民营经济产权。此外，亦应当有效运用反垄断法、反不当竞争法，防止公有制经济利用垄断优势不当侵害民营经济产权。

第二，进一步通过法律约束政府的非诚信行为，防止其利用公权力践踏民营经济产权。地方各级政府及相关部门通过招商引资，往往会与民营经济形成紧密的合作关系。因此，应当健全相关法律法规，防止政策承诺的朝令夕改，防止以政府换届、领导更替为理由任意违约，防止以公共利益为借口恣意毁约，从而避免对民营经济产权造成侵害。此外，正所谓程序乃是"契约的非契约性基础"②，因政府违约侵害民营经济产权的，应当通过立法进一步完善赔偿程序和救济机制，探索建立包含政务履约和守诺服务的政府绩效评价体系。

第三，进一步细化民营经济涉案财产的处置规则，最大限度保护民营经济产权。对涉案财产处置的适当与否，将直接关系到涉案民营经济产权的安全。应当在立法上明确慎用强制措施，构建以对民营经济产权损害最小为原则的处置规则。就涉民事案件的财产处置而言，应当严格遵循"必要原则"，践行预留必要流动资金和往来账户的"生道司法"。针对涉刑事案件的财产纠纷问题，应该系

---

① 缪文升：《自由与平等动态平衡的法理研究》，中国人民公安大学出版社 2013 年版。
② 季卫东：《法律程序的形式性与实质性——以对程序理论的批判和批判理论的程序化为线索》，载于《北京大学学报》（哲学社会科学版）2006 年第 1 期。

统构建科学合理的法律法规，以此来确保合法财产和非法财产、个人财产和企业法人财产、个人财产和其他家庭成员财产的合理划分。此外，还应当讨论如何进一步完善涉案财物保管、鉴定、估价、拍卖、变卖制度，实现公开公正和规范高效的价值追求。

第四，进一步提升民营经济的知识产权法律保护水平，激发民营经济的创新热情。作为民营企业主体参与市场的核心竞争要素和战略性资源，知识产权对于民营经济高质量发展意义深远。因此应当探讨如何采取有效措施，破解民营经济知识产权维权中举证难和赔偿低的问题。就举证难而言，应着力完善证据制度，利用证据披露与证据妨碍制度推定赔偿损失数额，利用优势证据规则发现损害赔偿数额，进一步强化诉讼当事人的真实义务和协力义务。就赔偿低而言，应进一步强化损害赔偿对于权利人损失的全面弥补，并且引进知识产权损害的惩罚性赔偿制度，从而加大对恶意侵权、多次故意侵权、大规模侵权的惩戒力度。

三、民营经济发展的法律激励

为非公有制经济发展营造良好的法律激励环境，乃是在法律的规范和禁止功能之外，对法律的激励功能的强调，强调"通过分配政策的设计，实现平等分配"[①]。在高新技术产业产出增长方面，财政激励政策不仅能够有效地保证高新技术产业的增长值呈爆发式增长，且在高新技术产业的内部结构方面，也能通过增加研发支出来带动科技创新发展。不难断言，民营经济高质量发展的技术研发与成果转化，都离不开国家的财政支持与税收优惠。而基于财税法律激励对民营经济高质量发展的示范性功用和先导性意义，法律激励机制的构建包括下述几个方面的内容。

首先，财税理念的突破是财税法律制度激励创新的前提，民营经济的高质量发展无疑给传统的税收法制理念带来巨大的挑战。首先，政策的强力推动及其频繁变动与税收法定主义原则存在冲突与融合，如何在税收立法理念中客观对待政策主义的立场，如何使税收法制在民营经济发展的实践刺激中主动实现自身体系的日臻完善，是树立税收法制理念必须遵循的首要原则。其次，基于此，应当严格按照统一税制、公平税负、促进公平竞争的原则来调整税制结构，进而显著提升直接税所占据的权重；进而通过税收法制的创新，为民营经济的发展带来"改革红利"；打造国际化、法治化、低交易成本（包括税收成本）的营商环境。

---

① 陈德顺：《平等与自由的博弈——西方宪政民主价值冲突研究》，中国社会科学出版社 2016 年版。

其次，财税政策的引导同样是民营经济发展不可回避的重要问题。基于财税政策不可或缺的重要功能，理应在财政学研究和税收学研究的基础上，以法学研究为基本手段，以公平正义为基本主线，以财税法制创新为突破口，形成清晰明确的理论层次，并由此结合域外经验和中国语境进行制度构建，形成民营经济高质量发展的理论合力与制度配套，进而为民营经济创造发展的激励环境。而在理念转型的基础上，还需要注重通过设计财税法制创新，促进民营经济高质量发展的制度规则，构建和配置收入分配秩序和格局，最终确保国家鼓励、支持、引导非公有制经济发展的方针政策能够顺畅实施。

最后，强调财税法律制度的衔接作用。作为经济体制和上层建筑的重要组成部分，财政与税收法律制度不啻于连接政府与市场的桥梁。税法的制定与实施是政府干预市场的重要手段，政府正是通过税法对企业和消费者的经济行为产生影响，才使政府的"有形之手"和市场的"无形之手"共同作用于经济社会。而紧扣民营经济高质量发展的使命、功能和要求，将民营经济置于全国性"深化财税体制改革"的大背景下，财税法律制度创新的主要方向应当不断明晰，进而奠定创新的法治根基，寻求创新的最佳路径，以期更好地发挥财税法律的激励引导作用。除此之外，鉴于财税法律的激励乃是民营经济高质量发展的突破口之一，还应加强民营经济高质量发展与财税法制的创新之间的关联，深化财税法律激励政策与民营经济高质量发展的制度关系。

四、加强民营经济风险的法律防范

民营经济的高质量发展离不开对风险的法律防控。民营经济在发展过程中，不仅面临民事风险，也会遭遇刑事风险。为了更好地促进民营经济的高质量发展，有必要正确认知这些法律风险，并寻求应对之策，努力营造化解各类高发风险的法治环境，增强参与主体的合规经营意识。

（一）民营经济民事风险的法律防范

第一，长效解决地方政府的违约问题，杜绝对民营经济账款的拖欠。当下，国务院对民营经济融资难和融资贵等一系列问题极为重视，尤其还存在地方政府部门长期拖欠民营企业相关资金的情况。但是彻底解决这一问题，仍应从顶层设计入手，建立长效机制。例如，应当加快相关法律法规的立法工作，进一步完善法规制度，以账款的支付时限、支付责任、处罚措施等方面为重要突破口，严防产生新的拖欠。此外，还应当探索如何更好地发挥工商联、行业协会、商会等沟通平台的作用，实现"草率和拖拉两个极端的折衷"①，进而通过高效、全面的民商事纠纷解决机制妥善解决账款拖欠问题。

第二，合理化解民营经济存在的股权质押平仓风险，使得企业所有权不发生本质性转移。民营经济之所以存在普遍的股权质押问题，仍是因为民营经济面临着融资难的困境。人民法院裁判尺度的合理性判断将显得至关重要。因为在此种情况下，一旦发生企业所有权转移，不仅不利于企业的发展，而且将损害各方的利益，从而阻碍民营经济的高质量发展。就短期救助而言，地方政法与金融机构的纾困基金无疑是一剂强心剂，因此应当对地方政府和金融机构进行引导，确保有效筛选纾困对象，保障纾困资金的安全与效率。就长效机制而言，则可探索综合运用多种手段，进一步加强金融风控、公司治理和外部监管，防止股权质押平仓风险的出现。

（二）民营经济刑事风险的法律防范

民营经济刑事风险主要由参与主体引起，其中，最为重要的参与主体乃是民营企业及其单位成员，所以有效应对融资、结算、经营诸多环节的刑事风险就成为了制度构建的关键内容，即针对现有刑事法规限制的现状及不足，构建、完善防范刑事风险的理念和路径。具体而言，则包括下述三方面的内容。

第一，罗列典型的刑事风险。一是在融资环节，骗取金融机构贷款、非法吸收公众存款、使用诈骗方法非法集资尤为典型；二是在结算环节，采取欺骗手段虚假纳税申报或不申报、虚开增值税专用发票时常发生；三是在经营环节，民营企业的工作人员利用职务之便索取或非法收受他人财物、侵犯竞争对手的商业秘密、损害其他经营主体的商业信誉或商品声誉、伪造或不法销售优质经营主体的注册商标标识、合同诈骗、侵犯消费者个人信息等情形屡有发生。

第二，树立正确的防范刑事风险理念。为了从理念上更好地认知和防范刑事风险，不仅要注重平衡刑法规制限度与民营经济创新发展之间的关系，也要把握融资、结算、经营各环节所应保护的刑法法益，更要明确民营经济参与主体典型不法行为的出入罪标准。

第三，完善参与主体的刑事责任。在民营经济活动中，参与主体的不法行为除了受刑法调整外，往往也受前置法规制。因此，为规范参与主体的经济行为、丰富其承担刑事责任的体系，有必要关注行为是否存在"二次违法性"，即触犯刑法的同时，是否也违反前置法。以此为基础，再从不法、罪责层面具体确定参

---

① 谢佑平、万毅：《法理视野中的刑事诉讼效率和期间：及时性原则研究》，载于《法律科学》2003年第2期。

与主体承担刑事责任的限度及边界。

五、优化民营经济纠纷解决机制

纠纷解决机制研究既是民营经济法治保障过程中的关键性司法问题，亦是增加民营经济发展制度供给的重要资源。司法作为维系公平正义的最后一道防线，直接影响到民营企业的产权保障和行动预期，关涉到民营经济的长久、健康发展。但与诉讼机制重要地位形成鲜明对比的是，目前司法程序效率较低，久拖不决、裁判不公、程序空转等情况时有发生，未能有效地为民营经济保驾护航。此外，在新时代国家治理现代化的背景下，民营企业纠纷解决机制的多样化是大势所趋。尤其是对于民营经济而言，以商会为主体的调解机制不仅更加契合民营经济的运行规律，也更符合民营经济的发展需求，且已得到了国家层面的肯认。然而，对于如何合理构造民营经济领域的多元化纠纷解决机制，目前尚缺乏体系化、精细化的研究。因此，构造有关于民营经济纠纷解决机制，实际是从定纷止争的维度出发，营造有助于民营经济高质量发展的司法环境，进而"以形式正义谋求实质正义"[1]，为民营经济高质量发展提供坚实的法律保障。

在这一前提之下，与民营经济主体的刑事风险不同，纠纷解决机制主要指涉市场主体之间的民商事纠纷，强调法律纠纷解决之于民营经济高质量发展的重要意义，相应的制度构建又包括两方面内容，一是优化现有的诉讼程序，提高民营经济纠纷解决的效率与质量，进而消除不确定因素，明晰产权，重塑稳定的契约关系，推动法治化营商环境优化；二是在诉讼机制之外建立多元化的民营经济纠纷解决机制，完善调解机制的规则和对接程序，恰当运用诉讼、仲裁、调解等手段，以此减少制度成本，形成外部激励，促进民营经济主体的内部治理与持续发展。

据此，多元的民营经济纠纷解决机制又可细分为三点：一是建立与民营经济高质量发展需要相匹配的纠纷解决理念和指导思想。我们认为，匹配的纠纷解决机制应当是公正、高效、及时的，但民营经济纠纷具有内容复杂、专业性强、营利性明显等特征，纠纷解决机制还应当进一步对接民营经济规律和交易规则，体现民营经济纠纷的特性，实现精细化与体系化。二是在法律层面建构商会调解制度。只有构建一种既契合民营企业发展，又能够完美解决民营企业纠纷问题的机制，才能从根本上解决此类难题。而商会调解作为一种高效便利的纠纷解决手

---

① 刘杨：《法律正当性观念的转变：以近代西方两大法学派为中心的研究》，北京大学出版社 2008 年版。

段，非常适用于该类案件的解决。尽管商会调解得到了国家政策层面的肯认，但调解启动、调解程序、调解效力等诸多技术性事项依然不够明晰，由此以民营经济高质量发展为导向，优化和细化商会调解制度，也就需要制定专门的法律规范。三是优化民营经济纠纷解决过程中的诉调衔接机制。构建功能相济、互相协调的多元化纠纷解决机制，对于化解矛盾、实现资源的合理配置与效益，形成民营经济纠纷解决机制的良性循环具有重要意义。如此一来，各种解纷方式之间的衔接就显得尤为重要。一方面，应当鼓励商会充分发挥专业化、职业化优势，有效配合各级法院的诉前、诉中、诉后工作；另一方面，则可以尝试建立类型化的诉调衔接模式。例如，对于消费者与企业之间的纠纷，可以通过建立"商会调解＋法院＋消费者协会"联合调解模式来应对；对于劳动者与企业之间的矛盾，可以建立"商会调解＋人力资源社会保障局＋法院"的联合调解模式来应对；对于企业之间的矛盾，可以建立"商会调解＋法院"的联合调解模式来应对，进而形成更加精密、周全的制度设计方案。

第七章

数字经济时代与新型政商关系

在新时代，我国经济进入新发展阶段以来，信息数据不仅成为驱动中国高质量发展的重要资源，更成为改变我国社会生产生活方式的重要推动力。基于信息技术基础上发展起来的数字经济更成为了新时代中国发展的新动能，以及企业和群众普遍受益的新载体。作为一种有别于农业经济和传统工业经济的新型经济形态，数字经济以数据为关键生产要素，以互联网、云计算等数字技术为基础设施，以数字企业为数字经济发展的力量载体。相较于以往的经济社会形态，数字经济形态下生产要素、生产关系、生产主体等均发生了极大变革。而政商关系作为刻画数字经济的重要维度之一，同样也发生了重大变革。在数字经济发展背景下，如何有效形成"亲""清"新型政商关系，是数字经济高质量发展研究必须面对的重要课题。

第一节　数字政府建设与新型政商关系

相比于欧美国家的数字经济发展，我国数字经济因处于具有自身完备逻辑的政治经济体制，而有着区别于欧美数字经济发展的特点。一方面，我国传统产业中的企业数字化转型是由政府主导而开展的自上而下式的转型。另一方面，我国互联网企业在经过野蛮式发展后也逐步走上了由政府监管和引导的有序化、健康化、规范化发展道路。不难发现，在结构层面，国家或者政府依然是我国数字经济增长的主要推手和引擎①。因此，从更为宏观的层面而言，在数字经济时代构建新型政商关系，仍要遵循马克思主义理论，将数字经济运行规律与我国独特的政治经济形态和传统文化价值观相结合，而其中的着力点就在于如何优化政府职责以适应数字经济的发展，并引导数字经济时代下新型政商关系的完善。

一、树立数字治理理念，不断优化政府职责体系

为推进我国数字经济高质量发展，并在数字经济时代下构建"亲""清"新型政商关系，需要在宏观层面厘清数字经济时代下政府和市场的关系。2019年党的十九届四中全会明确提出要"坚持和完善中国特色社会主义行政体制，构建职责明确、依法行政的政府治理体系"②。其中，要充分利用信息技术挖掘数据资源的潜在价值，将其运用到行政岗位管理工作之中，并形成制度性规则。同时，要提高政府数字化建设水平，完善数据的流动共享与整合机制，破除数据壁垒，构建跨部门、跨层级的数字政务服务平台。2021年《政府工作报告》就建设数字政府也明确指出，要营造良好的数字生态，为建设数字政府提供良好的制度、技术和应用环境③。这表明，在数字经济时代，为了更好地处理政府和市场的关系，我国政府在顶层设计方面积极寻求转型，以数字化手段建立"服务型政府"，不断优化政府职责，以适应并服务于市场的需求，同时加强对市场需求和资本运行的引导和规范，为我国数字经济高质量发展营造良好的制度环境。

根据市场发展需求和数字化程度，树立政务数字化理念，这一过程在我国先后经历了萌芽期、探索期和巩固期，并在新时代经历过新冠疫情的考验后，进入到全面提升期。

1999～2001年，为我国数字政府建设的萌芽期。随着经济全球化和我国信息经济及信息产业的快速发展，电子商务在我国兴起并获得蓬勃发展。在此

---

① 郑永年、黄彦杰：《制内市场：中国国家主导型政治经济学》，浙江人民出版社2021年版。

② 中华人民共和国中央人民政府：《中共中央关于坚持和完善中国特色社会主义制度推进国家治理体系和治理能力现代化若干重大问题的决定》，中国政府网，2019年10月31日，2019年11月5日，http：//www.gov.cn/zhengce/201911/05/content_5449023.htm。

③ 《政府工作报告——2021年3月5日在第十三届全国人民代表大会第四次会议上》，中国政府网，2021年3月15日，2021年3月12日，http：//www.gov.cn/zhuanti/2021lhzfgzbg/index.htm。

阶段，我国市场经济体制发展活力不断得到释放，信息技术产业也获得了进一步发展。为应对信息技术产业发展要求，我国积极开展"政府上网"工程。但是，一方面，我国政府还保留着计划经济时期在处理政务工作中占据主导性的作风，另一方面，我国政府又以开放包容的态度积极适应并满足电子商务的发展需求。因此，在萌芽期阶段，政府利用技术打破政府职能运转的时空界限，将政府线下职能同步至线上，实现政府职能的"线上线下一体化"。一方面，在政府的宏观统筹调控下，银行金融信用系统、商业系统、物流系统等各个专业领域网络实现高速互联。另一方面，部分地方政府首先建立电子政务平台，使当地有条件的电子商务运营企业接入电子政府端口，以获得政策信息、商业信息及法律、人才等支持信息。但是，萌芽期的电子政务发展呈现散点式分布，全国各地方政府之间、地方政府与中央政府之间均尚未建立高效的全网互联，并且电子政务为电子商务提供的有效性服务还具有相当的局限性。

2002～2016年，为我国数字政府建设的探索期。在此阶段，我国数字政府着重"两网一站"的建设。首先，为促进我国信息经济的快速发展，并指导我国企业信息化转型以适应全球经济商业模式的变化，国家有关部门发布了一系列文件。其中，2002年国家信息化领导小组发布的《国家信息化领导小组关于我国电子政务建设指导意见》（以下简称《指导意见》）是其中较为重要的一份文件。《指导意见》提出我国电子政务建设的十二项重点业务系统，主要包括金财工程、金农工程、金盾工程、金保工程、金税工程、金关工程、金水工程、金质工程、金审工程、金卡工程、金贸工程、金企工程。十二金工程的顺利开展，转变了金融、税务、国内外贸易等多个领域中的粗放式管理，为我国信息经济的快速发展提供了强有力的制度保障。其次，根据《指导意见》，我国各级政府积极建设整合统一的政府门户网站，以实现政务内网与政务外网的有效互联。由国家组织并建立法人单位基础信息库、宏观经济数据库、人口基础信息库、自然和空间地理基础信息库，以满足市场对相关信息的迫切需求。各级政府要加强电子政务平台建设，完善平台基础设施，不断拓宽政务服务范围，实现政务服务能力提质增效。再次，2015年《政府工作报告》提出，各地政府要明确政企社之间的边界，向市场和社会放权，不过度干预市场和社会发展；为了避免政府放权之后产生的管理真空问题，政府要加强全过程监管，形成"事前监督预警，事中及时处置，事后提升改进"的监管机制；推动不同层级政府和不同部门之间的协作，健全为企业和社会服务一张网，实现企业和个人事项"一网通办"，制定"互联网＋"行动计划，推动数字产业化和制造产业数字化，促进电子商务、工业互联网行业有序发展①。最后，2016 年国务院发布数字政务服务的指导意见，提出要加快建设一体化网上政府服务平台，在线公共服务内容持续纵深，服务范围不断扩大，公共服务和社会治理的智慧化水平和数字化水平不断提升。探索期的数字政府建设为未来政务数字化水平的全面提升打下了坚实基础，在很大程度上解决了以往政务服务事项少、数据壁垒难突破、政务服务形式主义等问题。同时，在探索期阶段，中央政府和地方政府的政务实现了互通互联和整合规范，为政务公开、行政审批、社会保障、环境保护、防伪打假等提供了统一标准，进而提高了市场运行效率。

2017～2019 年，为我国数字政府建设的巩固期。《2017 年政府工作报告》提出要加强顶层设计，加快国务院部门和地方政府信息系统互联互通，搭建统一的数字政府平台，防止平台泛滥；要打通政务服务的"神经末梢"，确保政务服务的可获得与可触达，让群众更多感受到"放管服"改革成效②。在数字政府建设巩固期，数字经济红利凸显，数字经济主体不断增加，数字市场进入成本逐步下降。尽管数字经济带动了我国经济的整体发展，但也暴露了市场中存在的问题。因而，在此阶段，我国政府在不断深化数字化转型，加大政府政务公开力度和提升政府服务水平的同时，还着重于保护企业和个人的网络信息安全、保护企业产权、保护并激发企业家精神等。

2020 年至今，为我国数字政府建设的全面提升期。2020 年受新冠疫情、逆全球化和中美贸易摩擦影响，我国市场正常运行秩序一度受到严重挑战。面对突发公共危机和疫情后的复工复产以及快速稳定国内市场秩序，我国多年来取得一定建设成果的数字政府体系快速响应。各类数字政府平台及相关应用不仅成为了疫情中为社会快速提供有效公共信息、提供公共服务、调配社会资源的重要载体，同时还成为了企业复工复产中政企互动、风险沟通、信息互联的重要途径。全面提升阶段，我国持续多年的"互联网＋政务服务"建设成果获得了实践验证，在有效防控疫情的同时还快速恢复了社会经济活动秩序，保证了国内市场的有效运行。在全面提升阶段，我国还将持续深化"互联网＋政务服务"体系建设，继续建立健全政府数据共享协调机制，使数字经济时代下的市场能够在安全性高、服务效率高、公开透明度高的制度环境下获得充分发展。

---

① 中华人民共和国中央人民政府：《政府工作报告——2015 年 3 月 5 日在第十二届全国人民代表大会第三次会议上》，2015 年 3 月 5 日，2015 年 3 月 16 日，http：//www.gov.cn/guowuyuan/2015zfgzbg.htm。

② 中华人民共和国中央人民政府：《2017 年政府工作报告——2017 年 3 月 5 日在第十二届全国人民代表大会第五次会议上》，2017 年 3 月 5 日，2017 年 3 月 5 日，http：//www.gov.cn/guowuyuan/2017zfgzbg.htm。

二、加快数字基础设施建设，构建数字企业发展引擎

数字基础设施建设是数字经济快速发展的重要基石，同时还是企业在数字经济时代下实现数字化转型，提升要素配置效率，实现全要素生产的重要引擎。在数字经济时代下构建新型政商关系的过程中，我国政府始终担当着积极有为地为企业发展提供引导和服务的角色，在统筹和调控产业生产要素过程中有着无可替代的作用①。因此，为了在数字经济时代下更好地满足数字产业发展对新型基础设施的需求，引导数字企业发展，为数字企业提供发展动能，服务于数字企业发展需求，我国政府积极推进新型基础设施建设。2018年12月份召开的中央经济工作会议，提出"加大制造业技术改造和设备更新，加快5G商用步伐，加强人工智能、工业互联网、物联网等新型基础设施建设，加大城际交通、物流、市政基础设施等投资力度"②。2019年《政府工作报告》明确提出加强新一代信息基础设施建设。2020年国家发展和改革委员会对新型基础设施做出了明确界定，即"以发展理念为引领，以技术创新为驱动，以信息网络为基础，面向高质量发展需要，提供数字转型、智能升级、融合创新等服务的基础设施体系"③。

在数字经济时代下，新型基础设施建设对于产业数字化升级和企业数字化转型至关重要。因此，新型基础设施建设既要通过各类数字技术建设来加快数字产业发展，还要通过构建畅通的数据流渠道加速传统产业迭代更新，又要通过5G、人工智能、大数据、云计算等技术手段提升政府为产业数字化升级和企业数字化转型提供公共服务的智慧化和数字化水平。目前，我国新型基础设施建设已经取得了一定成效。特别是在新冠疫情防控期间我国产业链、价值链面临断链、卡链风险和疫情后企业复工复产的双重考验时，我国政府在新型基础设施建设方面的持续投入不仅扩大了内需、稳定了就业、稳定了投资、稳定了经济增长，还持续为供给侧结构性改革提供动能，推动产业链不断优化升级。因此，数字经济时代下，在中观层面上构建政府和企业以及企业组织的新型政商关系过程中，政府应继续发挥服务性、引导性作用，持续深化新型基础设施建设，为企业数字化转型

①　陈寿灿、徐越倩等：《浙江省新型政商关系"亲清"指数研究报告（2019）》，浙江工商大学出版社2020年版。

②　中华人民共和国中央人民政府：《中央经济工作会议举行　习近平李克强作重要讲话》，2021年2月18日，2021年3月18日，http://www.gov.cn/xinwen/2018-12/21/content_5350934.htm。

③　姚冠辉、郑晓年：《面向"十四五"谋篇布局统筹推进创新基础设施建设》，载于《中国科学院院刊》2021年第11期。

提供硬性基础设施条件、公开服务信息及政策信息。

为了更好地为企业数字化转型和产业数字化升级提供更具智慧化、数字化的服务，政府一直以来聚焦三方面的新型基础设施建设，即信息基础设施建设、创新基础设施建设及融合基础设施建设。信息基础设施主要是指基于新一代信息技术演化生成的基础设施，比如，以5G、物联网、工业互联网、卫星互联网为代表的通信网络基础设施，以人工智能、云计算、区块链等为代表的新技术基础设施，以数据中心、智能计算中心为代表的算力基础设施等。创新基础设施主要是指支撑科学研究、技术开发、产品研制的具有公益属性的基础设施，比如重大科技基础设施、科教基础设施、产业技术创新基础设施等。融合基础设施主要是指深度应用互联网、大数据、人工智能等技术，支撑传统基础设施转型升级，进而形成的融合基础设施，比如智能交通基础设施、智慧能源基础设施等①。

在新型基础设施建设过程中，首先，政府统筹规划各种投资主体开展协同合作，实现新型基础设施的高质量建设。通过财政、金融、税务、科技研发等各种政策扶持，政府引导各类企业和市场主体有序参与新型基础设施建设项目，并保障其在投资建设过程中的主体地位和相应权益，并提升其在新型基础设施建设推进过程中的运行效率和市场竞争力。其次，政府全面放宽市场主体准入标准，并建立市场负面准入清单。为鼓励更多市场主体参与到新型基础设施建设中来，政府应分行业、分领域、分项目制定行业标准和设施建设标准，为不同领域、不同行业中的不同市场主体参与不同项目提供更为精细、更为具体、更为符合其发展的路径与方法。同时，为确保各类市场主体的投资者权益和市场的健康有序发展，政府及时评估各市场主体的投资资格与运营资格，通过数据共享协调机制对新型基础设施建设规划合理布局，对不适宜的市场主体设立退出机制和相关的负面清单，以避免重复建设。最后，政府依托新型基础设施建设，升级公共服务体系，提升公共服务智慧化水平。通过推动各类平台型服务中心建设，如"产业大脑""城市大脑"等，为企业参与新型基础设施建设提供政策信息支持、管理信息支持、法律支持、科研支持等。一方面有效助力各类企业积极深化数字化转型，形成"设备数字化—生产线数字化—车间数字化—工厂数字化—企业数字化—产业链数字化—数字化生态"的升级发展路径②；另一方面有助于推动各类企业积极参与公共基础设施建设，通过充分激发市场主体的运行效率推动新技术与传统基础设施的融合。同时，通过各类平台型服务中心，政府还可以及时监督

---

① 中华人民共和国商务部：《国家发改委首次明确"新基建"范围》，2020年4月20日，2021年3月18日，http://www.mofcom.gov.cn/article/i/jyjl/e/202004/20200402957398.shtml。

② 沈坤荣、孙占：《新型基础设施建设与我国产业转型升级》，载于《中国特色社会主义研究》2021年第1期。

企业运营过程，以确保企业数字化转型过程中的数据安全、网络安全和知识产权安全等。

三、深化"放管服"改革，构建一流营商环境

数字经济作为重塑我国经济发展模式的新引擎和引领我国经济高质量发展的新动力，数字赋能、创新理念引领、强调信息技术为发展基础等均已成为了数字经济的典型特征。基于此，不同于传统经济形态，数字经济健康、有序、规范发展需要更为包容的政策和市场环境。营商环境作为数字经济发展的载体与空间氛围，对数字经济的发展起着至关重要的作用①。因此，自我国 2017 年明确提出促进数字经济快速发展后，我国政府工作报告多次提出持续优化营商环境。2019 年国务院对营商环境的内容作出了明确界定，即包含市场主体保护、市场环境、政务服务、监管执法和法治保障五个方面，这为营商环境优化的具体路径提供了有力指导②。

根据国务院对营商环境内容的界定，我国《2019 年政府工作报告》明确提出"要深化'放管服'改革，降低制度性交易成本，下硬功夫打造好发展软环境"。《2020 年政府工作报告》提出"以公正监管维护公平竞争，持续打造市场化、法治化、国际化营商环境"。《2021 年政府工作报告》对未来"十四五"期间营商环境的发展提出了新的目标，即纵深推进"放管服"改革，加快营造市场化、法治化、国际化营商环境。

"放管服"指的是简政放权、放管结合、优化服务③。"放管服"改革一方面是对传统行政管理体制的改革，旨在提升政府治理体系的现代化水平；另一方面是提升行政便利化水平，使之更好地适应经济发展需求和企业发展需求。近几年来，我国"放管服"已经取得了显著成果。特别是自提出"放管服"改革以来，我国还选取了浙江省、广东省、深圳市、上海市等省份作为改革试点地区。其中，浙江省以"最多跑一次"撬动了浙江省"放管服"的综合改革。"最多跑一次"通过"一窗受理、集成服务、一次办结"的行政服务模式，构建了全面覆盖的各级行政服务体系，建立了服务企业的全程长效机制。进一步地，根据企业

---

① 王智新：《"一带一路"沿线国家数字贸易营商环境的统计测度》，载于《统计与决策》2020 年第 19 期。

② 马晓瑞、畅红琴：《营商环境与数字经济发展的定性比较分析》，载于《管理现代化》2021 年第 4 期。

③ 中华人民共和国中央人民政府：《2016 年政府工作报告——2016 年 3 月 5 日在第十二届全国人民代表大会第四次会议上》，2016 年 3 月 5 日，2016 年 3 月 5 日，http://www.gov.cn/guowuyuan/2016zfgzbg.htm。

发展需求，结合 5G、人工智能、大数据、云计算等数字化手段，"最多跑一次"改革逐渐深入税务、海关、工商等多个更为具体的行政服务体系。同时，浙江省相继建立了个人综合库、法人综合库、信用信息库等数据库，并逐步打通了不同部门、不同地区间的信息孤岛，实现了数据的共享共建。此外，浙江省还继续深化浙江政府服务网建设，全面推广"在线咨询、网上申请、快递送达"办理模式，提升了政府服务企业的速度。为了进一步提升政府服务企业的效率，浙江省还相继推出了《浙江省实施优化营商环境"10＋N"便利化行动方案》及其 2.0版，包括开办企业、办理建筑许可、获得电力、获得用水用气、不动产登记、获得信贷、跨境贸易、执行合同、纳税、办理破产、企业注销、知识产权保护、证照分离涉及企业十三项改革，并且逐步建立起一个根据企业需求不断更新的标准体系。浙江省通过"放管服"改革提升优化营商环境的经验，已经成为了我国优化营商环境的典型模板，为我国在数字经济时代持续优化营商环境提供了"浙江样板"。

此外，在数字经济时代下，为了通过优化营商环境激活企业创新、激发企业家精神，营造企业间、行业间良性竞争，从而促进数字经济高质量发展，我国政府还参照世界银行评价体系，初步建立了兼具中国发展实际需求和中国发展特色的营商环境评价体系。该体系兼顾了世界银行营商环境评价体系的合理性和我国新时代发展实际的本土化，对世界银行营商环境评价指标进行了解读与衡量，选取了符合我国国情发展的十二项指标，并且还增加了企业生命周期、城市投资吸引力、城市高质量发展水平三个评价维度，最终形成了符合我国新时代发展需要的营商环境评价体系，共包含二十三个评价指标。相比于以往通用的世界银行营商环境评价体系，这套有机融合了中国特色的营商环境评价体系具有目标明确、可操作性强、更具客观性和创新性等特点，这不仅体现了新时代双循环格局背景下数字经济高质量发展对"放管服"改革的新需求，还体现了数字经济市场主体对行政服务内容、服务质量、服务速度的实际诉求。同时，为了在全国范围内推广上述营商环境评价体系，激励各省份对标先进省市营商环境，从而不断优化自身营商环境，我国于 2019 年和 2020 年分别发布了《中国营商环境报告》，这不仅为深化"放管服"改革提供了有力参照，还为优化提升政府服务企业的能力提供了操作性更强的有效途径。

第二节　数字经济下企业数字化转型与新型政商关系

一直以来，构建新型政商关系的重点都聚焦于如何推动政府职能转变，从而建设服务型政府转型和深化行政体制改革进而提升政府服务水平，而对"商"的研究还相对较少。但在构建新型政商关系的过程中，"商"的作用也是不容小觑的。从宏观层面来看，"商"即市场，可以提升资源配置的效率，而政则可以为市场公平竞争和高效运行提供服务，以保证市场健康有序发展。从中观层面来看，"商"即企业或企业组织，政府与企业的关系本质仍是政府与市场的关系，企业作为市场主体在促进资源配置、提升市场效率方面发挥着重要作用，而政府则以宏观调控的方式，为企业发展提供必要服务。从某种微观层面来讲，"商"即企业家。在构建新型政商关系中，政府官员或者政府与企业家的关系受到社会资源分配机制与文化价值观的影响，在满足彼此需要的过程中有可能变得畸形或扭曲，此时就需要政企双方都能够把握好自己的定位与职责①。同理，在数字经济时代，构建"亲""清"政商关系仍需要从上述三个层面出发，着力"商"的发展与理念转变。

一、企业数字化转型激发市场主体活力、弘扬企业家精神

2017～2021年，企业家精神多次被写入我国政府工作报告。激发和弘扬企业家精神，已经成为激发企业活力、激励企业创新、创造企业财富的重要路径。同时，企业家精神也被认为是提高社会经济活力和促进国家技术革新的关键助推力量。熊彼特（Schumpeter）和德鲁克（Drucker）均将企业家精神定义为创新精神。但不同的是，前者认为企业家精神的本质是破坏性创新，而后者则认为企业家精神是全面创新，不仅有技术创新，还强调企业家本身将机遇转变为创新的能力与眼光②③。自企业家精神这一概念提出以来，在不断的理论创新与实践创新中，企业家精神的内涵不断丰富，并在创新的基础上，不断加入感知风险、学习能力、合作进取、自主变革等因素。因此，学界对于企业家精神的概念界定还未形成一致的认知。但学界普遍认为企业家精神的本质是创新，其他因素均是在此基础上对企业家精神内涵的不断丰富。加特纳（Gartner）、哈珀（Harper）、明尼蒂（Minniti）、庄子银、李垣等国内外学者均认为企业家精神就是创新精神，不同的是这种创新精神体现在企业发展的不同方面，例如企业内外

① 言豪杰：《中国新型政商关系研究热点及展望》，载于《江苏省社会主义学院学报》2021年第3期。

② Schumpeter J. A. *Theorie Der Wireschafllichen Entsicklung*［M］. Berlin：Duncker & Humblot，1934.

③ Drucker Peter F. *Innovation and Entrepreneurship：Practices and Principles*［M］. New York：Harper & Row，1989.

部的联合创新、善于利用机遇、企业技术创新、企业的资源整合等①②③④⑤。

企业家精神的内核如此丰富，因此学者基于不同角度对企业家精神的构成进行了大量研究。米勒（Miller）和弗里森（Friesen）提出企业家精神的构成要素包含三方面，分别是抗风险能力、创新能力和变革意识⑥。科万（Covin）和斯莱文（Slevin）则将企业家精神的本质归纳为企业家应具有的特质，即创新、开拓、冒险和进取⑦。我国学者陈忠卫和郝喜玲在此基础上还增加了协作特质⑧。张玉利和杨俊以创新精神为切入点，提出了企业家精神的构成要素包含创新性、风险偏好和进取性⑨。庄子银认为企业家精神是对持续创新能力、模仿能力和风险承担能力的概括⑩。此外，李志和曹跃群针对国内学者对企业家精神的研究文献进行关键词频数统计，发现企业家精神被国内学者概括为创新精神、合作精神、进取精神、冒险精神、奉献精神、改革精神、协调精神⑪。彭泗清和李兰等根据中国企业家调查系统发现，我国本土企业家精神的构成要素为创新意识、冒险意识、机会敏锐性和挑战意识四个维度⑫。此外，还有不少学者分别从个人、组织和社会三个层面分别定义企业家精神。个人层面指的是企业家特质，即企业家精神就是企业家自身所拥有的特性。斯托福德（Stopford）和巴登富勒（Baden–

① Gartner W. B., A conceptual framework for describing the phenomenon of new venture creation［J］. The Academy of Management Journal, 1985（10）.

② Minniti M., Bygrave W., Aution E. Global entrepreneurship Monitor Repor［R/OL］.（2006 – 04 – 16）［2020 – 12 – 12］. https：//d1wqtxts1xzle7. cloudfront. net/30806391/1319732032GEM_Finland_2006_Report-libre. pdf? 1392094134 = &response-content-disposition = inline% 3B + filename% 3DGlobal_Entrepreneurship_Monitor_2006_Exe. pdf&Expires = 1647425279&Signature = Rvs3uEbeZ4 ~ jcsnBu4QBgQtMla5REKUD4UKUtDauBkMS8i DHtHZbjP67jDeo8vc5ZBffa6gUP1BQ6HpCHHOM2Dm – IBaPwwxVKrUIp3 ~ tn6x7YKV1c9Bv8lBUSmvTJBZEIHV URd8z – GI0KfNFUQg – LhHSF ~ l9XbJvU7XH ~ G0R1 ~ diJeNM ~ ZwGbAkpJrlsslYGh-wJnl9kPOs79zdZWxUM4oR 19SW7fldHWaaTb5c3bLCxND – O – WVxMNpp4hRhFWFc0hlTzo2IbSo3JdsCMmnXVHBbS ~ t – Q ~ v0BJoON9Bh8 br8jxAx2M64LfXFGbyHuwx2sY89HBeUIf6nXj-vJwn7VQ_&Key – Pair – Id = APKAJLOHF5GGSLRBV4ZA.

③⑩ 庄子银：《企业家精神、持续技术创新和长期经济增长的微观机制》，载于《世界经济》2005 年第 12 期。

④ Happer M. Enterprise development in poorer nations［J］. *Entreprneurship Theory and Practice*, 1991（15）.

⑤ 庞长伟、李垣：《制度转型环境下的中国企业家精神研究》，载于《管理学报》2011 年第 10 期。

⑥ Miller D., Friesen P. Innovation in conservative and entrepreneurial firms：Two models of strategic momentum［J］. *Strategic Management Journal*, 1982（3）.

⑦ Covin J. G., Slevin D. P. A Conceptual Model of Entrepreneurship as Firm Behavior, Entrepreneurship：Theory and Practice［J］. 1991（16）.

⑧ 陈忠卫、郝喜玲：《创业团队企业家精神与公司绩效关系的实证研究》，载于《管理科学》2008 年第 1 期。

⑨ 张玉利、杨俊：《企业家创业行为的实证研究》，载于《经济管理》2003 年第 20 期。

⑪ 李志、曹跃群：《"企业家精神"研究文献的内容分析》，载于《重庆工商大学学报》（社会科学版）2003 年第 2 期。

⑫ 彭泗清、李兰、潘建成等：《中国企业家成长 20 年：能力、责任与精神——2013 中国企业家队伍成长 20 年调查综合报告》，载于《管理世界》2014 年第 6 期。

Fuller）将企业家精神归纳为企业家群体所共有的 5 个特质，即前瞻性、超越现有能力的渴望、团队定位、解决争端的能力和学习能力[1]。有学者通过分析企业家精神的特质，认为企业家精神是所有经济活动的驱动力，它包括寻找机会、承担风险和推动事物的发生发展，同时还提出企业家精神是提高生产效率和促进经济增长的重要因素（Kao and Tan wee liang，2003）[2]。组织层面的企业家精神是指将企业家精神融入企业的战略导向和价值观取向。科万和斯莱文将企业家精神视为融入整个公司发展的战略导向，这种战略导向具有创新、冒险和前瞻性的特征[3]。高波认为企业家精神是以文化资本为基础的企业家群体的价值观取向[4]。社会层面的企业家精神是指将企业家精神应用到整个社会，并逐渐影响到社会中除企业外的其他非营利组织。戴维森（Davidsson）认为在特定社会文化环境、经济制度、社会规范内，企业家群体在经营活动中表现出来的以创新、勇担风险的意志品质为核心的企业家精神会逐渐成为一种社会现象，进而影响到社会中的其他组织[5]。

在数字经济时代下，大数据、5G、云计算等数字技术迅速发展，企业家不可避免地成为了促进社会经济高质量发展与企业创新发展的重要力量。因此，为了在数字经济时代下，数字企业能够更好地完成历史使命，全社会和各类数字化企业均需要充分弘扬企业家精神，不断创新、提升格局、勇于承担风险。一是本土企业家精神深植于本土文化价值观之中，因而弘扬企业家精神应该增强企业家对国家的认同感。爱国主义是国家凝聚、民族团结的"根"与"魂"。优秀企业家首先要对国家、对民族怀有崇高的使命感和责任感，把企业发展强大与国家发展、社会进步、人民富裕相结合，成为促进人民获得感提升的重要力量。二是企业家要勇于创新，充分发挥企业家的主观能动性。创新精神是企业家精神的重要内核，也是企业家的最主要特征。特别是在数字经济时代下，面对供给侧结构性改革不断深化、经济全球化的持续挑战和数字技术的不断革新，创新已经成为了数字化企业发展的重要路径。同时，弘扬企业家创新精神不仅需要企业家勇于创新、敢于探索、将危机转化为机遇，更需要将这种创新精神渗透入整个社会，使之形成探索式发展趋势。三是诚信守法。一方面，"信"一直都是我国社会规范

① Stopford J. M. , Baden – Fuller C. W. F. Creating Corporate Entrepreneurship［J］. *Strategic Managemgent Journal*, 1994（28）.

② Raymongd W. Y. , Tan Wee Liang：《亚洲企业家精神与企业家发展》，北京大学出版社 2003 年版。

③ Covin J. G. , Slevin D. P. A Conceptual Model of Entrepreneurship as Firm Behavior［J］. *Entrepreneurship Theory and Practice*, 1991, 16（1）.

④ 高波：《文化、文化资本与企业家精神的区域差异》，载于《南京大学学报》2007 年第 5 期。

⑤ Davidsson P. *The Domain of Ectrepreneurshipreach*：*Somesuggestions*, *Advances in Entrepreneurship Firm Emergence and Growth*［M］. Leeds：Emerald Group Publishing Limited, 2003.

与儒家思想文化价值观强调的"五常"之一。诚信不仅是对社会个体的要求，更是对企业家与企业发展的最基本要求。因此，诚信也成为了市场经济健康有序发展的最基本准则。另一方面，弘扬企业家精神还需要遵守法律。数字经济虽然以数字创新为主要特征，但也仍需要在法律框架内发展。同时各类数字经济市场主体均需要在法律框架内发展。因此，企业家更需要坚定理想信念，做诚信守法经营的践行者，做"亲""清"政商关系的行动者，靠诚信守法构建清廉、公正、透明的新型政商关系，规范自身行为，增强法律意识，增强守约观念，努力成为诚信守法的表率，推动经营发展行稳致远。四是勇于承担社会责任。除了经济责任和法律责任，企业还需要自觉承担社会责任，努力践行"奉献社会，服务人民"的理念。企业在生产商品、提高生产技术、改进生产工艺、研发新产品的同时，还需要为了回报社会，切实履行社会责任和道德责任，积极参与"光彩事业"，通过慈善捐赠、参与精准扶贫等方式促进社会整体的可持续发展。五是扩展国际视野。当前我国正处于国内国际双循环格局之下，我国企业家及企业面临国内国际的双重竞争。因而，我国企业家需要锤炼胆识、磨炼意志、积累经验。在经济高质量发展背景下，我国企业家要立足中国、放眼世界，提高把握国际市场动向和需求特点的能力、提高参与国际竞争的能力、提高基础科技研发能力、提高企业国际化影响力，推动企业在走向国际的过程中实现高质量发展。

数字经济以数字技术为核心，其根本属性就是创新。特别是当前我国已经全面建成小康社会，正处在全面建设现代化社会主义国家进程之中，站在"两个一百年"的历史交汇点，数字经济已经成为我国未来相当一段时间内促进经济高质量发展的新动力。因此，为了更好地促进数字经济发展，推动我国企业高质量发展，激发并弘扬企业家精神，尤其是企业家创新创业精神，继续深化数字化改革，2020 年我国发布了《中共中央关于制定国民经济和社会发展第十四个五年规划和二〇三五年远景目标的建议》（以下简称《建议》）。《建议》就激活市场主体创新能力、建设企业创新平台、强化企业创新主体地位等多个方面均作出了统筹规划。此外，各省市相继发布了促进数字经济发展的相关法规政策，均强调了数字经济中创新的重要作用，并支持开展数字经济发展过程中的各类创新活动。特别是，2020 年浙江省第十三届人民代表大会常务委员会第二十六次会议通过了《浙江省数字经济促进条例》（以下简称《条例》）。《条例》具有鲜明的数字驱动发展特征，首次从地方层面提出了促进数字经济发展的指导性原则。《条例》强调了以创新为引领，构建技术创新体系、完善创新体制机制、促进应用模式创新、促进产业协同创新、鼓励企业等组织构建线上线下创新创业平台等。此外，中共中央、国务院还发布了一系列相关文件。特别是 2020 年，在我国即将进入第十四个五年规划时期，习近平总书记在企业家座谈会上的讲话，再一次强调了激发并弘扬企业家精神，并指出企业家才是推动我国高质量发展的生力军。在此基础上，我国中央政府及各职能部门、各省市相继出台了促进创新创业的相关政策条例，如2021年为了进一步激发数字经济时代下的各类市场主体的发展活力和变革动力，进而提升企业竞争力，党中央、国务院发布了《提升中小企业竞争力若干措施》，再一次强调鼓励并支持开展各类创新创业活动。同时《提升中小企业竞争力若干措施》还明确提出加强对企业家的培养、激励和保护，大力弘扬企业家精神。上述政策条例、地方性法规的出台，为数字经济时代下，在企业数字化转型过程中进一步激发和弘扬企业家精神提供了制度保障和政策保障。

同时，在企业具体经营实践和数字化转型过程中，企业对创新的需求及对创新的不确定性风险的把控，都在促使着企业家不断适应企业内外部环境的快速变革。同时，面对数字经济发展所带来的需求多样化，以数字技术创新、数字平台创新为代表的企业数字化转型深刻地改变了企业家精神的边界。企业家不仅自身要发挥个人才能，督促自身内在企业家精神迭代更新并及时把握市场机会，还要通过组织架构将企业家精神传递给组织成员，强调"以人为本"的核心思想，使企业家精神得以在组织中扩散，并提升组织的整体创新能力与创新水平。例如，格力电器鼓励员工长期持有股份，并同时设定企业和个人的双重业绩考核指标，以作为员工持股收益的归属条件。现有研究表明，员工长期持股，不仅可以有效激发员工的创新积极性和激发员工的企业家精神，还可以实现员工和企业的指数级同步成长[1]。

二、企业数字化改革推动企业社会责任创新、助力共同富裕

习近平总书记在2020年企业家座谈会上发表讲话，指出"企业既有经济责任、法律责任，也有社会责任、道德责任"[2]。在数字经济时代下，数字化企业的生产要素、经营方式、管理模式和企业内外环境均产生了显著变化。相应的，数字化企业的社会责任主客体、社会责任内容和社会责任履行方式也都相应发生了变革。进一步而言，企业通过承担和履行社会责任而完成时代与社会发展所赋予的历史使命。然而，由于数字化企业对高额商业利润的追逐、数字经济相关法律的缺位和数字化企业社会责任规范的缺失，数字化企业在蓬勃发展的同时也引发了一系列社会问题。这些社会问题不仅亟须学界对数字经济时代下企业社会责

---

① 赵东辉、孙新波、钱雨等：《数字化时代企业家精神的涌现：基于多案例的扎根研究》，载于《中国人力资源开发》2021年第7期。

② 《习近平：在企业家座谈会上的讲话》，新华网，http://www.xinhuanet.com/politics/leaders/2020 - 07/21/c_1126267575. htm，2020年7月21日。

任的理论创新，还亟须数字化企业在企业实践中进行社会责任内容和履行形式的革新。

企业社会责任是企业连接宏观环境与微观发展的重要节点。企业社会责任最早由英国学者欧利文·谢尔顿于 1924 年在《管理的哲学》一书中提出，他认为企业社会责任不仅包括满足企业内外信息需求者的责任，还包括满足股东及其他相关利益者利益的责任，更为重要的是企业社会责任还应包含道德责任①。相对而言，有学者则认为企业社会责任是一个狭义的概念，其仅是商人的基本责任和义务（Bowen，1953）②。企业的唯一社会责任就是从股东的利益出发，不断为自身创造利益。但这并不是强调企业不需要承担社会责任，而是承担并履行社会责任的目的也是为了谋求股东利润最大化③。但对于企业社会责任的内涵，其他一部分学者则有显著差异的认知。他们认为企业的发展应考虑社会期望，因而企业还应对社会负责。企业不仅是个经济组织，还应积极参与社会、政治和法律等相关事务④。由于学界对企业社会责任的概念认知无法获得一致性结论，因此以企业发展影响范围和社会责任内容为基础，不同学者发展出了不同的企业社会责任划分方法。有学者提出了企业社会责任金字塔模型，即根据社会对企业的发展期望，企业社会责任包括经济责任、法律责任、伦理责任和自愿责任（Carroll，1979）。其中，经济责任是企业社会责任金字塔体系的最底层，也是企业的最基本责任。法律责任位于经济责任之上，指的是企业在实践经济活动的同时不能超越法律的框架。伦理责任位于法律责任之上，指的是企业发展不仅要遵循法律，还应符合社会发展的社会规范、伦理道德和主流价值观。自愿责任位于企业社会责任金字塔体系的最顶层，指的是企业为了实现社会期望，实现社会的可持续发展，由企业自行判断应当承担的责任，并自愿履行，例如慈善捐赠等活动⑤。还有学者结合利益相关者理论，提出了企业社会责任扩展四阶段模型（Boal and Peery，1985）。阶段一中，企业在关注股东利益的同时还遵守法律法规。阶段二中，企业将社会责任的范围扩展到员工，保障员工利益、完善工作条件、扩大员工权益、提升企业人力资源管理能力，并在此基础上吸引、保留和激励员工。阶段三中，企业进一步扩大社会责任范围，将供应商和消费者也纳入其中。这一阶段，企业的社会责任在于为消费者提供公平的价值、安全且高质量的产品，并与

---

① Sheldon Oliver. *The Philosophy of Management* [M]. London：Sir Isaac Pitman and Sons, Ltd., 1924.

② Bowen Howard R. *Social Responsibilities of the Businessman* [M]. New York：Harper & Row, 1953.

③ Friedman M. The Social responsibility of business is to increase profits [J]. *New York Magazine*, 2007 (13).

④ 斯蒂芬·P. 罗宾斯、玛丽·库尔特：《管理学》（第九版），孙健敏、黄卫伟、王凤彬等译，中国人民大学出版社 2009 年版。

⑤ Carroll A. B. A Three – Dimensional Conceptual Model of Corporate Performance [J]. *Academy of Management Review*, 1979 (4).

供应商维持良好的关系。阶段四中，企业的社会责任再一次扩大。此阶段的社会责任范围扩展到了整个社会，企业要具备涉及社会利益整合的多重责任，例如促进社会公平、保护环境、促进社会文化进步等。同时，值得注意的是，在此阶段，即使因为履行社会责任而造成利润损失，企业也仍然会积极履行社会责任①。进入 21 世纪后，随着宏观环境中经济、科技、环境等方面的变化和企业自身发展所受到的挑战，学者对企业社会责任的内涵界定也有了不同的认知。有学者提出了企业社会责任感官加工模型，该模型包含了认知、语言和努力三方面内容（Basu and Palazzo，2008）。其中，认知指的是企业管理者会思考在更广阔范围内企业与股东的关系，同时管理者还会思考企业参与影响重要关系的特定活动的原因。语言指的是企业如何表述参与特定活动的理由，并且能够以恰当的表述方式与其他人分享该理由。努力指的是企业所秉持的行为立场，并且这种立场将与企业在组织活动中一贯秉持的承诺和一致性共同影响企业的关系②。Aguinis 和 Glavas 以利益相关者理论为基础，认为企业社会责任是企业的一系列实践活动和策略，在制定策略和执行实践活动时要充分考虑经济、社会、环境和利益相关者期望③。

尤其是在抗击新冠疫情的过程中，有不少企业在数字化转型过程中不仅看到了数字化的巨大潜力，同时也通过数字化手段承担并履行着企业的社会责任。阿里巴巴积极承担并履行社会责任，发挥自身数字技术优势，通过数字化平台、大数据、云计算开创了"一图一码一指数"的管控模式，并协助浙江省政府在抗击新冠疫情和疫情后复工复产的过程中统筹高效地保障物流、人流、商流、信息流畅通无阻。新华三集团充分展现数字赋能优势，在新冠疫情防控期间，通过数字技术保证了各大医院的技术运行。同时，新华三集团还通过数字赋能履行环保责任，助建智慧城市。字节跳动借助数字平台开展扶贫活动，创造企业与被帮扶对象的共享价值。不难发现，在数字化转型中，企业的社会责任分为了两部分，一部分是传统的企业社会责任，另一部分则是通过数字技术承担的新型社会责任。

尽管现有企业社会责任的研究成果可以部分解释并指导数字化企业的社会责任实践活动，但是现有社会责任理论发展仍远滞后于实践。目前，数字化企业社会责任体系的构建存在着显著不足。一是缺乏以大数据、人工智能为主的信息安全责任建设。大数据、人工智能技术的应用在提升信息精准度的同时，也存在用户信息大量泄露、信息数据滥用、贩卖用户信息数据等问题。用户的数据安全和

---

① Boal K. B. ，Peery N. This cognitive structure of social responsibility ［J］. *Journal of Management*，1985（11）.

② Basu K. ，Palazzo G. ，Corporate social responsibility：A process model of sensemaking ［J］. *Academy of Management Review*，2008（33）.

③ Aguinis H. ，Glavas A. Embedded Versus Peripheral Corporate Social Responsibility Psychological Foundations ［J］. *Industrial and Organizational Psychology*，2013（6）.

隐私安全均缺乏保障。二是缺乏以生物基因、生命科学技术为主的食品医药安全责任建设。转基因、DNA 编辑技术在食品医药领域的应用在一定程度上确实可以解决人类的粮食问题和重大疾病、慢性病等问题，但在应用实践领域仍缺乏严格的伦理审查及风险评估监管。三是缺乏以新媒介为代表的终端智能设备和服务的适老化建设。以三网融合为核心的新媒介及其终端智能产品切实提升了人们的生活质量与效率，涉及与用户息息相关的电子商务、网络购物、政务服务、手机App、智能语音电视等多个领域。但由于知识结构变化与认识水平差异，上述技术与产品增加了老年人使用难度，缺乏适老化设计。四是企业社会责任缺乏前置性。社会责任在大部分企业的战略规划中均为后置位置，即先强调企业发展再重视社会责任。

因而，在数字经济时代下为了更好地构建新型政商关系，数字化企业应当积极构建全社会责任体系。特别是在当前，我国已经全面建成小康社会，还将继续探索共同富裕的发展路径。因此，构建全社会责任体系不仅是企业自身发展的需要，更是整个社会健康发展和共同富裕的需要。第一，明确并完善全社会责任体系的责任主体与责任客体。其中责任主体包括推动及应用数字技术手段的利益相关者，如政策制定者、科研人员、工程师、设计者、企业家及企业利益相关者等，均可列为全社会责任主体，并承担相应的全社会责任。责任客体则包括使用数字技术及可能被数字技术影响的消费者、生态及社会全体成员。第二，构建"预测—反思—协商—反馈"的全社会责任综合评估机制。预测阶段主要由政府、企业、科研院校协作，对数字创新技术或项目展开潜在风险评估。反思阶段主要由政府相关职能部门、企业科技伦理审查机构及创新评估机构和行业科技伦理审查机构共同确认数字创新技术或项目的合法性。协商阶段主要由企业主导，组织全社会责任主体代表参加企业数字创新技术或项目决策听证会以增加该技术或项目的互动性和透明度。反馈机制则是在数字创新技术或项目进入实践领域后，由政府、企业和科研院校就其效果或风险再次进行综合回顾与评估。

第三节　数字经济法律保障与构建新型政商关系

随着数字经济的快速发展，数据、算力和算法的协同作用不仅推动了数字企业和数字金融的繁荣发展，也导致了数字经济垄断的快速形成。这不仅严重影响了市场竞争秩序，更对社会福利和消费者利益造成了极大损害，也暴露了数字经济反垄断立法缺失、政府监管不力等问题。如何有效监管数字经济反垄断不仅是引导数字经济健康发展的关键，更是凸显数字经济时代下政府妥善处理政商关系的关键。

一、我国数字经济反垄断法治监管机制存在的问题

数字经济反垄断的顶层设计不完善。一是缺乏政府对数字经济反垄断的引导机制。数字经济是不同于农业经济和工业经济的全新的社会经济形态，因此数字经济的垄断也不同于传统的垄断行为，其更具隐蔽性、形成更迅速、垄断行为更难评估。目前，对于数字经济反垄断的理论内涵、底层逻辑与发展规律的认知均相对匮乏。因而，导致了政府反垄断引导作用不畅。二是缺乏数字经济反垄断的相关法律法规。为加强对数字经济反垄断的监管，2017～2021 年初，英国、德国和欧盟等国家和地区相继出台了《数字经济法》《〈反对限制竞争法〉数字化法案》《数字服务法》和《数字市场法》。相比而言，目前我国还未设立专门的相关法律，而现有的《反垄断法》已经无法适应数字经济发展的需要。三是缺乏统一有效的各部门协同监管机制。数字经济反垄断中，国家市场监督管理总局和各省市市场监督管理局起主导作用，但商务部、各省商务厅、税务和金融等其他部门尚未充分发挥其应有作用，也未能与市场监管形成协同效应。四是缺乏行业整体监管机制。各行业及行业监管部门均意识到了数字化改革带来的产业效益与经济效益，但对数字化改革潜在的行业垄断风险认知不足，因而有效的行业监管机制尚未形成。

数字经济反垄断的执法与监管效力欠缺。一是行政执法力度欠缺。目前针对数字经济反垄断的惩戒手段以罚款为主，惩戒手段过于单一。同时，从现有案例来看，对阿里巴巴、腾讯、字节跳动等多家数字企业的反垄断罚款额度均为 50 万元人民币，与上述企业通过垄断所获收益相比，罚款额度起到的威慑警告作用严重不足。二是反垄断审查流程过长。数字经济通过获取、分析与掌握数据的能力在很短时间内就能发挥其网络效应、锁定效应和规模经济效应而形成垄断，为垄断行为的评估带来较大阻碍。因而，数字经济反垄断调查过程一般要长于传统反垄断调查，从而导致了数字经济反垄断效率低下。三是监管链条各环节发展不平衡。由于数字经济垄断形成的隐蔽性、迅速性与复杂性，当前的反垄断监管以事后监管为主。监管部门对数字市场形成过程中的竞争管理意识薄弱，导致数字经济垄断的事前监管和事中监管环节薄弱。四是传统反垄断手段与数字经济反垄断需要不匹配。已有反垄断手段可实施的基础是传统垄断行为有着清晰的评估体系，但由于数字经济垄断的复杂性和融合性，该体系并不完全适用于数字经济垄断行为的评估，因而传统反垄断手段也并不适配于数字经济反垄断的需要。

数据、算力、算法的管理机制不明确。一是数据确权尚未厘清。数据作为生产要素，其所有权、采集权、使用权、共享权等相关物权仍未界定，这对数据的要素价值识别造成了一定困难，并导致了数据滥用的风险。二是数据安全治理监管机制尚未建立。一方面企业获取和共享数据的安全治理监管机制尚未建立，另一方面被采集数据方缺乏有效的信息安全管理机制。三是数据要素市场机制不完善。目前数字企业以极低的交易成本进行数据获取和数据共享，数据要素市场缺乏规范。四是算力和算法的定位尚不明确。算力和算法是企业获取和分析数据的必备要素，也是形成技术壁垒进而形成垄断的重要因素。但算力和算法在数字经济中的定位还比较模糊。

数字经济法治专项人才匮乏。一是缺乏理论研究人才。一方面缺乏对数字经济和数字经济反垄断理论内涵和底层逻辑研究的高端人才，另一方面缺乏具备经济学、计算机、法学等相关理论基础的跨学科人才。二是缺乏具有数字经济反垄断丰富经验的人才，特别是在数字经济反垄断审查队伍与执法队伍建设中缺乏此类人才。

二、完善我国数字经济反垄断法治建设的对策建议

加快完善数字经济反垄断顶层设计。一是加强领导，在党委和政府的统一领导下，组建数字经济反垄断委员会，提升对数字经济反垄断的统筹指导。设立数字经济反垄断委员会，一方面由国家发改委、商务部和国家市场监督管理总局对数字企业垄断行为进行统一审查与监管，以减少因监管分散和"个案授权"而造成的效率低、审查时间长、地方反垄断机构效力受阻等问题；另一方面协同国务院反垄断委员会、国家发改委、商务部与欧盟、美国、日本等地区和国家建立数字经济反垄断国际协同机制，共同监管和引导跨国数字企业反垄断行为。二是推进立法先行，加快推动数字经济反垄断法律法规与数字经济协同发展。以《国务院反垄断委员会关于平台经济领域的反垄断指南》为指导，对标美、德、英等国的数字经济专项法律，尽快形成并出台我国数字经济反垄断法律法规。三是通过政产学研四方融合，建立国家级数字经济反垄断研究平台。一方面依托高校与科研院所为数字经济反垄断提供理论指导与逻辑支撑，另一方面由行业协会与重点数字企业总结形成在全国范围内具有指导性的行业反垄断案例集，为国家数字经济反垄断监管和数字经济健康发展提供经验参考。四是发挥协同效应，通过工商、金融、税务等部门的协同配合，形成数字经济反垄断综合性监管网络。一方面由金融、工商部门为主导，引导资本在数字产业和其他产业间均衡流动，引导数字企业股权融资与资产收益率的均衡发展。另一方面由税务部门主导，以重点

数字企业和有过垄断行为的数字企业为试点，探索数字税实施机制。

加快确立数据、算力和算法的管理机制。一是探索并出台数据确权的指导性文件。以《中华人民共和国物权法》为蓝本，探索数据采集权、所有权、使用权和共享权等权利的归属、取得、支配与变更，并出台相应指导性文件。二是建立国家级数据安全中心。由工信部和商务部联合国家安全部门，共同建立国家级数据安全中心，对数字企业数据应用进行评估和授权，并对数字企业的数据安全进行监管。同时，数字企业定期向该国家级数据安全中心进行算法披露，由中心评估算法迭代产生的垄断风险，并进行及时监管。三是探索并初步形成数据要素市场化配置机制。重点评估不同行业数据合并而产生的业务关联与市场融合的潜在利益和垄断风险，在此基础上对数据价值及企业间的数据交易成本进行核算。四是明确算力和算法在数字经济中的功能定位。数字经济发展背景下，明确算力和算法的功能定位不仅有助于监管、化解算力和算法产生的潜在垄断风险，还有助于算力和算法的知识产权保护以激励算力和算法的不断创新。

加强数字经济反垄断行政监管的"整体智治"。一是加大行政罚款力度。行政执法部门通过数字化技术，建设包括垄断企业年利润总额、因垄断或垄断倾向而获得的利润、因垄断而对其他企业产生的损失等因素在内的垄断危害评估体系，以此提高垄断罚款额度，增强处罚的威慑力。二是建立并完善数字化监管链条。通过大数据、区块链、云计算等数字化手段，对数字经济反垄断审查监管链条进行数字化改革，以提升审查监管效率，并能对垄断行为的事前、事中和事后阶段的潜在风险进行预判与及时化解。三是创新监管手段。运用数字化技术对数字企业可能涉及的市场和业务进行再评估，改进既有垄断行为评估体系。同时，由工信部、商务部联合金融、税务、工商部门建立数据共享责任清单和数据应用信用体系，以规范企业的数据相关行为。

大力培养数字经济法治人才。一是尽快培养一批具有扎实的数字经济及数字经济法学基础的学术型人才。充分发挥我国各类高等院校、科研院所的平台优势及其经管类、人工智能、计算机、法学等学科优势，建立并发展数字经济法学专业。同时发挥各大高校及研究院所的协同作用，建立在全国具有一定影响力的数字经济研究型平台以培养理论型高端人才。二是培养具有一定数字经济法治经验的实践型人才。加强政府、企业、产业、科研院所四位一体的深度融合，一方面在数字经济反垄断审查与执法队伍中定期组织理论素养培训与案例学习，另一方面由行业协会与重点数字企业发挥组织与示范作用，提升全行业反垄断警惕意识。

第八章

新型政商关系中商会的自主治理能力

本章重点从商企主体中的商会角度，对商企行为主体参与新型政商关系的构建展开分析，首先，梳理我国政府与商会关系的政策演化，将新中国成立以来政府与商会的关系划分为四个阶段，并概括各阶段的特点；其次，从学术角度梳理我国政府与商会关系的理论研究进路，归纳各类研究的视角、贡献与不足，为其后提出我国政府与商会关系的转型方向提供支撑；再次，从管理学、政治经济学、国家与社会关系三个方面，厘清我国政府与商会关系的发展逻辑；最后，以杭州异地商会的实证研究，提炼出我国政府与商会关系合作的路径。

第一节　我国政府与商会关系的政策演化

政府与商会关系研究的理论进路与我国政策演化有着高度的一致性。自新中国成立以来，尤其是 20 世纪 80 年代以来的经济与政治体制改革，我国政府逐渐放权，市场和社会空间不断扩大，市场活力增强，社会组织合法性提升。此外，随着一系列涉及政府与商会关系的政策文件的出台，商会组织发展的社会空间和制度环境都在不断发展①。总体而言，我国政府政策演化呈现"限制管控—规范

---

① 徐越倩：《民间商会与地方治理：理论基础与国外经验》，载于《中共浙江省委党校学报》2005年第 5 期。

管理—指导监管—互惠合作”的变化特征，据此，从时间顺序上，我们将政府与
商会关系的政策演进路径划分为四个阶段。

一、第一阶段（1949～1978年）：限制管控关系

我们将第一阶段中政府与商会的关系特征概括为限制管控关系，即政府在
有限的政治与经济环境中，为了管控商会的发展而出台一系列具有某种“抑
商”性质的政策文件。为了巩固新生政权，我国政府于此阶段实行计划经济体
制，不支持鼓励发展具有私营经济特征的行业协会及商会，甚至不惜对其进行
压制。

新中国成立之初，全国经济仍处于大萧条的境地，私营企业及个体经营户
往往通过组建或者参加行业组织的方式维护自身利益，私营经济由此逐步占据
我国经济的主导地位。当时，国家经济是以商会、企业和市场的共同治理为
主，伴随着中国共产党执政地位的稳步提升，政府力量也由此得到迅猛发展。

通过在整个社会中建立并遍布单位党组织，中国共产党在社会领域加强了对
全社会以及每个社会人的整合和控制[1]。通过支持和发展公有制经济、排挤和打
压私营经济，商会等私营经济组织的作用不断减弱，私营经济的发展也日渐萎
靡。公有制经济早在社会主义建设初期已然成为了国家经济的主体，私有制经济
几乎不复存在，一时之间，商会组织也没有了踪影。1950～1951年间，中央政府
颁布《社会团体登记暂行办法》和《社会团体登记暂行办法实施细则》两部法
规，早已对社会团体的审查、注册和登记作出了明确的制度规定。随着制度规定
细则的不断细究深化，注册成立社会团体的难度也相应提升，这一举措无疑也加
强了政府对商会的严格管控力度。

综观这一阶段的政府与商会的关系，政府凭借政治力量几乎控制了全部的经
济社会活动，并形成了政府集中与单一式治理模式。适时，有关于商会等私营经
济组织的地位与合法性、合理性并没有得到国家法律层面上的承认，且在实行计
划经济体制的政治环境里，商会等组织的生存空间也不断萎缩，其社会合法性趋
于消失。至此我们可以看到，这个时期的政府并不看好商会组织的发展前景，甚
至采取的是一种消极打击的态度。回到现实意义层面，中央政府颁布两部法规加
大了对社会团体的整顿力度，以达成抑制商会发展的目的。

---

[1] 康晓光、韩恒：《分类控制：当前中国大陆国家与社会关系研究》，载于《社会学研究》2005年
第6期。

二、第二阶段（1978～1992年）：规范管理关系

在第二阶段里，政府与商会的关系呈现出较为显著的规范管理的特点，即面临商会数量迅速增加的情况，政府通过合法规范的手段，以提高准入门槛的方式对其进行管理。凭着这一阶段中的市场经济体制改革的东风，市场与社会的职能边界不断扩大，非公有制经济尤其是私营企业迅速发展，除政府之外的多元社会力量壮大。但是由于政府能力的提升速度赶不上新领域新行业的发展速度，对一些新兴事物的管理出现了真空状态，此时催生出了自下而上的民间行业协会商会，且在当时相对宽松的政府环境中得到了蓬勃发展。

据民政部的数据结果，1989年初，全国性社团已发展到1 600多个，相当于"文革"前的16倍，地方性社团猛增到20多万个，相当于"文革"前的33倍。造成这一数量膨胀的主要原因是，当时民间对于行业协会商会的需求不断增加，且政府面对发展如此迅速的市场和社会管理中出现的"管理失灵"问题，逐渐放松了对民间社会团体的控制，也意识到其在市场和社会治理中的功能，支持鼓励成立一些民间社会团体。但社会团体如此迅猛的发展趋势势必影响到政府手中原有的部分公权力，因此，政府坚持对商会的管控思维，对包括行业协会商会在内的社团继续加强监督控制，主要体现在1989年的《社会团体登记管理条例》（以下简称《条例》），其中正式确立了社会组织登记的双重管理体制。《条例》规定了我国各类社会团体组织的活动必须按照规定进行申请与登记，且须受有关部门的监督指导。我们可以认为，《条例》所遵循的现实逻辑是对行业协会商会进行规范化管理以便维护市场秩序，内在逻辑则是要对市场与社会发展实施管理，将行业协会商会的发展纳入政府的控制范围内，使其成为"二政府"，主要目的还是将其作为政府的助手，弥补政府管理过程中的缺失。

三、第三阶段（1992～2012年）：指导监管关系

可以说，这一阶段中的政商关系表现出较强的"指导监管"的特征，虽然政府与市场的边界日趋清晰，但于协会商会而言，政府颁布的系列政策仍然显现着"策略性控制"的影子。党的十四大因时因势而动，提出了关于建立社会主义市场经济体制的改革愿景。基于宏观层面，国家通过大规模的宏观调控对经济市场进行强有力的控制；而基于微观层面，国家通过合理地放矢，将一些微小的自主权放手市场。从1993年出台的《关于建立社会主义市场经济体制若干问题的决定》与1997年出台的《关于选择若干城市进行行业协会试点的方案》中，我们

可以看到，政府逐渐从"开始提倡"发挥行业协会商会等私营经济组织的作用，到选择与确定"具体试点城市"，商会组织的社会生存空间不断扩大。行业协会商会组织发展到一定程度之后，势必会侵占政府部门的社会管理空间。为了提高行业协会商会的管理效率与水平，1998 年国务院修订的《社会团体登记管理条例》，标志着社团双重管理体制的正式确立，这不仅意味着商会等组织获得了发展的政治合法性，同时也表明政府加强了对其发展的管控。《条例》中明确指出将社会团体分为法人社团和非法人社团，这两类社团皆需遵循分级登记注册和主管机关前置审查制度，同时《条例》进一步深化了双重管理体制。《条例》第八条规定，有关业务主管部门和登记管理机关应当对经核准登记的社会团体进行日常管理；第九条规定，申请成立社会团体，应当经过有关业务主管部门审查同意后，向登记管理机关申请登记。1999 年，国家经贸委颁布了《关于加快培育和发展公司领域行业协会的若干意见（试行）》，意见界定了行业协会商会的 17 项职能，但其中绝大多数都是为政府服务的，且在实践中政府借助职能转移方式来拓展管理市场的"合法"权利，从根本上看，协会商会仍然为政府管理提供着辅助性的帮助，而政府却通过运用转移职能的方式，获得了对行业管理的合法权①。2007 年，国务院办公厅发布了《关于加快推进行业协会商会改革和发展的若干意见》。以此为标志，商会发展进入了新的阶段。无论是以往颁布的《条例》还是《关于加快推进行业协会商会改革和发展的若干意见》，政府对于商会的态度开始转变，同时清晰地传递出了一个信号：政府愿意通过鼓励支持商会发展以承接其更多职能，从而弥补政府能力的缺失或不足，并由此提高全社会的行政管理效率与水平。在这一"指导监管"的过程中，虽然政府积极引导商会成立，指导商会在可控范围内发展，但同时也在法律与制度上加强了监督控制，仍是以一种管理的思维而非以平等的治理理念处理政商关系。

四、第四阶段（2013 年至今）：互惠合作关系

经过前一阶段的发展，商会的自主性与合法性得到了极大的增强。在现实中，要求政府与富有实力的社会主体进行合作的呼声更高了，在这一背景下，我国开始尝试构建一种新的合作关系，即政府与商会间的平等互惠的合作关系。在政策层面，2013 年 12 月修订了《社会团体管理登记条例》，其中在行政法规部分，民政部门直接登记制度开始在商会四类社会组织试行。这意味着行业商会协

---

① 吴昊岱：《行业协会商会与行政机关脱钩：政策执行与政策特征》，载于《治理研究》2018 年第 4 期。

会的成立可以省去很多步骤，而不必在确认业务主管部门的前提下再上报审批，同时也表明了商会在实际运作中，掌握了更多自主权，这标志着"双重管理体制"开始解体。另外，在全面深化改革的持续推进下，2013 年国务院办公厅发布《关于实施〈国务院机构改革和职能转变方案〉任务分工的通知》，提出"逐步推进行业协会商会与行政机关脱钩，强化行业自律，使行业协会商会真正成为提供服务、反映诉求、规范行为的主体"①。2015 年下发的《行业协会商会与行政机关脱钩总体方案》（以下简称《方案》）是我国首个阐述行业协会商会与行政机关脱钩改革的政策文件。《方案》要求划清行政机关与行业协会商会职能上的界线，提出"依法设立、自主办会、行为自律"的行业协会商会特征，并计划两年内基本形成"政社分开、权责分明、依法自治"的现代社会组织体系。以上政策文件是我国制度环境建设与改善的重要一环，进一步增强了社会组织的积极性与创造性。伴随着改革的深入推进，行业协会商会逐步脱钩于政府管制，并且未来发展趋势愈发明确，同时商会在市场中的位置逐渐凸显。然而，在当前阶段，行业协会商会几乎不可能完全脱离政府，一方面是出于对社会组织合法性基础与资源整合的考量，另一方面是考虑到行业商会协会的主管部门主动出让既得权力与利益的可能性。因此，我国政府适时转变思路，采用更主动、更积极的方式，来监督社会组织的行动。2016 年 12 月，国家发改委出台了《行业协会商会综合监管办法（试行）》，分八个部分共 37 条，在明确政府部门监管责任的基础上，采用党的领导、政府部门综合监管与服务以及协会商会自治自律相结合的新型综合监管模式，以此替代原先的行政准入模式②。表 8 - 1 反映了不同阶段我国政府与商会关系的政策演化与特征。

从上述分析可知，政府和商会的关系总体上呈现出逐渐平等化的一种态势，其内在逻辑是政府对商会的控制逐渐减弱，从新中国成立初期的强控制到现在的策略性、柔性控制，在这一过程中，政府与商会的关系总体呈现出"限制管控—规范管理—指导监管—互惠合作"的动态特征。产生这一过程的原因在于：一方面，市场经济不断完善促进了市场自治主体发育及能力增强，市场的健康发展需要商会参与治理；另一方面，随着社会治理复杂性的提升，政府在提供公共服务的过程中，需要商会专业参与。在这样的趋势下，政府和商会由于利益契合，在形式上逐渐形成了一种策略性合作状态。但是，对政府与商会关系的正确认识是极其复杂的，两者关系会受到国家能力的不断增强、社会组织合法性的逐步积

---

① 马红光：《依附式合作：企业商会与政府的关系模式探析——以在京外地企业商会为例》，载于《首都师范大学学报》（社会科学版）2016 年第 4 期。

② 季云岗：《构建"政府监管 + 依法自治"新型综合监管模式——民政部社会组织管理局副局长廖鸿就〈行业协会商会综合监管办法（试行）〉答记者问》，载于《中国社会组织》2017 年第 1 期。

累、政社合作需求的不断提升以及公共管理的现代化发展等因素的影响，而这些因素在社会发展的不同阶段又呈现出了极大的差异性，这导致了政府与商会关系呈现出动态变化的特征。从两者关系演化路径来看，中国政府与商会的关系是一种从强制性变迁逐渐向诱导型变迁的转变，具体而言体现在新中国成立以来国家往往偏向于从政策法令等正式制度的层面对商会进行管控与规范，具有浓厚的行政色彩；改革开放以来，随着市场空间与社会空间的不断开放，政府对商会的强管控策略逐步减弱，商会存在的价值与意义开始从政府的辅助性组织向服务于市场主体转变，商会的自主性与治理能力增强，改革的自发性日益呈现，商会组织的发展与市场经济的完善、政府职能转变同步同调。

表 8 - 1 我国政府与商会关系的政策演化与特征

阶段	演化动力	政策文件	关系特征
1949 ~ 1978 年	巩固新生政权、计划经济体制	《社会团体登记暂行办法》《社会团体登记暂行办法实施细则》	限制管控
1978 ~ 1992 年	市场经济体制改革促进商会发展	1989 年《社会团体登记管理条例》确立双重管理体制	规范管理
1992 ~ 2012 年	商会需依赖政府获得发展、政府需商会辅助管理市场	1998 年《社会团体登记管理条例》、1999 年《关于加快培育和发展公司领域行业协会的若干意见（试行）》等系列政策文件	指导监管
2013 年至今	简政放权深入、商会能力增强	2013 年《社会团体管理登记条例》试行民政部门直接登记制度	互惠合作

资料来源：本书成员整理而成。

第二节　我国政府与商会关系的理论研究进路

当前我国国家与社会关系正处于社会管理向社会治理过渡的关键时期，作为社会组成力量的商会等行业组织的发展，对地方治理运作起到了重要作用。在政府与社会关系的分析框架下，对于政社、政商关系的研究最开始是以市民社会理论与法团主义为理论依据的。随着研究的深入，出现了一些本土化研究，如敬乂嘉提出了我国国家与社会之间存在特有的吸纳、依附、良性互动关系，具体体现在策略性合作、调适性合作等模式中，且认为国家权力逻辑和市场机制是推动国家与社会关系变迁的基本动因①。

国家与社会关系研究路径中包含了政府与商会关系，这决定了对政府与商会关系的探索须建立在国家与社会关系的基础之上。随着社会经济的不断发展，政府角色从全能型到有限型的转化，中国政府与商会关系的研究不断丰富和深化，但即便是对于商会合法性的研究中商会产生、角色、功能以及治理结构等问题也都渗透着我国政府与商会关系的影子，都在国家与社会分析框架之下。鉴于此，通过对现有文献的梳理，我们认为政府与商会关系研究的理论研究主要集中在商会发展合法性研究、政府与商会边界问题研究、政府与商会互动形态研究三个层面，而上述中国情境下政府与商会合作关系的研究，不仅拓展了合作治理的理论内涵，丰富了国家社会关系理论，也为合作治理在中国的实践打通了一条理论进路。

第一，早期研究更多的是基于商会自身发展的视角，从商会的合法性进行研究，描述了现代国家中商会的产生与兴起的原因与基础。商会发展的好与差很大程度上是由政府决定的，即政府给予的社会空间越大或合法性越强，商会发展得越好，反之亦然。因此，"强政府—弱社会"是我国政府与商会关系的典型特征。高丙中提出了整体框架，认为社团的合法性可以从四个层面上进行解释，即社会层面、法律层面、行政层面和政治层面②。在中国现在市场的语境下，商会的发展必受到宏观政策及政府态度的影响，因此政治合法性对社团的存在和发展起着关键性的作用。在此基础上，有学者从历史制度主义的角度分析了民间社团的社会合法性产生的基础可以是传统，可以是共同的利益，也可以是有共识的规则，而法律合法性，实际上是对社会合法性的追认和界定③。此外，郁建兴和黄红华、王诗宗等通过对温州商会的个案研究指出，合法性是政府与商会合作的基本条件，其中政治合法性是我国对民间社团的独特要求④⑤。总的来说，这一时期的研究较好地解释了商会兴起的原因以及生存发展的条件，但是这些研究多基于西方研究的理论视角，总体缺少了中国本土化色彩。这些研究虽然指出合法性是社团存在发展的基础，但大多没有阐明合法性来源背后的得与失，比如商会为了获得合法性需要付出的代价是什么，两者的具体联系是什么？为什么政治合法性问题对中国的行业协会商会发展如此重要？但不可否认的是，关于商会自身发展的研究让我们认识到政府在其中扮演着关键的角色，这一阶段的研究是政府与商会

---

① 敬乂嘉：《控制与赋权：中国政府的社会组织发展策略》，载于《学海》2016 年第 1 期。

② 高丙中：《社会团体的合法性问题》，载于《中国社会科学》2000 年第 2 期。

③ 余晖：《行业协会组织的制度动力学原理》，载于《经济管理》2001 年第 4 期。

④ 郁建兴、黄红华：《民间商会的自主治理及其限度——以温州商会为研究对象》，载于《中共浙江省委党校学报》2004 年第 5 期。

⑤ 王诗宗：《行业组织的政治蕴涵——对温州商会的政治合法性考察》，载于《浙江大学学报》（人文社会科学版）2005 年第 2 期。

互动关系研究必不可少的基础性环节。

第二，以市场化为导向的经济体制改革以来，政府与商会关系的研究路径更多转向商会如何更好地发挥功能，较多涉及了政府与商会的边界划清、商会自主性问题。一些学者指出政府应该更加注重其经济调节、市场监管、社会管理和公共服务的职能，而商会则主要是向企业和政府提供信息与服务，两者划开边界、适度分工，从而形成良好的社会自治格局①。在此基础上，有学者提出必须在法律和制度的层面明确界定政府与商会的治理边界②，但并没有说明具体边界在哪里。当然，也有部分学者指出，在中国语境下，政府与商会确立明确的边界是不现实的。其中，刘世定通过对苏南乡镇四个商会的调研，指出政府渗透在企业与商会之间具有合理性③。但是，有限政府与社会治理力量多元化的观点是没有争议的，未来社会治理将形成政府、市场和商会三方共同治理的格局，且商会是社会自治力量中的一支关键力量④。政府应尽可能地将事务交由社会组织完成，政府的职责是推动社会更好地进行自治；政府只需要在社会自身力量无法解决的领域才进行干预⑤。这一类型的研究认为随着市场边界的扩大，商会的职能已经逐步从帮助政府履行公共服务职能到服务企业会员为主，政府与市场、社会之间不再是一元控制逻辑，认为商会作为一种独立的力量，在治理过程中发挥着越来越不可或缺的作用。研究共识性地认为政府的职能边界将不断缩小，而其余边界将不断扩大，两者的边界逐渐清晰是一种趋势，但即使市场和社会空间扩大，在政府与商会关系中，政府占主导地位的特征仍然显著，政府与商会两者开展地位平等的合作还没有引起重视，两者仍然是一种"行政领导"模式⑥。

第三，随着研究中政府与商会边界研究的深入，商会具有的自主性逐渐达成共识。行业协会商会脱钩政策的提出，学者将更多的目光聚焦于政府与商会互动形态的研究。政府与商会关系研究在已形成的公民社会⑦、法团主义⑧、行政吸

---

① 李建琴、王诗宗：《民间商会与地方政府：权力博弈、互动机制与现实局限》，载于《中共浙江省委党校学报》2005 年第 5 期。

② 陈剩勇、马斌：《民间商会与地方治理：功能及其限度——温州异地商会的个案研究》，载于《社会科学》2007 年第 4 期。

③ 刘世定：《退"公"进"私"：政府渗透商会的一个分析》，载于《社会》2010 年第 1 期。

④ 蔡斯敏：《组织为谁代言：社会治理中商会多重身份的演变》，载于《深圳大学学报》（人文社会科学版），2014 年第 5 期。

⑤ 贾西津、张经：《行业协会商会与政府脱钩改革方略及挑战》，载于《社会治理》2016 年第 1 期。

⑥ 卢向东：《"控制—功能"关系视角下行业协会商会脱钩改革》，载于《国家行政学院学报》2017 年第 5 期。

⑦ White G. Prospects for Civil Society in China：A Case Study of Xiaoshan City ［J］. The China Journal, 1993（29）.

⑧ Chan A. Revolution or Corporatism? Workers and Trade Unions in Post - Mao China ［J］. The China Journal, 1993（29）.

纳社会①以及行政吸纳服务②等诸多范式中持续深入，并在平稳发展中逐渐出现"依附式合作"③④⑤、"调适性合作"⑥ 的特征，并逐渐呈现出专业化⑦⑧的演变趋势。其中，依附式合作指的是商会基于制度安排和自身的实际考虑，在组建程序上对政府部门有依附；在实际运行中并不受其控制，而是具有自主性和独立性，其实质是一种"程序依附、实质合作"的关系；调适性合作与"依附式合作"相比，更加强调社会组织的策略性选择；"专业主导式合作"指的是在政府对专业化社会组织的需求与社会组织专业参与的基础上开展合作治理。在这一研究阶段，多样化的政府与商会合作模式被用来解释中国实践，但是这些合作模式之间存在一些差异性。基于此，有学者开始探索哪种合作模式是解释中国政府商会关系的最佳模式，并进一步研究影响政府与商会开展合作的因素。部分学者通过定量分析发现政府与商会的关系受到商会整体的自主性、人事、财务和认知自主性的影响⑨⑩。此外，部分学者也开始关注商会党建对两者开展合作的影响⑪，认为互联网技术对商会有赋能作用，其不仅可以强化内部组织还可以重构外部功能，进而影响政府与商会的关系⑫。表 8 - 2 总结了我国政府与商会关系研究各视角下的内容与特点。

---

① Kang X. G. , Han H. F. Administrative Absorption of Society：A Further Probe into the State – Society Relationship in Chinese Mainland ［J］. *Social Sciences in China*，2007（2）.

② 唐文玉：《行政吸纳服务——中国大陆国家与社会关系的一种新诠释》，载于《公共管理学报》2010 年第 1 期。

③ 马红光：《依附式合作：企业商会与政府的关系模式探析——以在京外地企业商会为例》，载于《首都师范大学学报》（社会科学版）2016 年第 4 期。

④ 彭少峰：《依附式合作：政府与社会组织关系转型的新特征》，载于《社会主义研究》2017 年第 5 期。

⑤ 王诗宗、宋程成：《独立抑或自主：中国社会组织特征问题重思》，载于《中国社会科学》2013 年第 5 期。

⑥ 郁建兴、沈永东：《调适性合作：十八大以来中国政府与社会组织关系的策略性变革》，载于《政治学研究》2017 年第 3 期。

⑦ 姚华：《NGO 与政府合作中的自主性何以可能？——以上海 YMCA 为个案》，载于《社会学研究》2013 年第 1 期。

⑧ 宋道雷：《专业主导式合作治理：国家社会关系新探》，载于《南开学报》（哲学社会科学版）2018 年第 3 期。

⑨ 张沁洁、王建平：《行业协会的组织自主性研究——以广东省级行业协会为例》，载于《社会》2010 年第 5 期。

⑩ 王伟进：《一种强关系：自上而下型行业协会与政府关系探析》，载于《中国行政管理》2015 年第 2 期。

⑪ 陈天祥、应优优：《甄别性吸纳：中国国家与社会关系的新常态》，载于《中山大学学报》（社会科学版）2018 年第 2 期。

⑫ 宋晓清、沈永东：《技术赋能：互联网时代行业协会商会的组织强化与功能重构》，载于《中共浙江省委党校学报》2017 年第 2 期。

表 8 - 2　　　　　我国政府与商会关系研究的内容与特点

主要视角	具体内容	研究结论	研究不足
合法性视角	商会兴起的原因、生存发展的条件	政府在其中扮演着关键的角色	本土化色彩不浓
功能性视角	商会职能与自主性、政府与商会边界	政府边界缩减市场社会边界扩大但政府仍然管控商会	关于政府与商会平等合作互惠的研究不足
合作性视角	合作的形态与特征、影响因素	依附式合作、专业主导式合作、技术赋能、党建管理	关于政府与商会开展合作的条件组合研究较少

资料来源：本书成员整理而成。

从上述讨论中我们可以发现，我国关于政府与商会关系的研究重点随着社会经济的变化也在不断地发展延伸。中国正在经历的是社会发展和变革的重要阶段，简单地将多元主义—法团主义套用在中国是不恰当的，因为中国的国家实力在不断提升，市场化改革也在持续进行当中[1]。商会的治理能力增强，对政府的依赖性减弱，政府也需要商会参与到日益复杂的市场治理过程中来，主要体现在政府在行业管理方面逐渐赋权社会，放松对包括商会在内的社会组织的控制，政府合同外包、公益创投等都为政府与社会组织合作的方式。基于此，有学者指出政府与社会的合作是可能的也是有效的[2]，但也有学者指出这些方式只不过是政府改变策略，把以往强硬的制度手段、行政手段转向引导手段、市场手段对商会等社会多元主体进行充满技巧的柔性控制[3]。

如何看待这些新时代政府与商会合作的实质？新时代政府与商会的关系与以往有何不同？如何促进政府和商会之间的合作？厘清政府与商会关系的政策演化与内在逻辑，明确政府与商会合作关系构建的影响因素，有利于为合作治理理论在中国的实践提供一个观察点，促进政府与商会良好合作在现实中开展。

第三节　我国政府与商会关系的转型方向

通过梳理新中国成立以来政府与商会关系相关的文献和分析比较一系列政策

---

[1]　敬乂嘉：《合作治理：历史与现实的路径》，载于《南京社会科学》2015年第5期。

[2]　汪锦军：《政社良性互动的生成机制：中央政府、地方政府与社会自治的互动演进逻辑》，载于《浙江大学学报》（人文社会科学版）2017年第6期。

[3]　敬乂嘉：《控制与赋权：中国政府的社会组织发展策略》，载于《学海》2016年第1期。

意见的演化发展，我们可以发现不论是政府管控的行政领导模式，还是商会依赖的依附合作模式，抑或是策略性的调适性合作模式，都不能很好地解释新中国成立以来商会领域的改革发展实践。尤其是党的十八大以来，在制度层面，国家对行业协会商会的政策从管理控制转变为鼓励引导发展，在实践层面，政府与商会的关系从依赖依附转变为互惠合作。商会发展制度环境不断宽松和商会自主性不断增强，政府管控色彩在理念上逐渐减弱甚至消失，政府与商会的关系发展无不显示出我国政社关系发展中的政治性、政策性和社会性三大规律性特征。这些特征都从一个侧面反映了我国政府对行业协会商会治理的内在逻辑，把握好这些逻辑是理解中国政社关系发展以及新时代新型政商关系的关键。

一、政府与商会关系的演变逻辑

首先，从管理学角度上看，我国政府与商会关系是一种合作治理模式。随着"治理"理念进入中国并在实践领域兴起，以管理和控制思想为中心的"统治"理念逐渐淡化，政府治理模式不断创新，涌现出多元治理、协同治理、合作治理等形态。但各形态中的政商关系实质上都是对社会秩序的重构，政府不断将可让渡的职能通过购买服务的形式转移给社会组织（包括行业协会商会），让社会力量参与到社会治理中来，形成市场、社会、国家共同治理的模式。在这种模式下，社会需求复杂多样、政府政策宽松，行业协会商会通过提供多元化与专业化的公共服务，不断在解决具体公共事务方面发挥重要作用。公共服务的提供更加多元化与专业化，不仅满足了中小企业发展过程中的许多问题，也为城市的治理排除了许多不稳定因素。例如，政府通过购买服务等方式开展与商会的合作，商会不断提升自己能力，积极表达企业在发展过程中的需求，实现公共服务供需的精准匹配，提高资源利用的效率；而政府通过购买服务中的财政资源拨付对商会进行引导和监督，使得商会不仅可以处于政府的管理之中，也可以实现商会自身的发展，达成互惠的策略性合作。

其次，从政治经济学角度上看，政府与商会的关系本质上体现的是政治与经济关系的变迁，是政商关系的重要内容。观察新中国成立以来的政商关系，我们不难发现，政商关系既驱动政治经济体制变化，也深受政治经济体制束缚。在新中国成立初期，我国执政党政权尚未稳定，在面临国内经济建设与国际复杂形势的双重压力之下，采取了计划经济体制。此时，国家行政干预和经济计划代替了市场机制的作用，形成了管控形式的经济发展方式。这一时期经济发展是建立在科层制和公务员队伍基础上的。政府把商会作为维持社会稳定的手段、政治经济建设的工具，加强了对商会的管理控制。这样一种压力型体制成功地稳定了新生政权，但在发展过程中也产生了过度行政化等问题，商会作为社会的力量在强国家控制的环境中生存艰难。改革开放以来，商会和政府互动的制度环境发生了质变，以市场化为导向的经济体制和以放权与转变职能为中心的政府政治体制改革，释放了商会发展的社会空间，促进了商会的不断发展，商会无论是在自身内部治理能力建设还是外部处理与政府关系方面都不断成熟。可见政府与商会关系发展演化的过程实质上也是中国经济体制改革的过程，是政府政治制度变化的过程，也是社会组织逐步去政治化的过程，反映的是政治生态的改善与经济开放性的提升。

最后，从国家与社会关系上看，政府与商会的关系是中国类型与中国叙事。有学者认为，关于商会的发展与政府职能转变的关系，我国和西方存在着截然相反的因果逻辑。在西方，商会的形成和发展产生了一股能够影响政府政策和行为的力量，促使政府关注并加强对商会的服务，从而推动了政府职能转变。在中国，商会长期处于政府的管理或控制之下，发展受到一定的政府政策的影响。只有政府职能转变，放松对商会发展的干预，商会才会实现自主的发展[1]。改革开放时期的政商关系，是中国叙事的一个典型样本，首先在维持基本体制下另辟蹊径为市场经济开拓空间，再通过经济发展来整治市场，强化政府治理权威。对应在政府和商会关系中就是，首先顺应市场需求，允许或者说默认行业协会商会的发展；在商会发展取得一定成果后，又通过一系列政策制度将其限制在可控范围内，让商会为政府治理所用，充分体现了商会的工具性特点。在这一过程中，经济不断增长，市场空间扩大，但政府掌握着公共权力，在政商互动中的主导地位丝毫未动摇。在这样的国家—社会关系下，政商互动的模式特别是政府与商会的关系自然与西方存在差异，是一种独特的中国现象。比较而言，20 世纪 60 年代，苏联与东欧并不能成功处理好计划体制与市场经济之间的关系，而中国则成功了。西方的商会组织大体上有类似美国的纯自发性民间组织和类似德国的官办中介组织两类，而中国商会发展的逻辑均不属于上述两类，中国的行业协会商会的发展既有政府主导成立的也有民间自发的，但无一例外的是，所有商会的成立发展都是嵌入在特有的中国国家与社会的关系中，国家的主导地位、政策制定与执行的自主性与权威性是受到绝对保证的，商会的发展是在国家社会力量变动中，为了满足市场经济主体的需要和解决国家社会治理难题的需要中成长起来的。从国家角度而言，商会发展是增强国家政策与实际需要的匹配程度，充分调动政府和市场各主体的积极性，从而达到政策实施与经济社会发展效果最优的途径。

---

[1]　薛华勇：《经济全球化背景下中国商会与政府间关系的重塑》，载于《苏州大学学报》（工科版）2006 年第 5 期。

政府与商会的关系已然经过了上述几个阶段的发展，可见政府治理离不开商会的有效参与和配合，而商会的发展也需要政府来提供宽松的制度环境，政府与社会呈现出越来越多的良性互动与合作①。但是商会的力量还比较薄弱，现阶段的政府与商会的多种合作模式，仍然是地位不平等的合作，政府因为拥有政治资源等因素依旧处于强势地位，商会的自主性尚且不够。为了增强商会的自主性，国家提出了商会与行政机关脱钩的总体思路。但脱钩之后，政府如何与商会进行沟通博弈又成为值得讨论的问题。实践中部分敏锐的工作者关注到了党建，认为党建具有统领全局的作用，能够以更高的层次引领政府与商会之间的合作，统合两者在经济发展中的力量。于商会而言，政府也正在通过党建这条线，培养商会的政治忠诚。有的学者指出当前政府正通过对控制和赋权手段的策略性使用，在新时代为社会组织的发展铺就一条"又红又专"的发展道路。此外，互联网信息技术在各个领域的应用，不仅深刻影响了政府和商会内部的组织和运行模式，而且对政府面向商会的治理模式进行了巨大的调整。商会所处的外部技术环境已经发生巨大变化，这也极有可能影响到商会的内部治理结构与功能，进而影响到与政府合作关系的构建。新时代影响政府与商会关系的外部技术条件和内部治理条件不断复杂和模糊，进一步探究这些变化，在理解传统政府与商会关系的演变逻辑基础上，探究新时代政府与商会关系不仅可以从中观层面丰富新型政商关系的内涵，也可以为合作治理在中国的实现提供新模式，意义重大。

二、新时代背景下政商关系中商会自主治理结构与运行机制

（一）自主治理理论

在公共事物治理领域，长期以来存在着"囚徒困境""公地悲剧"等问题。这些问题无论是利维坦式的国家管制，还是自由化控制的解决方案，在长期的、建设性的方式使用资源方面都未取得成功，而许多不同于国家和市场的制度安排的社区自主治理却取得了成功。所以，问题是为什么有些制度安排在某些场景是成功的？有些则不成功？为探讨这些问题，奥斯特罗姆提出了自组织和自治治理的解决思路。在《公共事物的治理之道》一书中，奥斯特罗姆聚焦讨论"一群相互依赖的委托人如何才能把自己组织起来，进行自主治理，从而能够在所有人

---

① 汪锦军：《合作治理的构建：政府与社会良性互动的生成机制》，载于《政治学研究》2015年第4期。

都面对搭便车、规避责任或其他主要行为诱惑的情况下，取得持久的共同受益。同时，通过一系列自组织制度的安排增加自组织的初始可能性、自组织能力，从而实现没有外部协助自组织解决公共池塘资源问题的能力"[1]。奥斯特罗姆认为在构建自组织治理模式时，存在三个难题。一是制度的供给问题。既然制度是集体的物品，理性人则会寻求免费确保自身利益的方法。"搭便车"的动机会逐渐削弱组织集体困境的动机。在不确定重复博弈条件下，一个对局人向另外一个对局人显示合作的意图，以形成互利有效的对局。因此，解决新制度供给的困境的机制在于建立信任和建立一种社群观念[2]。二是可信承诺问题。在集体博弈中，个体认为遵守承诺和背叛承诺的收益会影响承诺的履行。外部强制被认为是解决承诺问题的方案，即对违背承诺的个体给予强硬制裁，但问题是一个自组织的群体必须在没有外部强制的情况下解决承诺问题，他们必须激励自己去监督人民的活动、实施制裁，以保持对规则的遵守。三是相互监督问题。没有监督，不可能有可信承诺；没有可信承诺，就没有提出新规则的理由。反之，制度是一种有益的公共物品，为了避免"搭便车"行为，则要建立可信的承诺，通过监督确保承诺可信。自治治理理论提供了公共事物解决的自组织途径，为避免公共选择悲剧开辟新的路径，提供自主治理的制度基础。

（二）商会自主治理的结构要素

第一，自主治理的资格：彼此尊重对方的权利。商会是商人自发组成、自愿参与的社团组织。商会自主治理的资格首先体现在企业加入商会的自主自愿方面。企业加入商会完全是在充分权衡成本和收益基础上的理性选择，是一个自主自愿的过程[3]。商会自主治理的资格其次体现在商会组成类型的自主自愿方面。商会既有可能是依照行业划分组成的行业商会，又有可能是依照地域划分的地域商会。最后，从商会内部治理结构来看，会员企业与商会之间不是依附与被依附的关系，而是在彼此尊重前提下的合作关系。其合作关系体现在商会成员形成一个目标一致的组织团体，自我服务和自我管理，并通过集体行动确保商会成员利益最大化。同时，与等级分明的科层制相反，商会是一个扁平化的网络型组织结构。各企业成员分布在网络中的各个节点之间，相互之间地位平等，商会资源

---

① 许宝君、陈伟东：《自主治理与政府嵌入统合：公共事务治理之道》，载于《河南社会科学》2017年第5期。

② 朱广忠：《埃莉诺·奥斯特罗姆自主治理理论的重新解读》，载于《当代世界与社会主义》2014年第6期。

③ 鲍文涵、张明：《从市场治理到自主治理：公共资源治理理论研究回顾与展望》，载于《吉首大学学报》（社会科学版）2016年第6期。

共享。

第二，自主治理的动力：在平等参与中确认的共同利益。利益是各企业追求的主要目标，也是推动企业之间互相合作的纽带。在整个行业中，各企业之间存在着潜在的或现实的公共利益。然而，只有公共利益并不能形成自主治理的动力和激发企业自治合作，只有被商会全体企业成员感知和认同才能形成共同利益。共同利益形成企业合作的利益纽带，推动他们组成利益共同体，再形成"权责利"一致的治理共同体①。具体而言，企业对共同利益的感知首先是基于企业对"权责利"的确认，即企业认定自身在商会组织中具有平等参与集体行动的权利和责任，同时在参与、分工合作中能实现自身的利益诉求。由共同利益驱使的企业集体行动促使商会治理共同体的产生，推动企业自由结盟，不断自我生成多元化组织。

第三，自主治理的基本途径：面对面协商机制。商会企业内部不仅仅存在潜在的或直接的共同利益，还存在着天然的利益冲突和分歧。外部强制裁决和内部自我协调是解决该问题的主要方式。值得注意的是，类似于司法裁决等行业外部强制裁决的治理途径，也需要从"外在强制"转化为"自主治理"，即双方自愿接受"强制结果"并履行契约。从成本与收益比较看，自主治理优越于外在强制，通常情况下会员企业也往往倾向于通过商会的调解和协商调解来解决分歧和冲突，只是在商会调解失败的情况下才被迫进入司法裁决程序。因此，面对面的协商机制是自主治理的基本途径。

第四，自主治理的绩效：以自治增进行业整体利益。自主治理的出发点就是在不依赖于外部力量或尽可能少依赖外在力量的前提下，依靠自我管理和自我约束以规范市场秩序，实现行业的整体利益。自我管理和自我约束是理想的行业市场秩序，不需要外部行政力量的干预和监督，避免人力、物力、财力资源的浪费，是成本最低的治理方式。奥斯特罗姆认为，仅仅形成自主治理的模式不能完全解决"公地悲剧"问题，还需要有效的制度供给、可信的承诺和相互监督。自主治理的制度不会自然形成，而是商会企业之间反复博弈而成②。制度也应该为商会创造民主决策、民主管理等治理机制，并以此增强商会自主治理的合法性和公信力。在此基础上，加强商会主体的民主监督，对会员企业施加可信的承诺能够明确预期的行为模式，修正企业行为的结果，规范商会的治理秩序，进而引导会员企业实现自我管理、自我教育、自我服务、自我约束，以实现行业的有效治

---

① 王浦劬、王晓琦：《公共池塘资源自主治理理论的借鉴与验证——以中国森林治理研究与实践为视角》，载于《哈尔滨工业大学学报》（社会科学版）2015 年第 3 期。
② 任恒：《公共池塘资源治理过程中的政府角色探讨——基于埃莉诺·奥斯特罗姆自主治理理论的分析》，载于《中共福建省委党校学报》2017 年第 11 期。

理，增进行业的共同利益。

（三）商会自主治理的功能特征

商会作为市场经济体制下的一种组织创新，短短三十几年来从成立之初到发展壮大的一个重要原因在于商会从特定群体的利益出发正确地确立好了自身的角色。

第一，组织性。倡导集体行动。虽然商会作为一类自主自治的组织，没有完整的行政组织结构和相应组织人员，但是在吸纳企业成员、整合行业资源方面，却有着较强的组织化特征。企业之所以联合起来成立商会主要是因为商会具有较强的组织性，商会能够通过集体行动实现企业个体的利益诉求[1]。组织的作用在于放大个体的影响力，例如，企业个体在和政府或供应链上下游组织的博弈中往往无能为力，只有企业联合形成组织，发挥企业群的力量，为企业谈判、拓展市场提供强有力的依靠。因此，商会的组织性主要体现在以下几方面：一是商会能够整合分散的企业资源，实现集体行动。商会是所有会员企业共同利益的集合体，因此，会员企业通过加入商会贡献自身资源，共享商会组织资源，配合商会集体行动，实现自身利益。二是商会能够为企业参与解决具体的实际问题。商会具有个体企业难以实现的影响力，即影响行业发展，介入政府政策制定过程并影响政府政策走向，为个体企业创造良好的发展环境和公共政策。三是商会组织内部的仲裁机制可以有效解决企业之间的利益冲突。商会自主治理形成的可信承诺和相互监督机制为仲裁提供相应的依据和惩罚措施。

第二，代表性。行业利益的代言人。在一个多元的社会中，一个社会组织的产生、发展都离不开背后所代表的利益群体。当代表的利益群体越来越广泛时，该社会组织会不断发展壮大，形成具有较强影响力的社会力量；若代表的利益群体越来越狭窄，甚至不代表特定群体的利益，该社会组织则会不断衰退甚至消亡。因此，商会必须代表其特定群体的利益，以赢得所代表的企业支持。无论是代表特定行业企业利益的商会还是代表特定地区企业利益的商会，都需要通过与其他商会、行业协会或政府博弈、合作维护本商会的利益。商会的这种利益代表性主要体现在其经费来源、成员构成、组织结构、行动目的等方面，以"行业代言人""代表发言人"的外在形式存在。从经费来源来看，商会是自收自支的社会组织，没有政府财政拨款。商会经费主要依靠会员的会费收入、商会各种经营性收入、企业捐赠收入等。因此，商会的资金来源于会员企业或本行业，也用于会员企业的发展，这决定了商会代表本行业的发展利益。从成员构成和组织结构

---

① 谭江涛、彭淑红：《农村"公共池塘"资源治理中的集体行动困境与制度分析——基于安徽桐城市青草镇黄砂资源过度采集问题的个案研究》，载于《公共管理学报》2013年第1期。

来看，商会组织的管理机构成员基本上是由会员企业民主投票决定，从会员企业中民主选举产生。商会管理层人员既是企业的管理者，又是商会的领导者。这种双重角色的统一，有利于实现商会与代表企业利益的协同统一，实现真正的利益代表性。因此，行业协会是行业利益的代言人，其代表行业组织集体行动维护行业利益是其产生和运作的根本要求。

第三，自治性。自身利益的最好裁决者。[1] 组织自决、行动自主是商会等社会组织的重要特征。商会又被称为"非政府组织""第三部门"。这些称呼意味着商会的管理和发展不被政府支配，具有较强的独立自主性，内部能够民主选举、自主决策、自负盈亏、独立行动。商会绝大多数是自发成立的，作为行业内企业维护自身合法权益需要的直接产物，行业协会的普遍设立这个事实本身就已宣告了"组织自治"的社会合法性。即使少数几家由行业总公司转化而来的协会，也从未放弃对组织自决权的追求，也在逐步地趋向民间性、自治性。因此，商会要想很好地履行其"行业代言人"角色，就必须与政府保持适度的距离。其要真正实现自治性，除了领导人民主选举、经费自给和组织制度健全之外，最重要的是，作为一个自治性的组织，商会还必须具有规范行业秩序、化解纠纷的功能。可以这么说，如果商会没有具有规范行业秩序、自我化解相关纠纷的功能，完全依赖外部力量来维持秩序，那么，这恐怕就表明了商会不享有真正意义的自治权。正是在这个意义上，各商会和行业协会在规范行业秩序、解决企业纠纷中发挥了积极作用，使得行业朝着健康、有序的方向发展。

第四，非营利性。恪守行业利益代言人的角色。非营利性意味着商会主要是为会员企业提供服务，不以营利为目的，不像企业一样从事生产经营活动获取经营利润，这是商会区别于企业的主要特征。"商会组织不因被分配赢利的约束"是商会非营利性的逻辑判断。非营利性是确保商会站在客观、公正的立场为全体会员企业争取利益的重要保障，避免商会为部分大企业的私利而损害全体会员企业的公共利益。倘若商会以盈利为目的，它则会站在大部分小企业的利益对立面，成为部分大企业的"利益代言人"[2]。如此一来，行业协会自然不自觉地削弱了其组织提供非营利性服务的功能。其结果将使人难以判断社团组织的代表性之所在，从而使协会的合法性丧失殆尽。当然，强调行业协会的非营利性，只是声明协会不以营利为目的，从而防止它在追求利润过程中弱化了其服务功能。但这并非意味着行业协会不能从事一切营利活动，因为非营利性不等于不营利，关键在于商会如何使用获得的收益。"营利"和"盈利"存在着一定的区别。"营

---

① 张克中：《公共治理之道：埃莉诺·奥斯特罗姆理论述评》，载于《政治学研究》2009年第6期。
② 汪火根：《"嵌入性"自主治理：温州行业自主治理的典型研究》，载于《甘肃行政学院学报》2016年第3期。

利"是指通过生产经营活动获取收益，侧重生产经营的过程。"营利"更加体现了生产经营主体的业务范畴、目标和性质。"盈利"强调一种事实和结果的状态，即最终要获得一定的收益。商会是不以"营利"为目的，但是可以通过各种方式"盈利"，从而为商会自主运作提供相应的资金支持。因为，商会是第三方组织，没有持续稳定的收入来源，仅仅依靠会费收入或会员企业赞助难以实现企业的日常服务活动和行政运转开支。因此，商会往往会为行业企业提供各种会议、培训、咨询、资源对接等服务获得相应的收益，拓展商会收入来源，实现一定的盈利。而商会的非营利性则体现在其收入资金基本上用于商会开展的各类服务活动和商会运转支出，而不是投入生产经营活动中。

（四）商会自主治理的运作逻辑

作为自主的社会组织，商会的自主治理必须依靠一定的资源。在对各地商会的生成机制、运作状况进行深入调查的基础上，得出商会的形成和运作离不开以下三种资源：

第一，精英式的人力资源。作为非官方的、民间的自治团体，商会发展的政策制度并不完善，主要体现在缺乏完整的有关商会的法律，商会的法律地位不够明确，商会外部资金收入不够稳定，社会认可度有待加强。在此背景下，如何克服现存的制度、法律、社会认知、资金来源等困难，则是创建一个商会组织首要面临的问题。这时，精英人物的奉献精神和创新精神在成立"体制外"的行业协会中起到了举足轻重的作用。"在一个制度缺乏或制度化程度低的社会里，精英之间所形成的非正式的权力网络对于民主化来说就特别重要"（Anton Steen，1997）。① 从各商会的领导者或管理群体的成员属性来看，各行业和各地企业的骨干企业老总则扮演了商会组织的发起者和领导者的角色。企业老总对本行业发展有着深刻的认知，能够站在行业甚至国家发展的层次审视商会，为商会的组织定位、功能权限、业务范围等提供指导。同时，他们拥有较高的社会地位和社会资源，能够为商会创立提供外部支持，并以领导力和奉献精神解决集体行动的困境。

第二，行政资源。作为非体制内的组织，商会的自主特性决定了其独立于政府、市场的地位。然而，在现行的社团管理制度下，从商会向政府相关部门申请成立，到商会组织开展日常工作，再到商会举办各类行业活动，都与政府部门密切相关。一方面，商会的登记设立必须获得行政单位的认可；另一方面，商会的宗旨必须符合相关的法律规定，并体现出"政治上正确"，才能获得政府的行政

---

① Anton Steen. Between Past and Future: Elites, Democracy and the State in Post – Communist Countries: A Comparison of Estonia, Latvia and Lithuania [J]. *Osteuropa*, 1997, 49 (2): 208 – 214.

资源支持。而且商会还需要明晰与政府的关系，应加强与政府合作，积极承接政府可转移的职能，服务本行业企业发展。

第三，经济资源。资金是商会最基本的资源之一，也是保障组织正常运转的关键发展要素。充足的资金来源是商会开展正常活动的物质保障，因此商会必须拥有一定资金，才能维持秘书会等行政管理机构的日常运转，才能为企业提供各类行业交流活动和业务咨询活动等。由于商会是自主自治、自负盈亏的民间团体，政府不仅不会为商会提供财政支持，而且随着政府将一些行业管理职能转移到商会，使得商会的资金压力进一步增加。因此，资金资源是商会必不可少的资源之一。一般而言，商会和行业协会在经济来源上几乎完全依靠体制外的资源，真正做到了"没花国家一分钱"。

（五）商会自主治理的基本条件

通过对商会这一具有良好治理绩效的组织机制的结构和运行机制的分析，可以发现，在中国，商会要实现自主治理必须具备较强的自组织资源汲取能力，要有较高的组织化程度，以及商会与政府关系理性化。

一是要有较强的自组织资源汲取能力。商会的形成和运作必须依靠一定的资源，这些资源包括精英式人力资源、行政资源、经济资源、社会资源等。这些资源都需要商会依靠组织自身的能力去汲取和吸纳，能否获得自组织资源则是商会实现自主治理的重要前提。在现有的体制机制背景下，行业精英扮演着聚合资金、吸纳同行企业资源、争取政府行政资源重要的角色，为商会的自主治理提供了人力和资金保障。因此，可以发现，商会之所以能够实现良好的自主治理其关键在于行业内的大企业基本上参与到了商会的治理实践之中。

二是要有较高的组织化程度。商会的组织化程度主要体现在组织结构、治理机制和自治规则方面。在组织结构方面，健全的组织结构有助于商会形成现代化的管理体系，实现管理科学化和决策理性化。在治理机制方面，商会管理机构由民主选举产生，并由民主决策商会重大工作事宜，形成民主的治理机制。在自治规则方面，商会依据自主的原则形成一套相对健全的自治规则。这些规则能够有效约束商会成员企业的行为，并为尊重规则的企业提供激励，从而实现规则自治。

三是商会与政府关系的理性化。商会的兴起以及自主治理的实现不但有赖于自身自组织力量的增强，还离不开政府的作用，政府有效的制度供给和政府与商会关系的理性化是自主治理不可或缺的制度资源[1]。在我国这样一个政府主导的社会中，商会的发展离不开政府的支持和认可，现阶段由于商会、行业协会的职

---

① 高轩、朱满良：《埃丽诺·奥斯特罗姆的自主治理理论述评》，载于《行政论坛》2010年第2期。

能不清、地位不明，又缺乏相关的法律规定，政府部门与商会之间的制度界限较为模糊，因此，商会在发展的过程中如何正确地处理好与政府之间的关系，实现某种程度的制度化合作是商会自主治理的重要保障。

第四节　政府与商会关系的合作路径研究——基于34家在杭异地商会的调研

针对新型政商关系下政府与商会的合作路径，课题组通过对34家在杭异地商会的调研，采用模糊集定性比较分析方法（fsQCA），选取政府的认知、政府资源支持、商会游说意愿、商会治理能力、商会影响力为条件变量，以政府与商会合作行为为结果变量，进行了实证分析。研究发现，政府与商会合作的形成是众多变量的组合效用，最重要的三条合作路径为"资源支持型""整体赋能型""内生发展型"，而其中商会治理能力是促进政府与商会合作关系形成的最核心要素。

一、案例选择

本章的研究主要选取在杭州的异地商会。主要原因在于，作为民营经济大省浙江省的省会城市，杭州近年来加快政府职能转变，招商引资方式积极转型，城市治理理念不断升级，民营企业家阶层崛起。因此，在杭的异地企业经营管理者建立商会，以商人群体利益代表的身份，向政府提出它们的各类建议与要求，以直接或间接的方式对政府公共政策的制定产生影响，目的是积极创造一个适合在杭企业发展的政策环境；同时，这些由在杭异地企业经营者建立的商会也是企业与政府之间的一座桥梁，企业与政府、企业与社会可以通过商会进行沟通，商会为减少不合理的行政干预及其他侵犯企业合法权益的行为提供了平台，并将维护会员企业的合法权益作为商会的任务。商会通过开展各类社会慈善活动，可以有效地向政府部门传达行业及企业经营管理者的合理诉求，由此起到承担社会责任、缓解社会矛盾的作用。

正因为异地商会所特有的乡缘网络能够有效整合政治资源和经济资源，实现行业与群体利益最大化，故而近年来数量激增。2014～2018年，在杭州注册的异地商会数量由42家增至89家。本章的研究主要基于面对面访谈和问卷调研，对政府与在杭异地商会关系的基本现状进行梳理分析，提出促进两者合作关系形成的路径。而由于研究涉及的政府与商会的合作行为、政府的认知、政府资源支持、商会游说意愿、商会治理能力、商会影响力的数据基本很难或者无法从存档资料和公开资料中获取，本章基于以往的研究成果，结合部分商会实地调研的相关情况，采用问卷调查的方式进行数据收集，其问卷都由团队成员亲自发放，不借助第三方，受测者在第一时间答好问卷并交付，以尽可能避免出现受测者不明白问题内容、不清楚问题答案或不愿意回答等问卷发放回收中的问题。

在此问卷发放原则下，本章研究随机抽取省内外在杭异地商会各 23 家、共 46 家，向每个商会发放问卷，最终回收问卷 40 份，回收率 86.96%。未回收的问卷主要是因为商会换届或商会新成立等原因导致的商会秘书处负责人无法联系或对商会情况不熟悉等，进而无法进行问卷调查。此外，在整理数据和构建真值表时，剔除问卷中没有回答完整的商会问卷，故研究共以 34 家在杭异地商会的案例作为数据源。

二、研究变量

基于模糊集定性比较分析方法（fsQCA）的要求和相关已有研究，本章的研究设计了如下的结果变量和条件变量（见表 8 - 3）。

表 8 - 3　　　　　　　　结果变量和条件变量的设定

类型	变量定义	变量解释	变量测量
结果变量	合作行为	招商引资类合作次数；社会福利类合作次数；权益维护类合作次数；政策倡导类合作次数	0 次记为 0；1 ~ 3 次记为 0.25；4 ~ 6 次记为 0.5；7 ~ 9 次记为 0.75；10 次及以上记为 1。四个变量赋值总和的均值为合作行为的值
条件变量	政府认知	当地政府对商会的定位：合作伙伴；出谋划策的参谋与助手；独立的社会自治团体；被随意差遣的附属	合作伙伴记为 1；出谋划策的参谋与政府助手记为 0.67；独立的社会自治团体记为 0.33；被随意差遣的附属记为 0
	政府资源支持	商会秘书长身份；是否提供办公场所；是否由政府拨款	三者中有一个存在就记为 1，反之记为 0

续表

类型	变量定义	变量解释	变量测量
条件变量	商会影响力	通过会员企业数量以及会员企业的活跃程度进行测量	会员企业数量在 200 家以上的记为 1，反之记为 0；商会的活跃程度高记为 1，反之记为 0。 最后两者综合赋值
	商会治理能力	商会全职人数比例；商会收支情况；商会制度化水平	商会全职人数比例采用全职/总人数的比值，连续变量；收支情况经费足记为 0，收支平衡记为 0.33，经费有盈余记为 0.67，经费有很大盈余记为 1；制度数量占总制度数量的比值，连续变量。 最后取三者均值
	商会游说意愿	商会参政议政的积极性	没有记为 0；有但很少记为 0.33；经常记为 0.67；频繁记为 1

（一）结果变量：政府与异地商会合作行为

政社合作是指政府和社会组织在实现相互认可的共同目标的基础上，以交换运作资源和治理资源的方式来发展和维持的相互依存的关系[1]。政府具有发展地方经济、提供公共服务、维护社会秩序的职责，而异地商会的作用也主要体现在促进地区间经济合作、服务会员和连接乡情等方面，从功能的角度上看两者都具有较强的利益契合性。故而，地方政府与异地商会在诸多方面具有较强的合作诉求。基于已有研究，我们提炼出异地商会与政府合作的四个典型方面：招商引资、社会福利、权益维护、政策倡导。采用五分法对问卷进行赋值（见表 8－3），取四个变量赋值总和的均值作为合作行为的值，变量值越接近于 1 表示商会在城市治理中的作用越大，与政府的合作行为越多。

（二）条件变量

政府对商会的认知。政府的角色是推动社会有效治理的关键变量，政府对异地商会的认知是影响政商合作的重要因素[2]。以往政府的管控思维已经不再适应

---

① 敬乂嘉：《从购买服务到合作治理——政社合作的形态与发展》，载于《中国行政管理》2014 年第 7 期。

② 汪锦军：《合作治理的构建：政府与社会良性互动的生成机制》，载于《政治学研究》2015 年第 4 期。

新时代社会力量参与治理的要求，政府只有积极转变对商会组织的固有观念，认识到异地商会的作用，才能将"行政吸纳""组织嵌入"的政社关系转变为基于独立平等地位的互惠式合作关系。本研究从商会视角出发，让商会工作人员来判断当地政府对商会类组织的定位，以获得数据赋值（见表 8-3）。

政府资源支持。已有研究指出政府对商会的支持力度会极大地影响商会作用的发挥，目前政府与商会的关系呈现出依附特征，商会组织倾向于分享政府的权威和公共资源以谋求生存和发展[1]，通过"程序依附、实质合作"的形式构建起依附式合作关系[2]，基于利益契合形成"互益性依赖"关系[3]。但依赖政府资助并不一定会使商会处于从属地位，商会的依附性不仅是由于国家对商会的直接控制，还取决于国家对企业经营所需要的其他经济资源的控制[4]。因此，我们从人、财、物三个方面来定义政府的外部资源支持：一是，商会秘书长身份是否为主管部门或政府有关部门的领导、工作人员和政府离退休人员；二是，商会是否获得政府的财政拨款；三是，政府是否给予商会办公场地支持（见表 8-3）。由于行业协会商会脱钩政策的推进，在调研中发现，只有极少数商会秘书长身份具有"官方背景"，也只有少数商会获得政府资金和场地支持，因此，三个因素中只要有一个因素存在就表示拥有政府的外部资源支持。

商会影响力。已有研究表示年轻且规模大的非营利组织更有可能与政府合作，且组织的规模越大，与政府之间的合作关系就越强[5]。本章的研究通过测量商会会员企业数量以及会员企业的活跃程度，来衡量商会的外部影响力（见表 8-3）。

商会治理能力。在政社合作的过程中，社会组织的专业性，如专业程度、财务水准、人才管理水平和管理技能是关键的考虑因素，其主要体现在商会专职人员数量、年龄、学历以及是否拥有专业技术资格上[6]。我们在研究中主要设置三个指标：一是商会全职人数比例，以商会组织内全职人数/（全职人数 + 兼职人数度量）；二是商会收支情况，以商会收支是否能实现平衡来度量；三是商会制

---

① 胡辉华、陈世斌：《逻辑偏离：市场内生型行业协会内部运作的组织分析——以 G 省 J 行业协会为例》，载于《中国非营利评论》2015 年第 1 期。

② 马红光：《依附式合作：企业商会与政府的关系模式探析——以在京外地企业商会为例》，载于《首都师范大学学报》（社会科学版）2016 年第 4 期。

③ 郭小聪、宁超：《互益性依赖：国家与社会"双向运动"的新思路——基于我国行业协会发展现状的一种解释》，载于《学术界》2017 年第 4 期。

④ 张华：《连接纽带抑或依附工具：转型时期中国行业协会研究文献评述》，载于《社会》2015 年第 3 期。

⑤ 程远、毕荟蓉、翁士洪：《探索非营利组织在公共服务供给中扮演的角色：从合作生产到合作治理》，载于《治理研究》2019 年第 4 期。

⑥ 周俊：《政府与社会组织关系多元化的制度成因分析》，载于《政治学研究》2014 年第 5 期。

度化水平，以是否拥有章程、会长分工制度、理事会工作制度、秘书处工作制度、财务管理制度、会费收缴档案管理制度、委员会工作负责制度、人才招聘制度、约定俗成制度等问题来度量（见表 8 - 3）。

商会游说意愿。根据现有研究，私营经济发展水平较高地区的商会拥有较强的政策影响力和较强的政策参与意识[1]。实践中，每个商会由于具有的资源不同，利益诉求不同，参政议政积极性自然也不同。我们主要设置商会是否会从全体会员企业利益出发向政府部门呼吁这一问题，来度量商会游说和参政议政的意愿（见表 8 - 3）。

三、研究结果分析

（一）逻辑真值表与必要性分析

根据条件变量的赋值标准，对选取的 34 个案例进行赋值，建立真值表。根据模糊集定性比较分析法（fsQCA）的要求，首先要进行单个条件变量必要性分析，即一致性检验，再进行充分条件组织的分析。如果一致性检验大于 0.9，则认为该条件变量是结果变量的必要条件，即只要出现了结果，该条件就一定会出现；这项条件对于结果而言是必需的，没有这项条件，结果就不可能发生。其次是覆盖度，即该条件变量或条件变量组合对结果变量的解释力度，该指标越大，则解释力越大。研究的单个条件变量一致性覆盖度检验如表 8 - 4 所示。

表 8 - 4　　　　　　条件变量的必要性条件检验

条件变量	一致性	覆盖度
政府认知	0.6654	0.7933
政府资源支持	0.4641	0.7629
商会影响力	0.6076	0.8566
商会治理能力	0.6923	0.8258
商会游说意愿	0.4459	0.7726

从表 8 - 4 的结果来看，政府认知、政府资源支持、商会影响力、商会治理能力、商会游说意愿 5 个条件变量一致性都没有达到 0.9 以上，虽有一定解释

---

[1]　沈永东：《中国地方行业协会商会政策参与：目标、策略与影响力》，载于《治理研究》2018 年第 5 期。

力，但均不满足必要性的要求，说明这5个条件变量并不是政府与商会高合作行为的必要条件，两者高合作行为的发生是不同条件变量组合的结果。因此，需要进一步分析这5个条件变量的组合对结果变量的影响。

（二）条件组合分析：促进政商合作的路径

条件组合分析指的是单一条件变量无法满足必要条件时，衡量在不同的条件变量组合下，结果变量产生的变化，这是定性比较分析方法的关键。本章采用fsQCA 3.0软件，频率阈值采用2，一致性阈值采用默认值0.8，在模糊集真值表分析类型上选择了标准分析（standard analyses），结果输出了复杂解（complex solution）、简洁解（parsimonious solution）、中间解（intermediate solution）三种解，中间解方案结合了研究者的理论知识和对案例的分析，得到的结论启示性和普适性都较好，在利用fsQCA时被大多数研究者采用。本章采用中间解作为分析结果（见表8-5），得出5种条件组合，其中3种组合的一致性达到0.9，另外3种也在0.82以上，说明这5种组合具有很强的解释力。

表8-5 条件组合结果分析

条件组合	1	2	3	4	5
政府认知		⊗	⊗		⊗
政府资源支持	⊗	⊗		◎	◎
商会影响力	⊗		⊗	◎	⊗
商会治理能力	◎	◎	◎	◎	⊗
商会游说意愿	⊗		⊗		⊗
原始覆盖度	0.3025	0.2912	0.3989	0.1921	0.0799
唯一覆盖度	0.0665	0.0552	0.0482	0.1060	0.0082
一致性	0.8246	0.8781	0.9080	0.9286	0.8976
总覆盖率	0.6349				
总一致性	0.8780				

注：参照Ragin（2008）的做法，使用"◎"表示原因条件出现，使用"⊗"表示原因条件不出现，空白表示原因条件对于结果无关紧要。原覆盖率表示该条件组合导致结果发生的案例数占总案例数的比例；唯一覆盖率表示该条件组合导致结果发生、同时其他条件组合不导致结果发生的案例数占总案例数的比例。

分析得出的5种解，即实现政府与商会的合作关系有5种路径，具体分别是：

组合1：～商会游说意愿×商会治理能力×～商会影响力×～政府资源支持

组合 2：～商会游说意愿×商会治理能力×～政府认知×～政府资源支持

组合 3：～商会游说意愿×商会治理能力×～商会影响力×～商会影响力

组合 4：商会游说意愿×商会治理能力×商会影响力×政府资源支持

组合 5：～商会游说意愿×～商会治理能力×～商会影响力×～政府认知×政府资源支持

五个条件组合的总覆盖度约为 63%，表示这些组合能解释大多数案例，也是促进政府与商会合作最为典型的几种组合。通过进一步简化，将政府与商会合作发生的路径归为三种类型，用以说明政府与商会合作行为背后的策略：

类型 1——资源支持型合作：政府与商会合作发生 = ～商会游说意愿×～商会治理能力×～商会影响力×～政府认知×政府资源支持。

当商会治理能力弱，影响力也不大时，政府积极主动地给予商会政策和资金资源上的支持，借助商会独有的地缘性特质开展招商引资活动、解决社会矛盾、提供公共产品等来推进城市经济发展与治理创新，但此时政府倾向于把商会作为政府的助手甚至是附属机构，为了促进两者合作的形成，商会需要降低游说意愿，在招商引资和公益活动中与政府保持一致，降低政府的担忧。

"资源支持型"合作路径适合两类商会：第一类是地方政府对商会有强烈需求的，比如政府特别需要引入某一地区的企业，政府出台的优惠政策并不能很好地吸引其来杭投资，需要结合商会独有的地缘感情加以说服；第二类是成立不久的经验不足、影响力小、资源匮乏的新生商会，政府应发挥主导作用，为其成长提供资源支持。

类型 2——整体赋能型合作：政府与商会合作发生 = 游说意愿×商会治理能力×商会影响力×政府资源支持。

在商会影响力比较大时，商会自身要努力提升商会治理能力，积极为自身的利益向政府部门游说，同时政府要认真听取商会的需求，在政策资金等方面给予商会支持。已有研究表明，高绩效行业协会往往有较高的国家支持，这种支持以优先享受公共资源、进入政策议程和接近政府部门等特权形式呈现[①]。

这些商会组织架构和制度完善，且经过一定时期发展已经具有较大影响力，商会在内部治理方面已经形成一些经验，但仍然需要政府的支持来获取更多资源，政府为提供更好的公共服务或者加强社会治理也需要商会帮助，这种情况下，两者合作形成的秘诀在于，商会要踏实办事，用专业说话，同时依据自身资源，策略性游说以促进合作的形成，双方共同发展、互相增能。

---

① Young, Dennis R. *Complementary，Supplementary，or Adversarial? Nonprofit – Government Relations* [M]. Nonprofits and Government：Collaboration and Conflict, 2006：37 – 79.

类型 3——内生发展型合作：政府与商会合作发生 = ～游说意愿 × 商会治理能力（～政府认知 × ～政府资源支持 + ～政府认知 × ～商会影响力 + ～商会影响力 × ～政府资源支持）。

该路径由 3 条路径组合而成，主要表明在商会影响力比较小，政府对于商会角色的认知存在偏差，合作伙伴意识弱或者给予的资源支持又非常少的情况下，为了促进政府与商会合作行为的发生，关键还在商会自身。商会需要努力提升自身治理能力，扩大商会全职人员的数量，合理开展商会活动，保障商会财务状况良好，同时还要加强商会制度建设，可以在完善组织的常规制度外根据商会特色灵活制定一些制度，减少在向政府游说中所消耗的成本，集中力量提升商会的内部治理能力，从而促进政府与商会合作关系的形成。

可见，商会治理能力强并不等于商会功能发挥得更好，商会治理能力越强，越有资本与政府平等合作①，无论政府如何定位商会，是否给予商会资源支持，商会都能够在促进经济发展与社会治理中发挥作用，赢得政府的认可，促进两者合作的形成。这条合作路径的关键是商会要形成品牌，即使商会与政府在某些议题上存在分歧或政府还有其他可选择的合作方，商会也能依靠"品牌效应"脱颖而出。

（三）结论与讨论

本次研究整理了在杭 34 家异地商会与政府部门达成合作关系的原因，通过比较分析，发现政府的认知、政府资源支持、商会游说意愿、商会治理能力、商会影响力都组合影响着政府与商会合作关系的形成，其中商会治理能力是影响政府与商会合作的关键因素。

研究提炼出"资源支持型""整体赋能型""内生发展型"三条合作路径，呈现出三种特征不同的政府与商会的合作模式。这三种合作路径，政府资源支持的重要性依次降低，即商会对政府的依赖性越来越少，而商会的内部治理能力逐渐提升，也就是说商会的自主性在增强。这间接论证了我国的行业协会（商会）和政府部门脱钩改革已获得一定程度上的效果。

在商会与行政机构的脱钩改革中，一方面，商会的政治资源逐渐减少，即使商会为行业或自身利益参与游说的意愿高，在实践中有效发挥作用的情况也不多，尤其在威权结构产生新效应的阶段下，可预见的影响力和积极性较强的市民社会场景并未被给予充足的政治机会②；另一方面，随着社会力量的不断成熟，

---

① 谭爽：《城市生活垃圾分类政社合作的影响因素与多元路径——基于模糊集定性比较分析》，载于《中国地质大学学报》（社会科学版）2019 年第 2 期。

② 程坤鹏、徐家良：《从行政吸纳到策略性合作：新时代政府与社会组织关系的互动逻辑》，载于《治理研究》2018 年第 6 期。

商会的专业化水平也在不断地提升，商会会长、秘书长等商会工作者均呈现出年轻化高学历的趋势，和社会组织一样，商会秘书长的职业化倾向逐渐显露，商会的内部治理正在走一条职业化发展的路径，不具备职业化能力的领导人越来越不能胜任商会的领导岗位，而职业化能力强的组织领导人越来越成为整个社会的稀缺资源①。

在这种情况下，如何促进政商合作关系的形成？我们认为，关键是商会要通过职业化发展来提升内部治理力。当然，这与政府提供资源支持并不矛盾，相反，政府应该通过加强社会组织专业人才建设来服务商会，以举办商会工作者交流培训班等形式给予商会外部资源支持，在保持商会自主性的基础上提高商会的治理能力，进而提升与政府在城市治理中的合作绩效。

---

① 王名：《我国社会组织改革发展的前提和趋势》，载于《中国机构改革与管理》2014 年第 Z1 期。

第九章

民营企业家政治参与研究

民营企业家的参政议政是民营企业构建政治关联的重要形式。以党的十一届三中全会为起点，中国开始实行对内改革、对外开放的政策，不断激发民营企业市场主体活力，民营经济的地位也在中国转轨过程中不断提升并获得社会的广泛认可，逐步发展成为支撑我国经济持续快速增长的重要力量。与之对应，民营企业家参政议政的积极性日益高涨，成为具有中国特色政治制度安排的重要体现和执政党统战工作的重要内容，引起了广泛关注。

第一节　民营企业家参政议政的历史

伴随着党和政府在不同时期做出的关于经济形势的不同理解认知，民营经济也在不断发展完善。同时，民营企业家的政治身份也随之悄然演化。为了正确理解新中国成立以来民营企业家参政议政的历史，本部分通过梳理新中国民营经济发展和民营经济人士的政治身份演化，将其历史过程划分为以下四个阶段：

第一阶段（1949~1952年）：民营经济经历从"合法地位"和"团结对象"到"五反"运动。借着《中国人民政治协商会议共同纲领》的东风，1949年时的新中国开始将"公私兼顾、劳资两利、城乡互动、内外交流"作为基本经济方略。新中国成立之初，中国共产党和中央政府赋予民营经济以合法地位。在不久后，即1951年底至1952年10月这一段时期内，主要针对私营工商业开展了

"反偷工减料、反行贿、反偷税漏税、反盗骗国家财产、反盗窃国家经济情报"
斗争（即"五反"运动）。

第二阶段（1953～1957年）：实现社会主义的成功改造到资产阶级的消灭。
1953年国家确立了过渡时期"一化三改造"的总路线。实际上，这一时期的私
营企业被看作资本主义工商业，私营企业家也被视为剥削阶级。1954年至1956
年底，全国范围内掀起了一股针对资本主义工商业的社会主义全面改造浪潮。也
是在这一阶段，中国共产党提出并实施了"和平赎买"的政策：在企业层面，遵
从低级至高级的改造方向，逐步将私有制企业改造成社会主义公有制企业，由此
实现企业的"国家资本主义"形式。同时，在管理者方面，遵循从剥削者向生产
者的改造方向，逐步将资产阶级分子改造成为自食其力的社会主义劳动者。在这
第二个阶段内，资本主义工商业改造基本完成，资产阶级被消灭了。由此，中国
的经济改造完成了从私人资本主义经济向公私合营经济的改造。

第三阶段（1958～1978年）：私营经济的彻底消灭和私营企业主的彻底消
失。1958年"大跃进"和人民公社化运动的狂风飙起，使得"三大改造"中残
存的少量个体经济、集体农民的"自留地"、个体小业主在公私合营后的"自负
盈亏"安排以及农民交换家产农副产品的集市（"自由市场"），都被视为"资本
主义尾巴"而被消灭。至此，作为一个阶级和一个政治成分存在的民营经济群体
已经彻底不复存在。

第四阶段（1979年以后）：民营经济重生与民营企业家参政议政。党和政府
对非公有制经济认识的转变得益于党的十一届三中全会中焕发出的思想解放光
芒，提出并采取了重要举措调整完善所有制结构。全会提出的关于"对外开放、
对内搞活经济"的经济方针，催生了我国个体经济的诞生与成长。随后，在
1982年党的十二届代表大会中党和政府明确提出，将个体经济作为公有制经济
的必要的、有益的补充，这一重要提议极大地鼓励和支持了劳动者的发展，民营
企业家的身影也随之开始活跃在商品领域，在政策的夹缝里逐步成长。1987年，
中国共产党第十三次全国代表大会在报告中明确指出，私营经济与个体经济一
样，都是社会主义公有制经济的补充，必须尽快加强对它们的引导、监督和管
理。这一重要论断成为我国私营经济发展的一个新起点，同时这也是继党的十一
届三中全会以来，首次在党的代表大会中正式承认并允许发展私营经济。颁布于
1988年的《中华人民共和国宪法修正案》明确规定，国家支持与保护私营经济
合法的权利和利益，这一规定确立了私营经济在中国社会中的合法性，并在随后
的经济历史发展过程中，逐步将其融合于社会主体现代化进程。由此，私人企业
和股份制上市公司开始如雨后春笋般萌发，同时也涌现出许多真正有才能的企
业家。

自此以后，民营企业家才开始走向政界，并逐渐出现在了人大代表和政协委员的席位上。党的十四届代表大会上民营经济获得了政治上的认可，大会明确提出，要将建立社会主义市场经济体制作为我国经济体制改革的目标、私营经济是全民所有制和集体所有制的补充，这为接下来民营企业家们参政议政奠定了政治基础。1993 年，第八届全国政协一次会议召开，刘永好、张宏伟、李静等 23 名民营企业家以全国政协委员的身份出席，这成为了中国民营企业家参政议政的标志性事件。1997 年，党的十五大提出，非公有制经济是我国社会主义市场经济的重要组成部分，应当继续鼓励、引导，使其健康发展；2002 年，党的十六大明确提出，必须毫不动摇地巩固和发展公有制经济，必须毫不动摇地鼓励、支持和引导非公有制经济发展等重要论述。也正是在党的十六大会议上，首次有 7 位民营企业家作为党代表参会，江泽民同志肯定了私营企业主为中国特色社会主义事业做出的贡献。上述论述与举措标志着我国民营经济和民营企业家们在政治上逐渐得到认可，政治地位显著提升。

随着我国社会主义市场经济的发展与法治建设的不断完善，民营经济的合法性地位随之提升，这也为民营企业家参政议政提供了更广阔的舞台。2002 年修改出版的《中国共产党章程》规定，只要满足各项条件，其他社会阶层的先进分子都可以申请并加入中国共产党。以改革开放为契机，相继有部分民营企业家开始在省级政协领导班子中任职，2003 年，重庆力帆集团董事长尹明善当选重庆市政协副主席，浙江传化集团董事长徐冠巨当选浙江省政协副主席。在 2016 年的全国政协十二届四次会议民建、工商联界委员联组会中，习近平同志在重申"两个毫不动摇"的基础上进一步提出，非公有制经济健康发展的前提是非公有制经济人士要健康发展，鼓励广大非公有制经济人士加强自我学习、自我教育、自我提升，做合格的中国特色社会主义事业建设者。[1] 这一讲话在广大非公有制经济人士中引起了热烈的反响，激发了民营企业家们参政议政的热情与信心。2018 年，习近平同志出席民营企业座谈会时再次强调了党中央毫不动摇鼓励、支持、引导非公有制经济发展的坚定决心，[2] 这一鲜明的态度为鼓励我国民营企业家的政治参与注入了强大的动力。当然，1979 年至今，随着国内外政治形势的变化，对民营经济的定位和认识以及民营经济人士的政治地位也出现过一些变化，但从总体上看，改革开放以来，民营经济呈现出茁壮成长的态势，民营经济人士参政议政的地位也在逐步提高。

---

① 《习近平看望出席全国政协十二届四次会议民建、工商联界委员并参加联组讨论》，新华网，ht-tp：//www.xinhuanet.com/politics/2016lh/2016－03/04/c_1118236318.htm，2016 年 3 月 4 日。

② 《习近平主持召开民营企业座谈会》，新华社，https：//www.gov.cn/xinwen/2018－11/01/content_5336540.htm，2018 年 11 月 1 日。

第二节　民营企业家参政议政的动机

民营企业家参政议政本质上是民营企业家对于他们所处的社会地位、环境以及制度安排的一种响应[①]。其参政议政的动机具有鲜明的多样性。从微观上看，民营企业家参政的动因纷繁复杂、多种多样，如在经济利益驱动方面，主要有把企业做大做强、为企业发展营造良好的环境、争取各种优惠政策与便利条件、提高自己的经济地位等；在获取政治安全保障方面，主要有加强对政策与制度变化的感知以规避风险、保护企业自身合法权益不受侵犯、获取政治合法性、提高企业或企业家自身政治地位等；在赢得社会尊重方面，主要有消除其他阶级阶层的误解与歧视、赢得社会公众的尊重与认可、提高自己的社会声望、为社会发展建言献策、维护社会公正；在实现人生价值方面，主要有实现自己的政治理想、活出精彩的人生、证明自身的能力与素质等[②]。总体而言，对于企业家参政动机的解释归纳为五种理论观点，即"个人地位论""企业发展论""制度风险论""社会责任论"和"个人价值论"。具体内容如下。

一、提升个人地位

对经济利益和经济地位的追求会驱使民营企业家参政议政。郁爱其和金宝敏认为，民营企业家参政议政的目的在于提高个人的经济地位和政治地位[③]。在实际的政治参与过程中，民营企业家抱着不尽相同的政治诉求，不同程度地参政议政，但这些诉求通常是围绕企业或企业家自身的经济利益来展开的。民营企业家与其他社会阶层有着本质区别，具体体现在其通过自身所拥有的生产资料，雇佣劳动者进行商品生产，从而增殖资本和积累财富，最终获得较高的身份和社会地位[④]。通俗来讲，民营企业家一切活动的根本目标就是不断地追求更高的经济利益。董明认为，民营企业家普遍关心政治是为了了解有关政策的稳定性及其发展

① 李宝梁：《从超经济强制到关系性合意——对私营企业主政治参与过程的一种分析》，载于《社会学研究》2001 年第 1 期。

② 崔华前：《私营企业主政治参与动因的基本特征——基于对浙江省部分私营企业的调研》，载于《理论月刊》2015 年第 8 期。

③ 郁爱其、金宝敏：《个人地位、企业发展、社会责任与制度风险：中国民营企业家政治参与动机的研究》，载于《中国工业经济》2008 年第 8 期。

④ 张学华：《民营企业家政治参与的动机与作用》，载于《合作经济与科技》2011 年第 12 期。

趋势，以决定自己的经营走向，作出更明智的经营决策①。对民营企业家而言，"理性经济人"通过政治参与实现自身利益是其本能，因此作为追求利润最大化的企业家，其政治参与必然会呈现以利益为主导的特点，而这一特点往往通过他们的提案和议案来体现②。我国的社会主义市场经济是在中央政府的指引和领导下逐步形成和完善的，因此在一定程度上我国的民营企业家在进行商品生产、增殖资本和积累财富的行为过程中面向的是政府而不是市场。在经济体制转型期间，尽管市场在资源配置中起决定性作用，但政府手中仍掌握着重要的资源，比如项目审批权、土地使用权、上市资格审批权、政府采购、资金等。在这样的背景下，政府的认可和支持对企业获取稀缺资源并进一步借此创造利润至关重要，而一个行之有效的办法就是民营企业家通过参政议政来提升自身的合法性，尽可能地争取政府政策和资源方面的支持。

除了提高个人的经济地位外，对个人政治地位的追求与提升也是民营企业家参政议政的一大动因。参政议政是民营企业家在积聚财富的同时提高政治地位的一条有效途径③。改革开放以来，党和政府不断出台相关政策营造良好的市场竞争环境，肯定民营企业家群体的政治地位，但在现实中，保护私有财产的政策法规仍然不够健全和完善，民营企业家始终缺乏安全感。因此，我国许多民营企业家可能试图通过参政议政来提高自身的政治地位，为自己戴上一顶"红帽子"，从而得到政府的保护和支持④。

二、促进企业发展

大量研究表明，以参政议政提升企业绩效作为民营企业家政治参与的重要动力机制。政治参与促进企业的发展，有以下三种实现路径：

一是通过参政议政活动塑造和增强企业的社会合法性。除了需要物质资源和技术信息之外，社会的认可、接受和信任对企业的生存和发展也至关重要。换言之，企业需要具备合法性才能生存与发展。合法性被定义为"某个实体所进行的行动，根据社会建构的规范、价值、信仰和定义系统，被普遍认为是适当的、合意的"⑤。因此，社会合法性作为企业在社会中生存的基石，被企业家们当作比

---

① 董明：《关于温州市民营企业家政治参与的调查》，载于《国家行政学院学报》2000 年第 3 期。

② 胡怀敏：《民营企业家的政治参与：经济人还是政治人》，载于《求实》2013 年第 11 期。

③ 陈钊、陆铭、何俊志：《权势与企业家参政议政》，载于《世界经济》2008 年第 6 期。

④ 高海涛：《我国私营企业主阶层政治参与的规范问题研究》，载于《广州社会主义学院学报》2019 年第 1 期。

⑤ W. 理查德·斯科特：《制度与组织：思想观念、利益偏好与身份认同》，姚伟译，中国人民大学出版社 2020 年版。

经济目标更重要的资源，并不断被塑造和强化以帮助企业赢得社会支持、获得其他资源以及开展商业活动①。代表着企业形象的民营企业家们通过参政议政这种特定的方式，向社会宣告企业的愿景与社会主流价值相吻合。尤其是一些在社会舆论监督下处于风口浪尖的企业，能够在媒体、社区和政府行为体的监督下，从提高企业自身社会合法性的活动中获益更多。

二是通过参政议政提出企业诉求，解决企业发展难题。一些学者认为部分企业家参政议政具有特定问题导向，即当企业发展面临突出问题或制约因素时，企业家就会考虑通过参政议政提出自己的诉求，更直接地向有关部门反映，以解决这些问题。例如，2007 年，娃哈哈集团的宗庆后提交了《关于立法限制外资通过并购垄断我国各个行业维护经济安全的提案》。这一提案将娃哈哈与法国达能之间的矛盾公开化，并最终推动双方于 2009 年 9 月达成"和解"：法国达能同意将其在各家达能—娃哈哈合资公司中 51% 的股权出售给中方合资伙伴。至此娃哈哈的控制权问题得以解决②。

三是通过参政议政加强与政府各部门的沟通，获取企业发展所需资源和便利。在民营企业家和政府相关部门沟通的过程中，一张利于企业发展与进步的"关系网"逐渐在政府内部形成。这不仅有利于企业获取政府内部的信息，降低民营企业的行业壁垒，拓展企业发展空间，提高民营企业的资本获得能力，还有利于企业避免由于政府行政行为不规范而大量干预，促进自身自主发展。从企业政治资本的积累角度看，企业家参政议政成为中国民营企业积累政治资本的重要途径，甚至部分文献直接把企业家参政议政与企业政治资本等同起来③。周泽将和杜颖洁的研究结果表明，企业家参政议政与民营上市公司之间呈显著的正相关关系，参政议政的程度越高，对民营上市公司业绩的促进作用越大④。翁欣和陈晓将企业家参政议政从宽泛的政治关联研究中独立出来，将参政议政视为一种战略资源储备，发现国家级参政议政与企业发展有显著性关系，而省级及以下参政议政的效果则不太明显。⑤

① 邹爱其、金宝敏：《个人地位、企业发展、社会责任与制度风险：中国民营企业家政治参与动机的研究》，载于《中国工业经济》2008 年第 8 期。
② 胡怀敏：《民营企业家的政治参与：经济人还是政治人》，载于《求实》2013 年第 11 期。
③ 胡旭阳、吴一平：《中国家族企业政治资本代际转移研究——基于民营企业家参政议政的实证分析》，载于《中国工业经济》2016 年第 1 期。
④ 周泽将、杜颖洁：《"参政议政"能否改进民营上市公司的真实业绩?》，载于《财经论丛》2011 年第 3 期。
⑤ 翁欣、陈晓：《中国民营企业家参政议政与企业规模—效益分析》，载于《技术经济》2021 年第 2 期。

三、规避制度风险

民营企业家在政治参与的过程中建立政治关联，以此来克服由于制度不完善而带来的不安全感和阻碍。拥有政治关联背景的企业更容易获取发展所需的信息和资源，更容易为自身发展争取有利的机会，此外，还有些软性利好，例如准确把握政策脉搏，易于获得别人认可[①]。企业经营发展的制度环境决定了企业家政治参与的动机。利用中国企业调查数据，在市场制度发育不完善、地方政府监管较多、非正式税收负担较重、法律制度较弱的地方，私营企业家更可能参政议政。

政策的制定与调整会影响企业的经营环境，进而改变企业的竞争地位。对于经济转型国家而言，一些正式制度具有模糊性、不连贯性等特征，会破坏市场秩序，从而影响企业经营。同时在经济转型中，正式制度的变动通常具有很大的不确定性，不稳定的制度环境会阻碍企业通过内部扩张或对外并购等常规方式来获得快速发展。企业通过参政议政可以及时了解政策动向，甚至帮助政府完善相关政策，以规避制度风险[②]。因此，从企业家的角度来说，参政议政使"不确定"的政府转变成为"确定"的政府，制度缺失对企业造成的不安全感和阻碍得到有效消解；对于国家而言，企业的参政议政行为可以视作国家经济体制转型、制度不完善的情况下民营企业家的一种积极响应行为。

四、承担社会责任

部分学者基于马斯洛的需要层次理论认为，民营企业家参政议政的动机也具有层次性。民营企业家最初参与政治的直接目的是维护个人利益，他们的关注视角往往局限于自身。但随着民营企业家参政议政实践的不断深入、范围的不断扩大以及水平的不断提升，他们逐渐感受到了个人力量的有限与阶层联合的必要性，于是他们开始逐渐超越自我，关注同行利益与阶层利益。随着参政议政实践的进一步发展，他们中的一些优秀分子开始逐渐跳出自我与阶层的思维局限，逐渐将关注的视角由个人、阶层转向社会，致力于履行社会责任、为行业发声、维护社会公正、奉献社会[③]。

---

① 陈东：《私营企业出资人背景、投机性投资与企业绩效》，载于《管理世界》2015 年第 8 期。

② 封思贤、蒋伏心、肖泽磊：《企业政治关联行为研究述评与展望》，载于《外国经济与管理》2012 年第 12 期。

③ 崔华前：《私营企业主政治参与动因的基本特征——基于对浙江省部分私营企业的调研》，载于《理论月刊》2015 年第 8 期。

根据"儒家社会模型",企业家积极参政议政并非为了建立政治关联来追求"一己私利",而是"家国情怀"的体现[①]。尽管私营企业主参与政治的动机千差万别,大部分是从企业家的角度谋求更为宽松的外部环境。但一些比较有代表性的企业家,已经开始基于战略角度针对宏观的社会问题发表见解,提出自己的意见建议以及提案、议案等,甚至致力于推动我国改革的进程[②]。例如,2003 年,尹明善和徐冠巨在全国政协十次会议上针对当时中国社会面临的急迫问题,分别提出关于"加快解决就业问题和关注弱势群体""切实提高对'三农'问题的认识,加快建立农业支持保护体系,促进农村经济发展"的提案,充分展示了他们的社会责任感和开阔的政治视野。通过积极地参政议政有助于"亲社会"行为的实现,进一步形成了民营企业家具有社会责任感的"士绅"形象,从而成为民营企业家实现自我价值的重要渠道。

由此可见,部分民营企业家在谋求个人的经济地位与政治地位的提升之余,开始进一步追求"民主型的发展性政治参与"。超越了个体或阶层利益的狭隘视角,他们不再仅仅把参政议政视作"实现其政治、经济目标的手段",而更多从社会发展的高度来参与政治,将之视为实现自我价值的一种方式、承担社会责任的渠道、义不容辞的政治责任及义务[③]。

第三节　民营企业家参政议政的影响因素

民营企业家参政议政的影响因素,能够间接地折射出在当下百年未有之大变革之中,大国政治、经济的发展趋势。纵观已有文献,现有研究主要从制度环境、企业及企业家三大角度来分析影响民营企业家参政议政的因素。

李宏彬等运用经验研究法,对中国民营企业调查数据进行统计分析,结果表明,民营企业家在制度不够完备或市场机制薄弱的情况下参政议政的概率更大[④]。陈钊等以广西柳州为例,通过对该市企业与企业家调查数据的分析,梳理了通过人大或政协渠道参政议政的非公有制企业的企业家特征和企业特征[⑤]。研究发现

---

① 胡旭阳:《企业家政治身份"代际接力"与企业的社会责任担当——来自我国上市家族企业的经验证据》,载于《经济社会体制比较》2020 年第 2 期。

② 敖带芽:《私营企业主阶层的政治参与》,载于《理论与改革》2002 年第 5 期。

③ 张学华:《民营企业家政治参与的动机与作用》,载于《合作经济与科技》2011 年第 12 期。

④ Li H., Meng L., Zhang J. Why Do Entrepreneurs Enter Politiics? Evidence from China [J]. Economic Inquiry, 2006 (3).

⑤ 陈钊、陆铭、何俊志:《权势与企业家参政议政》,载于《世界经济》2008 年第 6 期。

在所有正向影响企业家参政议政概率的因素中，企业家的政治背景影响最显著。同时，企业家参政议政也受到企业实力、企业历史和企业家年龄的影响。具体来说，企业规模越大，该企业的企业家拥有的经济实力往往就越雄厚，以此更可能掌握更多"事实的政治权利"，因而参政议政的可能性更大。同时，企业运营期往往需要与当地政府与官员打交道，因此，历史越长的企业在政商关系方面的积累就越深厚，因而更有可能促使该企业的企业家参政议政。另外，企业家年龄越大，越能在当地积累人脉，从而增加了企业家参政议政的可能性。这说明，无论是企业还是企业家的"资历"，在利用人大或政协的渠道参政议政时，都具有关键作用。

吕鹏以"中国私营企业主抽样调查"数据为基础，发现不管是在较高层级还是较低层级的人大和政协中，经济财富、党员身份都不是当选的保证，而企业家的社会责任感及良好社会形象则往往起到决定性影响①。这一研究认为，经济实力作为一个"门槛"，确实是影响民营企业家获取参政议政资格的不可或缺的因素之一，但这一因素扮演的角色不能被过分夸大，更不能将参政议政遴选资格当作一场"金钱游戏"。并且，人大代表和政协委员当选的影响因素之间也存在差异：人大系统更强调慈善和企业社会责任认证，而政协系统则将教育水平作为一项重要考虑因素。此外，那些有国有部门工作经验的"下海"型企业家，他们多数是中共党员且其经营的企业规模较大，比农民企业家拥有更多的内部信息和人脉资源，更有可能成为政府统战和吸纳的对象，进而获得参政议政的资格②。

随着许多民营（家族）企业创始人达到退休年龄，企业步入代际传承阶段，所有权和控制权逐步向第二代转移，民营企业家参政议政的"代际传承"也成为学者们关注的焦点。胡旭阳和胡一平认为企业政治资本是家族企业重要的战略资源，因而具有重要的代际传承功能，通过企业家参政议政权的转移，能够实现中国家族企业政治资本的代际转移③。具体而言，家族企业创始人当选人大代表使自己有机会接触、认识本级人大常委会委员，甚至少数民营企业家直接当选县、市级人大常委会委员。在家族企业政治资本代际转移动机驱动下，创始人的政治嵌入可以增加家族继承人被各级人大常委会考察、提名进而当选人大代表的可能性，促进企业政治资本代际转移的实现。在此基础上，家族继承人当选各级人大

---

① 吕鹏：《私营企业主任人大代表或政协委员的因素分析》，载于《社会学研究》2013年第4期。
② 黄杰、毛叶昕：《"民企二代"的政治参与——基于"中国私营企业调查"的实证研究》，载于《青年研究》2020年第5期。
③ 胡旭阳、吴一平：《中国家族企业政治资本代际转移研究——基于民营企业家参政议政的实证分析》，载于《中国工业经济》2016年第1期。

代表或政协委员，相当于创始人为继承人搭建了一个政治平台，继承人可以借助参政议政这个政治平台结识政府官员，构建自己的政治网络体系。这样即使建立在创始人私人关系基础上的企业政治资本因政府官员更迭、创始人退休而逐步丧失价值，继承人还能通过参政议政这个政治平台来更新企业的政治网络关系和政治资本，实现了企业参政议政的"代际接力"。进一步的研究发现，继承人担任总经理或董事长显著提高了继承人参政议政的可能性，这是因为继承人担任董事长或总经理为企业政治资本代际转移提供经济合法性的同时，也赋予了继承人权威合法性，进而有助于家族企业政治资本代际转移后发挥作用。基于第十二次"中国私营企业调查"数据，黄杰和毛叶昕发现了影响"民企二代"政治参与行为的因素[1]。他们认为，在同等条件下，二代企业家比非二代企业家更可能担任各类官方或半官方的政治职务，进行参政议政；并且，"二代"身份的政治效应对企业家获得外围职务（如工商联常务委员、执行委员和青联委员等）有显著影响，但对获得核心职务（如人大代表和政协委员等）的影响并不明显。

第四节　民营企业家参政议政的渠道

依托我国政治制度中的参政议政机制，民营企业家主要通过若干方式参与到政治生活中，诸如竞选村干部、在工商联领域内担任职务、获得人大代表或者政协委员的身份、竞选或当选党代表、加入其他民主党派、担任行业协会或者商户的要职等。在以上渠道中，最常见的三种方式为：竞选或当选党代表、获得人大代表和政协委员身份及在工商联领域内担任领导职务。由此，以人大、政协、工商联为主的参政议政载体构成了民营企业家参政议政的基本制度平台。

一、当选人大代表和政协委员

依托于我国的政治体制，吸纳民营企业家担任人大代表或者政协委员的方式日渐成为发挥其政治作用的重要机制之一[2]。并且因为曝光率较高、人数较多等

---

① 黄杰、毛叶昕：《"民企二代"的政治参与——基于"中国私营企业调查"的实证研究》，载于《青年研究》2020 年第 5 期。

② 吕鹏：《私营企业主任人大代表或政协委员的因素分析》，载于《社会学研究》2013 年第 4 期。

特点，人大、政协成为民营企业家参与地方党政决策、参政议政的主要平台。人大代表和政协委员的产生方式存在差异，前者是由直接或间接选举产生，而政协委员主要通过界别协商推荐产生。虽然人大代表和政协委员的产生机制不同，但民营企业家获取担任人大代表和政协委员资格的主要途径类似，主要有以下途径：

第一，企业家通过加入各民主党派、工商业联合会等，由各民主党派和工商业联合会推荐。第二，企业通过成立企业内部党委、工会，选举企业负责人为区域人大代表，直接获得人大代表资格。第三，企业通过对地方的贡献，获得所在地政府认可，帮助企业负责人获得参政议政资格。第四，企业在所在选区具有重要影响，被社区组织或居民选举为代表获得参政议政资格。

民营企业家进入全国"两会"一直是国内外关注的重点话题。根据胡润研究院对参会企业家的统计数据，全国两会中的企业家数量总体呈现出较为明显的"先上升，后下降"趋势。2013～2016年，"两会"中上榜人大代表和政协委员呈上升趋势，年均增长约7%，其中，人大代表从97人（占人大代表总数的3.2%）增加到117人（占比3.9%），上榜的政协委员从81人（占政协委员总数的3.6%）增加到101人（占比4.5%）。而2017～2018年，"两会"中上榜的人大代表和政协委员呈现下降趋势，年均下降15%，尤其以2018年降幅最为明显，比上年减少了57位，降幅达27.3%，其中上榜的人大代表从2016年的117人（占比3.9%）下降到79人（占比2.7%），上榜的政协委员从2016年的101人（占比4.5%）下降到74人（占比3.4%）[1]（见表9-1）。

表9-1　　　　　2013～2018年两会期间上榜企业家情况[2]

年份	上榜人大代表（人）	占人大代表总数比例（%）	上榜政协委员（人）	占政协委员总数比例（%）	上榜总人数（人）	较上年增长比例（%）
2013	97	3.2	81	3.6	178	—
2015	106	3.6	97	4.3	203	14
2016	117	3.9	101	4.5	218	7.4
2017	112	3.7	97	4.3	209	-4.1
2018	79	2.7	74	3.4	152	-27.3

资料来源：高海涛：《我国私营企业主阶层政治参与的规范问题研究》，载于《广州社会主义学院学报》2019年第1期。

---

① 高海涛：《我国私营企业主阶层政治参与的规范问题研究》，载于《广州社会主义学院学报》2019年第1期。

② 胡润研究院并未对2014年两会期间上榜企业家状况进行统计。

二、担任工商联领导职位

工商联作为我国重要的人民团体兼民间商会，同时也是人民政协的主要组成部分之一，在发挥中国共产党领导的统一战线职能方面起到显著作用①。工商联与其所属商会是构成民营经济统战工作的重要依托载体，成为民营企业家参政议政的重要渠道。

正如每一个组织的发展形态都会跟随国家经济社会发展的脚步演变和更迭，工商联的统战功能也随着中国市场经济的发展不断更新迭代、转变角色。中华全国工商业联合会第八届会员代表大会于 1997 年 11 月修改了工商联章程，完善了其中关于工商联性质与定义的含义，章程明确了中国工商联组织是中国共产党领导的，由中国工商界组成的人民团体兼民间商会，在我国党和政府管理非公有制经济、联系非公有制经济人士等方面起着积极的作用。而在 2001 年后，国家推行政策允许"非公有制经济代表人士担任省级工商联会长，可先在个别具备条件的省进行试点，并根据人选条件在当地政协领导班子换届时统筹考虑"，并明确指出浙江、重庆、贵州三省（市）将作为试点推进此项工作。此后，非公有制经济代表人士相继当选为重庆工商联主席和浙江工商联主席。这一标志性任命拉开了民营企业家担任工商联领导职务的序幕。以此为起点，陆续有更多企业家加入工商联统战队伍，担任工商联领导职位，致力于完成党中央赋予工商联的重要任务，切实发挥工商联和商会在民营经济统战工作中的重要作用。

2017 年 11 月 27 日召开的全国工商联十二届一次执委会议，选举并产生了全国工商联新一届领导成员和领导机构。其中，在新一届由 23 人组成的全国工商联领导班子中，11 位民营企业家担任的兼职副主席占领导班子的近一半席位。这 11 位民营企业家分别为北京叶氏企业集团有限公司董事长叶青，浙江吉利控股集团有限公司董事长李书福，TCL 集团股份有限公司董事长兼首席执行官李东生，山东东明石化集团有限公司党委书记、董事局主席兼总裁李湘平，苏宁控股集团有限公司董事长张近东，科瑞集团有限公司董事局主席郑跃文，正泰集团股份有限公司董事长南存辉，武汉高德红外股份有限公司董事长兼总经理黄立，上海微创医疗器械（集团）有限公司董事长兼首席执行官常兆华，三一集团有限公司董事长梁稳根，小米科技有限责任公司董事长兼首席执行官雷军②。

---

① 谢宇程、蒋科荣、谢华云：《略论工商联的统战功能》，载于《湖南省社会主义学院学报》2020年第 1 期。

② 《解析全国工商联领导班子：一二把手曾掌央企，民营企业家近半》，2017 年 11 月 30 日，2021 年
1 月 19 日，https：//baijiahao.baidu.com/s?id = 1585481383571934550&wfr = spider&for = pc。

为更好发挥与保障工商联和商会在社会经济以及参政议政中的义务与权利，中共中央办公厅于 2020 年印发了《关于加强新时代民营经济统战工作的意见》。明确指出，要充分发挥工商联在民营经济人士思想政治建设中的引导作用、在有序政治参与中的主渠道作用，在民营企业改革发展中的服务作用，同时发挥其在保障和改善民生、创新社会治理中的协同作用以及在依法平等保护产权方面的民主监督作用。由此可见，工商联在促进民营经济人士健康成长与民营企业健康发展中大有可为、也必有作为；与此同时，民营企业家融入工商联统战队伍、担任工商联领导职务也必将为统战作用的发挥增添助力。

三、当选党代表

党代表即中国共产党全国代表大会代表。相关数据显示，在 2017 年中国共产党第十九次全国代表大会中有 2 280 名党代表从 450 多万个基层党组织和 8 900 多万名党员中选举产生并出席大会。

2002 年党的十六大召开，见证了民营企业家开始当选全国党代会代表的历史。其中，共计 7 名民营企业家亮相此次代表大会，包括浙江飞跃集团董事长邱继宝、江苏沙钢集团董事长沈文荣、远东集团董事长蒋锡培、森达集团董事长朱相桂、江苏综艺集团董事长昝圣达、重庆南方集团董事长孙甚林、广东金潮集团董事长刘思荣。这是民营企业家首次当选全国党代表。特别是远东集团董事长蒋锡培是唯一一个真正以"私营企业主"身份填表登记的党代表，其他 6 名民营企业家均以"非私身份"当选。

在随后的历届全国党代会中，各个领域的民营企业家们开始参与、当选党代表并活跃在其中，与会人数也呈现逐年增加的趋势。党的十七大对民营企业家党代表而言，也是一个具有里程碑意义的时间节点。这次会议第一次明确提出要有适当数量的新经济组织和新社会组织的党员，对民营企业家的党代表队伍提出了新要求，因此代表人数增至了 17 人。在党的十七大的民营企业家代表中，朱相桂连任党的十五大（当时以乡镇企业领导身份当选）、十六大、十七大三届党代表，也是当时唯一一位连续三届当选党代表的民营企业家[①]。而党的十八大中民营企业家当选党代表人数翻倍，增至 27 人。由表 9 - 2 可知，党的十八大代表比党的十七大代表总人数增加了 57 人，其中民营企业家增量占增加人数的 17.5%，民营企业家代表占代表总人数的 1.19%。2017 年党的十九大民营企业家当选党代表人数不变，数量保持在 27 人。

① 《盘点"十八大"民营企业家党代表》，载于《中国民营科技与经济》2012 年第 10 期。

表 9 - 2　　党的十六大到党的十九大民营企业家当选党代表情况

党代会届次	代表总数	企业负责人代表	民营企业代表	民营企业代表比例（%）
党的十六大	2 114	—	7	0.33
党的十七大	2 213	—	17	0.77
党的十八大	2 270	145	27	1.19
党的十九大	2 280	148	27	1.18

　　资料来源：高海涛：《我国私营企业主阶层政治参与的规范问题研究》，载于《广州社会主义学院学报》2019 年第 1 期。

第五节　民营企业家参政议政的效应

　　作为一种重要的非市场战略，民营企业家参政议政为企业发展带来了巨大影响。从现实情况看，民营企业家参政议政的效益是积极的、有益的[①]。

一、辐射效应

　　民营企业家参政议政向市场传递了一种该企业信誉良好的信号，唤起了外部对企业能力与合法性的双重认同，从而促进企业的发展。

　　民营企业家参政议政的过程，是民营企业搭建政治关系网络的过程，而只有那些优秀的企业家才能进入参政议政的流程。2016 年，中央统战部、中央组织部、全国工商联等 14 部门共同印发《关于加强和改进非公有制经济代表人士综合评价工作的意见》，对标准和程序展开了深入性的规范工作，进一步完善了非公经济人士参政议政资格的获取程序。该文件针对党代表、人大、政协以及工商联等人民团体的换届工作提出了新的要求，严格要求必须通过综合评价的方式对入选的非公经济人士进行考量；凡是未经过综合性评价程序的，或是评价结果未达到要求的，都会被排除在考察人选之外。在综合评价中，主要考察四个方面：一是企业家思想状况和政治表现、社会公益事业等情况；二是企业经营状况，主要考察评价对象所在企业近 3 年的生产经营状况，包括营业收入、利润总额、纳

---

　　① 董明：《关于温州市民营企业家政治参与的调查》，载于《国家行政学院学报》2000 年第 3 期。

税额及创新能力等；三是企业守法诚信等方面，主要考察所在企业环境信用、纳税信用、劳动保障、安全生产等内容；四是个人守法，主要考察评价对象是否有犯罪记录或涉嫌犯罪等情况[①]。经过评价所得出的最终结果，优先列入考察人选名单的是评价结果为 A 级者，其次是 B 级的也可列入考察人选，C 级的则不能作为组织考察人选。可见，民营企业家参政议政需满足一定的标准。

民营企业家参政议政的综合评价机制也决定了，往往具有一定规模和经济实力、为社会发展作出了贡献的优质企业家才能获取参政议政资格。因此，参政议政成为一种关于企业发展现状与未来业绩的有效信号，树立了企业的良好形象，即参政议政的辐射效应。例如，胡旭阳（2006）认为，民营企业家的政治身份往往代表了企业愿景与社会主流价值相符的良好形象，给行政审批机关和社会传递了积极信号，从而使民营企业获得金融业准入资格[②]。具体来说，由于民营企业家政治身份与民营企业规模正相关，因此金融审批机构可以通过企业家的政治参与情况以及政治身份得知企业的规模、质量和发展潜力，确定政府与公众对企业实力与企业社会性行为的认可度，从而有效规避风险。因此，民营企业家的政治身份通过积极的信号传递来获得利益相关者的认可，进而实现企业绩效提升。

二、约束效应

参政议政使企业家本人和企业受到更多社会关注及舆论监督，进而通过声誉机制约束了企业的经营行为，让企业更加自律，即行为约束效应。

首先，参政议政的企业家通常都拥有一定的政治身份，使之能接收到更多来自政府的信息，感知到更大的规制压力，进而促进自律发展。组织身份认同是促使行为落地执行的内在基础。民营企业家参政议政会通过强化和彰显企业家的政治身份认同，从而让企业家和企业对法律法规等制度要求更为敏感，也更愿意实质性地采纳和执行国家标准和行业标准，作出更符合法律法规的行为决策。

其次，参政议政的企业家通常都占据场域中心位置，从而受到来自媒体、社会大众等各方的关注，使企业承担更大的规范压力。一般而言，拥有参政议政资格的企业都是行业或区域中的龙头企业，在聚光灯下企业的行为更容易被"看见"，也更有可能被"关注"，使之承受更大的来自各方利益相关者的规范压力；同时，场域中心位置意味着更高的区域曝光度，使得企业不得不承受来自公众的

---

① 《关于加强和改进非公有制经济代表人士综合评价工作的意见》，2020 年 12 月 2 日，2021 年 2 月 10 日，https://www.0797cx.cn/page37?article_id=97116。

② 胡旭阳：《民营企业家的政治身份与民营企业的融资便利——以浙江省民营百强企业为例》，载于《管理世界》2006 年第 5 期。

更强的监督，从而提升了行为不规范的风险，进一步加强了企业的自律。特别是自媒体和数字化技术的推进，使得公众对于中心位置企业的监督大大提升，企业难以利用信息不对称来支撑其行为不规范的假象。因此，民营企业家参政议政，同样也发挥了对民营企业的约束作用。

最后，参政议政的企业家会出于声誉的成本收益的考量而自律发展。获取参政议政资格和政治身份需要民营企业家具备一定的条件，需要投入大量的时间精力、物资资源来建立社会关系网络。但是政治身份和政治资源的获取需要付出巨大努力，然而失去它却轻而易举。所以，民营企业在获得政治资源与竞争优势后，会有很强的内在经济利益驱动来保持政治声誉。特别是在公司上市后，民营企业家会越发加强自我约束，严格要求自身行为，以完善公司内部的治理、维护各方相关利益，进而保障中小股东以及债权人利益，降低债务契约风险。

三、激励效应

外部约束与内部激励同在。民营企业家参政议政的行为会引起社会关注且企业行为受到一定约束的同时，也会在一定程度上激励企业发挥"政治人"和"社会人"的身份，主动承担起更多的社会责任。

首先，民营企业家参政议政的过程有助于增强其对社会的归属感和责任感。在我国，民营企业家大多是从农民、工人、知识分子和国家干部中转化而来。在党的政策引领下，民营经济持续健康发展、不断前进，民营企业家也在政治上获得较多的认可、拥有参政议政的权利，这一切进一步加深了民营企业家对国家和社会的感情，归属感和社会责任感油然而生，并致力于为国家和社会作出自己的贡献。受到归属感和责任感的驱使，参政议政的企业家会自觉调整自身形象，提高自身素质[1]。其次，民营企业家通过政治参与能够更及时、准确和全面地把握社会、政府等组织对于企业责任的需求和期望，进而承担社会责任。参政议政的民营企业家能够及时了解国家出台的相关社会责任法律法规，及时把握社会对于企业的期盼，进而更倾向于担当社会责任。最后，参政议政的民营企业家会因为自身行为的榜样效应，而激发自身更强的社会责任行为。衣凤鹏和徐二明认为，企业家参政议政的级别越高，企业受到政府、公众和媒体的关注程度和期望水平越高，参政议政对企业承担社会责任的激励力量越大[2]。因为，

---

① 董明：《关于温州市民营企业家政治参与的调查》，载于《国家行政学院学报》2000 年第 3 期。

② 衣凤鹏、徐二明：《高管政治关联与企业社会责任——基于中国上市公司的实证分析》，载于《经济与管理研究》2014 年第 5 期。

参政议政的民营企业家会受到社会的高度关注，其积极的社会责任行为可能激发其他企业和企业家的社会责任行为，因此推动这些参政议政的企业家更倾向于担当社会责任。

四、资源效应

参政议政是民营企业与政府构建良好关系的重要渠道，成为民营企业家消除政策歧视和各种隐性壁垒、获得成长所需资源的重要手段，即资源效应。具体而言，资源效应可以分为直接资源效应和间接资源效应。直接资源效应是指民营企业家通过政治参与获得了"政治身份"，其所代表的企业会更容易获得各种成长资源。例如，潘克勤发现具有政治身份以及具备更高级别政治身份的企业家，出现恶意财务年报"补丁"的概率越低；民营企业家的政治身份对于上市公司的财务诚信具有正面影响，披露恶意财务年报"补丁"的上市公司次年银行贷款规模明显缩减，但企业家的政治身份以及更高级别的政治身份，会削弱恶意"补丁"对于商业银行贷款决策的负面效应[1]。余明桂和潘红波发现，拥有政治关联背景的企业更容易获得大额度的银行贷款并且贷款期限更长，其原因在于银行认为其规模大、能力强、质量优、风险低以及诚信度高；并且，在法制水平、金融发展和产权侵害越落后的地区，其信任体系越缺失，此时政治身份带来的贷款效应就更为显著[2]。

除了上述直接效应之外，资源获取的间接效应也非常重要。间接效应是企业通过彰显其政治身份，提高其获得各类政策待遇优惠的可能性，从而提高企业的市场价值[3]。民营企业家政治身份所产生的间接效应主要通过三种途径发挥作用。

第一，企业能利用与政府的紧密关系，以较低的市场价获得各类生产要素和资源。当市场主导的资源配置体系尚未完善、行业准入门槛存在较多限制时，政府及其相关部门依然会掌握着大量稀缺资源和行政审批权。拥有政治身份和政治关联的企业往往凭借其良好的政治声誉和竞争优势而获得来自政府的资源倾斜。因为无论是出于政治目标抑或是私人利益，政府及其官员在进行资源分配时往往会倾斜于与之关系密切的企业[4]。罗党论和刘晓龙认为，我国政府严格管制行业

---

① 潘克勤：《政治关联、财务年报恶意补丁与债务融资契约——基于民营上市公司实际控制人政治身份的实证研究》，载于《经济经纬》2012年第2期。

② 余明桂、潘红波：《政治关系、制度环境与民营企业银行贷款》，载于《管理世界》2008年第8期。

③④ 于蔚、汪淼军、金祥荣：《政治关联和融资约束：信息效应与资源效应》，载于《经济研究》2012年第9期。

准入，很多行业的进入壁垒过高，给民营企业造成了很大的阻碍①。因此，民营企业通过参政议政与政府建立良好的关系，并以此作为媒介突破管制性壁垒，从而进入政府管制行业以提高企业绩效。他们的研究表明，民营企业通过参政议政构建的政治关联能够有效帮助其进入政府管制行业，对企业经济绩效起到正向的促进作用。余明桂等以中国上市民营企业作为研究对象的研究表明，具有政治关联背景的民营企业能够获得更多的来自地方政府的财政补贴；而且在制度环境越差的地区，这种政治关联的补贴效应就越强②。此外，民营企业家在参政议政的过程中能够通过提出自己的利益诉求以及企业在生产经营过程中遇到的能源、资源问题，从而优先得到重视和协调解决，进而在市场竞争中抢占先机。第二，政治关联能够帮助民营企业化解政策风险。在"摸着石头过河"的渐进改革过程中，政策环境的不确定性给民营企业带来了较高的政策风险。为及时准确地把握政府政策的脉搏，让企业获得更多信息优势和政策优势，民营企业家通过政治参与建立起与政府有关部门以及政府官员的良好关系：一方面，民营企业家通过参加政府相关会议，能够让自己有机会更早、更准确地捕捉到政策走向等关键信息；另一方面，民营企业家通过每年各级人大、政协的提案、建议和报告，来或多或少地影响政策导向、行业发展等较为宏观的层面，进而化解政策风险、保障企业收益③。第三，民营企业家的政治身份可以作为产权保护的替代机制减少民营企业在生产经营过程中可能遭受的侵害。在正式制度尚不完善的环境中，民营企业家的参政议政及其所拥有的政治身份使之能够规避来自政府部门和市场不良竞争所带来的各种侵害。

第六节　民营企业家参政议政的优化机制

民营企业家不仅是市场财富的创造者之一，也是社会发展的重要建设者和推动者。当民营企业家进行参政议政，成为一个在两会中参政议政的委员或代表、担任工商联主席或当选党代会代表时，他的社会角色其实就是"经济人"和"政治人"的"合体"。从企业家到政坛人物，从追求利润最大化的"经济人"

---

① 罗党论、刘晓龙：《政治关系、进入壁垒与企业绩效——来自中国民营上市公司的经验证据》，载于《管理世界》2009 年第 5 期。

② 余明桂、回雅甫、潘红波：《政治联系、寻租与地方政府财政补贴有效性》，载于《经济研究》2010 年第 3 期。

③ 于蔚、汪淼军、金祥荣：《政治关联和融资约束：信息效应与资源效应》，载于《经济研究》2012 年第 9 期。

到关心大众利益的"政治人",这种转变包含了信任和期待,同时也必然饱受审视和质疑。胡怀敏认为在中国的政治背景下,"经济人"与"政治人"身份能够并存,但"两栖人"身份在实际运行中既有兼容点又包含矛盾之处[①]。因此,构建"亲""清"政商关系、规范民营企业政治参与过程,成为优化民营企业家参政议政的重中之重。在已有研究基础上,本书认为民营企业家参政议政需要从系统性、专业性、积极性和一致性等方面加以优化。

一、加强系统性

优化民营企业家参政议政机制,需要加强系统设计。这就要求在体制机制上建立健全并不断完善各种参政议政制度和渠道。在宏观制度设计上,应该加强统一战线等原有机制的作用发挥,优化现有参政议政渠道。由于人大和政协在我国政治结构中的位置,以及不同身份参政议政的效果差异,会发生民营企业家争先进入人大和政协通道的情况。首先,建议各地根据实际情况,适当地增加私营企业主代表在人大、政协中的比例,让更多的企业主有机会参与进来。其次,要增加中小企业主的参与机会。以政协为例,不论是从政协章程的规定看,政协委员要在"在本界别中有代表性,有社会影响……",还是从实际的政协委员资格确定结果看,往往是那些企业规模大的企业主有更多的机会担任政协委员,中小企业主却难有机会。对此,除了适度吸收中小企业主进入人大和政协,还可以利用基层自治组织通道,鼓励和推荐他们进入选举。与此同时,要协调好不同规模企业的利益诉求,让企业主代表能够表达整个阶层的诉求,避免"只代表自己"。最后,要压缩政治参与的付出成本,增强参与的可操作性,进一步完善政治参与的规则体系,使参与流程、规则得到简化和规范化的提升。

在微观制度设计上,创新各种体制机制,探索新的参政议政渠道。当前私营企业主参政渠道受到较大限制,他们的政治参与需求难以得到满足,甚至深受抑制,同时也招致了诸多非制度化参政行为。因此,亟须扩宽参政渠道,促使私营企业主合法、有效地参与其中。比如通过统战部、政府职能部门、工商联的牵头,通过座谈会、联谊会等形式广泛邀请私营企业主参与其中,面对面地进行交流;党委和政府主要官员定期定点联系辖区内的重要代表性企业与重要代表性企业家。更为重要的是,应该强调宏观制度之间、微观机制之间以及宏观微观之间的协同性和对接性。一方面,首先发挥政商关系中的"清",推动各级工商联、商会、行业协会承担起中介职能,协助政府与民营企业进行良性互动,共同应对

---

① 胡怀敏:《民营企业家的政治参与:经济人还是政治人》,载于《求实》2013 年第 11 期。

挑战，从而实现政商关系中的"亲"。另一方面，建立社会协同机制，为民营企业家参政议政、承担社会责任设计理想、愿景和措施，发挥企业家精神，助力社会公益事业与体制机制改革，提高协同应对新问题的能力，创造性地解决社会问题。

二、提高专业性

优化民营企业家参政议政机制，需要提高机制设计和机制运行的专业性。要从专业角度和专业思维研究民营企业家参政议政问题，这就要求从沟通平台、功能定位、权责分配、沟通程序等方面加强民营企业家参政议政的专业性和专业能力。具体而言，政府部门应根据实际需求针对性地设置专业机构、专业人员与民营企业沟通，提升政企沟通的效率；扩展政府与民营企业之间的沟通渠道，如会议、座谈、调研等，并适时将正式与非正式、定期与非定期等形式结合应用，在不断丰富交往形式、扩宽畅通的多元反馈通道的过程中，减少政企沟通的障碍、确保沟通的流畅度。与此同时，要建立分级管理、双向沟通的政商沟通平台，引导不同层次的沟通机构建立功能定位准确、权责清晰的分工协作机制，使政商沟通程序化、制度化[1]。而从民营企业家方面，参政议政成为民营企业家的重要技能之一[2]。中国背景下的政企关系目前越来越呈现"你中有我，我中有你"的关系；民营企业家需要根据自己的角色定位主动学习，以提高自身参政议政的专业化水平[3]：一是不断提高自己的专业素质，树立终身学习的理念，不断提高文化知识和企业管理水平，了解我国的政治制度、政治体制；二是提高自己的政治素养，不做政治"门外汉"，通过理论与实践结合，加强调研和分析能力，学会提建议、做调研、提议案，敢于摆事实、讲道理，提高整体参政议政水平，以避免政治参与的低效性、非法性等问题；三是提升自身法律素质，增强法律意识，真正做到知法懂法，从而自觉约束自己的经营行为、政治参与行为。

三、培养积极性

优化民营企业家参政议政机制，还需要培养其参政议政的积极性。培养民营

---

[1] 韩布谷、冯洁：《重塑政商关系新格局》，载于《浙江经济》2016 年第 9 期。

[2] 刘海建、吕秀芹、董育森、张沫：《是否皆为利己——制度转型深入期企业家政治联系的双重角色》，载于《南开管理评论》2017 年第 4 期。

[3] 董殿帅：《我国私营企业主政治参与的问题及对策》，载于《学理论》2015 年第 34 期。

企业家参政议政的积极性，必须增强其作为社会主义建设重要角色的使命感、荣誉感和自豪感，必须构建民营企业家参政议政的良性循环，这要从政府和企业家两个方面下功夫。一是需要加强政府与民营企业家的联系，建立健全联系机制，保障政策制定和执行的公平和效率，不断改善民营企业家参政议政的环境。二是需要努力营造民营企业参政议政以及表达权益和诉求的氛围和途径。加强和完善对于工商联和行业协会的监管与管理以及对于民营企业的统合工作，帮助民营企业家更好地参与到制度环境改善的进程中，是执政党和政府统合各个社会阶层推动社会治理转型、共同建设中国特色社会主义的重要举措之一①。三是应该善于倾听，有效采纳企业家提出的关于各类行业问题、企业问题和社会问题的意见建议。四是要为民营企业家培养大局意识和责任意识提供更多的机会，为其提高参政议政能力和水平提供更大的舞台，鼓励、引导他们积极反映社情民意，通过有序参与政治生活拥有更多履行社会责任、推动和谐社会建设的机会。五是要做好民营企业家综合评价、参政议政推荐工作，积极拓宽民营企业家的参政议政渠道，不断加强非公有制经济代表人士队伍建设②。

四、注重一致性

优化民营企业家参政议政，还必须注重一致性。首先，保持民营企业家的思想与党的路线方针的一致性。这是民营企业家参政议政的政治基础，也是民营企业家参政议政必须遵循的政治方向。用好用足统一战线这一平台机制是一门科学，也是一门艺术。统一战线作为政治基础，在构建健康的政商关系中意义重大，只有利用好其作用，才能更好地维护政府与市场、企业与政府之间的关系，确保民营企业家提出的政策建议与党的路线方针和社会主义政治方向保持一致。其次，要保证民营企业家参政议政的发展与社会发展的一致性。党和政府要综合考虑现有的社会资源存量，一方面处理好企业家参政议政不足的问题，另一方面要警惕政治参与"爆炸式"发展，避免不切实际的发展目标。最后，保证民营企业家参政议政行为与法律法规的一致性。要引导民营企业家在法律框架下参政。宪法和法律既是民营企业家政治参与的法律保障，也为其政治参与设定了程序和规则，只有通过合法的政治参与，正当合理的利益诉求才能得以实现③。

---

① 何轩、马骏：《被动还是主动的社会行动者？——中国民营企业参与社会治理的经验性研究》，载于《管理世界》2018 年第 2 期。

② 谢宇程、蒋科荣、谢华云：《略论工商联的统战功能》，载于《湖南省社会主义学院学报》2020 年第 1 期。

③ 董殿帅：《我国私营企业主政治参与的问题及对策》，载于《学理论》2015 年第 34 期。

　　作为社会精英，民营企业家参政议政是社会进步的重要标志。一方面，民营企业家代表了社会的中坚力量，民营企业家参政议政对社会生活和国家政治的影响力已经初现，民营企业家参政议政有助于夯实党的执政基础，应鼓励更多的民营企业家投入人大、政协、各民主党派和工商联的政治活动中来。另一方面，民营企业家是社会大生产中的组织者，对社会问题有较深刻的认识和理解，鼓励民营企业家积极建言献策，既有助于提高国家政策制定的务实可行性，又能将国家政策上传下达落实到各个企业中去。随着民营企业家自身素质的不断提升，其参政议政水平也会水涨船高，期待全社会能更广泛地倾听民营企业家的意见建议[1]。

---

　　①　翁欣、陈晓：《中国民营企业家参政议政与企业规模—效益分析》，载于《技术经济》2021 年第 2 期。

第十章

新型政商关系评价研究

第一节　新型政商关系评价的理论依据

一、当前新型政商关系评价的相关理论研究

（一）新型政商关系内涵界定与评价测度标准研究

新型政商关系指对现代政商关系基本内涵的延展深化，包含价值意蕴、目标追求和实现路径三者的有机耦合，把握基本内涵是践行新型政商关系的认知前提，揭示价值意蕴是践行新型政商关系的内生动力，构建创新路径是践行新型政商关系的实践保障[1]。一些研究通过界定新型政商关系的内涵、特征，间接反映出政商关系的测度标准。

基本内涵研究方面，卞志村认为要从"四个全面"战略高度把握"亲""清"新型政商关系的内涵，以全面建成小康社会为宏观服务目标，以全面深化改革为强大动力，以全面依法治国为重要保证，以全面从严治党为政治

---

① 郑善文：《构建亲清新型政商关系若干问题研究》，载于《理论研究》2018 年第 10 期。

228

新型政商关系研究

保证[1]；郑善文从"亲""清"的原初语义与伦理特质入手，认为只有充分发挥其教化人、培育人的作用，才能筑牢新型政商关系；进而认为，领导干部与民营企业家要在深入领会时代内涵与现实要求的前提下，精准把握政商相互作用关系的中庸之道；在内在逻辑与价值取向上，新型政商关系是"亲清治"实践逻辑和"义利情理法有机统一"价值逻辑的完美耦合[2]。

价值意义研究方面，基于浙江政商关系构建的实践，杨卫敏认为"亲""清"分别对领导干部和非公有制经济人士提出要求，政商两方面共同努力，以"政"为主要方面，包括：一是坚持中国特色社会主义方向的指导思想，二是坚持法治与德治相结合的工作原则，三是坚持有序有效的工作目标，四是坚持规范长效的工作机制[3]。进而，杨卫敏参照企业文化建设起同心圆，将政商关系分为表层关系（关系形式）、浅层关系（关系行为）、深层关系（关系制度和机制）、核心关系（关系文化）四层关系[4]。

创新路径研究方面，邱实和赵晖在回顾中国政商关系演变后，探讨了在国家治理现代化进程中的"政"与"商"，并从宏观层面和官员与商人关系的微观层面开展论述新型政商关系如何构建与演变，试图寻找一个最有效、最清廉的政商关系发展路径[5]；王蔚和李珣将良性互动的"亲""清"政商关系概括为"沟通、互助、守法、诚信"四条基本原则，认为只有把握这四个维度，从"法治"和"德治"两方面着力，才能构筑一条最为清廉、最为有效的政商关系发展路径[6]；唐亚林强调新型政商关系的社会价值体系的核心是民主法治价值及官商二元化价值，并将追求平等服务精神、清廉正派意识和守法诚信价值作为衡量关系构建程度的重要内容[7]。侯远长认为当前政商关系的主要问题是"清"而不"亲"、舍"亲"保"清"，而构建新型政商关系的路径有四条：一是强化服务意识，转变政府职能，建立政商沟通机制；二是发挥领导干部主动作为的能动性，减少不敢为、不愿为等懒政现象；三是构建法律法规保障制度，使亲情常在、清气常存；

① 李文博：《习近平关于新时代政商关系论述的内涵、价值与实践路径》，载于《广西社会科学》2018 年第 12 期。

② 郑善文：《构建亲清新型政商关系若干问题研究》，载于《理论研究》2018 年第 10 期。

③ 杨卫敏：《构建"亲""清"政商关系探析——学习习近平有关新型政商关系的重要论述》，载于《江苏省社会主义学院学报》2016 年第 3 期。

④ 杨卫敏：《简析新型政商关系的层次构建及保障——以浙江省的实践探索为例》，载于《广西社会主义学院学报》2018 年第 4 期。

⑤ 邱实、赵晖：《国家治理现代化进程中政商关系的演变和发展》，载于《人民论坛》2015 年第 5 期。

⑥ 王蔚、李珣：《政商良性互动关系应遵循的原则及路径探析》，载于《湖南行政学院学报》2016 年第 6 期。

⑦ 唐亚林：《"亲""清"政商关系的社会价值基础》，载于《人民论坛》2016 年第 9 期。

四是建立四个新型政商关系服务平台，拓展民间融资渠道①。

（二）新型政商关系评价的维度构建研究

在理论研究方面，国内已经有一批研究开始关注考察新型政商关系的各种维度。在"亲"这个维度上，陈璟和刘俊生认为可以借鉴服务型政府的基本要素以设计相关指标，他们将服务型政府的基本要素和平衡计分卡的四个考核维度结合起来，建立起考核政商关系的"亲与不亲"的指标体系，即政府职能转变维度、工作流程维度、顾客维度、效益维度。其中，职能转变维度旨在考察政府为了更好地满足客户要求而需要作出的改变和成长，工作流程维度关注政府为了构建新型政商关系应如何对自己的工作流程进行设计和改进，顾客维度关注作为政府服务对象的顾客对政府服务的评价和感受，效益维度则是运用考核结果来进行奖惩和激励②。

褚红丽通过企业人员在政府部门任职情况与行贿路径，反映政商关系中"清"的程度，用融资环境、产权保护、市场准入、基础设施完备、公共服务水平五个方面考量政商在交往过程中"亲"的程度，基于中央统战部、国家工商行政管理总局、全国工商联、中国民（私）营经济研究会组织的"中国私营企业调查"（2012）和世界银行组织的"中国企业环境调查"（2005）研究数据，实证证明政商关系中"亲"环境的建立存在对"清"关系的双向影响，其中市场准入、产权保护、融资环境等"亲"环境因素更有利于"清"关系的建立，软性制度成为影响政商关系清廉与否与市场竞争环境公平有序与否的重要因素，硬性环境已不构成不良政商关系的主要原因和中国企业发展的主要障碍③。

二、当前新型政商关系评价的相关研究

（一）小规模区域性新型政商关系评价研究

自 2017 年起一些研究开始关注区域性新型政商关系评价工作。例如江阴市委党校联合课题组通过政商关系认识、政商交往行为、政务服务水平和企业家政

①　侯远长：《构建新型政商关系若干问题研究》，载于《学习论坛》2017 年第 2 期。
②　陈璟、刘俊生：《四维度政绩考核促"亲""清"型政商关系的建立》，载于《中国党政干部论坛》2016 年第 6 期。
③　褚红丽：《新型政商关系的构建："亲"上加"清"》，载于《山东大学学报》（哲学社会科学版）2018 年第 5 期。

治参与四个指标，对当地部分企业家进行问卷调查与访谈座谈，累计回收有效问卷 499 份，了解和掌握当地政商关系现状和当地新型政商关系构建情况，并据此提出新型政商关系构建过程中统战工作的要点①。李岚以河南省为例，采用深度访谈与问卷调查的方法，考察民企与政府之间的互动实践及存在的问题，在重点确定 15 家访谈对象和 2 次预调研后设置 3 组共 44 个问题，包括企业和问卷回答人的基本情况，企业对自身一般经营环境和政策、行政环境的评价，企业政治参与情况（民营企业对政治参与的态度和看法，参与的方式、渠道、特征和效果以及参与过程中存在的问题）。随后向郑州、洛阳、开封和三门峡 4 个地市的民企发放问卷 700 份，获得有效问卷 584 份，研究发现现有局面下政府与民企之间缺乏持续有效的沟通，不利于"亲"型政商关系的建立，此外参政渠道少、有效性不高等问题突出，使得企业受到不公正待遇时缺乏正当解决渠道，"不得不"利用手中资源寻求非官方渠道、寻找寻租机会，不利于"清"型政商关系建立②。

（二）大规模全国性政商关系评价研究

1. 体现出"亲""清"新型政商关系中某一重要维度的评价研究

在"亲"的方面，具有代表性的是新加坡南洋理工大学的连氏中国城市服务型政府指数，可以在一定程度上反映"亲近"政府建设成果。自 2010 年起，该课题组连续五年对中国城市进行公共服务质量调查和排名，并发布"中国城市服务型政府指数"报告，旨在考察公众和企业对公共服务与政府管理的满意度，其指标体系构建也维持了较好的连续可比性③。以其 2014 年调查为例，该研究利用电话访问系统调查 36 个城市的 25 370 位居民和 3 687 个企业（总计拨打电话近 39.6 万个），指标体系包括服务型政府公众视角、服务型政府企业视角和基本公共服务三大维度，各包含 5 个、4 个、11 个子维度共 70 个测量指标，并给出了各个子维度的城市排名，对进一步提升中国政府治理能力、转变政府行政管理模式、推进服务型政府提供有力的决策支持④。此外，还有世界银行发布的《营商环境报告》（Doing Business），自 2003 年开始发布，2021 年停止发布，

---

① 江阴市委统战部江阴市委党校联合课题组：《新型政商关系构建中的统战策略研究》，载于《江苏省社会主义学院学报》2017 年第 6 期。

② 李岚：《"亲""清"新型政商关系的民营企业政治参与研究——以河南省的民营企业为例》，载于《北京工业大学学报》（社会科学版）2018 年第 6 期。

③ 新加坡南洋理工大学南洋公共管理研究生院课题组：《完善服务型政府体系，实现全面均衡发展——2012 年连氏中国服务型政府调查报告》，载于《经济研究参考》2013 年第 10 期。

④ 新加坡南洋理工大学南洋公共管理研究生院课题组、吴伟：《2013 连氏中国服务型政府调查报告》，载于《电子政务》2014 年第 4 期。

主要关注政府监管效率、营商便捷度等方面，侧重于客观衡量营商环境，缺乏对政府服务力的考察。

在"清"的方面，清华大学公共管理学院每年度发布的《中国市级政府财政透明度研究报告》，运用财政信息公开情况来反映政商交往过程中政府透明度的建设情况。以 2016 年年度报告为例，通过对全国 291 个地级市、4 个直辖市及 358 个县级市财政透明度情况的综合分析研究，给出各市政府该年度财政公开情况的排序；该指标体系包括八大类指标，涉及政府职能和结构划分，公布本年度预算内财政报告，公布显示政府与其他公共部门关系图，公布政府性基金、债务、三公消费、土地出让金等情况，公布上年度预算执行情况报告，公布本年度决算报告，公布上年度预算会计基础及编制和介绍预算数据所使用的标准，公布预算外活动、债务和金融资产或有负债和税收支出信息等，核心在于市级政府对预算与预算执行情况，即"四本账"（公共财政、政府性基金、国有资本经营以及社保基金）的公开情况①。

此外，还有上海财经大学公共政策研究中心自 2009 年以来，针对我国省级政府财政透明度的年度研究报告《中国财政透明度报告》，系我国首份系统研究省级政府财政透明度的报告，涉及 114 个调查提纲（113 个项目指标和 1 个态度指标构成）；中国社科院法学研究所法治国情调研组每年发布的《中国政府透明度年度报告》，主要研究国务院所属 59 个部门和 43 个较大城市，自 2011 年后也增加了 26 个省级政府的依法公开政务信息情况，三类调研各包括 5 个、6 个、5 个部分，并给出各自的排名情况②。

2. 开展基于"亲""清"两个维度的全国大规模性的新型政商关系评价研究

较有影响力的是中国人民大学国家发展与战略研究院政企关系与产业发展研究中心发布的《中国城市政商关系排行榜》（2017）③。该报告从"亲近"和"清白"两个维度出发，构建了由政府对企业的服务、政府对企业的关心、企业的税费负担、政府透明度、政府廉洁度 5 个一级指标，11 个二级指标，17 个三级指标的评价体系，并对全国 285 个地级以上城市新型政商关系的构建情况进行评价排名，是我国第一份城市政商关系排行榜。该研究主要有以下三个特点：一是研究框架上，首次从"亲""清"两方面对新型政商关系进行系统评价，形成对应的评价指标体系；二是研究对象上，是国内首份专门关注于政商关系的城市

---

① 《2016 年中国市级政府财政透明度研究报告》，清华大学公共管理学院，https：//www. sppm. tsinghua. edu. cn/info/1119/7161. htm，2016 年 8 月 14 日。

② 邓淑莲、杨丹芳、曾军平：《中国省级财政透明度评估（2011）》，载于《上海财经大学学报》2011 年第 4 期。

③ 聂辉华、韩冬临、马亮、张楠迪扬：《中国城市政商关系排行榜 2017》，中国人民大学国家发展与战略研究院政企关系研究中心报告。

排行榜，更为微观和深入地探究中国内部不同地区与城市间营商环境的差别；三是数据来源上，综合使用官方数据、企业调查数据与网络数据，实现公开数据和独立数据、主观数据和客观数据、一手数据和二手数据的"三结合"，产生了较大的社会影响力。

这方面的研究还包括中国社科院倪鹏飞团队发布的城市竞争力报告[1]，国民经济研究所樊纲、王小鲁团队发布的中国分省企业经营环境指数[2]，中山大学发布的中国城市政府公共服务能力评价[3]、中国社科院的中国城市基本公共服务力评价[4]等，主要侧重于政府提供的各类城市公共服务质量，并且同时侧重于公民而非企业。2019 年 5 月，由中国经济传媒协会、中国战略文化促进会和万博新经济研究院、第一财经研究院联合发布的《2019 中国城市营商环境指数评价报告》，就是从"硬""软"两大维度、7 个二级指标、35 个三级指标出发，对中国经济规模中排名前 100 城市的营商环境情况进行了评价[5]。

第二节　浙江省新型政商关系"亲""清"指数评价体系的构建成果

一、浙江省新型政商关系"亲""清"指数评价的理论基础

政商关系反映的是营商环境的关键内涵，故而构建指标体系对其进行系统评估应认识到政商关系的多维性与复杂性。经济学、政治学、社会学、管理学等多个学科都有着相应理论，对政商关系或政企关系评估起着重要支撑作用。本评估指标体系具体涉及以下理论：政治关联理论、寻租（腐败）理论、政企合谋理论、规制俘获理论等基础理论，习近平总书记关于"亲""清"新型政商关系内涵的论述。根据这些重要理论及其研究，本书构建起包括"亲近""清白"两大维度的指标体系，前者包括政府对企业的服务、政府对企业的支持、民营企业活

---

① 倪鹏飞：《城市化进程中低收入居民住区发展模式探索》，社会科学文献出版社 2012 年版。
② 王小鲁、余静文、樊纲：《中国分省企业经营环境指数 2013 年报告》，中信出版社 2013 年版。
③ 何艳玲：《中国城市政府公共服务能力评估报告》，社会科学文献出版社 2013 年版。
④ 侯惠勤：《中国城市基本公共服务力评价》，社会科学文献出版社 2013 年版。
⑤ 《2019 中国城市营商环境指数评价报告》，新浪财经，https://finance.sina.com.cn/hy/hyjz/2019 - 05 - 14/doc-ihvhiqax8558284.shtml，2019 年 5 月 14 日。

跃度、政府亲近感知度 4 个一级指标，后者包括政府的透明度、廉洁度、廉洁感知度 3 个一级指标。

（一）基础理论

1. 政治关联理论及研究

企业的政治关系一般可以看作企业与政府部门或具有政治权力的个人之间形成的非正式的、特殊的政企关系，体现在政府部门的高级管理人员和大股东的经历中，或通过公益事业和人际关系网络与政府建立的关系；政治联系不同于政治贿赂，它在法律层面上是合法的。菲斯曼（Fisman）[①]、法乔（Faccio）[②] 等较早开始关注"政治关联"（political connection）对企业的价值，开始探索政府对企业行为的影响。其后，从政治关联角度对政府与企业关系的中国研究大致从两条路线展开：一是很多学者分别从融资选择、控制权结构架构、企业 IPO 决策、企业慈善、并购活动、审计师选择等角度研究了政治关联与企业行为的关系（Li, et al., 2008[③]; Chen, et al., 2011[④]; Piotroski and Zhang, 2014[⑤]; Lin, et al., 2015[⑥]; Ferris et al., 2016[⑦]; He, et al., 2017[⑧]）；还有学者分别从 IPO 后业绩、少数股东保护、CEO 自身晋升关注、私募股权投资决策、二代涉入后企业绩效、融资约束缓解、IPO 通过率、企业价值、CEO 堑壕效应等方面研究了政治关联带来的后果（Fan, et al., 2007[⑨]; Berkman et al., 2011[⑩]; Li and Qian, 2013[⑪];

[①] Fisman R. Estimating the Value of Political Connections [J]. *The American Economic Review*, 2001, 91 (4).

[②] Faccio M. Politically Connected Firms [J]. *The American Economic Review*, 2006, 96 (1).

[③] Li H., Meng L., Wang Q., et al. Political Connections, Financing and Firm Performance: Evidence from Chinese Private Firms [J]. *Journal of Development Economics*, 2008, 87 (2).

[④] Chen C. J. P., Li Z., Su X., et al. Rent‑Seeking Incentives, Corporate Political Connections, and the Control Structure of Private Firms: Chinese Evidence [J]. *Journal of Corporate Finance*, 2011, 17 (2).

[⑤] Piotroski J. D., T. Zhang. Politicians and the IPO Decision: The Impact of Impending Political Promotions on IPO Activity in China [J]. *Journal of Financial Economics*, 2014, 111 (1).

[⑥] Lin K. J., Tan J., Zhao L., et al. In the Name of Charity: Political Connections and Strategic Corporate Social Responsibility in a Transition Economy [J]. *Journal of Corporate Finance*, 2015 (32).

[⑦] Ferris S. P., R. Houston, D. Javakhadze. Friends in the Right Places: The Effect of Political Connections on Corporate Merger Activity [J]. *Journal of Corporate Finance*, 2016 (41).

[⑧] He K., X. Pan, G. G. Tian. Political Connections, Audit Opinions, and Auditor Choice: Evidence from the Ouster of Government Officers [J]. *Auditing: A Journal of Practice & Theory*, 2017, 36 (3).

[⑨] Fan J. P. H., T. J. Wong, T. Zhang. Politically Connected CEOs, Corporate Governance, and Post‑IPO Performance of China's Newly Partially Privatized Firms [J]. *Journal of Financial Economics*, 2007, 84 (2).

[⑩] Berkman H., R. A. Cole, L. J. Fu. Political Connections and Minority‑Shareholder Protection: Evidence from Securities‑Market Regulation in China [J]. *Journal of Financial and Quantitative Analysis*, 2011, 45 (6).

[⑪] Li J., Qian C. Principal‑Principal Conflicts under Weak Institutions: A Study of Corporate Takeovers in China [J]. *Strategic Management Journal*, 2013, 34 (4).

Fonseka, et al., 2015[1]; Xu et al., 2015[2]; Chen et al., 2017[3]; Cao, et al., 2017[4]）。近年来，部分研究也开始讨论政治关联对于获得金融市场救助、政府补贴及债务成本削减等调整企业杠杆率等的影响（如 Banerji et al.[5]，Lim et al.[6]）。

国内政治关联研究延续国外思路，如罗党论和甄丽明[7]、潘红波等[8]、潘越等[9]、张敏和黄继承[10]、余明桂等[11]、贾明和张喆[12]、于蔚等[13]、戴亦一等[14]、党力等[15]等从政治关联对于财政补贴获得、融资便利获取、企业并购、多元化经营、实施战略性慈善、企业创新等的影响，如邓建平和曾勇[16]、肖浩和夏新平[17]、杨

①　Fonseka M. M., Yang X., Tian G. L., et al. Political Connections, Ownership Structure and Private – Equity Placement Decision: Evidence from Chinese Listed Firms [J]. *Applied Economics*, 2015, 47 (52).

②　Xu N., Yuan Q., Jiang X., et al. Founder's Political Connections, Second Generation Involvement, and Family Firm Performance: Evidence from China [J]. *Journal of Corporate Finance*, 2015 (33).

③　Chen C. R., Li Y., Luo D., et al. Helping hands or grabbing hands? An analysis of political connections and firm value [J]. *Journal of Banking & Finance*, 2017 (80).

④　Cao X., Pan X., Qian M., et al. Political Capital and CEO Entrenchment: Evidence from CEO Turnover in Chinese Non – SOEs [J]. *Journal of Corporate Finance*, 2017 (42).

⑤　Banerji S., M. Duygun, M. Shaban. Political Connections, Bailout in Financial Markets and Firm Value [J]. *Journal of Corporate Finance*, 2018 (50).

⑥　Lim C. Y., J. Wang, C. Zeng. China's "Mercantilist" Government Subsidies, the Cost of Debt and Firm Performance [J]. *Journal of Banking and Finance*, 2018 (86).

⑦　罗党论、甄丽明：《民营控制、政治关系与企业融资约束——基于中国民营上市公司的经验证据》，载于《金融研究》2008 年第 12 期。

⑧　潘红波、夏新平、余明桂：《政府干预、政治关联与地方国有企业并购》，载于《经济研究》2008 年第 4 期。

⑨　潘越、戴亦一、李财喜：《政治关联与财务困境公司的政府补助——来自中国 ST 公司的经验证据》，载于《南开管理评论》2009 年第 5 期。

⑩　张敏、黄继承：《政治关联、多元化与企业风险——来自我国证券市场的经验证据》，载于《管理世界》2009 年第 7 期。

⑪　余明桂、回雅甫、潘红波：《政治联系、寻租与地方政府财政补贴有效性》，载于《经济研究》2010 年第 3 期。

⑫　贾明、张喆：《高管的政治关联影响公司慈善行为吗?》，载于《管理世界》2010 年第 4 期。

⑬　于蔚、汪淼军、金祥荣：《政治关联和融资约束：信息效应与资源效应》，载于《经济研究》2012 年第 9 期。

⑭　戴亦一、潘越、冯舒：《中国企业的慈善捐赠是一种"政治献金"吗? ——来自市委书记更替的证据》，载于《经济研究》2014 年第 2 期。

⑮　党力、杨瑞龙、杨继东：《反腐败与企业创新：基于政治关联的解释》，载于《中国工业经济》2015 年第 7 期。

⑯　邓建平、曾勇：《政治关联能改善民营企业的经营绩效吗》，载于《中国工业经济》2009 年第 2 期。

⑰　肖浩、夏新平：《政府干预、政治关联与权益资本成本》，载于《管理学报》2010 年第 6 期。

其静①、田利辉和张伟②、唐松和孙铮③分别从民企经营绩效、权益资本成本、企业成长、长期绩效、未来经营绩效等角度研究了政治关联带来的后果，近年来，部分研究开始讨论政治关联对于企业资本市场股权再融资等的影响（如杨星等④）。

2. 规制俘获理论及"政企合谋"研究

规制俘获（regulatory capture theory）指的是主管机关在其主观范围内制定出的某种公共政策或法案，在损害公众利益的状况下，使得特定领域商业或政治利益团体受益的行为⑤。当规制俘获发生时，企业或政治团体的利益比公众利益更被优先考量，使得社会全体受到损失。一般认为，信息不对称是规制俘获能够成立的基础，被规制企业能够获得的信息租，扣除实施规制俘获的成本（如被发现的成本和私下转移支付的低效率损失），就是被规制企业可用于进行规制收买的"额度"⑥。

聂辉华和李金波首次将地方政府为了政绩而纵容企业选择"坏的"生产方式的现象称为"政企合谋"（local government-firm collusion）⑦。在此过程中，地方政府及官员会得到经济上的财税收益好处和政治上的升迁机会，企业则通过节约成本和逃避管制得到更高的利润，却会导致各类生产安全事故和社会问题，给当地居民造成损失，并在一定程度上危害着中央政府的权威和利益。进而，基于已有的合谋理论⑧⑨，包括防范合谋发生的逆向选择模型及道德风险模型，和委托人默许合谋的均衡合谋⑩，聂辉华和张雨潇构建起一个"中央政府—地方政府—企业"的三层博弈模型，刻画中央政府的均衡合谋契约与防范合谋契约，发现：第一，经济增长超过社会稳定成本时，中央政府会默许政企合谋；第二，价格水平、公众偏好、事故发生概率的变化会导致中央政府在防范合谋和合谋之间转

① 杨其静：《企业成长：政治关联还是能力建设?》，载于《经济研究》2011 年第 10 期。

② 田利辉、张伟：《政治关联影响我国上市公司长期绩效的三大效应》，载于《经济研究》2013 年第 11 期。

③ 唐松、孙铮：《政治关联、高管薪酬与企业未来经营绩效》，载于《管理世界》2014 年第 5 期。

④ 杨星、田高良、司毅：《所有权性质、企业政治关联与定向增发——基于我国上市公司的实证分析》，载于《南开管理评论》2016 年第 1 期。

⑤ Stigler G. J., Friedland C. What Can Regulators Regulate? The Case of Electricity [J]. Journal of Law & Economics, 1962, 5 (5).

⑥ Laffont J. J., Martimort D. *The Theory of Incentives: The Principal – Agent Model* [M]. Princeton University Press, 2009.

⑦ 聂辉华、李金波：《政企合谋与经济发展》，载于《经济学》（季刊）2006 年第 1 期。

⑧ Tirole J. Procurement and Renegotiation [J]. *Journal of Political Economy*, 1986, 94 (2).

⑨ Tirole J. Collusion and the Theory of Organizations [J]. *Advances in Economic Theory*, 1992 (2).

⑩ Kofman F., Lawarrée J. On the Optimality of Allowing Collusion [J]. *Journal of Public Economics*, 1996, 61 (3).

变；第三，分权的属地管理方式在某些条件下，较之集权的垂直管理方式更容易导致均衡合谋。[1] 他们的研究与以往垂直管理方式比属地管理方式更容易防范合谋的观点并不一致（如王赛德和潘娇瑞[2]、尹振东[3]）。

3. 寻租（腐败）理论及研究

腐败作为一种世界性的现象，始终是困扰各国政府治理的重要问题。在经济学中腐败一般指政治腐败或官员腐败，即"政府官员为了私人利益而滥用公共权力"（Svensson，2005）[4]。有关腐败的研究主要包括两大类：第一类研究腐败发生的原因，如 Glaeser 和 Saks 梳理出官员工资、教育水平、政府规模、政府管制、财政分权、族群差异等导致腐败的因素；第二类研究腐败产生的后果，特别是腐败对经济效率的影响[5]。第二类研究中学术界也形成两种对立的观点：其一，强调腐败会扭曲资源配置阻碍长期经济增长（Shleifer and Vishny，1993[6]；Mauro，1995[7]）；其二，认为腐败是"润滑剂"，如强调腐败有助于企业规避无效的政府管制而提高经济效率（Lui，1985[8]）。

聂辉华等对上述观点进行总结后认为[9]：其一，既有实证研究多使用跨国企业数据，难以反映腐败在处于不同发展阶段国家间的差异，比如发展中国家有着更多无效率的政府管制，一定程度的腐败可能有助于企业加以避免；其二，现有企业数据基本上是横截面数据，无法消除企业固定特征带来的估计偏差；其三，中国腐败程度比较严重，却又是世界上增长最快的经济体，现有研究很难解释中国的"腐败与经济增长之谜"。继而，他们以1999～2007 年中国制造业企业的微观数据，考察地区层面的腐败对企业全要素生产率的影响，从三类特征揭示腐败对不同类型企业全要素生产率的影响：其一，腐败对国企生产率并无影响，对民企则有着正效应；其二，腐败对固定资产比重高的企业有着更大的负效应；其三，腐败对中间产品结构比较复杂的行业有着更大的负效应。

---

[1] 聂辉华、张雨潇：《分权、集权与政企合谋》，载于《世界经济》2015 年第 6 期。

[2] 王赛德、潘瑞姣：《中国式分权与政府机构垂直化管理——一个基于任务冲突的多任务委托—代理框架》，载于《世界经济文汇》2010 年第 1 期。

[3] 尹振东、聂辉华、桂林：《垂直管理与属地管理的选择：政企关系的视角》，载于《世界经济文汇》2011 年第 6 期。

[4] Svensson J. Eight Questions about Corruption [J]. *Journal of Economic Perspectives*，2005，19（3）.

[5] Glaeser E. L. , Saks R. E. Corruption in America [J]. *Journal of Public Economics*，2006，90（6 - 7）.

[6] Shleifer A. , Vishny R. W. Corruption [J]. *The Quarterly Journal of Economics*，1993，108（3）.

[7] Mauro P. Corruption and Growth [J]. *The Quarterly Journal of Economics*，1995，110（3）.

[8] Lui F. T. An Equilibrium Queuing Model of Bribery [J]. *Journal of Political Economy*，1985，93（4）.

[9] 聂辉华、张彧、江艇：《中国地区腐败对企业全要素生产率的影响》，载于《中国软科学》2014 年第 5 期。

在腐败对企业行为的影响方面，由于贿赂等腐败行为有着内在隐蔽性，不但监督困难，也给研究取证造成困难（如 Reinikka and Svensson①，Olken and Pande②）。李捷瑜和黄宇丰研究了转型经济中企业增长与贿赂的关系，发现企业的贿赂与其增长存在显著正相关关系，特别是贿赂能够通过降低官员掠夺或帮助企业获得资源而促进其增长③。而基于中国企业运行的实际，Cai 等以招待费和差旅费支出（ETC）作为度量腐败支出的新指标，发现其兼具"保护费"和"润滑剂"的作用，可以帮助企业获得更好的政府服务、降低实际税率和管理支出④；黄玖立和李坤望发现，该支出越多，企业获得的政府订单和国企订单也越多⑤。徐细雄和郭仙芝发现官员腐败会显著提升企业代理成本，包括管理费用率增加、资产利用率降低等⑥。

（二）依托理论

Baum 和 Shevchenko⑦根据地方政府是否深度干预企业经营（亲近程度）和对经济发展是否具有促进作用（经济绩效）等两大维度，将政府与企业的关系划分为四种类型，即企业家型、发展型、侍从型和掠夺型。依照此框架，如果政府直接经营企业，并促进经济增长，则政商关系就是企业家型；如果政府通过营造良好的环境来招商引资，并促进经济增长，则政商关系就是发展型；如果政府及官员与企业家形成私交且参与盈利，并促进经济增长，则政商关系就是侍从型；如果政府及官员利用职位和权力获取非生产性租金，并促进经济增长，则政商关系就是掠夺型。前两种类型的政商关系总结和反映了当初日本、新加坡等东亚经济体的发展，并部分反映了中国经济奇迹的产生原因，但并未讨论政府廉洁度即"清"方面的问题。

习近平总书记深刻阐述的"亲""清"新型政商关系⑧，为我们评估当前政商关系情况指明了方向，即对领导干部而言，所谓"亲"就是要坦荡真诚地同

---

① Reinikka R., Svensson J. Using Micro-Surveys to Measure and Explain Corruption [J]. *World Development*, 2006, 34（2）.

② Olken B. A., Pande R. Corruption in Developing Countries [J]. *Annual Review of Economics*, 2012, 4（1）.

③ 李捷瑜、黄宇丰：《转型经济中的贿赂与企业增长》，载于《经济学》（季刊）2010 年第 4 期。

④ Cai H., Fang H., Xu L. C. Eat, Drink, Firms, Government：An Investigation of Corruption from the Entertainment and Travel Costs of Chinese Firms [J]. *The Journal of Law and Economics*, 2011, 54（1）.

⑤ 黄玖立、李坤望：《吃喝、腐败与企业订单》，载于《经济研究》2013 年第 6 期。

⑥ 徐细雄、郭仙芝：《地区官员腐败与企业代理成本——基于中国上市公司的实证研究》，载于《重庆大学学报》（社会科学版）2017 年第 3 期。

⑦ Baum R., Shevchenko A. The "State of the State" [J]. *Harvard Contemporary China Series*, 1999：333-360.

⑧ 《推心置腹！习近平给民营企业 5 颗"定心丸"》，载于《人民日报》2016 年 3 月 4 日。

民营企业接触交往，特别是在民企遇到困难和问题时更要积极作为、靠前服务，对非公有制经济人士要多关注、多谈心、多引导，帮助解决实际困难；所谓"清"就是同民营企业家的关系要清白、纯洁，不能有贪心私心，不能以权谋私，不能搞权钱交易。而对于民营企业家而言，所谓"亲"就是积极主动地同各级党委和政府多沟通多交流，讲真话、说实情、建诤言，满腔热情支持地方发展；所谓"清"就是要洁身自好、走正道，做到遵纪守法办企业、光明正大搞经营（见表 10 - 1）。因此，从"亲""清"两个维度评价当前新型政商关系情况，不仅与已有政商关系理论研究相呼应，更与新时代中国特色政企关系内涵相吻合。

表 10 - 1　对于领导干部和民营企业家的"亲""清"要求

对象	维度	要求
领导干部	"亲"	坦荡真诚交往，积极作为、靠前服务，多关注、多谈心、多引导
	"清"	关系清白、纯洁，不能有贪心私心、以权谋私、搞权钱交易
民营企业家	"亲"	积极主动与政府多沟通多交流，讲真话、说真情、建诤言
	"清"	洁身自好、走正道，遵纪守法办企业、光明正大搞经营

二、浙江省新型政商关系"亲""清"指数评价体系的构建

（一）指标体系构建

政商关系的测度是一个复杂的系统工程，而评价指标体系的构建是完成整个工程的基础。在实际运用中，多数评价指标的数据往往难以获得，决策者往往陷入指标体系科学完整性与实证分析可行性的两难境地。因此，本书首先着眼于浙江省，参考国内外已有研究，并通过专家咨询等形式，构建了浙江省政商"亲""清"关系的测度指标体系。浙江省政商"亲""清"关系分为政商清白关系和政商亲近关系两个子系统。政商清白关系将从政府廉洁度、政府透明度、政府信用度、政府清廉感知度四个方面来测度，政商亲近关系将从政府对企业的服务度、政府对企业的支持度、民营企业的活跃度、政府亲近感知度四个方面来测度。具体二级指标和三级指标如表 10 - 2 所示。

表 10 - 2　　　　浙江省新型政商关系评估指标体系（"亲清指数"）

一级指标（权重）	二级指标（权重）	三级指标（权重）	数据来源
"亲近"指数	A：政府对企业的服务（0.3）	服务完备与准确度（0.5）	服务方式完备度	浙江省大数据发展管理局
			服务事项覆盖度	
			办事指南准确度	
		服务成熟与成效度（0.5）	在线服务成熟度	
			在线服务成效度	
	B：政府对企业的支持（0.4）	基础环境（0.25）	单位 GDP 财政支出	中国城市统计年鉴
			商业机构信用意识得分	信用中国
			个人信用意识得分	信用中国
		金融环境（0.4）	年末存贷款余额/GDP	中国城市统计年鉴
			私募基金公司数量/GDP	同花顺数据库
			上市公司数量/规模以上工业企业数量	同花顺数据库
		税赋环境（0.35）	本年应交增值税/工业总产值	中国城市统计年鉴
			研发费加计扣除率	浙江省统计年鉴
			高企减税度	浙江省统计年鉴
	C：民营企业活跃度（0.2）	民营企业活跃度（1）	民营企业活跃度	浙商研究院调查数据
			专业人士对企业活跃度的感知度	浙商研究院调查数据
	D：政府亲近感知度（0.1）	对亲近的感知度（1）	创业者对亲近的感知度	浙商研究院调查数据
			专业人士对亲近的感知度	浙商研究院调查数据
"清白"指数	A：政府廉洁度（0.5）	干部清正（1）	机关事业单位每万人被查处官员及违纪违规数量	中央、省、市纪委监委官方网站
	B：政府透明度（0.3）	信息公开（0.5）	信息依法申请办结情况	政府信息公开年报
		财政透明（0.5）	财政透明度	清华研究报告
	C：政府廉洁感知度（0.2）	对廉洁的感知度（1）	创业者对廉洁的感知度	浙商研究院调查数据
			专业人士对廉洁的感知度	浙商研究院调查数据

（二）一级指标说明

1. 政府对企业的服务

在"政府对企业的服务"一级指标之下，设置两项二级指标，分别是"服务完备与准确度"和"服务成熟与成效"。服务完备与准确度，指的是政府对企业的服务事项的覆盖情况和办事事项准确度情况，主要从服务方式完备度、事项覆盖度、办事指南准确度三方面来进行评估。服务成熟与成效，指的是政府对企业的办事事项流程的完整和办事的效率情况，主要从在线服务成熟度和在线服务成效度两个方面进行评估。我们利用浙江省办公厅的数据来测度浙江各地市的信息公开情况。

服务方式完备度，主要评估的是区市网站相关栏目网站和浙江政务服务网设区市主页是否在保障数据源唯一的原则下同源发布服务信息，浙江政务服务网设区市主页与设区市门户网站的融合度及各区市移动应用于浙江政务服务网 App 对接整合情况。服务方式完备度评价指标，主要从服务平台规划设计和多渠道服务两方面来衡量，主要指标是服务数据同源性、服务入口和移动端应用服务。事项覆盖度评估的是事项清单公布情况和办事指南发布情况，包括主要以《国务院关于取消一批行政许可事项的决定》为基准，测评相关社区市被国务院取消的前述审批事项是否在其设区市网站、浙江政府服务网同步取消；评估纳入行政权力清单的行政权力事项（9 + X）办事指南发布情况；评估公共服务事项指南发布情况。

办事指南准确度从办事的基本信息、申请材料、办理流程、表格及样表下载、收费信息、服务可用性及信息准确性 7 个方面来评价。其一，基本信息方面，评估的主要是是否明确标注了所属事项的相关信息，包括事项类型、办理对象、法定期限、办理地点、受理的时间周期、监督电话及办理依据的法律法规等。其二，申请材料方面，评估的主要是是否明确注明了办理该事项所需材料的名称、数量、来源等，包括受理所需的材料名称且材料名称不存在有歧义的描述，所需材料的来源、数量及介质要求。其三，办理流程方面，评估的主要是流程环节的完备性、内容翔实性、到办事现场的次数等。其四，表格及样表下载方面，评估的主要是是否有提供空表和样表下载及其表格的准确性。其五，收费信息方面，评估的主要是是否明确标注所需费用、收费标准及相关的收费依据。其六，服务可用性方面，评估的主要是服务网站中是否存在无法下载的附件地址、无法显示流程图等，网上办事链接的可用性等。其七，信息准确性方面，评估的主要是在政府服务网中发布的信息中是否存在错别字。

在线服务成熟度从在线办理程度、在线服务关键保障技术成熟度、共享应用情况、基础设施整合、政务钉钉系统实施情况、行政处罚运行系统使用及处罚结果公开、基层治理"四个平台"信息化建设情况 7 个方面来评价。其一，在线办理程度方面，评估的主要是实现四星、五星办事事项的情况和实现最多跑一次事项的数量。其二，在线服务关键保障技术成熟度方面，评估的是网站单点登录情况、电子签章系统应用情况、"最多跑一次"事项相关行政许可事项的文件材料电子化归档。其三，共享应用情况方面，评估的主要是各区市依托省公共数据共享平台，为"最多跑一次"改革数据共享而调用其他单位数据的总量及减少"最多跑一次"办事事项所需材料的情况。其四，基础设施整合方面，评估的主要是各地区电子政务云平台建设与应用情况，视联网建设规模及使用情况，本级专网迁移计划的合理性，本级互联网出口整合计划的合理性。其五，政务钉钉系统实施情况方面，评估的主要是是否按照《浙江省人民政府办公厅关于开展政务移动办公系统建设的通知》要求完成合同签订、项目验收，以及各市区注册政务钉钉的人数、激活率和活跃率。其六，行政处罚运行系统使用及处罚结果公开方面，评估的主要是处罚事项三级目录、事项梳理完成的情况、处罚裁量梳理的情况、处罚事项办件情况及处罚结果公开情况。其七，基层治理"四个平台"信息化建设情况方面，评估的主要是基层治理信息系统和省业务协同平台集成对接情况，包括是否完成统一用户、统一业务协同、统一 App 入驻等信息，网格工作人员对辖区内事件掌握情况，对辖区事件解决是否及时通过，对辖区内人口、组织机构等动态基础数据的采集情况，以及成功注册绑定政务服务网公务账号的用户总数。

2. 政府对企业的支持

政府支持是政府部门为了宏观经济发展或者经济调控目标而制定的各项政策法规以及资源补贴的总称。政府支持是企业外部最复杂的最重要的影响因素。政府支持主要包括技术创新政策、"放管服"改革、金融政策、税收优惠、财政补贴、政府采购、知识产权保护、科技项目规划、创新环境等。政府支持已成为企业经营发展的"重要武器"，企业可利用政府为其创造的有利环境更好地发展。政府对企业的支持力是新型政商关系"亲近"层面的一个重要维度。聂辉华等认为，在政府对企业的"亲近"层面，应当主要关注政府的亲商政策，这主要反映了李克强总理指出的"要以简政减税减费为重点进一步优化营商环境"[①]。对此，我们重点关注三个一级指标，分别是基础环境、金融环境和税赋环境。

"基础环境"衡量政府财政支出对地区经济的贡献以及地区社会信用建设情

---

① 聂辉华、韩冬临、马亮、张楠迪扬：《中国城市政商关系排行榜 2017》，中国人民大学国家发展与战略研究院政企关系研究中心报告。

况，主要从单位 GDP 财政支出、商业机构信用意识得分和个人信用意识得分三个方面衡量。单位 GDP 财政支出是基础环境的首要指标。经济学瓦格纳定律是指随着经济的进步和增长，公共开支的份额会随之增大，而且公共开支的增长幅度要大于经济增长幅度。地方政府财政支出对于经济的贡献，既衡量了当地实体经济的发展结果，也是政府主导的支持企业发展的一个体现。"商业机构信用意识得分"和"个人信用意识得分"可以较全面地反映出该地区的社会信用建设情况。

"金融环境"衡量地区金融发展水平。现实中由于民间资本固有的缺陷，银行对其贷款存在抵押担保难、跟踪监督难和债权维护难等问题，融资困难始终是困扰我国民间资本发展的一个重要问题。而政府可以通过金融机构拓宽民间资本的融资渠道，为民间投资创造公平的融资环境。"金融环境"分为间接融资、直接融资和民间资本三个维度；其中间接融资使用"年末存贷款余额/GDP"指标。目前我国企业的外部融资主要依赖信贷支持等间接融资方式，而政府支持是国家战略的风向标，它可提升企业的外在形象，提高企业在金融机构的评分层级，是降低贷款难度、克服资金瓶颈的有效手段[1]。我们对直接融资使用"直接融资水平指数"指标；民间资本维度则使用"私募基金公司数量/GDP"指标。

"税赋环境"衡量地区企业税收负担水平及政府对高新企业的减免税支持，自在全国范围内全面推开营业税改征增值税试点后，增值税将在企业的总税赋中占到更大的比例。降低流转税负是提升小微企业市场竞争力的有效方法，可以使其产品较同类产品具有更低的销售价格；同时降低流转税负将减少对小微企业经营性资金的占用，降低小微企业融资需求。增值税是流转税的一种，我们认为"本年应交增值税/工业总产值"可以反映一个地区工业企业主要的税赋情况。而"高新技术企业所得税减免额/利润总额"则较精确地测度了政府对高新企业的减免税支持。此外，税收政策对中小企业自主创新的促进主要通过税收激励体现，税收激励也称为税收优惠，是指税法中规定的给予某些活动以优惠待遇的条款。税收优惠从本质上讲是政府放弃了一部分税收收入，将其让渡给纳税人，如果让渡的这部分税收收入体现在企业自主创新活动的结果中，它必然会增加自主创新活动带来的收益。"研发费加计扣除率"也可以体现政府对企业创新和研发活动的减免税支持。

3. 民营企业活跃度

在"民营企业活跃度"一级指标之下，设置一项二级指标，"民营企业活跃

---

[1] 李笑、华桂宏、李锦生：《政府支持，融资约束与企业对外直接投资》，载于《山西财经大学学报》2019 年第 5 期。

度"。"民营企业活跃度"二级指标下设有"新创企业数量"和"规上企业增长率"这两个作为三级指标。"新创企业数量"使用浙江工商大学浙商研究院已有调查数据；我们将 18～64 岁接受调查者划分为三类来衡量，即初生创业者比例、新企业创业者比例和已有企业创业者比例。其中，我们着重讨论初生创业者比例和新企业创业者比例。此次的报告数据使用了 2018 年我们对浙江 11 市 18～64 岁常住居民的调查。我们运用抽样方式，采用分层随机抽样，运用根据人口数量、经济发展水平对 11 个市进行分层分类。本书根据成人随机抽样调查所获得的 1 860 个有效样本，对浙江新创企业数量进行评估分析。对民营企业活跃度的计算方法为：创业活跃度 =（初生创业者人数 + 新企业创业者人数）/ 被调查总人数，所得数据再转化为百分制得分。

规模以上工业企业是年主营业务收入为 2 000 万元及以上的工业法人单位。规模以上工业企业数量能否反映一个地区民营企业的活跃度，可能存在不同的观点。从统计学角度来看，有多种因素影响统计数据，比如，可能存在报告期数据与上年公布的同指标数据之间存在不可比因素；也可能是因为统计局加强统计执法，剔除了跨地区跨行业重复统计数据，以及"营改增"政策实施后，有些工业企业逐步将内部非工业生产经营活动剥离，转向服务业，使工业企业财务数据有所减少，工业企业数量有所减少，影响统计结果。但课题组认为，这个指标能够作为客观反映民营企业活跃度的指标之一，进而反映一个地区政商关系的健康程度。

4. 政府亲近感知度

政府亲近感知度是"亲清"指标的重要组成，细分为创业者对亲近的感知度和公众对政府亲近的感知度两个二级指标。对亲近的感知度计算方法为：对亲近的感知度 =1 -［各选项人数总和/（被调查人数 ×8）］，所得数据再转化为百分制得分。

5. 政府廉洁度

干部清正，无疑是构建新型政商关系的核心。在我们的指标设计中，以一个地区被中央、省、市纪检监察部门通报的违纪违法官员数占该地区机关和事业年末单位就业人员数的比例来测评该地区的干部清正程度。

政府廉洁度是"清白"指标的重要组成，以干部清正一个二级指标为观测维度，统计各地市被中央、省、市纪委监委通报的违纪官员数占机关事业单位就业人员数的比率。"干部清正"二级指标下设置"被纪委监委通报的违纪官员数/机关事业年末单位就业人员"三级指标。该项三级指标的数据主要通过检索中央纪委国家监委、浙江省纪委省监委、十一个地级市纪委市监委官方网站上"审查调查""纪律审查""曝光台"等栏目进行统计分析。

　　需要说明的是，一个地区官员被查处的数量反映的是一个地区的反腐败程度还是政府廉洁程度，可能会存在不同的观点，从不同的维度来观测，它既是一个腐败指标，也可能是一个反腐败指标（比如张军等认为这体现的是当地反腐败的力度①）。在本评价中，课题组认为，这个指标能够从一个维度反映政府廉洁度，进而反映一个地区政商关系的"清白"程度，原因有二：第一，用被查处官员比例来衡量廉洁程度，其客观性的前提是，各地区在反腐败力度方面不存在系统性差异，而理论上，所评测的行政区域范围越小，地区差异就越不明显②；第二，廉洁程度和反腐败力度并不是不相兼容，反之，一个地区被查处的官员数量越多，必然不能得出该地区廉洁程度越高这一结论。

6. 政府透明度

　　政府透明度指标依据清华大学公共管理学院发布的《2018年中国市级政府财政透明度研究报告》以及浙江省各地市政府办公室发布的《2018年政府信息公开工作年度报告》，包括政府信息公开和财政透明两个角度。

7. 政府廉洁感知度

　　政府廉洁感知度是"清白"指标的重要组成，2016年3月4日，习近平总书记提出：新型政商关系，概括起来说就是"亲""清"两个字。"亲"则两利，"清"则相安。在论述"亲""清"政商关系时，他进一步讲到，所谓"清"，就是官员同民营企业家的关系要清白、纯洁，不能有贪心私心，不能以权谋私，不能搞权钱交易。干部清正，无疑是新型政商关系的核心。因此，在"政府清廉感知度"一级指标之下，设置二级指标，即"创业者对清白的感知度"。对清白的感知度计算方法为：对清白的感知度 = 1 - ［各选项人数总和/（被调查人数 × 8）］，所得数据再转化为百分制得分。

（三）指标计算方法与过程

　　本评价采用最基本也最直观、最能够体现综合评价的"主观认识"属性的评价模型——效用函数平均法。这种方法不仅能分别分析不同地区的"亲""清"新型政商关系的不同层面的情况，还能综合分析"亲""清"新型政商关系的总体情况。具体操作步骤如下。

---

　　① 张军、高远：《官员任期、异地交流与经济增长——来自省级经验的证据》，载于《经济研究》2007年第11期。

　　② 本评估集中在浙江省域范围内，在省委、省纪委监委的统一部署下，各地市纪委监委在反腐败常态工作和专项工作方面均开展了行之有效的行动，尽管地区间差异仍然存在，但相对形成了力度较为均衡、尺度较为统一的反腐败工作态势。

（1）将每一个指标按一定的形式转化为"评价当量值"。

（2）采用一定的统计合成模型计算总评价值。

用公式表达为：

假设记第 i 个地区（共 n 个地区）第 j 个评价子系统（共 m 个子系统，本报告中 $m=6$）的第 k 个指标（共 p 项指标）的实际值为 y_{ijk}，基础指标值用 i，j，k 分别表示各地区、评价子系统和指标项数（$i=1$，2，$\cdots$，n；$j=1$，2，$\cdots$，m；$k=1$，2，$\cdots$，p_j）。

子系统内各指标权重为 w_{jk} 且 $\sum\limits_{k=1}^{pj} w_{jk}=1$。

各子系统之间的权重分配为 w_{0k}，且 $\sum\limits_{j=1}^{m} w_{0k}=1$。

$f_{jk}(j=1$，2，$\cdots$，m；$k=1$，2，$\cdots$，p_j）为单项指标无量纲化函数（效用函数或当量函数）。φ_j 为第 j 子系统内部的合成模型，φ_0 为总目标合成模型。

①计算无量纲化值：$z_{ijk}=f_{jk}(y_{jk})$。

②计算各系统内部的合成值 $z_{ij}=\varphi_j(z_{jk}，w_{ijk})$。

③计算总系统的合成值 $z_{ij}=\varphi_0(z_{ij}，w_{0j})$。

$$z_i=\varphi_0[\varphi_j(f_{jk}(y_{ijk})，w_{jk})，w_{0j}]$$

（$i=1$，2，$\cdots$，n；$j=1$，2，$\cdots$，m；$k=1$，2，$\cdots$，p_j）

以上即为基于分层组合评价思想的一种效用函数平均法评价模型。有三个关键因素的确定，其决定了最后的评价结论。分别为：单项指标无量纲法 $f_{jk}(j=1$，2，$\cdots$，m；$k=1$，2，$\cdots$，p_j）、每项指标及子系统的权重分配 $w_{jk}(j=0$，1，$\cdots$，m；$k=1$，2，$\cdots$，p_j）、加权合成模型 $\varphi_j(j=0$，1，2，$\cdots$，m）。

1. 指标数据无量纲化方法

指标同度量化就是将每一个评价指标按照一定的方法量化，消除因为单位不同导致的数值变化，成为对评价问题测量的一个量化值，即效用函数值。

从理论上说，可作为同度量化的具体方法有综合指数法、均值化法、标准化法、比重法、初值化法、功效系数法、极差变化法等。一般来说，只要单项指标的取值区间与取值点的物理含义明确，综合评价的结果是比较好理解和解释的。在众多方法中，综合指数法不仅方法简单，而且含义更直观，意含绝对目标的相对实现程度。同时，方法的复杂度与评价结论的合理度并无必然关系。因此，本报告采用的综合指数法同度量化的一般计算公式为：

$$z_{ijk}=\begin{cases} 100\times y_{ijk}/y_{jkB} & （正指标） \\ 100\times y_{jkB}/y_{ijk} & （逆指标） \end{cases}$$

其中，z_{ijk} 为第 i 单位 j 子系统 k 指标的单项评价分数，y_{ijk} 和 y_{jkB} 分别为第 j 指标的实际值与标准值。当实际值等于标准值时，单项指数等于 100；当实际值优于标准值时，单项指数大于 100；当实际值劣于标准值时，单项指数小于 100。对于适度指标，则先通过单向化处理再用上述公式做无量纲化，或采取分段函数做无量纲化处理。

根据综合指数法的计算公式，发现确定标准值是其方法的关键。实际中常用的标准值有：最大值、最小值、算术平均值、变量总值、初值法、环比速率、历史标准值或经验标准值等。由于本书涉及的部分指标数据来自 2018 年的调查数据，还未进行调查更新，而实际又需要固定标准值，因此，本书可以将标准值设为各变量的平均值、发展目标值或最优值等。

2. 权重确定

在整个评价指标体系中，各个指标的作用和重要性都是不同的，因此需要设定权重来反映各指标的相对重要性和作用。目前统计领域中存在多种方法确定权重，有主观权重和客观权重之分。主观权重确定方法中比较科学的是基于专家系统的 AHP 构权法，即专家 AHP 法。

AHP 构权法（Analytic Hierarchy Process），即层次分析法，它把一个复杂决策问题表示为有序的递阶层次结构，通过人们的比较判断，计算各种决策方案在不同准则及总准则之下的相对重要性量度，从而据此对决策方案的优劣进行排序。其在构造统计权数方面应用十分广泛，是比较有效的构权方法之一。AHP 构权法构权过程如下：

（1）选 m 位专家组成员，要求各成员对商贸流通领域比较熟悉且能够理解 AHP 法的操作思路，能够较为准确地判断在综合评价过程中不同指标之间重要性的差异。

（2）由专家 AHP 法构造各子系统下各指标重要性两两比较的比例判断矩阵。对于某一个有 p 项指标的子系统，第 k 专家所给出的 AHP 比例判断矩阵记为 $A(k)$，即

$$I_1 \quad I_2 \quad \cdots \quad I_p \text{ 指标}$$

$$A(k) = \begin{bmatrix} a_{11(k)} & a_{12(k)} & \cdots & a_{1p(k)} \\ a_{21(k)} & a_{22(k)} & \cdots & a_{2p(k)} \\ \cdots & \cdots & \cdots & \cdots \\ a_{p1(k)} & a_{p2(k)} & \cdots & a_{pp(k)} \end{bmatrix} \begin{matrix} I_1 \\ \\ \\ I_p \end{matrix} \quad k = 1, 2, \cdots, m$$

（3）计算平均合成矩阵 $\overline{A} = (\overline{a_{ij}})_{p \times p}$，式中 $\overline{a_{ij}} = \dfrac{1}{m} \sum\limits_{k=1}^{p} a_{ij(k)}$（$i, j = 1, 2, \cdots, p$）。

（4）计算若基于平均矩阵的重要性权向量：$w = (w_1 \quad w_2 \quad \cdots \quad w_p)^T$，$w$ 的计算方法很多，在判断一致性较高的情况下，不同方法之间差异极小。本书采取

了"行和法"确定权向量，即 $w = \sum_{j=1}^{p} \overline{a_{ij}} \Big/ \sum_{h=1}^{p} \sum_{j=1}^{p} \overline{a_{hj}}$。

（5）计算一致性比率 CR，对判断矩阵的一致性进行检验，判断专家权重的合理性。

$$CR = \frac{CI}{RI}$$

$$CI = \frac{\lambda_{max} - p}{p - 1}$$

$$\lambda_{max} = \frac{1}{p} \sum_{i=1}^{p} \frac{(\overline{A}w)_i}{w_i}$$

$$\overline{A}w = \begin{bmatrix} \overline{a_{11}} & \overline{a_{12}} & \cdots & \overline{a_{1p}} \\ \overline{a_{21}} & \overline{a_{22}} & \cdots & \overline{a_{2p}} \\ \cdots & \cdots & \cdots & \cdots \\ \overline{a_{p1}} & \overline{a_{p2}} & \cdots & \overline{a_{pp}} \end{bmatrix} \begin{bmatrix} w_1 \\ w_2 \\ \cdots \\ w_p \end{bmatrix}$$

CI 为一致性指标，RI 为随机一致性，可查表获得。当 $CR \leqslant 10\%$，即认为判断是一致的，所以构权向量是合格的。通过多轮专家的咨询，在专家 AHP 判断矩阵的基础上进行平均，最后导出权值体系，所有 CR 均是符合要求的。

3. 新型政商关系"亲""清"指数合成方法

加权合成模型为 $\varphi_j (j = 0, 1, 2, \cdots, m)$（0 表示综合合成模型，其余为子系统内部合成模型）。考虑到实际评价工作的现实可操作性与可直观理解性，以及所选指标的特点，本书决定采用普通加权算术合成方式，表达式为：

$$z_{ij} = \sum_{k=1}^{p_j} (z_{ijk} \times w_{jk}) \Big/ \sum_{k=1}^{p_j} w_{jk} \quad (i = 1, 2, \cdots, n; j = 1, 2, \cdots, m)$$

三、浙江省新型政商关系"亲""清"指数评价的总体结果

利用前文所述的综合评价方法，课题组自 2018 年开始连续三年对浙江省 11 个地区的新型政商关系状况，从"亲""清"两个维度进行指数评价，通过综合分析评价，便可对浙江省 11 地市当前构建新型政商关系过程中的问题与不足进行具体分析。

（一）浙江省新型政商关系"亲""清"指数评价总体情况（2018～2020 年）

2018～2020 年，浙江省新型政商关系"亲""清"指数，具体的测算结果及排名如表 10 - 3 所示。

表 10 - 3　浙江省 11 地市的新型政商关系"亲""清"指数计算结果及排名

城市 指数	2018 年				2019 年				2020 年			
	亲近 指数	清白 指数	"亲" "清" 指数	排名	亲近 指数	清白 指数	"亲" "清" 指数	排名	亲近 指数	清白 指数	"亲" "清" 指数	排名
杭州	88.4	95.1	91.8	1	88.3	90.2	89.2	1	89.5	88.3	88.9	1
宁波	85.3	93.1	89.2	3	81.0	92.8	86.9	2	81.3	90.2	85.8	3
温州	77.7	91.7	84.7	6	81.5	80.0	80.8	9	81.5	85.5	83.5	5
嘉兴	76.1	96.1	86.1	4	77.8	95.0	86.4	3	79.0	93.9	86.5	2
湖州	80.3	86.1	83.2	8	79.8	79.6	79.7	10	80.5	76.8	78.6	11
绍兴	79.2	91.1	85.2	5	76.8	89.7	83.3	5	77.1	91.4	84.3	4
金华	82.9	86.0	84.4	7	81.3	81.3	81.3	6	81.3	80.0	80.7	7
衢州	80.3	77.2	78.8	10	79.6	76.9	78.2	11	78.6	84.5	81.5	6
舟山	83.9	96.2	90.0	2	81.6	90.8	86.2	4	77.8	82.1	79.9	9
台州	78.8	82.4	80.6	9	79.9	82.3	81.1	7	79.9	80.3	80.1	8
丽水	80.4	75.9	78.2	11	76.5	85.7	81.1	7	78.1	80.6	79.3	10

　　从 2018 年评价结果来看，"亲""清"指数的最高分为 91.8，最低分为 78.2，平均分为 84.7，标准差为 4.45，标准离差率为 5.25%，说明总体水平较高，差异较小。从分值分布看，可分为三个梯队：85 分以上的杭州、舟山、宁波与嘉兴为第一梯队；80 ~ 85 分的绍兴、温州、金华、湖州与台州为第二梯队；80 分以下的衢州与丽水为第三梯队。

　　从 2019 年评价结果来看，"亲""清"指数的最高分为 89.2，最低分为 78.2，平均分为 83.1，标准差为 3.4，标准离差率为 4.1%，较上一年度标准差与离差率都有所下降。从分值分布看，可分为三个梯队：85 分以上的杭州、宁波、嘉兴与舟山为第一梯队；80 ~ 85 分的绍兴、金华、台州、丽水与温州为第二梯队；80 分以下的湖州与衢州为第三梯队。

　　从 2020 年评价结果来看，"亲""清"指数的最高分为 88.9，最低分为 78.6，平均分为 82.6，标准差为 3.2，标准离差率为 3.9%，与上一年相比，地区间差距进一步降低。从分值分布看，可分为三个梯队：85 分以上的杭州、嘉兴与宁波为第一梯队；80 ~ 85 分的绍兴、温州、衢州、金华与台州为第二梯队；80 分以下的舟山、丽水与湖州为第三梯队。与上一年相比，部分地区所处的梯队有所变动。

　　结合三年评价结果来看，杭州、宁波、嘉兴稳居第一梯队，杭州排名始终稳居第一，嘉兴排名在稳步提升，从第四提升至第二，舟山则在 2020 年中跌出第一梯队；温州、绍兴、金华、台州稳定在第二梯队，温州、绍兴得分相对较为稳定，金华得分在逐步走低，台州变化也不大；第三梯队中，丽水表现一般，湖州逐渐在退步，衢州逐步跃入第二梯队，进步明显。

（二）浙江省新型政商关系年度分析——基于"亲""清"指数评价结果

1. 2018 年度浙江省新型政商关系情况分析

利用本评价指标体系，我们首先对 2018 年度浙江省 11 地市新型政商关系构建情况进行分析。从表 10 - 4 中可以看出政商关系构建中各维度的情况。

表 10 - 4   浙江省 11 地市 2018 年"亲""清"指数计算结果

指标	"亲""清"指数	亲近指数	清白指数	服务力	支持力	企业活跃度	亲近感知度	政府廉洁度	政府透明度	廉洁感知度
杭州	91.8	88.4	95.1	92.7	87.5	87.4	81.2	99.9	88.3	87.0
宁波	89.2	85.3	93.1	85.2	76.5	97.8	95.4	90.8	96.7	95.9
温州	84.7	77.7	91.7	86.6	73.5	68.4	86.8	95.5	85.1	88.3
嘉兴	86.1	76.1	96.1	85.0	74.4	60.0	88.3	100.0	89.9	91.5
湖州	83.2	80.3	86.1	77.3	74.2	100.0	73.8	91.7	76.2	81.6
绍兴	85.2	79.2	91.1	82.3	74.0	77.9	93.0	99.2	73.3	96.2
金华	84.4	82.9	86.0	91.2	74.8	85.2	85.1	80.8	96.0	87.0
衢州	78.8	80.3	77.2	92.0	71.0	91.3	60.0	70.0	94.2	70.0
舟山	90.0	83.9	96.2	79.4	76.6	97.2	100.0	98.6	90.0	100.0
台州	80.6	78.8	82.4	82.7	75.9	72.1	91.7	76.4	90.5	93.5
丽水	78.2	80.4	75.9	85.3	67.4	94.3	89.7	71.1	79.9	93.4

两大维度方面。亲近指数的最高分为 88.4，最低分为 76.1，平均分为 81.2，标准差为 3.59，说明各地区差异较小，杭州、宁波与舟山位列前三。清白指数的最高分为 96.2，最低分为 75.9，平均分为 88.3，标准差为 7.3，说明各地区差异相对较大，舟山、嘉兴与杭州位列前三。

"亲近"维度方面。服务力方面，11 地市多数得分在 80 以上，所占比例为 81.8%；地区之间得分的变异系数为 0.06，排名前三位的是杭州、衢州、金华，排名末三位的是绍兴、舟山、湖州。支持力方面，11 地市的政府对企业服务力得分总体呈现四个梯队，杭州为 87.5，较之其他地市大幅领先，构成第一梯队；宁波、舟山和台州得分在 75 以上，构成第二梯队；金华、绍兴、嘉兴、湖州与温州紧随其后，构成第三梯队；衢州和丽水相对较弱，构成第四梯队。企业活跃度方面，计算方法为创业时间低于42个月的创业者人数/被调查总人数，所得数据再转化为百分制得分，11地市平均得分为84.7，排名前三位的是湖州、宁波和舟山，与一般印象中有所差别。亲近感知度方面，计算方法为：1－[各选项人数总和/(被调查人数×8)]，所得数据再转化为百分制得分，11地市平均得分为85.9，排名前三位的是舟山、宁波和绍兴。

"清白"维度方面。政府廉洁度方面，11地市平均得分为88.5，其中得分在90以上者有7个，80～90有1个，70～80有3个；本指标测量维度单一、权重大，从结果上也显现出分值区间较大、梯队间差异性较明显等特征。政府透明度方面，11地市平均得分为87.3，其中宁波为96.7，得分最高，最低的是绍兴的73.3；体现出区分度强、差异性明显的特征。廉洁感知度方面，计算方法为：1－[各选项人数总和/(被调查人数×8)]，所得数据再转化为百分制得分，11地市平均得分为89.5；其中排名前三位的是舟山、绍兴和宁波，衢州得分最低，仅为70。

2. 2019年度浙江省新型政商关系情况分析

我们再对2019年度浙江省11地市新型政商关系构建情况进行分析。从表10－5中可以看出政商关系构建中各维度的情况。

表10－5　　浙江省11地市2019年"亲""清"指数计算结果

指标	"亲""清"指数	亲近指数	清白指数	服务力	支持力	企业活跃度	亲近感知度	政府廉洁度	政府透明度	廉洁感知度
杭州	89.2	88.3	90.2	92.9	87.8	85.2	83.1	94.0	85.0	88.3
宁波	86.9	81.0	92.8	83.3	74.5	83.5	95.6	94.0	89.3	94.8
温州	80.8	81.5	80.0	90.8	72.2	83.5	86.6	70.7	91.0	87.1
嘉兴	86.4	77.8	95.0	89.7	70.4	69.3	88.4	100.0	88.9	91.5
湖州	79.7	79.8	79.6	87.0	70.5	90.6	73.5	76.0	85.0	80.4
绍兴	83.3	76.8	89.7	81.0	69.3	78.2	91.4	95.1	77.2	95.1
金华	81.3	81.3	81.3	85.8	71.2	93.4	84.3	76.7	86.2	85.6
衢州	78.2	79.6	76.8	93.8	73.6	79.2	61.4	70.0	92.7	70.6
舟山	86.2	81.6	90.8	89.8	76.8	71.7	96.3	85.3	94.8	98.8
台州	81.1	79.9	82.3	83.2	72.1	84.6	91.9	77.2	84.1	92.1
丽水	81.1	76.5	85.7	87.4	65.3	77.2	86.7	81.1	89.6	91.1

两大维度方面。亲近指数的最高分为88.3，最低分为76.5，平均分为80.4，

标准差为 3.1，区域内差异相对较小；从排名来看，杭州、舟山与温州位列前三。清白指数的最高分为 95.0，最低分为 76.9，平均分为 85.8，标准差为 5.9，标准离差率为 6.9%；从排名来看，嘉兴、宁波与舟山位列前三。

"亲近"维度方面。服务力方面，11 地市得分均在 80 以上，平均得分为 87.7，相比去年上升了 2.7%，表明全省总体政府对企业的服务力水平有所提高；地区之间的政府对企业服务的变异系数为 4.7，全省各地区差距较小；排名前三位的是衢州、杭州、温州，排名末三位的是宁波、台州、绍兴。支持力方面，11 地市得分总体呈现四个梯队，杭州得分为 87.8，比其他地区大幅领先，构成第一梯队；舟山、宁波和衢州分值在 73 以上，构成第二梯队；温州、台州、金华、湖州与嘉兴紧随其后，构成第三梯队；绍兴和丽水相对较弱，构成第四梯队。企业活跃度方面，由于新冠疫情影响无法开展大规模调研，故而新增"专业人士对企业活跃度的感知度"和"新增企业增长率"等指标补充评价；测算结果显示，11 地市平均得分为 81.5，排名前三位的是金华、湖州和杭州。亲近感知度方面，同样因为新冠疫情影响无法开展大规模调研，故而新增"专业人士对亲近的感知度"指标补充评价；根据测算结果，11 地市平均得分为 85.4，排名前三位的是舟山、宁波和台州。

"清白"维度方面。政府廉洁度方面，11 地市平均得分为 83.6，其中 90 以上有 4 个，80~90 区间有 2 个，70~80 区间有 5 个，得分较之 2018 年有所下滑，说明新型政商关系建设的长期性与持续性。政府透明度方面，11 地市平均得分为 87.6，舟山得分最高（94.8），最低是绍兴的 77.2，平均得分与 2018 年相当，但差距有所缩小；排名前三位的是舟山、衢州和温州，排名后四位的是杭州、湖州、台州和绍兴。廉洁感知度方面，同样受到新冠疫情影响无法开展大规模调研，故而新增"专业人士对廉洁的感知度"指标进行补充评价；根据测算结果，浙江省 11 地市平均得分为 88.7，其中排名前三位的是舟山、绍兴、宁波，衢州得分最低，仅为 70.6。

3. 2020 年度浙江省新型政商关系情况分析

我们再对 2020 年度浙江省 11 地市新型政商关系构建情况进行分析。从表 10-6 中可以看出政商关系构建中各维度的情况。

两大维度方面。亲近指数的最高分为 89.5，最低分为 77.1，平均分为 82.8，与 2019 年相比，整体水平有所提高；标准差为 4.1，区域内差异相对较小；从排名来看，杭州、温州与宁波位列前三，较 2019 年有所变动。清白指数的最高分为 93.9，最低分为 76.8，平均分为 84.9，与 2019 年相比，整体水平略有下降；标准差为 5.2，标准离差率为 6.2%，区域内差异相对较大；从排名来看，嘉兴、绍兴与宁波位列前三，较 2019 年有所变动。

表 10 – 6　　浙江省 11 地市 2020 年"亲""清"指数计算结果

指标	"亲""清"指数	亲近指数	清白指数	服务力	支持力	企业活跃度	亲近感知度	政府廉洁度	政府透明度	廉洁感知度
杭州	88.9	89.5	88.3	92.9	90.8	85.2	83.1	89.2	86.7	88.3
宁波	85.8	81.3	90.2	83.3	75.2	83.7	95.3	94.0	80.0	95.8
温州	83.5	81.5	85.5	90.8	72.2	83.2	87.1	85.5	83.6	88.2
嘉兴	86.5	79.0	93.9	89.7	73.8	69.3	87.5	100.0	85.8	90.6
湖州	78.6	80.5	76.8	87.0	72.5	89.8	74.0	70.0	84.8	81.7
绍兴	84.3	77.1	91.4	81.0	70.1	77.8	91.5	97.9	78.3	94.8
金华	80.7	81.3	80.0	85.8	71.0	93.6	84.5	71.7	89.9	86.1
衢州	81.5	78.6	84.5	93.8	71.5	79.0	60.3	87.4	89.3	70.0
舟山	79.9	77.8	82.1	89.8	67.5	71.2	96.1	73.6	86.0	97.3
台州	80.1	79.9	80.3	83.2	72.6	84.0	90.1	75.5	79.8	93.1
丽水	79.3	78.1	80.6	87.4	69.3	77.3	86.7	76.2	80.9	91.1

"亲近"维度方面。服务力方面，11 地市得分均在 80 以上，平均得分为 87.7，表明全省各地市政府对企业的服务力水平总体较高；地区之间的政府对企业服务的变异系数为 4.7，说明全省各地区差距较小；排名前三位的是衢州、杭州、温州，排名末三位的是宁波、台州、绍兴。支持力方面，11 地市得分总体呈现四个梯队，且较 2019 年有着较大变化，杭州得分为 90.8，比其他地区大幅领先，构成第一梯队；宁波和嘉兴分值在 73 以上，构成第二梯队；台州、湖州、温州、衢州、金华与绍兴紧随其后，构成第三梯队；丽水和舟山相对较弱，构成第四梯队。企业活跃度方面，由于新冠疫情影响无法开展大规模调研，故而新增"专业人士对企业活跃度的感知度"指标补充评价，结果显示，11 地市平均得分为 81.3，其中得分最高的是金华 93.6，最低的是嘉兴 69.3，呈现出较好的正态分布；90 以上有 1 个地市，80 ~ 90 区间有 5 个，70 ~ 80 区间有 4 个，70 以下有 1 个；排名前三位的是金华、湖州和杭州，排名后三位的是丽水、舟山和嘉兴。亲近感知度方面，同样因为新冠疫情影响无法开展大规模调研，故而新增"专业人士对亲近的感知度"指标补充评价；根据测算结果，11 地市平均得分为 85.2，排名最高的是舟山 96.1，最低的是衢州 60.3，呈现出较为明显的梯度差异；90 以上有 4 个地市，80 ~ 90 区间有 5 个，80 以下有 2 个。

"清白"维度方面。政府廉洁度方面，11 地市平均得分为 83.7，与 2019 年差别不大，其中 90 以上有 3 个，80 ~ 90 区间有 3 个，70 ~ 80 区间有 5 个。政府透明度方面，11 地市平均得分为 84.1，较之 2019 年有所下滑，金华得分最高（89.9），最低是绍兴的 78.3，地市间差距有所缩小；排名前三位的是金华、衢州和杭州，排名后三位的是宁波、台州和绍兴。廉洁感知度方面，同样受到新冠疫情影响无法开展大规模调研，故而新增"专业人士对廉洁的感知度"指标进行补充评价；根据测算结果，浙江省 11 地市平均得分为 88.8，与 2019 年差别不大，得分最高的是舟山 97.3，最低是衢州 70.0，10 个地市得分都在 80 以上，显示出总体水平的提升。

第三节　浙江省新型政商关系"亲""清"指数应用的典型案例分析

一、宁波构建新型政商关系中的主要做法与基本经验

（一）宁波构建新型政商关系的基本情况

2018 年 3 月，浙江省委统战部、省工商联把宁波定为构建"亲""清"政商关系的试点城市，要求"制定标准、培育标本、树立标杆"，为全省乃至全国提供具有宁波特色可复制、可操作、可推广的工作经验。宁波市委、市政府高度重视这项试点创新工作，多次批示要务实推进、务见成效；要有突破，有创新，要成为标杆、高地。

宁波市委、市政府相继出台《践行亲清新型政商关系的实施意见（试行）》《关于构建新型政商关系的实施意见》《关于进一步推进降低减负促进实体经济稳增长的若干意见》《宁波市改革创新容错纠错实施办法（试行）》等文件，部署开展"问千家、进百企"走访调研活动，牵头协调解决企业实际困难，为构建"亲""清"政商关系营造良好氛围。宁波市检察院、市公安局等部门出台具体举措，加强协作保障民营经济健康发展，展示了党政部门亲商护商强商的新作为。有关市县还成立亲清文化研究会，编印《亲清文化的实践和探索》资料，召开"亲清文化与统一战线"理论研讨会，创建亲清家园、亲清文化建设示范基地，以"文化引领、亲上加清"为统领，全面培育和弘扬亲清文化，有力地推进

了"亲""清"政商关系的实践创新①。

在进行新型政商关系构建的实践中逐步形成从"统""亲""清""联"四点入手的工作思路，即：坚持体系化创建，构建"1＋3＋1"完整体系，把"亲""清"政商关系"统"起来；坚持实效化运作，制定一系列可操作、可落地的具体办法，破难除障，让"亲""清"政商关系"亲"起来；坚持创造性实践，建立完善的工作机制，建设清廉民企，让"亲""清"政商关系"清"起来；坚持一体化推进，统筹工商联的改革创新工作和基层的丰富创新实践，让"亲""清"政商关系"联"起来②。

在这些工作的基础上，宁波近年在营商环境、政商关系评价中得到较好的排名：

2020年10月，国家发展改革委发布了我国营商环境评价领域的首部国家报告《中国营商环境报告2020》，宁波入选"示范引领——标杆城市篇"中综合表现突出的15个标杆城市；

全国工商联所做的《万家民营企业评价营商环境报告》中，宁波近两年都入选营商环境满意度最高的10个城市；

中央广播电视总台编撰的第一份由国家主流媒体发布的第三方营商环境权威报告——《中国城市营商环境年度报告》中，宁波在2019年排名全国第10；

21世纪经济研究院发布的《2020年中国城市高质量发展报告》显示，宁波的高质量发展水平在全国35个大中城市中排名第10。

（二）宁波构建新型政商关系的主要做法

构建亲清政商关系内涵十分丰富，涉及领域非常广泛。

1. 构建"1＋3＋1"体系，把新型政商关系"统"起来

"亲""清"新型政商关系内涵丰富、涉及面很广，必须坚持系统思维、综合施策，宁波市"1＋3＋1""亲""清"新型政商关系体系包括：

"1"是指制定一份党政干部和企业家的正负面清单，既划清底线和红线，又明确必须履行的职责，双向发力、协同推进，这是构建新型政商关系的基本出发点。

"3"是指建立三类长效机制：一是政商联系沟通机制，具体包括联席会议、列名结对、活动参与、意见征询、商会对接服务保障及司法保障六项制度，全面

---

① 《"亲""清"有尺度　政商两相宜——宁波创新构建新时代亲清政商关系》，载于《中华工商时报》2020年4月29日。

② 《宁波市构建"1＋3＋1"亲清新型政商关系体系》，载于《中华工商时报》2019年10月9日。

整合涉企部门的资源，推动政商沟通的常态化、制度化和全方位、全流程。二是容错免责机制，坚持"三个严格区分开来"的原则，鼓励支持党政干部主动作为、大胆工作。三是评价监督机制，建立"亲清健康指数"并定期发布，对宁波各地践行"亲""清"新型政商关系的情况进行有效监督。这三类长效机制解决了如何加强政商沟通、如何鼓励干部担当作为、如何对基层进行监督推动等关键问题，是构建新型政商关系的基本制度保障。

"1"是指建设"亲清家园"，在区县（市）、乡镇（街道）、社区等建设非公经济服务中心，提供平台化、一站式的惠企优质服务，这是构建新型政商关系的最终落脚点。

"1＋3＋1"体系，环环紧扣，彼此承接，整体推进，推动新型政商关系的"亲"与"清"的要求落地落细落实。

2. 坚持破难除障，让新型政商关系"亲"起来

构建"亲""清"新型政商关系的关键点在"政"的一方，堵点和难点在于"亲近、亲和、亲密"这一侧。为此，宁波采取了三项破梗阻的具体措施：

一是建立党政干部"七个参加"的正面清单。即经批准，党政部门及其公职人员可以参加企业、商（协）会组织的经贸交流、联络联谊、外出考察、纾困解难等活动，条目式详细列明，鼓励党政干部与企业家正常接触、阳光交往，解除后顾之忧。

二是对党政干部实施"五个方面"的容错免责。详细规定了鼓励企业创新发展、解决涉企历史遗留问题、协调企业解决法律纠纷等五种具体可以容错免责的情形，着力营造支持改革、宽容失败、为担当者担当的良好氛围。

三是定期发布18项指标的"亲清健康指数"。从"亲""清"两个维度出发，围绕"政府服务企业发展""企业促进地方发展""政府清明""企业清廉"四个方面，设计了系统化、可量化的评价体系，每半年发布1次，列入对宁波各区县（市）和功能园区的目标考核。这既是反映各地政商关系的"晴雨表"，更是考核的"指挥棒"，监督推动各地高度重视、大力构建"亲""清"新型政商关系。

3. 建设清廉民企，让新型政商关系"清"起来

落实新型政商关系的"清廉"要求，需要政府清明和企业清廉紧密融合、同向发力。对此，宁波采取如下举动：

一是把建设清廉民营企业纳入新型政商关系的构建体系。宁波市工商联等以党建为引领，以健全组织、完善制度、强化监督、防控风险等为主要内容，引导企业守法诚信、守牢底线。

二是全面开展清廉民企建设活动。宁波市工商联联合市委组织部等九部门共

256

同制定了《推进清廉民营企业建设的实施意见》，向全市民营企业发出加强清廉民营企业建设的倡议书，举办清廉民营企业建设工作培训会，开展清廉示范企业创建活动，为广大民营企业树立学习借鉴的样本和标杆。

三是出台清廉民企评价标准，制定清廉民营企业评价体系①。浙江省宁波市工商联制定出台了《宁波市清廉民营企业建设评价标准》。围绕清廉民营企业怎么建、如何评，评价标准从组织建设、制度建设、文化建设、诚信守法建设、企业家评价五个方面对建设的标准进行了明确。评价标准突出了党建工作在清廉民营企业建设中的引领作用，要求建立事前防范、事中监管、事后查处的工作机制。评价标准突出了制度建设、文化建设的重要性，强调清廉民营企业建设要和企业诚信守法经营相结合。评价标准还对企业家在清廉民营企业建设中的作用发挥进行了明确。

4. 创建"亲清家园"，把新型政商关系"联"起来

构建新型政商关系的最终落脚点是服务企业发展，增强企业的获得感、满意度。对此，宁波市一方面注重发挥商会的桥梁纽带作用，依托各级商会服务中心、经济服务中心等平台，整合行政与社会的服务资源，对接企业的发展需求；另一方面高起点规划建设"亲清家园"，进一步疏通联系政与商的"神经末梢"，打通服务民营企业的"最后一公里"，给政商关系发展深化提供载体。

在实践中，"亲清家园"以"政府引导、多方参与、社会化运作"为原则，具备政情恳谈、政策宣讲、信息收集、矛盾协调、廉情监督等功能。目前，宁波已在区县（市）、乡镇（街道）、工业社区三个层级建设 8 个实体化运作的"亲清家园"（亲清文化）样本，许多"亲清家园"拥有 1 000 余平方米的服务中心，配备了专职人员队伍，为企业提供一站式平台化的优质服务。如宁波市镇海区骆驼商会是"全国十佳服务典范先进商会"，依托商会服务中心建设"亲清家园"，使广大企业感受到新型政商关系带来的实打实的获得感。2018 年 11 月，中共中央书记处书记、中央统战部部长尤权专程视察镇海区骆驼商会，对商会工作给予了充分肯定。宁波市积极推进"亲""清"新型政商关系创新试点的做法，也被中央统战部列入 2018 年度全国民营经济统战工作十佳实践创新案例。

（三）宁波构建新型政商关系的基本经验

宁波构建新型政商关系取得较好成绩，有其民营经济发展较好的因素，也受

---

① 《宁波出台清廉民企评价标准》，载于《中华工商时报》2019 年 9 月 23 日。

到宁波传统文化中"重商"文化的影响，但更多是在浙江省委省政府领导下，宁波市委、市政府和各级党政部门将工作落到实处干出来的，总结其规律性经验，有较强的推广价值，即"一个内容架构、一项工作机制、一批空间载体、一套评价体系、一种亲清文化""五个一"。

1. 提炼一个系统化"亲""清"政商关系的内容架构

宁波通过近年来构建"亲""清"新型政商关系的工作实践，逐步形成并提炼出一个有规则体系支撑、有工作机制推动、有空间载体运作、有评价体系跟踪、有亲清文化依托的系统化完整内容架构（见图 10-1），让"亲""清"新型政商关系的构建有了明确成体系的规则、有了清晰可操作的步骤、有了具体形象化的承载、有了动态可持续的评判、有了传统与当下的衔接。

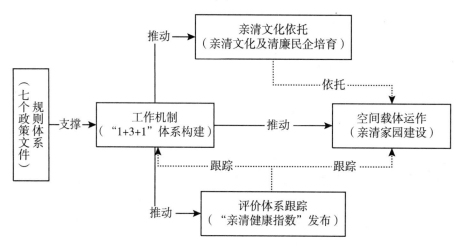

图 10-1　宁波市构建"亲""清"新型政商关系工作系统架构示意

2. 形成一项体系化规则依托支撑的工作机制

在 2017 年以来系列关于构建"亲""清"新型政商关系政策文件体系支撑下，宁波市逐步架构出构建"亲""清"新型政商关系的"1+3+1"体系，即制定一份党政干部和企业家的正负面清单，建立政商联系沟通、容错免责、评价监督三类长效机制，建设亲清家园等"一张清单、三条机制、一个家园"，形成了一整套工作机制，把新型政商关系"统"了起来。这套机制，有规则支撑、有落实方式、有保障措施、有评价方法、有落脚实体，是一个完整的体系。

3. 创建一批实体化政商多方参与的空间载体

"亲""清"新型政商关系构建需要有形实体的承载才能让这项工作更为具象化、可视化，亲清家园就是宁波找到和着力打造的有形实体。通过"党委政府搭台、商会唱戏、第三方服务平台具体运营、企业参与"的运营架构，实现政府、商会、服务平台三方的凝心聚力，推动政企合作共赢，切实增加企业的获得感。在具体实践中，因地制宜，根据区县、乡镇/街道等层级特点在运作模式中突出不同主体的作用，在区县一级主要发挥社会服务机构的作用，在乡镇/街道一级主要发挥商会组织的主导作用；根据宁波工业社区的实践，将亲清家园建设与工业社区服务工作相结合。

4. 坚持一套动态化覆盖所有部门的评价体系

"亲""清"新型政商关系构建是个长期过程，需要一套动态化全覆盖的评价体系对之进行跟踪评价，"亲清健康指数"就是宁波对自身政商关系构建找到的"体检表"。通过全面铺开至各区县（市）及所有功能区、将数据采集及反馈工作直接落实到 18 个相关部门、18 个三级指标构成的可操作性评价体系、持续化半年一次的评价发布，实现对于宁波"亲""清"新型政商关系构建进程的定期持续监控。

5. 培育一种根植于当地传统文化的亲清文化

亲清文化的培育与建设，离不开当地传统文化的滋养支撑；而其内化为企业内部文化，也才能更好地发挥作用。对此，宁波将厚重的传统文化与培育亲清文化相结合，推进社会亲清文化蔚然成风，并通过清廉民企建设推进亲清文化的企业内化；此外，还重视将亲清文化培育、清廉民企建设落到实处，切实增进企业的"获得感"，以保障亲清文化建设的最终成效。

二、基于浙江省新型政商关系"亲""清"指数对宁波新型政商关系构建的分析

（一）宁波在 2018~2020 年浙江省新型政商关系"亲""清"指数评价中的表现

宁波市近年来在构建新型政商关系工作上成绩斐然，但基于综合评价体系，仍可从中发现工作中的一些问题，并有针对性地提出一些建议，达到"以评促建、评建相长"的效果，这也是浙江工商大学浙商研究院作为浙江省新型重点专业智库所应履行的社会责任。

从表 10-7 可以看出，宁波市新型政商关系水平总体较高，稳居全省前三。下面我们按照一级指标对宁波市 2018~2020 年"亲""清"指数评价情况进行具体分析讨论。

表 10 – 7　宁波市 2018～2020 年"亲""清"指数及排名情况

题项	2018 年	2018 年省内排名	2019 年	2019 年省内排名	2020 年	2020 年省内排名
亲清指数	89.2	3	86.9	2	85.8	3
亲近指数	85.3	2	81.0	5	81.3	3
清白指数	93.1	4	92.8	2	90.2	3
服务力	85.2	6	83.3	10	83.3	9
支持力	76.5	3	74.5	3	75.2	2
企业活跃度	97.8	2	83.5	6	83.7	2
亲近感知度	95.4	2	95.6	2	95.3	2
政府廉洁度	90.8	7	94.0	3	94.0	3
政府透明度	96.7	1	89.3	5	80.0	9
廉洁感知度	95.9	3	94.8	4	95.8	2

1. 服务力

从表 10 – 8 中可看出，服务力一直是宁波市在新型政商关系评价中的短板指标。2018 年宁波市服务力指数为 85.2，略低于省内均分（85.4），位于全省第 6；2019 年和 2020 年指数均为 83.3[①]，大大低于省内均分（87.7），分别位于全省第 10 和第 9，与宁波市在浙江省内的政治、经济、社会地位并不相称。

政务服务完备度与准确度方面，2018 年宁波得分 84.7，不及省内均分（85.4），2019 年和 2020 年有所提升，超出省均分（86.7），但说明在当前浙江省各地市都在大力提升政府对企业服务事项覆盖和办事事项准确度时，宁波在服务方式完备度、事项覆盖度、办事指南准确度等方面，表现并不够理想。

服务成熟与成效度方面，2018 年宁波得分 85.8，略高于省内均分（85.5），2019 年和 2020 年更大幅下降，不仅大幅低于省均分（88.7），更是排名垫底，成为宁波在新型政商关系评价方面的短板；这也说明宁波市在政府对企业的办事事项流程的完整和办事的效率时，特别是在线服务成熟度、在线服务成效度等方面，还需要进一步着力，以配合企业发展的需要。

综上所述，宁波市政府在给企业提供服务方面还需要进一步提升完备度、准确度、成熟度、成效度等。

---

① 数据未更新的原因在于，浙江省大数据发展管理局对相关数据尚未更新，本评价只能采用上一年度数据。

表10-8　宁波市2018~2020年度政府支持力各指标情况

地区	服务力						服务完备与准确度						服务成熟与成效度					
	2018年	排名	2019年	排名	2020年	排名	2018年	排名	2019年	排名	2020年	排名	2018年	排名	2019年	排名	2020年	排名
杭州	92.7	1	92.9	3	92.9	2	87.2	4	95.0	1	95.0	1	98.2	1	90.7	5	90.7	5
宁波	85.2	6	83.3	10	83.3	9	84.7	7	87.5	5	87.5	5	85.8	6	79.1	11	79.1	11
温州	86.6	4	90.8	4	90.8	3	80.1	10	93.0	2	93.0	2	93.1	3	88.7	7	88.7	7
嘉兴	85.0	7	89.7	6	89.7	5	86.3	5	84.2	7	84.2	7	83.7	8	95.2	2	95.2	2
湖州	77.3	11	87.0	8	87.0	7	84.3	8	81.9	9	81.9	9	70.3	11	92.1	4	92.1	4
绍兴	82.3	9	81.0	12	81.0	11	80.6	9	78.5	11	78.5	11	84.0	7	83.6	9	83.6	9
金华	91.2	3	85.8	9	85.8	8	85.5	6	81.8	10	81.8	10	97.0	2	89.8	6	89.8	6
衢州	92.0	2	93.8	2	93.8	1	92.8	1	92.7	3	92.7	3	91.1	4	95.0	3	95.0	3
舟山	79.4	10	89.8	5	89.8	4	88.1	3	83.6	8	83.6	8	70.7	10	96.1	1	96.1	1
台州	82.7	8	83.2	11	83.2	10	78.8	11	85.8	6	85.8	6	86.7	5	80.6	10	80.6	10
丽水	85.3	5	87.4	7	87.4	6	90.9	2	89.7	4	89.7	4	79.7	9	85.2	8	85.2	8
省平均	85.4		87.7		87.7		85.4		86.7		86.7		85.5		88.7		88.7	

2. 支持力

从表 10 - 9 可以看出，支持力是宁波表现较好的维度之一。这一指标设置主要考察基础环境（政府财政支出对地区经济贡献及地区社会信用建设情况）、金融环境（地区金融发展水平，包括间接融资、直接融资和民间资本等方面）和赋税环境（地区企业税收负担水平及政府对高新企业的减免税支持情况）。杭州在该指标上一枝独秀，得分均在 87.5 以上，是唯一高于 80 的地区；而低于均分者超过 7 个，杭州与其他地区存在较大差异。2018 年宁波得分为 76.5，高于省平均得分（75.1），排名第 3；2019 年得分为 74.5，高于省平均得分（73.1），排名第 3；2020 年得分为 75.2，高于省平均得分（73.3），排名第 2。

基础环境方面，2018 年宁波得分 74.3，略高于省平均分（73.7），排名第 4，2019 年和 2020 年分别排名第 4 和第 5，不及温州和丽水，与宁波市经济总量、财政能力稳居省内第二的实际地位并不相符，需要引起注意。

金融环境方面，2018 年宁波得分 78.3，远高于省内均分（74.5），排名第 2，2019 年和 2020 年也均排名第 2，显示出宁波市较好的整体金融实力，与杭州均位列中国城市资本竞争力 30 强[①]，其中杭州位列第 4，宁波位列第 9。

赋税环境方面，2018 年宁波得分 76.1，略低于省内均分（76.8），排名第 3，2019 年和 2020 年分别排名第 4 和第 3，反映出宁波市政府在为企业特别是高新技术企业营造良好的税负环境和税收减免上有着较好的表现，而杭州则由于较多高新技术企业聚集，政府给予的赋税好处反而不太明显。

3. 企业活跃度

从表 10 - 10 可以看出，宁波在企业活跃度方面有一定起伏。本指标主要源于浙商研究院《浙商创业观察》的调查数据，运用抽样方式，采用分层随机抽样，根据人口数量、经济发展水平对浙江 11 地市进行分层分类，随机抽样获得的 1 860 个有效样本。调查显示，创业者人数为 982 人，占总样本人数的 52.8%。

民营企业活跃度方面，宁波得分为 97.8，排名第 2，远高于省内均分（84.7），显示出宁波民营企业发展有着较高的活跃度。宁波在该方面得分较高，显示出当地民众具有较高的创业创新热情，愿意去建立企业，而本市的企业也愿意进一步扩大投资规模。

为修正因为近两年疫情导致的无法开展大规模调查而获得新数据的问题，我们在 2019 年和 2020 年分别新增"新增企业增长率"和"专业人士对企业活跃度

[①]《2019 城市资本竞争力 30 强（上市公司数量）乌鲁木齐排 25》，2019 年 5 月 14 日，2021 年 4 月 25 日，http://www.sohu.com/a/313773227_132983。

表10-9　宁波市2018~2020年度政府支持力各指标情况

地区	支持力						基础环境						金融环境						税赋环境					
	2018年	排名	2019年	排名	2020年	排名	2018年	排名	2019年	排名	2020年	排名	2018年	排名	2019年	排名	2020年	排名	2018年	排名	2019年	排名	2020年	排名
杭州	87.5	1	87.8	2	90.8	2	88.6	1	88.2	1	87.5	1	99.0	1	100.0	1	100.0	1	73.5	10	73.5	7	82.7	2
宁波	76.5	3	74.5	4	75.2	4	74.3	4	74.0	4	73.1	5	78.3	2	72.7	2	72.0	2	76.1	3	77.0	4	80.2	3
温州	73.5	9	72.2	6	72.2	6	77.5	2	77.2	2	77.3	2	69.3	8	65.2	8	64.8	8	75.5	5	76.7	5	77.2	7
嘉兴	74.4	6	70.4	10	73.8	3	69.1	9	68.9	9	69.5	9	77.1	5	66.9	5	66.9	5	75.1	7	75.4	6	84.8	1
湖州	74.2	7	70.5	9	72.5	5	73.6	6	73.9	5	73.2	4	73.5	7	66.2	7	65.7	7	75.5	6	73.0	9	79.7	6
绍兴	74.0	8	69.3	1	70.1	9	67.8	10	67.8	11	67.8	10	77.6	3	66.8	6	66.3	6	74.5	8	73.1	8	76.1	8
金华	74.8	5	71.2	8	71.0	8	74.1	5	73.5	6	73.0	6	75.7	6	68.9	3	68.4	3	74.3	9	72.1	10	72.5	10
衢州	71.0	10	73.6	5	71.5	7	71.8	7	72.3	7	72.8	7	66.6	9	63.8	9	63.3	9	75.5	4	85.6	2	80.0	5
舟山	76.6	2	76.8	3	67.5	11	67.6	11	68.5	10	66.8	11	61.7	11	61.7	11	62.9	11	100.0	1	100.0	1	73.3	9
台州	75.9	4	72.1	7	72.6	4	70.0	8	69.8	8	69.9	8	77.2	4	67.7	4	67.5	4	78.8	2	78.7	3	80.2	4
丽水	67.4	11	65.3	12	69.3	10	76.7	3	76.7	3	76.7	3	63.3	10	61.7	10	63.0	10	65.6	11	61.2	11	71.2	11
省平均	75.1		73.1		73.3		73.7		73.7		73.4		74.5		69.3		69.2		76.8		76.9		78.0	

第十章　新型政商关系评价研究

表10-10　　宁波市2018~2020年度企业活跃度各指标情况

地区	企业活跃度						民营企业活跃度						新增企业增长率						专业人士对企业活跃度的感知度					
	2018年	排名	2019年	排名	2020年	排名	2018年	排名	2019年	排名	2020年	排名	2018年	排名	2019年	排名	2020年	排名	2018年	排名	2019年	排名	2020年	排名
杭州	87.4	6	85.2	4	88.7	5	87.4	6	87.4	6	87.4	6	无		81.6	5	无		无		100.0	1	100.0	1
宁波	97.8	2	83.5	6	97.7	2	97.8	2	97.8	2	97.8	2			74.7	8					92.7	2	96.5	2
温州	68.4	10	83.5	6	71.0	10	68.4	10	68.4	10	68.4	10			89.4	3					92.7	2	94.8	3
嘉兴	60.0	11	69.3	13	62.4	11	60.0	11	60.0	11	60.0	11			72.1	9					80.0	7	84.3	5
湖州	100.0	1	90.6	3	97.7①	1	100.0	1	100.0	1	100.0	1			87.0	4					83.6	5	77.4	8
绍兴	77.9	8	78.2	10	78.4	8	77.9	8	77.9	8	77.9	8			77.5	6					83.6	5	82.6	6
金华	85.2	7	93.4	2	85.3	7	85.2	7	85.2	7	85.2	7			100.0	1					78.2	8	86.1	4
衢州	91.3	5	79.2	9	88.5	6	91.3	5	91.3	5	91.3	5			75.4	7					65.5	9	63.5	9
舟山	97.2	3	71.7	12	93.5	3	97.2	3	97.2	3	97.2	3			60.0	11					65.5	9	60.0	11
台州	72.1	9	84.6	5	73.2	9	72.1	9	72.1	9	72.1	9			90.0	2					89.1	4	82.6	6
丽水	94.3	4	77.2	11	91.2	4	94.3	4	94.3	4	94.3	4			71.5	10					60.0	11	63.5	9
省平均	84.7		81.5		84.3		84.7		84.7		84.7				79.9						81.0		81.0	

① 湖州具体得分为97.73913，宁波为97.67217，特此说明。

的感知度"指标。对于前者，宁波表现一般，对于后者，宁波表现较好，故而宁波处于省平均之上的水准。

4. 亲近感知度

从表 10 – 11 可以看出，宁波在亲近感知度方面一直表现较好，显示出民营企业对于政府亲近有着较好的感知，政商关系良好。这一指标来源于浙商研究院所做《浙商创业观察》中"创业者对亲近的感知度"的调查数据，以测评各市创业者对于政府亲近的感知度。该调研以地市为单位，完成 1 860 份样本取样，按浙江 11 地市人口比例取得创业者样本 982 份。

创业者对亲近的感知度方面，宁波得分 95.4，远高于省内均分（85.9），排名第 2，表明宁波市政府给公众提供的政务服务支持较多，且让创业者能够较好地感知到。

为修正因为近两年疫情导致的无法开展大规模调查而获得新数据的问题，我们在 2019 年和 2020 年分别新增"专业人士对企业活跃度的感知度"指标，宁波表现都较好，稳居全省第 2。

5. 政府廉洁度

从表 10 – 12 可以看出，宁波在政府廉洁度方面有着较好的进步。本指标测量维度单一、权重大，主要考察被纪委监委通报的违纪官员数量在机关事业单位就业人员总数中的比重。

2018 年宁波得分为 90.8，分值不低，但只略高于省内均分（88.5），排名第 7，位置一般，说明宁波市平均被通报违纪官员人数占比数值在省内属于平均水平，需要进一步提升清廉政府建设并让企业感受到。

2019 年宁波排名提升较快，升至第 3 名，并在 2020 年继续保持第 3 名，说明近年来宁波在政府廉洁度建设上有着较大投入并见效，也间接说明本评价对地方政府在新型政商关系构建上起到了一定推动作用。

6. 政府透明度

从表 10 – 13 可以看出，宁波近三年来在全省范围内的政府透明度建设方面退步较为明显，显示出新型政商关系建设的长期性与持续性。

2018 年宁波政府透明度得分为 96.7，在浙江省 11 地市中排名第 1，远超省内均分（87.3），显示出宁波市在打造"阳光政府"方面的突出成绩。其中，信息公开度得分为 99.5，全省排名第 2，表明宁波市政府对于公民依法依规的信息公开申请按时办结，及时进行政府预算的公开，同时对于各部门预算公开也非常重视；财政透明度得分为 94.0，全省排名第 2，说明宁波市财政信息公开程度也较高。

表 10 – 11　宁波市 2018～2020 年度亲近感知度各指标情况

地区	亲近感知度						创业者对亲近的感知度						专业人士对亲近的感知度					
	2018年	排名	2019年	排名	2020年	排名	2018年	排名	2019年	排名	2020年	排名	2018年	排名	2019年	排名	2020年	排名
杭州	81.2	9	83.1	9	83.1	9	81.2	9	81.2	9	81.2	9			100.0	1	100.0	1
宁波	95.4	2	95.6	2	95.3	2	95.4	2	95.4	2	95.4	2			97.1	2	100.0	1
温州	86.8	7	86.6	7	87.1	6	86.8	7	86.8	7	86.8	7			85.7	5	88.6	4
嘉兴	88.3	6	88.4	5	87.5	5	88.3	6	88.3	6	88.3	6	无		88.6	4	77.1	5
湖州	73.8	10	73.5	10	74.0	10	73.8	10	73.8	10	73.8	10			71.4	9	77.1	5
绍兴	93.0	3	91.4	4	91.5	3	93.0	3	93.0	3	93.0	3			77.1	6	77.1	5
金华	85.1	8	84.3	8	84.5	8	85.1	8	85.1	8	85.1	8			77.1	6	74.3	8
衢州	60.0	11	61.4	11	60.3	11	60.0	11	60.0	11	60.0	11			74.3	8	62.9	10
舟山	100.0	1	96.3	1	96.1	1	100.0	1	100.0	1	100.0	1			62.9	10	65.7	9
台州	91.7	4	91.9	3	91.0	4	91.7	4	91.7	4	91.7	4			94.3	3	91.4	3
丽水	89.7	5	86.7	6	86.7	6	89.7	5	89.7	5	89.7	5			60.0	11	60.0	11
省平均	85.9		85.4		85.2		85.9		85.9		85.9				80.8		79.5	

表 10 - 12　　宁波市 2018 ~ 2020 年度政府廉洁度各指标情况

地区	政府廉洁度					
	2018 年	排名	2019 年	排名	2020 年	排名
杭州	99.9	2	94.0	4	89.2	4
宁波	90.8	7	94.0ᵃ	3	94.0	3
温州	95.5	5	70.7	10	85.5	6
嘉兴	100.0	1	100.0	1	100.0	1
湖州	91.7	6	76.0	8	70.0	11
绍兴	99.2	3	95.1	2	97.9	2
金华	80.8	8	76.7	7	71.7	10
衢州	70.0	11	70.0	11	87.4	5
舟山	98.6	4	85.3	5	73.6	9
台州	76.4	9	77.2	6	75.5	8
丽水	71.1	10	71.1	9	76.2	7
省平均	88.5		82.7		83.7	

注：a 表示宁波具体得分为 94.02399，杭州为 93.98205，特此说明。

但 2019 年政府透明度得分便下滑至 89.3，排名第 6，原因在于信息公开大幅下滑至 83.9（排名第 7），说明信息依申请办结情况同比落后于多数地市；2020 年政府透明度分更下滑至 80.0，排名第 9，原因在于信息公开进一步下滑至 76.9（排名第 8），而财政透明度也大幅下滑至 83.1，排名第 7。

以上分析说明，宁波要开始在政府透明度两大指标中重新发力。

7. 廉洁感知度

从表 10 - 13、表 10 - 14 可以看出，宁波在政府廉洁度方面表现尚可。该指标数据主要源于浙商研究院所做《浙商创业观察》中"创业者对廉洁的感知度"，该调研以地市为单位，完成 1 860 份样本取样，按浙江 11 地市人口比例取得创业者样本 982 份，考察各地市创业者对政府廉洁的感知度。

宁波在创业者对政府廉洁感知度方面的得分为 95.9，高于省内均分（89.5），排名第 3，反映出宁波市政府廉洁感知度在省内属于较高水平，创业者对于政府廉洁度有着较强的感受，与政府透明度指标呼应较好，一方面是政府主动透明，另一方面是创业者感知政府廉洁。

为修正因为近两年疫情导致的无法开展大规模调查而获得新数据的问题，我们在 2019 年和 2020 年分别新增"专业人士对廉洁度的感知度"指标。宁波在这两方面表现都较好，分别排名第 4 和第 2，宁波始终稳居全省前 3。

表 10 - 13 　宁波市 2018～2020 年度政府透明度各指标情况

地区	政府透明度						信息公开						财政透明度					
	2018年	排名	2019年	排名	2020年	排名	2018年	排名	2019年	排名	2020年	排名	2018年	排名	2019年	排名	2020年	排名
杭州	88.3	7	85.0	9	86.7	3	76.5	10	70.0	11	73.4	10	100	1	100.0	1	100.0	1
宁波	96.7	1	89.3	6	80.0	9	99.5	2	83.9	7	76.9	8	94	2	94.7	2	83.1	7
温州	85.1	8	91.0	4	83.6	7	90.0	6	88.7	5	79.7	7	80.2	8	93.2	4	87.6	3
嘉兴	89.9	6	88.9	7	85.8	5	88.6	7	87.7	6	88.6	5	91.3	4	90.0	6	83.0	8
湖州	76.2	10	85.0	9	84.8	6	82.4	9	100.0	1	74.6	9	70	11	70.0	11	94.9	2
绍兴	73.3	11	77.2	12	78.3	11	70.0	11	76.1	10	70.0	11	76.6	9	78.2	10	86.5	5
金华	96.0	2	86.2	8	89.9	1	98.5	3	83.4	8	94.3	2	93.5	3	88.9	7	85.5	6
衢州	94.2	3	92.7	3	89.3	2	100.0	1	93.0	4	100.0	1	88.3	6	92.4	5	78.5	9
舟山	90.0	5	94.8	2	86.0	4	90.7	5	95.4	2	84.7	6	89.3	5	94.2	3	87.4	4
台州	90.5	4	84.1	11	79.8	10	95.3	4	80.8	9	89.1	4	85.7	7	87.5	8	70.6	10
丽水	79.9	9	89.6	5	80.9	8	88.2	8	94.6	3	91.8	3	71.6	10	84.7	9	70.0	11
省平均	87.3		87.6		84.1		89.1		86.7		83.9		85.5		88.5		84.3	

表10-14　宁波市2018~2020年度廉洁感知度各指标情况

地区	政府廉洁感知度						创业者对廉洁的感知度						专业人士对廉洁度的感知度					
	2018年	排名	2019年	排名	2020年	排名	2018年	排名	2019年	排名	2020年	排名	2018年	排名	2019年	排名	2020年	排名
杭州	87.0	8	88.3	7	88.3	7	87.0	8	87.0	8	87.0	8	无		100.0	1	100.0	1
宁波	95.9	3	94.8	3	95.8	3	95.9	3	95.9	3	95.9	3			85.0	4	88.6	2
温州	88.3	7	87.1	8	88.2	8	88.3	7	88.3	7	88.3	7			76.0	7	71.4	6
嘉兴	91.5	6	91.5	5	90.6	5	91.5	6	91.5	6	91.5	6			91.0	2	77.1	3
湖州	81.6	10	80.4	10	81.7	10	81.6	10	81.6	10	81.6	10			70.0	10	77.1	3
绍兴	96.2	2	95.1	2	94.8	2	96.2	3	96.2	2	96.2	2			85.0	4	77.1	3
金华	87.0	9	85.6	9	86.1	9	87.0	9	87.0	8	87.0	8			73.0	9	65.7	8
衢州	70.0	11	70.6	11	70.0	11	70.0	11	70.0	11	70.0	11			76.0	7	60.0	9
舟山	100.0	1	98.8	1	97.3	1	100.0	1	100.0	1	100.0	1			88.0	3	60.0	9
台州	93.5	4	92.1	4	93.1	4	93.5	4	93.5	4	93.5	4			79.0	6	71.4	6
丽水	93.4	5	91.1	6	91.1	6	93.4	5	93.4	5	93.4	5			70.0	10	60.0	9
省平均	89.5		88.7		88.8		89.5		89.5		89.5				81.2		73.5	

（二）基于指数评价结果提出的政策建议

1. 保持当前优势方面不放松、巩固既有成绩

本评价三年的结果显示，宁波在企业活跃度、亲近感知度、支持力、廉洁感知度等方面优势明显，需要继续巩固。首先，进一步推进"廉洁宁波"建设，以清廉教育、清廉企业、清廉乡村建设为支点，将之融入全市经济、政治、文化、社会和生态文明建设各个领域，贯穿党的建设各个方面，为新型政商关系构建提供保障，而且宁波市在政府廉洁感知度方面做得较好，政府廉洁度提高，会很快让企业感知到，如此双向互动，必然会大大推进新型政商关系构建水平与进程。其次，进一步打好支持民营经济再腾飞的"组合拳"，将"妈妈式"服务进行到底，力争在企业一侧推进新型政商关系构建。

2. 着力补齐短板环节、全面提升新型政商关系水平

本评价三年的结果显示，宁波在政府服务力方面一直处于中游，属于宁波新型政商关系构建过程中的短板环节；而政府透明度方面，也逐步从"强板"变为"短板"，下滑严重。首先，进一步推进"阳光工程网"建设，打造"阳光政府"，提升政府透明度与公信力；并完善社会信用建设，加快社会诚信建设与金融诚信建设，建立健全食品药品、安全生产、质量诚信、纳税信用、环境保护、劳动保障、工程建设领域等商务信用体系，以从政府一侧多方位提升新型政商关系构建的水平。其次，需要进一步深化"放管服"改革，简化行政审批流程，推进"最多跑一次"向"最多跑零次"转变，以企业和群众需求为导向，深化服务能力，完善服务保障。

研 究 展 望

作为世界第二大经济体和最大的发展中国家，当代中国的政治权力与市场资本相互交织的运作逻辑以及地方政府招商引资的公司化行为特征都成为了解读中国经济发展奇迹的关键密钥，政商关系的研究也日益成为显学。这些关于政商关系的已有研究开始逐步从经济学研究主导向政治学研究主导转变，更加关注政商主体背后所涉及的国家权力与市场资本的关系、政府职能的转变、经济增长与中国之治等诸多具有延展性的议题，与国际学术界的理论对话也显著增强。对此，本书基于中国语境下的"亲""清"新型政商关系，主张将新型政商关系放在开创中国式现代化道路的时代背景之中，从传统文化与现代价值融合、政府职能体系和法治基础保障、数字政商关系等维度初步地探索构建了促进当代中国政商良性互动的制度化路径。然而，对于正处在经济高质量发展转型和国家治理现代化建设关键时期的当代中国而言，新型政商关系的实践场景和理论话语越来越多，绝非本书能够穷尽的，如何对发生在中国大地上的政治与经济、权力与资本、政府与企业、官员与商人等多对主体之间的复杂关系进行学术化和体系化的阐述和分析，则需要更多学术上的有为之士的深入关注。因此，本书的最后部分主要探讨中国情境下"政商关系"研究的下一步展望。

第一，数字时代新型政商关系的变化及其刻画研究。互联网经济带来了新的市场空间、经营行为和交易方式，传统政府对市场的管理模式面临巨大挑战。如传统政府的辖区管理模式难以适应互联网市场的跨区域交易、传统政府对市场主体的单维管理结构转变为"平台企业—政府"的双主体管理结构、互联网微商经营的市场准入许可和征税机制的不健全等，都为构建新型政商关系提出了新的议题。同时，互联网市场的一些失序问题引起了社会的广泛关注，也给新型政商关系带来了不小的挑战。此外，有的地方政府通过数字化改革促进政商合作，开发出诸如"亲清在线"的政商互动数字化平台提升政商合作的黏合度。这些实践场景中出现的新问题、新现象、新内容，都亟须从学术层面加以研究，也为学术研究提供了很大的空间。因此，如何有效解决技术应用带来的问题，如何平衡好数字时代新型政商关系构建中快速发展的技术平台与程序烦琐的立法规范之间的张力，如何更加全面地刻画数字时代新型政商关系的变化，进而提升数字技术对政商关系的赋能，仍需更加深入的探讨。

第二，新型政商关系构建中民营企业的行动策略研究。由于面对不同的政治主体，民营企业采取的行动策略的自主性、制度性和外部性呈现出显著差异，与之相应的适用对象也有所不同。通常情况下，在"亲""清"新型政商关系要求下，民营企业在保持自主性和经济效益的基础上，往往会采取以制度嵌入为主、非制度嵌入为辅的政治参与策略，根据自身资源与能力禀赋、政治事项重要性等来选择一种或多种混合策略适度地嵌入政府政策过程，合法有效地寻求政府政策及资源支持，实现利益最大化。不过，嵌入式政治参与策略本身也存在着不足和可能的风险，需要在政商互动中处于主导地位的政府来予以规范和引导。同时，作为政商关系的重要组成部分，民营企业政治参与的策略选择及有效性离不开政府的回应与支持。对此，如何进一步从制度建设上厘清政府与市场的边界，压缩公共权力寻租空间，健全政商主体之间的协调沟通机制，等等，既需要宏观层面的理论阐释，更需要微观层面的案例研究和讨论。

第三，新型政商关系构建中的地方政府行为研究。尽管"亲""清"新型政商关系的构建需要政商双方主体各自规范并优化自身的职责行为，但不同于西方资本主义国家的政商关系，当代中国的国家治理结构特征决定了党和政府在市场经济发展中扮演着积极有为的角色，既"亲"又"清"的政商关系首要在于"政"，而非"商"，没有一个职能科学、权责法定、执法严明、公开公正、廉洁高效、守法诚信的政府，政商关系的"亲"和"清"便无从谈起。因此，构建新型政商关系，就不得不分析地方政府通过何种行为培育当地核心产业和市场主体，各级地方政府发展地方经济存在哪些行为机制和利益倾向，地方政府如何进行招商引资并向企业传递压力，以及考核体系的变化如何影响政商关系模式的演变。此外，政府和市场作为两种关键因素长期同时影响着政商关系的型构，而中国特色社会主义市场经济制度特别强调市场对资源配置的决定性作用和更好地发挥政府的作用。那么，就不得不思考具有异质性的地方政府如何在实践场景中因势利导地把握好"有形之手"和"无形之手"的双重影响。

第四，新型政商主体的互动行为研究。如前所述，政商主体之间的互动行为存在于新型政商关系构建的各个阶段，那么，企业主体如何通过与不同政府部门打交道而收集有用的政策信息？企业主体会采取何种行为方式，依托当地政府官员的支持和帮助，与更高层级政府部门和官员个人进行互动，以争取更大规模的资源或项目？地方政府与不同的市场企业之间的相互依赖程度存在何种差异以及由此带来的互动逻辑的不同？此外，新型政商主体互动过程中企业如何应对诸如政府因领导更替所导致的"新官不理旧账"等不确定性问题，这些政企互动的有效性问题也值得进一步探讨。

第五，新型政商关系的研究范式转变。政商关系的本质是权力与资本，而权力与资本作为影响经济社会发展的两股重要力量，无论是在改革开放初期，还是在党的十八大以来政商关系发展的新时期，都应成为探讨政商问题的根源所在及重构新型政商关系的重要理论支撑和解析框架。显然，当前关于政商关系的研究范式主要集中在经济学的宏观分析和政治学的规范性研究以及相对较少的工商管理学的实证范式研究和应用性研究。研究者难以触及政商互动的真实细节，导致新型政商关系研究难以将"政治概念"转化为具体制度，更遑论有效地将"亲""清"政商关系从原则性的方针转化成可操作的规范，故而，新型政商关系的研究范式需要转变，将规范性研究和实证性研究结合起来，引入涵盖社会学、政治学、经济学、法学和公共管理学的多学科交叉研究范式。

总的来说，新型政商关系的形成不是一蹴而就的，也不是一成不变的，它是一个多元参与、多措并举的庞大复杂的系统工程，随着时间的推移，政商关系所暴露的问题会有所变化，政商关系也会被赋予新的时代内涵。因此，要以发展的眼光看待政商关系，动态调节政商关系中与现实社会不相适应的部分，促进政商关系与时俱进，同社会经济的发展进程相契合，形成正向推动作用促进政商之间的良性互动、协作共赢。

研究展望

参 考 文 献

［1］安体富、杨金亮：《促进小微企业发展的税收政策研究》，载于《经济与管理评论》2012 年第 5 期。

［2］昂格尔：《现代社会中的法律》，吴玉章、周汉华译，译林出版社 2001 年版。

［3］敖带芽：《私营企业主阶层的政治参与》，载于《理论与改革》2002 年第 5 期。

［4］白俊红、江可申、李婧：《应用随机前沿模型评测中国区域研发创新效率》，载于《管理世界》2009 年第 10 期。

［5］班固：《二十四史全译·汉书：卷 24：食货志下》，许嘉璐编，汉语大词典出版社 2004 年版。

［6］鲍文涵、张明：《从市场治理到自主治理：公共资源治理理论研究回顾与展望》，载于《吉首大学学报》（社会科学版）2016 年第 6 期。

［7］毕思斌、张劲松：《论政商关系互动的演变过程与路径重塑——兼评"放管服"改革对政商关系的影响》，载于《河南师范大学学报》（哲学社会科学版）2020 年第 3 期。

［8］蔡斯敏：《组织为谁代言：社会治理中商会多重身份的演变》，载于《深圳大学学报》（人文社会科学版）2014 年第 5 期。

［9］长孙无忌：《唐律疏议：杂律上·市司评物价》，商务印书馆 1933 年版。

［10］陈斌开、林毅夫：《发展战略、城市化与中国城乡收入差距》，载于《中国社会科学》2013 年第 4 期。

［11］陈德顺：《平等与自由的博弈——西方宪政民主价值冲突研究》，中国社会科学出版社 2016 年版。

［12］陈东：《私营企业出资人背景、投机性投资与企业绩效》，载于《管理世界》2015 年第 8 期。

［13］陈红玲、张祥建、刘潇：《平台经济前沿研究综述与未来展望》，载于

《云南财经大学学报》2019 年第 5 期。

[14] 陈金钊：《对"法治思维和法治方式"的诠释》，载于《国家检察官学院学报》2013 年第 2 期。

[15] 陈劲、李飞宇：《社会资本：对技术创新的社会学诠释》，载于《科学学研究》2001 年第 3 期。

[16] 陈连艳：《政商关系：基本内涵、畸变形式与重构路径》，载于《中州大学学报》2017 年第 2 期。

[17] 陈林林：《法治的三度：形式、实质与程序》，载于《法学研究》2012 年第 6 期。

[18] 陈剩勇、马斌：《民间商会与地方治理：功能及其限度——温州异地商会的个案研究》，载于《社会科学》2007 年第 4 期。

[19] 陈寿灿、徐越倩等：《浙江省新型政商关系"亲清"指数研究报告 (2019)》，浙江工商大学出版社 2020 年版。

[20] 陈天祥、应优优：《甄别性吸纳：中国国家与社会关系的新常态》，载于《中山大学学报》（社会科学版）2018 年第 2 期。

[21] 陈佑武、李步云：《当代中国法治认同的内涵、价值及其养成》，载于《广州大学学报》（社会科学版）2017 年第 9 期。

[22] 陈钊、陆铭、何俊志：《权势与企业家参政议政》，载于《世界经济》2008 年第 6 期。

[23] 陈忠卫、郝喜玲：《创业团队企业家精神与公司绩效关系的实证研究》，载于《管理科学》2008 年第 1 期。

[24] 程恩富、刘伟：《社会主义共同富裕的理论解读与实践剖析》，载于《马克思主义研究》2012 年第 6 期。

[25] 程虹、刘三江、罗连发：《中国企业转型升级的基本状况与路径选择》，载于《管理世界》2016 年第 1 期。

[26] 程坤鹏、徐家良：《从行政吸纳到策略性合作：新时代政府与社会组织关系的互动逻辑》，载于《治理研究》2018 年第 6 期。

[27] 程燎原：《从法制到法治》，法律出版社 1999 年版。

[28] 储建国：《政商关系：清晰界定才能更好构建》，载于《中国党政干部论坛》2016 年第 6 期。

[29] 楚渔：《中国人的思维批判》，人民出版社 2010 年版。

[30] 崔华前：《私营企业主政治参与动因的基本特征——基于对浙江省部分私营企业的调研》，载于《理论月刊》2015 年第 8 期。

[31] 董殿帅：《我国私营企业主政治参与的问题及对策》，载于《学理论》

2015 年第 34 期。

[32] 董明：《关于温州市民营企业家政治参与的调查》，载于《国家行政学院学报》2000 年第 3 期。

[33] 董明：《新常态下我国民营企业家的利益表达及其可能的发展》，载于《中共浙江省委党校学报》2015 年第 6 期。

[34] 法理学编写组：《法理学》，人民出版社、高等教育出版社 2017 年版。

[35] 范如国：《复杂网络结构范型下的社会治理协同创新》，载于《中国社会科学》2014 年第 4 期。

[36]《非公有制经济代表人士队伍建设和工商联组织建设》，2021 年 4 月 12 日，2021 年 5 月 12 日，http：//www.zytzb.gov.cn/tzxy/353685.jhtml。

[37]《非公有制经济代表人士队伍建设和工商联组织建设》，2021 年 6 月 28 日，2021 年 9 月 23 日，http：//www.yctzw.org/info/newsInfo/detail?id=8502。

[38] 费正清、张理京：《美国与中国》，世界知识出版社 2000 年版。

[39] 封思贤、蒋伏心、肖泽磊：《企业政治关联行为研究述评与展望》，载于《外国经济与管理》2012 年第 12 期。

[40] 冯巨章：《政府、市场、企业和商会治理机制演化研究》，载于《中国经济问题》2012 年第 4 期。

[41] 弗里德利希·冯·哈耶克：《自由秩序原理》（上），邓正来译，三联出版社 1997 年版。

[42] 符平、李敏：《基层政商关系模式及其演变：一个理论框架》，载于《广东社会科学》2020 年第 1 期。

[43] 付芳琳：《优化东北地区营商环境的法治路径——以强化地方检察职能为视角》，载于《行政与法》2019 年第 3 期。

[44] 傅筑夫：《中国封建社会经济史》（第四卷），人民出版社 1981 年版。

[45] 高丙中：《社会团体的合法性问题》，载于《中国社会科学》2000 年第 2 期。

[46] 高波：《文化、文化资本与企业家精神的区域差异》，载于《南京大学学报》2007 年第 5 期。

[47] 高海涛：《我国私营企业主阶层政治参与的规范问题研究》，载于《广州社会主义学院学报》2019 年第 1 期。

[48] 高轩、朱满良：《埃丽诺·奥斯特罗姆的自主治理理论述评》，载于《行政论坛》2010 年第 2 期。

[49]《工业会商会紧急通告》，载于《商报》1949 年 4 月 26 日。

[50]《关于加强和改进非公有制经济代表人士综合评价工作的意见》，2020 年

12 月 2 日，2021 年 2 月 10 日，https：//www.0797cx.cn/page37？article_id = 97116。

　　[51] 管红霞：《充分发挥统一战线作用努力为构建 社会主义和谐社会服务》，载于《河北省社会主义学院学报》2006 年第 1 期。

　　[52] 管仲：《揆度》，黎翔凤、管子校注，中华书局 2004 年版。

　　[53] 郭关玉、高翔莲：《共享发展：中国特色社会主义的本质要求》，载于《社会主义研究》2017 年第 5 期。

　　[54] 郭小聪、宁超：《互益性依赖：国家与社会"双向运动"的新思路——基于我国行业协会发展现状的一种解释》，载于《学术界》2017 年第 4 期。

　　[55] 郭燕芬：《营商环境协同治理的结构要素、运行机理与实现机制研究》，载于《当代经济管理》2019 年第 12 期。

　　[56] 国务院发展研究中心农村部课题组、叶兴庆、徐小青：《从城乡二元到城乡一体——我国城乡二元体制的突出矛盾与未来走向》，载于《管理世界》2014 年第 9 期。

　　[57] 韩布谷、冯洁：《重塑政商关系新格局》，载于《浙江经济》2016 年第 9 期。

　　[58] 韩大成：《明代社会经济初探》，人民出版社 1986 年版。

　　[59] 韩文龙、祝顺莲：《新时代共同富裕的理论发展与实现路径》，载于《马克思主义与现实》2018 年第 5 期。

　　[60] 韩阳：《国家治理现代化中的营商环境建设：以政商关系为视角》，载于《统一战线学研究》2020 年第 1 期。

　　[61] 韩阳：《健康政商关系的基本内涵、实践经验与建构路径》，载于《重庆社会主义学院学报》2016 年第 1 期。

　　[62] 韩阳、宋雅晴：《非公经济人士对健康政商关系的影响及其治理》，载于《重庆社会主义学院学报》2015 年第 5 期。

　　[63] 韩阳：《新时代中国特色社会主义新型政商关系的探讨与建构》，载于《江苏省社会主义学院学报》2018 年第 1 期。

　　[64] 韩影、丁春福：《建立新型政商关系亟需治理"权""利"合谋行为》，载于《毛泽东邓小平理论研究》2016 年第 4 期。

　　[65] 何立峰：《优化政府职责体系》，载于《宏观经济管理》2019 年第 12 期。

　　[66] 何轩、马骏：《被动还是主动的社会行动者？——中国民营企业参与社会治理的经验性研究》，载于《管理世界》2018 年第 2 期。

　　[67] 黑颖：《从"认同"的逻辑与内涵浅析"宗教认同"》，载于《宗教社会学》2013 年第 1 期。

［68］侯方宇、杨瑞龙：《新型政商关系、产业政策与投资"潮涌现象"治理》，载于《中国工业经济》2018年第5期。

［69］侯微、阿提姑丽·吐尔孙：《新型政商关系构建中的统战对策》，载于《沈阳建筑大学学报》（社会科学版）2020年第1期。

［70］侯远长：《构建新型政商关系若干问题研究》，载于《学习论坛》2017年第2期。

［71］胡怀敏：《民营企业家的政治参与：经济人还是政治人》，载于《求实》2013年第11期。

［72］胡辉华、陈世斌：《逻辑偏离：市场内生型行业协会内部运作的组织分析——以G省J行业协会为例》，载于《中国非营利评论》2015年第1期。

［73］胡旭阳：《民营企业家的政治身份与民营企业的融资便利——以浙江省民营百强企业为例》，载于《管理世界》2006年第5期。

［74］胡旭阳：《企业家政治身份"代际接力"与企业的社会责任担当——来自我国上市家族企业的经验证据》，载于《经济社会体制比较》2020年第2期。

［75］胡旭阳、吴一平：《中国家族企业政治资本代际转移研究——基于民营企业家参政议政的实证分析》，载于《中国工业经济》2016年第1期。

［76］黄冬娅：《私营企业主与政治发展：关于市场转型中私营企业主的阶级想象及其反思》，载于《社会》2014年第4期。

［77］黄杰、毛叶昕：《"民企二代"的政治参与——基于"中国私营企业调查"的实证研究》，载于《青年研究》2020年第5期。

［78］《几件足供参考的中共保护工商业文告（上）》，载于《商报》1949年1月28日。

［79］季卫东：《法律程序的形式性与实质性——以对程序理论的批判和批判理论的程序化为线索》，载于《北京大学学报》（哲学社会科学版）2006年第1期。

［80］季卫东：《法治秩序的建构》，中国政法大学出版社1997年版。

［81］季云岗：《构建"政府监管+依法自治"新型综合监管模式——民政部社会组织管理局副局长廖鸿就〈行业协会商会综合监管办法（试行）〉答记者问》，载于《中国社会组织》2017年第1期。

［82］贾西津、张经：《行业协会商会与政府脱钩改革方略及挑战》，载于《社会治理》2016年第1期。

［83］江必新：《法治思维——社会转型时期治国理政的应然向度》，载于《法学评论》2013年第5期。

［84］江华、周莹：《异地商会发展中的制度滞后与政策推进——基于异地

温州商会的研究》，载于《中国行政管理》2009 年第 4 期。

[85] 江亚洲、郁建兴：《重大公共卫生危机治理中的政策工具组合运用——基于中央层面新冠疫情防控政策的文本分析》，载于《公共管理学报》2020 年第 4 期。

[86] 江阴市委统战部江阴市委党校联合课题组：《新型政商关系构建中的统战策略研究》，载于《江苏省社会主义学院学报》2017 年第 6 期。

[87] 交通史编纂委员会：《交通史航政编：第 1 册》，民智书局出版社 1931 年版。

[88]《解析全国工商联领导班子：一二把手曾掌央企，民营企业家近半》，2017 年 11 月 30 日，2021 年 1 月 19 日，https：//baijiahao. baidu. com/s?id = 1585481383571934550&wfr = spider&for = pc.《盘点"十八大"民营企业家党代表》，载于《中国民营科技与经济》2012 年第 10 期。

[89] 金春华：《浙江省出台〈"无差别全科受理"工作指南〉》，载于《浙江日报》2018 年 9 月 27 日。

[90] 金景芳等：《周易全解》，吉林大学出版社 1991 年版。

[91]《津市商会等七团体呼吁全国攘外患》，载于《益世报》1947 年 6 月 17 日。

[92]《进一步把私营工商业纳入国家资本主义的轨道》，载于《人民日报》1953 年 11 月 11 日。

[93] 靳浩辉、常青：《习近平倡导的"亲""清"新型政商关系：权力与资本良性互动的指南针》，载于《学习论坛》2017 年第 4 期。

[94] 经元善：《居易初集：卷 2》，光绪辛丑本，中国人民大学出版社 2014 年版。

[95] 敬乂嘉：《合作治理：历史与现实的路径》，载于《南京社会科学》2015 年第 5 期。

[96] 敬乂嘉：《控制与赋权：中国政府的社会组织发展策略》，载于《学海》2016 年第 1 期。

[97] 凯尔森：《法与国家的一般理论》，沈宗灵译，中国大百科全书出版社 1996 年版。

[98] 康凌翔：《我国地方政府产业政策与地方产业转型研究》，首都经济贸易大学出版社 2014 年版。

[99] 肯尼斯·麦克利什：《人类思想的主要观点（下）》，查常平译，新华出版社 2004 年版。

[100] 雷蒙德·W. Y. 考尔、谭文良：《亚洲企业家精神与企业家发展》，北

京大学出版社 2003 年版。

[101] 黎靖德编：《朱子语类：第七册》，中华书局 1986 年版。

[102] 李宝梁：《从超经济强制到关系性合意——对私营企业主政治参与过程的一种分析》，载于《社会学研究》2001 年第 1 期。

[103] 李春明、张玉梅：《当代中国的法治认同：意义、内容及形成机制》，载于《山东大学学报》（哲学社会科学版）2007 年第 5 期。

[104] 李焘：《续资治通鉴长编：第 18 册：卷 251》，中华书局 1985 年版。

[105] 李惠宗：《宪法要义》，元照出版公司 2001 年版。

[106] 李建琴、王诗宗：《民间商会与地方政府：权力博弈、互动机制与现实局限》，载于《中共浙江省委党校学报》2005 年第 5 期。

[107] 李龙：《法理学》，武汉大学出版社 2011 年版。

[108] 李龙潜：《明清经济史》，广东高等教育出版社 1988 年版。

[109] 李龙：《中国特色社会主义法治体系的理论基础、指导思想和基本构成》，载于《中国法学》2015 年第 5 期。

[110] 李民圣：《新时代中国经济的两大主题：创新与共同富裕》，载于《马克思主义与现实》2019 年第 1 期。

[111] 李楠、赵博翰：《优化营商环境背景下政商关系研究》，载于《大庆师范学院学报》2020 年第 6 期。

[112] 李娉、杨宏山：《政企互动与规制重建：企业家如何推进政策创新？——基于深圳改革经验的实证分析》，载于《公共管理学报》2020 年第 3 期。

[113] 李雯、夏清华：《业行为形成机理：感知合意性与感知可行性的交互效应》，载于《管理学报》2013 年第 9 期。

[114] 李小娜、严志海、高学东：《统一战线机制下新型政商关系的构建》，载于《河北省社会主义学院学报》2018 年第 1 期。

[115] 李轶楠、房广顺：《社会主义市场经济体制下新型政商关系的构建》，载于《人民论坛》2015 年第 5 期。

[116] 李宇铭：《中华人民共和国史词典》，中国国际广播出版社 1989 年版。

[117] 李志、曹跃群：《企业家精神研究文献的内容分析》，载于《重庆工商大学学报》（社会科学版）2003 年第 2 期。

[118] 梁启超：《为国会期限问题敬告国人：饮冰室合集·文集之二十三》，北京中华书局 1989 年版。

[119] 廖福崇：《审批制度改革优化了城市营商环境吗？——基于民营企业家"忙里又忙外"的实证分析》，载于《公共管理学报》2020 年第 1 期。

[120] 蔺丰奇、马俊红、辛颖：《构建新型政商关系：背景逻辑结构与实现

路径》，载于《河北省社会主义学院学报》2017 年第 3 期。

[121] 刘成斌：《活力释放与秩序规制——浙江义乌市场治理经验研究》，载于《社会学研究》2014 年第 6 期。

[122] 刘海建、吕秀芹、董育森、张沫：《是否皆为利己——制度转型深入期企业家政治联系的双重角色》，载于《南开管理评论》2017 年第 4 期。

[123] 刘揆一：《工商政策》，载于《实业杂志》1913 年第 9 期。

[124] 刘立言：《政企关系的历史沿革与现实抉择》，载于《中共山西省委党校学报》2009 年第 6 期。

[125] 刘世定：《退"公"进"私"：政府渗透商会的一个分析》，载于《社会》2010 年第 1 期。

[126] 刘昫：《旧唐书：卷 177：曹确传》，中华书局 1975 年版。

[127] 刘昫：《旧唐书：卷 43：职官志》，中华书局 1975 年版。

[128] 刘杨：《法律正当性观念的转变：以近代西方两大法学派为中心的研究》，北京大学出版社 2008 年版。

[129] 刘以沛：《构建良性互动的合理政商关系》，载于《中州学刊》2016 年第 9 期。

[130] 刘寅斌、马贵香、李洪波、田雯：《我国 31 个省级地方政府公共服务能力的比较研究》，载于《统计与决策》2010 年第 20 期。

[131] 刘忠和、杨丽坤：《发达国家的政商关系》，载于《中国党政干部论坛》2016 年第 6 期。

[132] 刘祖云：《政府与企业：利益博弈与道德博弈》，载于《江苏社会科学》2006 年第 5 期。

[133] 柳彦：《自由贸易协定谈判与中国政商关系转型》，载于《中国行政管理》2017 年第 6 期。

[134] 龙静、黄勋敬、余志杨：《政府支持行为对中小企业创新绩效的影响——服务性中介机构的作用》，载于《科学学研究》2012 年第 5 期。

[135] 娄成武、张国勇：《基于市场主体主观感知的营商环境评估框架构建——兼评世界银行营商环境评估模式》，载于《当代经济管理》2018 年第 6 期。

[136] 卢向东：《"控制—功能"关系视角下行业协会商会脱钩改革》，载于《国家行政学院学报》2017 年第 5 期。

[137] 吕鹏：《私营企业主任人大代表或政协委员的因素分析》，载于《社会学研究》2013 年第 4 期。

[138] 伦晓波、刘颜、沈坤荣：《政府角色与中小微企业发展——基于江苏

省 13 个地级市 4574 家企业调研数据》，载于《经济理论与经济管理》2017 年第 4 期。

[139]《论官商相维之道》，载于《申报》1883 年 12 月 3 日。

[140] 罗党论、刘晓龙：《政治关系、进入壁垒与企业绩效——来自中国民营上市公司的经验证据》，载于《管理世界》2009 年第 5 期。

[141] 罗党论、甄丽明：《民营控制、政治关系与企业融资约束——基于中国民营上市公司的经验证据》，载于《金融研究》2008 年第 12 期。

[142] 罗明新：《新型政商关系、企业政治战略与竞争优势》，载于《技术经济与管理研究》2017 年第 7 期。

[143] 罗三洋：《中世纪中国商会兴衰》（中），载于《中国民商》2015 年第 10 期。

[144] 骆梅英：《行政许可标准的冲突及解决》，载于《法学研究》2014 年第 2 期。

[145] 马红光：《依附式合作：企业商会与政府的关系模式探析——以在京外地企业商会为例》，载于《首都师范大学学报》（社会科学版）2016 年第 4 期。

[146] 马晓瑞、畅红琴：《营商环境与数字经济发展的定性比较分析》，载于《管理现代化》2021 年第 4 期。

[147] 迈克尔·贝勒斯：《程序正义——向个人的分配》，邓海平译，高等教育出版社 2005 年版。

[148] 毛寿龙：《政商关系应走向"公共化"》，载于《学习月刊》2017 年第 4 期。

[149] 孟德斯鸠：《论法的精神》（上），张雁深译，商务印书馆 2004 年版。

[150] 缪文升：《自由与平等动态平衡的法理研究》，中国人民公安大学出版社 2013 年版。

[151] 莫炳坤、李资源：《十八大以来党对共同富裕的新探索及十九大的新要求》，载于《探索》2017 年第 6 期。

[152]《南北交通之和平贡献》，载于《商报》1949 年 2 月 23 日。

[153] 牛旭光：《统一战线工作与人物》，华文出版社 2002 年版。

[154]《农商部遵拟商事条例及施行细则请核准颁布呈文并大总统批令》（1914 年 11 月 15 日），引自《天津商会档案汇编（1912～1928)》第 2 册，天津人民出版社 1992 年版。

[155] 潘克勤：《实际控制人政治身份降低债权人对会计信息的依赖吗——基于自我约束型治理视角的解释和实证检验》，载于《南开管理评论》2009 年第 5 期。

［156］潘克勤：《政治关联、财务年报恶意补丁与债务融资契约——基于民营上市公司实际控制人政治身份的实证研究》，载于《经济经纬》2012 年第 2 期。

［157］庞长伟、李垣：《制度转型环境下的中国企业家精神研究》，载于《管理学报》2011 年第 10 期。

［158］彭定光、周师：《论马克思的权力异化观》，载于《伦理学研究》2015 年第 4 期。

［159］彭少峰：《依附式合作：政府与社会组织关系转型的新特征》，载于《社会主义研究》2017 年第 5 期。

［160］彭泗清、李兰、潘建成等：《中国企业家成长 20 年：能力、责任与精神——2013 中国企业家队伍成长 20 年调查综合报告》，载于《管理世界》2014 年第 6 期。

［161］皮亚杰：《发生认识论原理》，王宪钿译，商务印书馆 1997 年版。

［162］《企业家如何参政议政》，2020 年 5 月 11 日，2021 年 9 月 22 日引用，https：//mp. weixin. qq. com/s/GaIxoC7OwzwaCNyGyPU2lQ。

［163］乔尔·赫尔曼、杰林特·琼斯、丹尼尔·考夫曼、周军华：《转轨国家的政府俘获、腐败以及企业影响力》，载于《经济社会体制比较》2009 年第 1 期。

［164］邱实、赵晖：《国家治理现代化进程中政商关系的演变和发展》，载于《人民论坛》2015 年第 5 期。

［165］任恒：《公共池塘资源治理过程中的政府角色探讨——基于埃莉诺·奥斯特罗姆自主治理理论的分析》，载于《中共福建省委党校学报》2017 年第 11 期。

［166］任涛、中国统一战线全书编委会：《中国统一战线全书》，国际文化出版公司 1993 年版。

［167］《商部劝办商会谕帖》，载于《东方杂志》1904 年第 2 期。

［168］《商会希望各业即日全部复业》，载于《商报》1949 年 5 月 27 日。

［169］尚学峰等：《国语》，中华书局 2007 年版。

［170］沈斐：《"美好生活"与"共同富裕"的新时代内涵——基于西方民主社会主义经验教训的分析》，载于《毛泽东邓小平理论研究》2018 年第 1 期。

［171］沈坤容、孙占：《新型基础设施建设与我国产业转型升级》，载于《中国特色社会主义研究》2021 年第 1 期。

［172］沈永东：《中国地方行业协会商会政策参与：目标、策略与影响力》，载于《治理研究》2018 年第 5 期。

[173] 沈志荣、沈荣华：《行政权力清单改革的法治思考》，载于《中国行政管理》2017 年第 7 期。

[174] 《省委书记对"凤岐模式"报道做出批示后，山东掀起一场大学习》，2019 年 3 月 12 日，2020 年 5 月 30 日引用，http：//m. thepaper. cn/kuaibao_detail. jsp？contid＝3118401&amp；from＝kuaibao。

[175] 诗经译注：《商颂》，周振甫译注，中华书局 2002 年版。

[176] 司马迁：《史记：卷 129：货殖列传》，中国文联出版社 2016 年版。

[177] 斯蒂芬·P. 罗宾斯、玛丽·库尔特：《管理学》（第九版），孙健敏，黄卫伟，王凤彬等译，中国人民大学出版社 2009 年版。

[178] 《四位省领导先后批示凤岐模式在山东落地推广仍阻碍重重》，载于《济南日报》2019 年 3 月 28 日。

[179] 宋道雷：《专业主导式合作治理：国家社会关系新探》，载于《南开学报》（哲学社会科学版）2018 年第 3 期。

[180] 宋惠昌：《论法治精神与法治思维》，载于《北京联合大学学报》（人文社会科学版）2013 年第 4 期。

[181] 宋随军、胡馨予：《论中国特色法治建设方针的发展》，载于《中州学刊》2021 年第 3 期。

[182] 宋晓清、沈永东：《技术赋能：互联网时代行业协会商会的组织强化与功能重构》，载于《中共浙江省委党校学报》2017 年第 2 期。

[183] 孙丽丽：《关于构建新型政商关系的思考》，载于《经济问题》2016 年第 2 期。

[184] 孙萍、陈诗怡：《营商政务环境的要素构成与影响路径——基于 669 例样本数据的结构方程模型分析》，载于《辽宁大学学报》（哲学社会科学版）2020 年第 4 期。

[185] 孙先知、胡祉甡：《四川蚕织业诗词歌赋选（2）》，载于《四川丝绸》2002 年第 1 期。

[186] 覃成林、杨霞：《先富地区带动了其他地区共同富裕吗——基于空间外溢效应的分析》，载于《中国工业经济》2017 年第 10 期。

[187] 谭江涛、彭淑红：《农村"公共池塘"资源治理中的集体行动困境与制度分析——基于安徽桐城市青草镇黄砂资源过度采集问题的个案研究》，载于《公共管理学报》2013 年第 1 期。

[188] 谭爽：《城市生活垃圾分类政社合作的影响因素与多元路径——基于模糊集定性比较分析》，载于《中国地质大学学报》（社会科学版）2019 年第 2 期。

［189］汤姆·泰勒：《人们为什么遵守法律》，黄永译，中国法制出版社
2015 年版。

［190］唐步龙：《改革开放 40 周年：从"共同富裕"到"精准扶贫"的实
践与创新》，载于《云南民族大学学报》（哲学社会科学版）2018 年第 2 期。

［191］唐皇凤、吴昌杰：《构建网络化治理模式：新时代我国基本公共服务
供给机制的优化路径》，载于《河南社会科学》2018 年第 9 期。

［192］唐际根：《殷墟博物馆：精美文物诠译殷商文明》，载于《国际博物
馆》（中文版）2008 年第 21 期。

［193］唐力行：《商人与中国近世社会》，中华书局 1995 年版。

［194］唐明良、骆梅英：《地方行政审批程序改革的实证考察与行政法理——
以建设项目领域为例》，载于《法律科学》2016 年第 5 期。

［195］唐文玉：《行政吸纳服务——中国大陆国家与社会关系的一种新诠
释》，载于《公共管理学报》2010 年第 1 期。

［196］唐亚林：《官商利益输送四种典型形态》，载于《人民论坛》2015 年
第 7 期。

［197］田飞龙：《中国模式视角下新型政商关系的法治建构》，载于《学术
界》2020 年第 1 期。

［198］田国强、陈旭东：《重构新时期政商关系的抓手》，载于《人民论坛》
2015 年第 5 期。

［199］田国强、单一良：《构建新生态政商关系》，载于《人民法治》2015
年第 6 期。

［200］田志龙、高勇强、卫武：《中国企业政治策略与行为研究》，载于
《管理世界》2003 年第 12 期。

［201］佟德志：《当代中国政商关系博弈复合结构及其演变》，载于《人民
论坛》2015 年第 5 期。

［202］W. 理查德·斯科特：《制度与组织：思想观念、利益偏好与身份认
同》，姚伟译，中国人民大学出版社 2020 年版。

［203］万华林、陈信元：《治理环境、企业寻租与交易成本——基于中国上
市公司非生产性支出的经验证据》，载于《经济学》（季刊）2010 年第 2 期。

［204］万建武：《走新时代共同富裕道路的成功实践与创新发展——习近平
扶贫论述的重大意义》，载于《马克思主义与现实》2020 年第 3 期。

［205］汪火根：《"嵌入性"自主治理：温州行业自主治理的典型研究》，载
于《甘肃行政学院学报》2016 年第 3 期。

［206］汪锦军：《合作治理的构建：政府与社会良性互动的生成机制》，载

于《政治学研究》2015 年第 4 期。

[207] 汪锦军：《政社良性互动的生成机制：中央政府、地方政府与社会自治的互动演进逻辑》，载于《浙江大学学报》（人文社会科学版）2017 年第 6 期。

[208] 汪熙：《从轮船招商局看洋务派经济活动的历史作用》，载于《历史研究》1963 年第 2 期。

[209] 汪习根：《权力的法治规约——政治文明法治化研究》，武汉大学出版社 2009 年版。

[210] 王炳社：《〈史记·五帝本纪〉主旨隐喻论》，载于《理论导刊》2010 年第 12 期。

[211] 王符：《潜夫论：浮侈》，上海古籍出版社 1978 年版。

[212] 王建均：《新时代非公有制经济领域统战工作——新理念、新思想、新方针、新举措》，载于《中央社会主义学院学报》2021 年第 2 期。

[213] 王名、蓝煜昕、王玉宝、陶泽：《第三次分配：理论、实践与政策建议》，载于《中国行政管理》2020 年第 3 期。

[214] 王名：《我国社会组织改革发展的前提和趋势》，载于《中国机构改革与管理》2014 年第 Z1 期。

[215] 王名主：《中国民间组织——走向公民社会》，中国社会科学出版社 2008 年版。

[216] 王明生、杨涛：《改革开放以来我国政治参与研究的回顾与展望》，载于《清华大学学报》（哲学社会科学版）2011 年第 6 期。

[217] 王浦劬、王晓琦：《公共池塘资源自主治理理论的借鉴与验证——以中国森林治理研究与实践为视角》，载于《哈尔滨工业大学学报》（社会科学版）2015 年第 3 期。

[218] 王溥：《唐会要：卷 91：内外官料钱上》，商务印书馆 1935 年版。

[219] 王人博、程燎原：《法治论》，山东人民出版社 1989 年版。

[220] 王诗宗、宋程成：《独立抑或自主：中国社会组织特征问题重思》，载于《中国社会科学》2013 年第 5 期。

[221] 王诗宗：《行业组织的政治蕴涵——对温州商会的政治合法性考察》，载于《浙江大学学报》（人文社会科学版）2005 年第 2 期。

[222] 王伟进：《一种强关系：自上而下型行业协会与政府关系探析》，载于《中国行政管理》2015 年第 2 期。

[223] 王增杰：《构建新型政商关系的内在要求与对策思考》，载于《理论导刊》2017 年第 1 期。

[224] 王智新：《"一带一路"沿线国家数字贸易营商环境的统计测度》，载

于《统计与决策》2020 年第 19 期。

[225] 威廉·多姆霍夫：《谁统治美国：权力、政治和社会变迁》，吕鹏、
闻翔译，译林出版社 2009 年版。

[226] 卫武、田志龙、刘晶：《我国企业经营活动中的政治关联性研究》，
载于《中国工业经济》2004 年第 4 期。

[227] 魏文享、杨天树：《国家介入与商会的"社会主义改造"：以武汉市
工商联为例（1949～1956）》，载于《华中师范大学学报》（人文社会科学版）
2005 年第 5 期。

[228] 魏小雨：《政府主体在互联网平台经济治理中的功能转型》，载于
《电子政务》2019 年第 3 期。

[229] 魏源：《皇朝经世文编：卷 28：魏源全集：第 14 册：户政三·养
民》，文海出版社有限公司 1972 年版。

[230] 翁欣、陈晓：《中国民营企业家参政议政与企业规模－效益分析》，
载于《技术经济》2021 年第 2 期。

[231] 沃克：《牛津法律大辞典》，李双元译，光明日报出版社 1988 年版。

[232] 邬爱其、金宝敏：《个人地位、企业发展、社会责任与制度风险：中
国民营企业家政治参与动机的研究》，载于《中国工业经济》2008 年第 8 期。

[233] 吴景平、陈雁：《近代中国的经济与社会》，上海古籍出版社 2002
年版。

[234] 吴婧洁：《中西比较视野下企业政治战略选择与重构》，载于《湖北
社会科学》2016 年第 10 期。

[235] 吴晓波：《跌荡一百年》，中信出版社 2009 年版。

[236] 习近平：《决胜全面建成小康社会　夺取新时代中国特色社会主义伟
大胜利》，载于《人民日报》2017 年 10 月 28 日。

[237] 习近平：《决胜全面建成小康社会夺取新时代中国特色社会主义伟大胜
利——在中国共产党第十九次全国代表大会上的报告》，人民出版社 2017 年版。

[238] 谢海定：《中国法治经济建设的逻辑》，载于《法学研究》2017 年第
6 期。

[239] 谢佑平、万毅：《法理视野中的刑事诉讼效率和期间：及时性原则研
究》，载于《法律科学》2003 年第 2 期。

[240] 谢宇程、蒋科荣、谢华云：《略论工商联的统战功能》，载于《湖南
省社会主义学院学报》2020 年第 1 期。

[241] 新华社：《新华社重磅文章带你深刻领会习近平法治思想》，2020 年 11 月
18 日，2021 年 1 月 25 日，http://www.xinhuanet.com/2020－11/18/c_1126756837.

htm。

[242] 熊文钊、刘俊：《论法治政府视阈下新型政商关系的建构》，载于《中央社会主义学院学报》2020年第6期。

[243] 徐越倩：《民间商会与地方治理：理论基础与国外经验》，载于《中共浙江省委党校学报》2005年第5期。

[244] 许宝君、陈伟东：《自主治理与政府嵌入统合：公共事务治理之道》，载于《河南社会科学》2017年第5期。

[245] 许宗力：《宪法与法治国行政》，元照出版公司1999年版。

[246] 闫瑞峰、胡超：《权力资本化及其双重超越路径：基于政府治理现代化视角》，载于《重庆社会科学》2019年第5期。

[247] 言豪杰：《中国新型政商关系研究热点及展望》，载于《江苏省社会主义学院学报》2021年第3期。

[248] 杨典：《政商关系与国家治理体系现代化》，载于《国家行政学院学报》2017年第2期。

[249] 杨光斌：《政治的形式与现代化的成败——历史上几个前现代化国家的经验比较》，载于《中国人民大学学报》2005年第5期。

[250] 杨华星、缪坤和：《试论盐铁会议及西汉后期的盐铁政策》，载于《盐业史研究》2007年第1期。

[251] 杨鹏程、陆丽芳：《互联网时代分享经济发展的经济学思考》，载于《价格理论与实践》2017年第5期。

[252] 杨卫：《中国特色社会主义分配制度体系的三个层次》，载于《上海经济研究》2020年第2期。

[253] 杨衒之：《洛阳伽蓝记》，中华书局1991年版。

[254] 姚冠辉、郑晓年：《面向"十四五"谋篇布局统筹推进创新基础设施建设》，载于《中国科学院院刊》2021年第11期。

[255] 姚华：《NGO与政府合作中的自主性何以可能？——以上海YMCA为个案》，载于《社会学研究》2013年第1期。

[256] 衣凤鹏、徐二明：《高管政治关联与企业社会责任——基于中国上市公司的实证分析》，载于《经济与管理研究》2014年第5期。

[257] 易有禄、武杨琦：《科学立法的内涵与诉求》，载于《江汉学术》2015年第2期。

[258] 尹奎杰：《法治认同培育的理性逻辑》，载于《北方法学》2016年第3期。

[259] 于天远、吴能全：《组织文化变革路径与政商关系——基于珠三角民

营高科技企业的多案例研究》，载于《管理世界》2012 年第 8 期。

[260] 于蔚、汪淼军、金祥荣：《政治关联和融资约束：信息效应与资源效应》，载于《经济研究》2012 年第 9 期。

[261] 于延晓：《人民认同法治的机制建构研究》，载于《深圳大学学报》（人文社会科学版）2017 年第 2 期。

[262] 余晖：《行业协会组织的制度动力学原理》，载于《经济管理》2001 年第 4 期。

[263] 余明桂、回雅甫、潘红波：《政治联系、寻租与地方政府财政补贴有效性》，载于《经济研究》2010 年第 3 期。

[264] 余明桂、潘红波：《政治关系、制度环境与民营企业银行贷款》，载于《管理世界》2008 年第 8 期。

[265] 俞可平：《中国政商关系的特殊景象》，载于《北京日报》2015 年 11 月 30 日。

[266] 郁建兴、黄红华：《民间商会的自主治理及其限度——以温州商会为研究对象》，载于《中共浙江省委党校学报》2004 年第 5 期。

[267] 郁建兴、沈永东：《调适性合作：十八大以来中国政府与社会组织关系的策略性变革》，载于《政治学研究》2017 年第 3 期。

[268] 约翰·奥斯丁：《法理学的范围》，刘星译，中国法制出版社 2002 年版。

[269] 张春敏、吴欢：《新时代共同富裕思想的理论贡献》，载于《中国社会科学院研究生院学报》2020 年第 1 期。

[270] 张国清、马丽、黄芳：《习近平"亲清论"与建构新型政商关系》，载于《中共中央党校学报》2016 年第 5 期。

[271] 张华：《连接纽带抑或依附工具：转型时期中国行业协会研究文献评述》，载于《社会》2015 年第 3 期。

[272] 张杰、金岳：《中国实施"国民收入倍增计划"战略：重大价值、理论基础与实施途径》，载于《学术月刊》2020 年第 10 期。

[273] 张克中：《公共治理之道：埃莉诺·奥斯特罗姆理论述评》，载于《政治学研究》2009 年第 6 期。

[274] 张敏、杨灏野：《政府政策供给、企业网络嵌入与小微企业转型》，载于《重庆大学学报》（社会科学版）2021 年第 1 期。

[275] 张沁洁、王建平：《行业协会的组织自主性研究 以广东省级行业协会为例》，载于《社会》2010 年第 5 期。

[276] 张伟：《政治市场：民商阶层行为逻辑的新视角》，载于《经济社会

体制比较》2015 年第 6 期。

[277] 张文显：《法理学》（第五版），高等教育出版社 2018 年版。

[278] 张文显：《法治与法治国家》，法律出版社 2011 年版。

[279] 张文显：《习近平法治思想的理论体系》，载于《法制与社会发展》2021 年第 1 期。

[280] 张文显：《中国步入法治社会的必由之路》，载于《中国社会科学》1989 年第 2 期。

[281] 张学华：《民营企业家政治参与的动机与作用》，载于《合作经济与科技》2011 年第 12 期。

[282] 张学娟、郝宇青：《现代治理体系下的新型政商关系构建》，载于《理论探索》2017 年第 1 期。

[283] 张艳娥：《统一战线处理政商关系的作用机制及其转型创新》，载于《重庆社会主义学院学报》2016 年第 1 期。

[284] 张玉利、杨俊：《企业家创业行为的实证研究》，载于《经济管理》2003 年第 20 期。

[285] 张占斌、孙飞：《改革开放 40 年：中国"放管服"改革的理论逻辑与实践探索》，载于《中国行政管理》2019 年第 8 期。

[286] 张振波：《论协同治理的生成逻辑与建构路径》，载于《中国行政管理》2015 年第 1 期。

[287] 张志铭、王美舒：《中国语境下的营商环境评估》，载于《中国应用法学》2018 年第 5 期。

[288] 赵东辉、孙新波、钱雨等：《数字化时代企业家精神的涌现：基于多案例的扎根研究》，载于《中国人力资源开发》2021 年第 7 期。

[289] 赵冈、陈钟毅：《中国经济制度史论》，新星出版社 2006 年版。

[290] 赵剑波、杨震宁、王以华：《政府的引导作用对于集群中企业创新绩效的影响：基于国内科技园区数据的实证研究》，载于《科研管理》2012 年第 2 期。

[291] 赵文聘、徐家良：《制度性组织、新纽带与再嵌入：网络公益慈善信任形成机制创新》，载于《社会科学》2019 年第 6 期。

[292] 赵学清：《马克思共同富裕思想再探讨》，载于《中国特色社会主义研究》2014 年第 6 期。

[293] 赵晔：《统一战线处理政商关系的作用机制及其创新研究——以辽宁为例分析》，载于《党政干部学刊》2018 年第 6 期。

[294] 郑成良：《法律、契约与市场》，载于《吉林大学社会科学学报》

1994 年第 4 期。

[295] 郑观应:《盛世危言》,北方妇女儿童出版社 2001 年版。

[296] 郑乐平:《经济·社会·宗教——马克斯·韦伯文选》,上海社会科学出版社 1997 年版。

[297] 郑永年:《避免过分理想化的政商关系》,载于《人民论坛》2015 年第 7 期。

[298] 郑永年、黄彦杰:《制内市场:中国国家主导型政治经济学》,浙江人民出版社 2021 年版。

[299]《致国民政府代电（1946 年 7 月 2 日）》,引自《厦门商会档案史料选编》,鹭江出版社 1993 年版。

[300] 中共浙江省委全面深化改革委员会办公室、浙江省最多跑一次改革办公室:《台州市积极探索行政服务中心窗口人员队伍建设新路》,载于《领跑者》2019 年第 2 期。

[301] 中共中央统一战线工作部、中共中央文献研究室:《新时期统一战线文献选编:续编》,中共中央党校出版社 1997 年版。

[302] 中共中央文献研究室:《改革开放三十年重要文献选编》,中央文献出版社 2008 年版。

[303] 中共中央文献研究室:《建国以来重要文献选编:第 2 册》,中央文献出版社 2011 年版。

[304] 中共中央宣传部:《习近平新时代中国特色社会主义思想学习纲要》,学习出版社、人民出版社 2019 年版。

[305] 中国人民解放军政治学院党史教研室:《中共党史参考资料:第 19 册》,人民出版社 1979 年版。

[306] 中华人民共和国商务部:《国家发改委首次明确"新基建"范围》,2020 年 4 月 20 日,2021 年 3 月 18 日,http://www.mofcom.gov.cn/article/i/jyjl/e/202004/20200402957398.shtml。

[307] 中华人民共和国中央人民政府:《2015 年政府工作报告》,2015 年 3 月 16 日,2021 年 1 月 10 日引用,http://www.gov.cn/guowuyuan/2015zfgzbg.htm。

[308] 中华人民共和国中央人民政府:《2016 年政府工作报告》,2016 年 3 月 5 日,2021 年 1 月 10 日引用,http://www.gov.cn/guowuyuan/2016zfgzbg.htm。

[309] 中华人民共和国中央人民政府:《2017 年政府工作报告》,2017 年 3 月 21 日,2021 年 1 月 10 日引用,http://www.gov.cn/guowuyuan/2017zfgzbg.htm。

[310] 中华人民共和国中央人民政府:《中央经济工作会议举行习近平李克强作重要讲话》,2021 年 2 月 18 日,2021 年 3 月 18 日,http://www.gov.cn/xin-

wen/2018 – 12/21/content_5350934. htm。

[311] 中华人民共和国中央人民政府:《中共中央关于坚持和完善中国特色社会主义制度推进国家治理体系和治理能力现代化若干重大问题的决定》,2019 年 11 月 5 日,2020 年 12 月 10 日,http：//www. gov. cn/zhengce/2019 – 11/05/content_5449023. htm。

[312] 中华人民共和国中央人民政府:《中共中央关于坚持和完善中国特色社会主义制度推进国家治理体系和治理能力现代化若干重大问题的决定》,2019 年 11 月 5 日,2020 年 12 月 10 日,http：//www. gov. cn/zhuanti/2021lhzfgzbg/index. htm。

[313] 周超、刘夏、辜转:《营商环境与中国对外直接投资——基于投资动机的视角》,载于《国际贸易问题》2017 年第 10 期。

[314] 周公旦:《尚书正义:卷 14:酒诰》,孔安国撰、孔颖达疏,上海古籍出版社 1990 年版。

[315] 周玉蓉:《以统战思维构建"亲""清"政商关系》,载于《黄冈日报》2021 年 2 月 3 日。

[316] 朱广忠:《埃莉诺·奥斯特罗姆自主治理理论的重新解读》,载于《当代世界与社会主义》2014 年第 6 期。

[317] 朱国良:《当代公民法治认同与法治政府权威提升研究》,载于《东岳论丛》2016 年第 6 期。

[318] 朱新力、石肖雪:《程序理性视角下的行政审批制度改革》,载于《中国行政管理》2013 年第 5 期。

[319] 祝捷:《构建新型政商关系,根除"权力围猎"现象》,载于《人民论坛》2017 年第 9 期。

[320] 庄子银:《企业家精神、持续技术创新和长期经济增长的微观机制》,载于《世界经济》2005 年第 12 期。

[321] 卓泽渊:《法的价值论》,法律出版社 1999 年版。

[322] Aguinis H. , Glavas A. Embedded Versus Peripheral Corporate Social Responsibility Psychological Foundations [J]. *Industrial and Organizational Psychology*, 2013, 6.

[323] Basu K. , Palazzo G. Corporate social responsibility：A process model of sensemaking [J]. *Academy of Management Review*, 2008, 33.

[324] Boal K. B. , Peery N. This cognitive structure of social responsibility [J]. *Journal of Management*, 1985, 11.

[325] Bowen Hiward R. *Social Responsibilities of the Businessman* [M]. New

York: Harper & Row, 1953.

[326] Carroll A. B. A Three – Dimensional Conceptual Model of Corporate Performance [J]. *Academy of Management Review*, 1979, 4.

[327] Chan A. Revolution or Corporatism? Workers and Trade Unions in Post – Mao China [J]. *The China Journal*, 1993, 29.

[328] Covin J. G., Slevin D. P., A Conceptual Model of Entrepreneurship as Firm Behavior [J]. Entrepreneurship: Theory and Practice, 1991, 16.

[329] Davidsson P. *The domain of ectrepreneurshipreach*: *Somesuggestions*, *Advances in Entrepreneurship Firm Emergence and Growth* [M]. Leeds: Emerald Group Publishing Limited, 2003.

[330] Drucker Peter F. *Innovation and Entrepreneurship*: *Practices and Principles* [M]. New York: Harper & Row, 1989.

[331] Friedman M. The Social responsibility of business is to increase profits [J]. *New York Magazine*, 2007, 13.

[332] Gartner W. B. A conceptual framework for describing the phenomenon of new venture creation [J]. *The Academy of Management Journal*, 1985, 10.

[333] Happer M. Enterprise development in poorer nations [J]. *Entreprneurship Theory and Practice*, 1991, 15.

[334] Hellman J. S., Jones, G., Kaufmann, D. Seize the State, Seize the Day: State Capture, Corruptionand Influence in Transition [J]. *Journal of Comparative Economics*, 2003, 31.

[335] Kang X. G., Han H. F. Administrative Absorption of Society: A Further Probe into the State – Society Relationship in Chinese Mainland [J]. *Social Sciences in China*, 2007, 2.

[336] Miller D., Friesen P. Innovation in conservative and entrepreneurial firms: Two models of strategic momentum [J]. *Strategic Management Journal*, 1982, 3.

[337] Minniti M., Bygrave W., Aution E. Global entrepreneurship Monitor Repor [R/OL]. (2006 – 4 – 16) [2020 – 12 – 12]. https: //d1wqtxts1xzle7. cloudfront. net/30806391/1319732032GEM_Finland_2006_Report-libre. pdf?1392094134 = &response-content-disposition = inline% 3B + filename% 3DGlobal _ Entrepreneurship _ Monitor_2006_Exe. pdf&Expires = 1647245279&Signature = Rvs3uEbeZ4 ~ jcsnBu4QBg QtMla5REKUD4UKUtDauBkMS8iDHtHZbjP67jDeo8vc5ZBffa6gUP1BQ6HpCHHOM2 Dm – IBaPwwxVKrUIp3 ~ tn6x7YKV1c9Bv8lBUSmvTJBZEIHVURd8z – GI0KfNFUQg – LhHSF ~ l9XbJvU7XH ~ G0R1 ~ diJeNM ~ ZwGbAkpJrlsslYGh-wJnl9kPOs79zdZWxUM

4oR19SW7fldHWaaTb5c3bLCxND – O – WVxMNpp4hRhFWFc0hlTzo2IbSo3JdsCMmn XVHBbS ~ t – Q ~ v0BJoON9Bh8br8jxAx2M64LfXFGbyHuwx2sY89HBeUIf6nXj-vJwn7 VQ_&Key – Pair – Id = APKAJLOHF5GGSLRBV4ZA.

[338] Olive Sheldon. *Philosophy of Management*, London: *Isaac Pitman Sons* [M]. London: Pitman, 1923.

[339] Schumpeter J. A. *Theorie Der Wireschafllichen Entwicklung* [M]. Berlin: Duncker & Humblot, 1934.

[340] Stopford J. M., Baden – Fuller C. W. F. Creating Corporate Entrepreneur-ship [J]. *Strategic Managemgent Journal*, 1994, 28.

[341] White G. Prospects for Civil Society in China: A Case Study of Xiaoshan City [J]. *The China Journal*, 1993, 29.

后 记

　　政商关系是一个相对复杂的结构关系，是政治领域、经济领域和社会领域多种现象的集中呈现。2016年3月4日下午，习近平总书记在民建工商联委员联组会上首次用"亲""清"两字阐明新型政商关系，这为正确处理好政府与市场、权力与资本、政府官员与企业家等多方面多层次的复杂关系提供了根本遵循。作为一所具有深厚商科背景的高等院校，浙江工商大学对新型政商关系的研究具有独特优势，这既与学校的办学传统相一致，也是学校服务经济社会发展的使命所在！在此背景下，我主持承担了教育部哲学社会科学重大课题攻关项目"新型政商关系研究"（17JZD008），摆在大家面前的这部著作正是这项课题的最终成果，也是我们对"亲""清"新型政商关系理论内涵及其实践形态的初步阐释。

　　为了圆满完成这项课题任务和创作高质量的研究成果，我组织课题组成员收集、阅读政商关系相关材料和典型案例，并围绕相关议题进行了长期的走访调研，撰写了数十篇学术论文和咨询要报，并连续四年主持发布浙江省新型政商关系"亲清指数"。随后，我多次召开课题研讨会，在反复交流沟通的基础上，确定了书稿提纲，并于2021年12月底完成了初稿撰写工作。同时陆续邀请清华大学万俊人教授、景跃进教授，北京大学何增科教授，浙江大学陈国权教授，浙江工商大学汪锦军教授等对书稿内容进行了充分讨论并提出了宝贵意见，我和研究团队成员对书稿分别进行了三次修改完善，直至2023年初交付出版社。回顾过去，完成这项课题历时五年左右，其间给予关心、指导、支持和帮助的领导、同事、朋友实在太多！特别是在一些关键性阶段，他们为这项工作的顺利推进做了大量工作，尤为感谢！

　　最后，需要说明的是，这项成果是集体努力的结晶，课题组成员都倾注了很多心血。各章执笔情况如下：第一章，陈寿灿、陈新；第二章，陈寿灿；第三章，喻蔚；第四章，陈新；第五章，陈寿灿、黄丽君；第六章，高一飞；第七章，林政男；第八章，徐越倩、衣尚锦；第九章，吴波；第十章，李元祯。陈新教授协助我进行了第一次、第二次、第三次的统稿，由我最终定稿。对于正处在经济高质量发展转型和国家治理现代化建设关键时期的当代中国而言，新型政商关系的实践场景和理论话语越来越多，绝非本书所能够穷尽的，本书仅代表一家之言，以此就正于大方之家，期待更多学术有为之士的持续关注和深入研究。同时，囿于个人能力和水平所限，本书舛误之处难以避免，诚请学界同仁批评斧正！

陈寿灿

2023 年 4 月 18 日

教育部哲学社会科学研究重大课题攻关项目
成果出版列表

序号	书 名	首席专家
1	《马克思主义基础理论若干重大问题研究》	陈先达
2	《马克思主义理论学科体系建构与建设研究》	张雷声
3	《马克思主义整体性研究》	逄锦聚
4	《改革开放以来马克思主义在中国的发展》	顾钰民
5	《新时期 新探索 新征程 ——当代资本主义国家共产党的理论与实践研究》	聂运麟
6	《坚持马克思主义在意识形态领域指导地位研究》	陈先达
7	《当代资本主义新变化的批判性解读》	唐正东
8	《当代中国人精神生活研究》	童世骏
9	《弘扬与培育民族精神研究》	杨叔子
10	《当代科学哲学的发展趋势》	郭贵春
11	《服务型政府建设规律研究》	朱光磊
12	《地方政府改革与深化行政管理体制改革研究》	沈荣华
13	《面向知识表示与推理的自然语言逻辑》	鞠实儿
14	《当代宗教冲突与对话研究》	张志刚
15	《马克思主义文艺理论中国化研究》	朱立元
16	《历史题材文学创作重大问题研究》	童庆炳
17	《现代中西高校公共艺术教育比较研究》	曾繁仁
18	《西方文论中国化与中国文论建设》	王一川
19	《中华民族音乐文化的国际传播与推广》	王耀华
20	《楚地出土戰國簡册［十四種］》	陈 伟
21	《近代中国的知识与制度转型》	桑 兵
22	《中国抗战在世界反法西斯战争中的历史地位》	胡德坤
23	《近代以来日本对华认识及其行动选择研究》	杨栋梁
24	《京津冀都市圈的崛起与中国经济发展》	周立群
25	《金融市场全球化下的中国监管体系研究》	曹凤岐
26	《中国市场经济发展研究》	刘 伟
27	《全球经济调整中的中国经济增长与宏观调控体系研究》	黄 达
28	《中国特大都市圈与世界制造业中心研究》	李廉水

序号	书　名	首席专家
29	《中国产业竞争力研究》	赵彦云
30	《东北老工业基地资源型城市发展可持续产业问题研究》	宋冬林
31	《转型时期消费需求升级与产业发展研究》	臧旭恒
32	《中国金融国际化中的风险防范与金融安全研究》	刘锡良
33	《全球新型金融危机与中国的外汇储备战略》	陈雨露
34	《全球金融危机与新常态下的中国产业发展》	段文斌
35	《中国民营经济制度创新与发展》	李维安
36	《中国现代服务经济理论与发展战略研究》	陈　宪
37	《中国转型期的社会风险及公共危机管理研究》	丁烈云
38	《人文社会科学研究成果评价体系研究》	刘大椿
39	《中国工业化、城镇化进程中的农村土地问题研究》	曲福田
40	《中国农村社区建设研究》	项继权
41	《东北老工业基地改造与振兴研究》	程　伟
42	《全面建设小康社会进程中的我国就业发展战略研究》	曾湘泉
43	《自主创新战略与国际竞争力研究》	吴贵生
44	《转轨经济中的反行政性垄断与促进竞争政策研究》	于良春
45	《面向公共服务的电子政务管理体系研究》	孙宝文
46	《产权理论比较与中国产权制度变革》	黄少安
47	《中国企业集团成长与重组研究》	蓝海林
48	《我国资源、环境、人口与经济承载能力研究》	邱　东
49	《“病有所医”——目标、路径与战略选择》	高建民
50	《税收对国民收入分配调控作用研究》	郭庆旺
51	《多党合作与中国共产党执政能力建设研究》	周淑真
52	《规范收入分配秩序研究》	杨灿明
53	《中国社会转型中的政府治理模式研究》	娄成武
54	《中国加入区域经济一体化研究》	黄卫平
55	《金融体制改革和货币问题研究》	王广谦
56	《人民币均衡汇率问题研究》	姜波克
57	《我国土地制度与社会经济协调发展研究》	黄祖辉
58	《南水北调工程与中部地区经济社会可持续发展研究》	杨云彦
59	《产业集聚与区域经济协调发展研究》	王　珺

序号	书 名	首席专家
60	《我国货币政策体系与传导机制研究》	刘 伟
61	《我国民法典体系问题研究》	王利明
62	《中国司法制度的基础理论问题研究》	陈光中
63	《多元化纠纷解决机制与和谐社会的构建》	范 愉
64	《中国和平发展的重大前沿国际法律问题研究》	曾令良
65	《中国法制现代化的理论与实践》	徐显明
66	《农村土地问题立法研究》	陈小君
67	《知识产权制度变革与发展研究》	吴汉东
68	《中国能源安全若干法律与政策问题研究》	黄 进
69	《城乡统筹视角下我国城乡双向商贸流通体系研究》	任保平
70	《产权强度、土地流转与农民权益保护》	罗必良
71	《我国建设用地总量控制与差别化管理政策研究》	欧名豪
72	《矿产资源有偿使用制度与生态补偿机制》	李国平
73	《巨灾风险管理制度创新研究》	卓 志
74	《国有资产法律保护机制研究》	李曙光
75	《中国与全球油气资源重点区域合作研究》	王 震
76	《可持续发展的中国新型农村社会养老保险制度研究》	邓大松
77	《农民工权益保护理论与实践研究》	刘林平
78	《大学生就业创业教育研究》	杨晓慧
79	《新能源与可再生能源法律与政策研究》	李艳芳
80	《中国海外投资的风险防范与管控体系研究》	陈菲琼
81	《生活质量的指标构建与现状评价》	周长城
82	《中国公民人文素质研究》	石亚军
83	《城市化进程中的重大社会问题及其对策研究》	李 强
84	《中国农村与农民问题前沿研究》	徐 勇
85	《西部开发中的人口流动与族际交往研究》	马 戎
86	《现代农业发展战略研究》	周应恒
87	《综合交通运输体系研究——认知与建构》	荣朝和
88	《中国独生子女问题研究》	风笑天
89	《我国粮食安全保障体系研究》	胡小平
90	《我国食品安全风险防控研究》	王 硕

序号	书　名	首席专家
91	《城市新移民问题及其对策研究》	周大鸣
92	《新农村建设与城镇化推进中农村教育布局调整研究》	史宁中
93	《农村公共产品供给与农村和谐社会建设》	王国华
94	《中国大城市户籍制度改革研究》	彭希哲
95	《国家惠农政策的成效评价与完善研究》	邓大才
96	《以民主促进和谐——和谐社会构建中的基层民主政治建设研究》	徐　勇
97	《城市文化与国家治理——当代中国城市建设理论内涵与发展模式建构》	皇甫晓涛
98	《中国边疆治理研究》	周　平
99	《边疆多民族地区构建社会主义和谐社会研究》	张先亮
100	《新疆民族文化、民族心理与社会长治久安》	高静文
101	《中国大众媒介的传播效果与公信力研究》	喻国明
102	《媒介素养：理念、认知、参与》	陆　晔
103	《创新型国家的知识信息服务体系研究》	胡昌平
104	《数字信息资源规划、管理与利用研究》	马费成
105	《新闻传媒发展与建构和谐社会关系研究》	罗以澄
106	《数字传播技术与媒体产业发展研究》	黄升民
107	《互联网等新媒体对社会舆论影响与利用研究》	谢新洲
108	《网络舆论监测与安全研究》	黄永林
109	《中国文化产业发展战略论》	胡惠林
110	《20世纪中国古代文化经典在域外的传播与影响研究》	张西平
111	《国际传播的理论、现状和发展趋势研究》	吴　飞
112	《教育投入、资源配置与人力资本收益》	闵维方
113	《创新人才与教育创新研究》	林崇德
114	《中国农村教育发展指标体系研究》	袁桂林
115	《高校思想政治理论课程建设研究》	顾海良
116	《网络思想政治教育研究》	张再兴
117	《高校招生考试制度改革研究》	刘海峰
118	《基础教育改革与中国教育学理论重建研究》	叶　澜
119	《我国研究生教育结构调整问题研究》	袁本涛 王传毅
120	《公共财政框架下公共教育财政制度研究》	王善迈

序号	书　名	首席专家
121	《农民工子女问题研究》	袁振国
122	《当代大学生诚信制度建设及加强大学生思想政治工作研究》	黄蓉生
123	《从失衡走向平衡：素质教育课程评价体系研究》	钟启泉 崔允漷
124	《构建城乡一体化的教育体制机制研究》	李　玲
125	《高校思想政治理论课教育教学质量监测体系研究》	张耀灿
126	《处境不利儿童的心理发展现状与教育对策研究》	申继亮
127	《学习过程与机制研究》	莫　雷
128	《青少年心理健康素质调查研究》	沈德立
129	《灾后中小学生心理疏导研究》	林崇德
130	《民族地区教育优先发展研究》	张诗亚
131	《WTO主要成员贸易政策体系与对策研究》	张汉林
132	《中国和平发展的国际环境分析》	叶自成
133	《冷战时期美国重大外交政策案例研究》	沈志华
134	《新时期中非合作关系研究》	刘鸿武
135	《我国的地缘政治及其战略研究》	倪世雄
136	《中国海洋发展战略研究》	徐祥民
137	《深化医药卫生体制改革研究》	孟庆跃
138	《华侨华人在中国软实力建设中的作用研究》	黄　平
139	《我国地方法制建设理论与实践研究》	葛洪义
140	《城市化理论重构与城市化战略研究》	张鸿雁
141	《境外宗教渗透论》	段德智
142	《中部崛起过程中的新型工业化研究》	陈晓红
143	《农村社会保障制度研究》	赵　曼
144	《中国艺术学学科体系建设研究》	黄会林
145	《人工耳蜗术后儿童康复教育的原理与方法》	黄昭鸣
146	《我国少数民族音乐资源的保护与开发研究》	樊祖荫
147	《中国道德文化的传统理念与现代践行研究》	李建华
148	《低碳经济转型下的中国排放权交易体系》	齐绍洲
149	《中国东北亚战略与政策研究》	刘清才
150	《促进经济发展方式转变的地方财税体制改革研究》	钟晓敏
151	《中国—东盟区域经济一体化》	范祚军

序号	书　名	首席专家
152	《非传统安全合作与中俄关系》	冯绍雷
153	《外资并购与我国产业安全研究》	李善民
154	《近代汉字术语的生成演变与中西日文化互动研究》	冯天瑜
155	《新时期加强社会组织建设研究》	李友梅
156	《民办学校分类管理政策研究》	周海涛
157	《我国城市住房制度改革研究》	高　波
158	《新媒体环境下的危机传播及舆论引导研究》	喻国明
159	《法治国家建设中的司法判例制度研究》	何家弘
160	《中国女性高层次人才发展规律及发展对策研究》	佟　新
161	《国际金融中心法制环境研究》	周仲飞
162	《居民收入占国民收入比重统计指标体系研究》	刘　扬
163	《中国历代边疆治理研究》	程妮娜
164	《性别视角下的中国文学与文化》	乔以钢
165	《我国公共财政风险评估及其防范对策研究》	吴俊培
166	《中国历代民歌史论》	陈书录
167	《大学生村官成长成才机制研究》	马抗美
168	《完善学校突发事件应急管理机制研究》	马怀德
169	《秦简牍整理与研究》	陈　伟
170	《出土简帛与古史再建》	李学勤
171	《民间借贷与非法集资风险防范的法律机制研究》	岳彩申
172	《新时期社会治安防控体系建设研究》	宫志刚
173	《加快发展我国生产服务业研究》	李江帆
174	《基本公共服务均等化研究》	张贤明
175	《职业教育质量评价体系研究》	周志刚
176	《中国大学校长管理专业化研究》	宣　勇
177	《"两型社会"建设标准及指标体系研究》	陈晓红
178	《中国与中亚地区国家关系研究》	潘志平
179	《保障我国海上通道安全研究》	吕　靖
180	《世界主要国家安全体制机制研究》	刘胜湘
181	《中国流动人口的城市逐梦》	杨菊华
182	《建设人口均衡型社会研究》	刘渝琳
183	《农产品流通体系建设的机制创新与政策体系研究》	夏春玉

序号	书 名	首席专家
184	《区域经济一体化中府际合作的法律问题研究》	石佑启
185	《城乡劳动力平等就业研究》	姚先国
186	《20世纪朱子学研究精华集成——从学术思想史的视角》	乐爱国
187	《拔尖创新人才成长规律与培养模式研究》	林崇德
188	《生态文明制度建设研究》	陈晓红
189	《我国城镇住房保障体系及运行机制研究》	虞晓芬
190	《中国战略性新兴产业国际化战略研究》	汪　涛
191	《证据科学论纲》	张保生
192	《要素成本上升背景下我国外贸中长期发展趋势研究》	黄建忠
193	《中国历代长城研究》	段清波
194	《当代技术哲学的发展趋势研究》	吴国林
195	《20世纪中国社会思潮研究》	高瑞泉
196	《中国社会保障制度整合与体系完善重大问题研究》	丁建定
197	《民族地区特殊类型贫困与反贫困研究》	李俊杰
198	《扩大消费需求的长效机制研究》	臧旭恒
199	《我国土地出让制度改革及收益共享机制研究》	石晓平
200	《高等学校分类体系及其设置标准研究》	史秋衡
201	《全面加强学校德育体系建设研究》	杜时忠
202	《生态环境公益诉讼机制研究》	颜运秋
203	《科学研究与高等教育深度融合的知识创新体系建设研究》	杜德斌
204	《女性高层次人才成长规律与发展对策研究》	罗瑾琏
205	《岳麓秦简与秦代法律制度研究》	陈松长
206	《民办教育分类管理政策实施跟踪与评估研究》	周海涛
207	《建立城乡统一的建设用地市场研究》	张安录
208	《迈向高质量发展的经济结构转变研究》	郭熙保
209	《中国社会福利理论与制度构建——以适度普惠社会福利制度为例》	彭华民
210	《提高教育系统廉政文化建设实效性和针对性研究》	罗国振
211	《毒品成瘾及其复吸行为——心理学的研究视角》	沈模卫
212	《英语世界的中国文学译介与研究》	曹顺庆
213	《建立公开规范的住房公积金制度研究》	王先柱

序号	书　名	首席专家
214	《现代归纳逻辑理论及其应用研究》	何向东
215	《时代变迁、技术扩散与教育变革：信息化教育的理论与实践探索》	杨　浩
216	《城镇化进程中新生代农民工职业教育与社会融合问题研究》	褚宏启 薛二勇
217	《我国先进制造业发展战略研究》	唐晓华
218	《融合与修正：跨文化交流的逻辑与认知研究》	鞠实儿
219	《中国新生代农民工收入状况与消费行为研究》	金晓彤
220	《高校少数民族应用型人才培养模式综合改革研究》	张学敏
221	《中国的立法体制研究》	陈　俊
222	《教师社会经济地位问题：现实与选择》	劳凯声
223	《中国现代职业教育质量保障体系研究》	赵志群
224	《欧洲农村城镇化进程及其借鉴意义》	刘景华
225	《国际金融危机后全球需求结构变化及其对中国的影响》	陈万灵
226	《创新法治人才培养机制》	杜承铭
227	《法治中国建设背景下警察权研究》	余凌云
228	《高校财务管理创新与财务风险防范机制研究》	徐明稚
229	《义务教育学校布局问题研究》	雷万鹏
230	《高校党员领导干部清正、党政领导班子清廉的长效机制研究》	汪　曣
231	《二十国集团与全球经济治理研究》	黄茂兴
232	《高校内部权力运行制约与监督体系研究》	张德祥
233	《职业教育办学模式改革研究》	石伟平
234	《职业教育现代学徒制理论研究与实践探索》	徐国庆
235	《全球化背景下国际秩序重构与中国国家安全战略研究》	张汉林
236	《进一步扩大服务业开放的模式和路径研究》	申明浩
237	《自然资源管理体制研究》	宋马林
238	《高考改革试点方案跟踪与评估研究》	钟秉林
239	《全面提高党的建设科学化水平》	齐卫平
240	《"绿色化"的重大意义及实现途径研究》	张俊飚
241	《利率市场化背景下的金融风险研究》	田利辉
242	《经济全球化背景下中国反垄断战略研究》	王先林

序号	书　名	首席专家
243	《中华文化的跨文化阐释与对外传播研究》	李庆本
244	《世界一流大学和一流学科评价体系与推进战略》	王战军
245	《新常态下中国经济运行机制的变革与中国宏观调控模式重构研究》	袁晓玲
246	《推进 21 世纪海上丝绸之路建设研究》	梁　颖
247	《现代大学治理结构中的纪律建设、德治礼序和权力配置协调机制研究》	周作宇
248	《渐进式延迟退休政策的社会经济效应研究》	席　恒
249	《经济发展新常态下我国货币政策体系建设研究》	潘　敏
250	《推动智库建设健康发展研究》	李　刚
251	《农业转移人口市民化转型：理论与中国经验》	潘泽泉
252	《电子商务发展趋势及对国内外贸易发展的影响机制研究》	孙宝文
253	《创新专业学位研究生培养模式研究》	贺克斌
254	《医患信任关系建设的社会心理机制研究》	汪新建
255	《司法管理体制改革基础理论研究》	徐汉明
256	《建构立体形式反腐败体系研究》	徐玉生
257	《重大突发事件社会舆情演化规律及应对策略研究》	傅昌波
258	《中国社会需求变化与学位授予体系发展前瞻研究》	姚　云
259	《非营利性民办学校办学模式创新研究》	周海涛
260	《基于"零废弃"的城市生活垃圾管理政策研究》	褚祝杰
261	《城镇化背景下我国义务教育改革和发展机制研究》	邬志辉
262	《中国满族语言文字保护抢救口述史》	刘厚生
263	《构建公平合理的国际气候治理体系研究》	薄　燕
264	《新时代治国理政方略研究》	刘焕明
265	《新时代高校党的领导体制机制研究》	黄建军
266	《东亚国家语言中汉字词汇使用现状研究》	施建军
267	《中国传统道德文化的现代阐释和实践路径研究》	吴根友
268	《创新社会治理体制与社会和谐稳定长效机制研究》	金太军
269	《文艺评论价值体系的理论建设与实践研究》	刘俐俐
270	《新形势下弘扬爱国主义重大理论和现实问题研究》	王泽应

序号	书　名	首席专家
271	《我国高校"双一流"建设推进机制与成效评估研究》	刘念才
272	《中国特色社会主义监督体系的理论与实践》	过　勇
273	《中国软实力建设与发展战略》	骆郁廷
274	《坚持和加强党的全面领导研究》	张世飞
275	《面向 2035 我国高校哲学社会科学整体发展战略研究》	任少波
276	《中国古代曲乐乐谱今译》	刘崇德
277	《民营企业参与"一带一路"国际产能合作战略研究》	陈衍泰
278	《网络空间全球治理体系的建构》	崔保国
279	《汉语国际教育视野下的中国文化教材与数据库建设研究》	于小植
280	《新型政商关系研究》	陈寿灿
	……	